中华现代学术名著丛书

中国法律在东亚诸国之影响

杨鸿烈 著

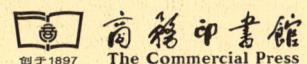

2019年·北京

图书在版编目(CIP)数据

中国法律在东亚诸国之影响/杨鸿烈著.—北京:商务印书馆,2015(2019.12重印)
(中华现代学术名著丛书)
ISBN 978-7-100-10006-9

Ⅰ.①中… Ⅱ.①杨… Ⅲ.①法律—中国—影响—东亚 Ⅳ.①D909.2 ②D909.31

中国版本图书馆 CIP 数据核字(2013)第 121422 号

权利保留,侵权必究。

本书据商务印书馆 1937 年版排印

中华现代学术名著丛书
中国法律在东亚诸国之影响
杨鸿烈　著

商 务 印 书 馆 出 版
(北京王府井大街36号　邮政编码100710)
商 务 印 书 馆 发 行
北京通州皇家印刷厂印刷
ISBN 978-7-100-10006-9

2015年1月第1版　　　开本 880×1240 1/32
2019年12月北京第2次印刷　印张 21⅝　插页 1

定价:62.00元

杨鸿烈

(1903—1977)

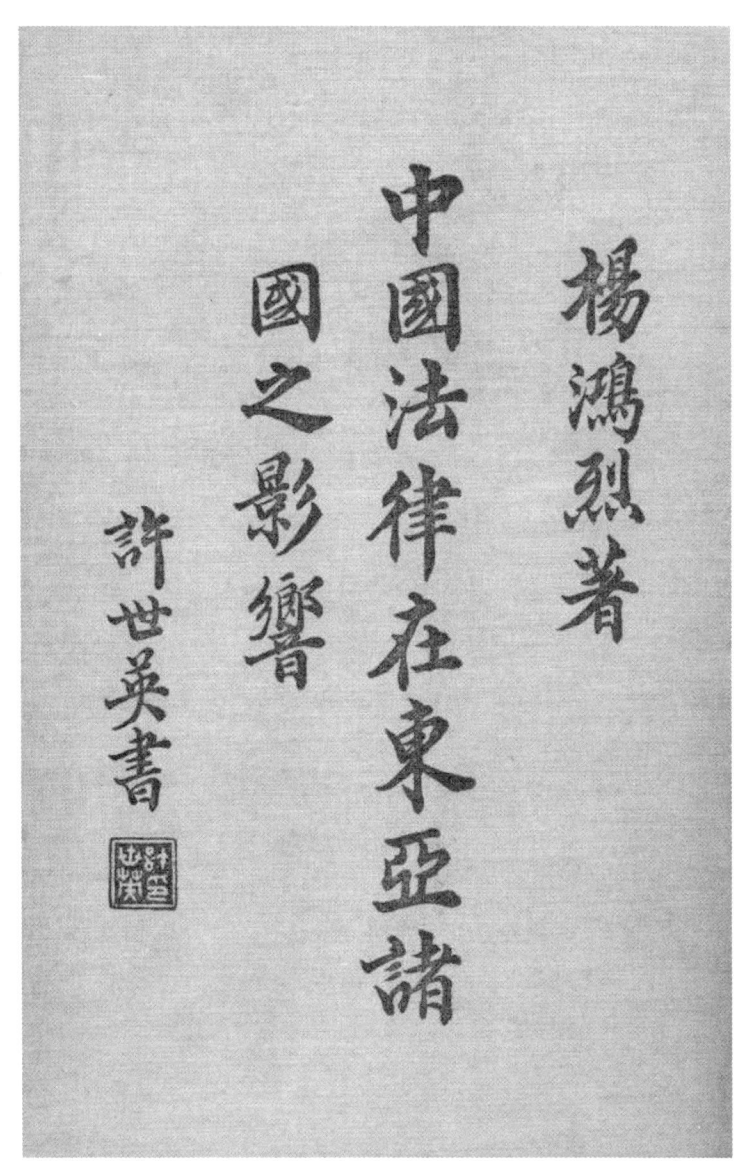

商务印书馆1937年版《中国法律在东亚诸国之影响》封面

出版说明

百年前,张之洞尝劝学曰:"世运之明晦,人才之盛衰,其表在政,其里在学。"是时,国势颓危,列强环伺,传统频遭质疑,西学新知亟亟而入。一时间,中西学并立,文史哲分家,经济、政治、社会等新学科勃兴,令国人乱花迷眼。然而,淆乱之中,自有元气淋漓之象。中华现代学术之转型正是完成于这一混沌时期,于切磋琢磨、交锋碰撞中不断前行,涌现了一大批学术名家与经典之作。而学术与思想之新变,亦带动了社会各领域的全面转型,为中华复兴奠定了坚实基础。

时至今日,中华现代学术已走过百余年,其间百家林立、论辩蜂起,沉浮消长瞬息万变,情势之复杂自不待言。温故而知新,述往事而思来者。"中华现代学术名著丛书"之编纂,其意正在于此,冀辨章学术,考镜源流,收纳各学科学派名家名作,以展现中华传统文化之新变,探求中华现代学术之根基。

"中华现代学术名著丛书"收录上自晚清下至20世纪80年代末中国大陆及港澳台地区、海外华人学者的原创学术名著(包括外文著作),以人文社会科学为主体兼及其他,涵盖文学、历史、哲学、政治、经济、法律和社会学等众多学科。

出版说明

出版"中华现代学术名著丛书",为本馆一大夙愿。自1897年始创起,本馆以"昌明教育,开启民智"为己任,有幸首刊了中华现代学术史上诸多开山之著、扛鼎之作;于中华现代学术之建立与变迁而言,既为参与者,也是见证者。作为对前人出版成绩与文化理念的承续,本馆倾力谋划,经学界通人擘画,并得国家出版基金支持,终以此丛书呈现于读者面前。唯望无论多少年,皆能傲立于书架,并希冀其能与"汉译世界学术名著丛书"共相辉映。如此宏愿,难免汲深绠短之忧,诚盼专家学者和广大读者共襄助之。

商务印书馆编辑部
2010年12月

凡　　例

一、"中华现代学术名著丛书"收录晚清以迄20世纪80年代末,为中华学人所著,成就斐然、泽被学林之学术著作。入选著作以名著为主,酌量选录名篇合集。

二、入选著作内容、编次一仍其旧,唯各书卷首冠以作者照片、手迹等。卷末附作者学术年表和题解文章,诚邀专家学者撰写而成,意在介绍作者学术成就,著作成书背景、学术价值及版本流变等情况。

三、入选著作率以原刊或作者修订、校阅本为底本,参校他本,正其讹误。前人引书,时有省略更改,倘不失原意,则不以原书文字改动引文;如确需校改,则出脚注说明版本依据,以"编者注"或"校者注"形式说明。

四、作者自有其文字风格,各时代均有其语言习惯,故不按现行用法、写法及表现手法改动原文;原书专名(人名、地名、术语)及译名与今不统一者,亦不作改动。如确系作者笔误、排印舛误、数据计算与外文拼写错误等,则予径改。

五、原书为直(横)排繁体者,除个别特殊情况,均改作横排简体。其中原书无标点或仅有简单断句者,一律改为新式标点,专名号从略。

六、除特殊情况外,原书篇后注移作脚注,双行夹注改为单行夹注。文献著录则从其原貌,稍加统一。

七、原书因年代久远而字迹模糊或纸页残缺者,据所缺字数用"□"表示;字数难以确定者,则用"(下缺)"表示。

目　录

全书提要 ·· 1
第一章　导言 ··· 9
　一、世界法系中之中国法系 ························· 9
　二、中国法系之内容及范围 ························· 18
第二章　中国法律在朝鲜之影响 ······················ 32
　一、自传说之箕子八条至高丽王建一代 ········ 32
　　附　中国与朝鲜诸国存立年对照表 ············ 76
　　　　关野贞博士《朝鲜美术史》中国文化影响
　　　　朝鲜之图表 ······································ 76
　　　　东国历代传授之图 ······························ 77
　　　　新罗三姓传世之图 ······························ 78
　　　　高句丽传世之图 ································· 79
　　　　百济传世之图 ···································· 80
　　　　高丽王世系表 ···································· 81
　　　　《东史纲目》官职沿革图（节录） ········ 82
　　　　三国鼎立以前之朝鲜半岛图 ················ 83
　　　　三国鼎立时之朝鲜半岛图 ···················· 84
　二、自李朝时代至中日战争前后 ·················· 85
　　附　林泰辅博士《朝鲜通史》五《朝鲜王世系表》······ 183
　　　　朝鲜法制史参考书目 ·························· 189

v

第三章　中国法律在日本之影响 …………………… 193
　一、自天智天皇时代至醍醐天皇时代 ……………… 193
　　附　日本皇室历朝世系表（一） ………………… 282
　　　　日本"王朝时代"法制史资料之参考书目 …… 283
　二、"武家时代"末期暨明治维新时摹仿
　　　明律之制法事业 ………………………………… 286
　　附　日本皇室历朝世系表（二） ………………… 398
　　　　日本法律属于"中国法系"时期之内容比较表 …… 399
　　　　　第一：法典篇目之比较表 ………………… 399
　　　　　第二：刑名比较表 ………………………… 401
　　　　　第三：刑法处罪轻重比较表 ……………… 404

第四章　中国法律在琉球之影响 …………………… 436
　　附　琉球之历代系统 ……………………………… 463
　　　　琉球法制史年代对照表 ………………………… 465
　　　　琉球法制史之参考书目 ………………………… 466

第五章　中国法律在安南之影响 …………………… 470
　一、摹仿唐宋律时代——李太祖（公蕴）及
　　　陈太宗（煚）两朝 ……………………………… 470
　　附　安南纪年表 ……………………………………… 480
　二、摹仿唐宋元明律时代——黎太祖（利）一朝 …… 480
　三、摹仿明清律时代——阮世祖（福英）一朝 ……… 530
　　附　《越史新约》之历代纪年（续） ……………… 604
　　　　高春育等编修《国朝史撮要前编世代年纪》 …… 604
　　　　安南法制史之参考书目 ………………………… 608

第六章　结论 …………………………………………… 610
　　附　中国、朝鲜、日本、安南法律史之年代对照表 …… 625

杨鸿烈先生学术年表 ………………………… 尤陈俊　639
中国法系研究中的"大明道之言"
　　——从学术史角度品读杨鸿烈的《中国法律在
　　东亚诸国之影响》………………………… 尤陈俊　645

全书提要

一

著者九年前曾著《中国法律发达史》一书,为"中国法系"之内包的研究,兹编则从事"中国法系"之外延的研究,故最先着手研究"中国法系"在"世界法系"中之位置,按世界法系之种类,学者间之意见各不相同,如:

(一)穗积陈重博士分为"印度法族"、"中国法族"、"回回法族"、"英国法族"、"罗马法族"五种(见《法学协会杂志》第1卷第5号,及《遗文集》第一集第292—307页)。

博士其后又分为"中国法族"及"日耳曼法族"、"斯拉夫法族"等七种(见所著 The New Japanese Civil Code as Material for the Study of Comparative Jurisprudence,第五章)。

著者以"日耳曼法族"在今日已失其独立性,"斯拉夫法族"多沿袭罗马及英国法系,其在南斯拉夫则更受罗马及回回法系之支配,故博士"法律五大族之说"尚较"七大族之说"为优。

(二)德国柯勒尔(Josef Kohler)及温格尔(Leopold Wenger)两氏分世界法系为"原始民族法"、"东洋民族法"、"希腊、罗马民族法"三种,"东洋民族法"中又分为"半文明民族法"及"文明民族法"二种,"中国法系"即为"文明民族法"之一(见所著 *Allgemeine Rechtsgeschichte* 一书)。

著者以两氏除以"民族"为区别之标准外,尚参酌于"文化"程度之高低,然已稍嫌烦琐。

(三)美国韦格穆尔(John Henry Wigmore)教授分世界法系为埃及、巴比伦、中国、希伯来、印度、希腊、罗马、日本、日耳曼、斯拉夫、谟罕默德、海洋、大陆、寺院、英美、爱尔兰等十六法系(见《法学协会杂志》第41卷第5号之"The Rise, Disappearance, and Transmigration of the World's Legal System"一论文及 *A Panorama of the World's Legal System* 一书共三卷)。

著者以埃及、巴比伦、希腊、寺院、爱尔兰等诸法系早已僵死,中国与日本法系之内容大率相同,希伯来之在今日,国亡而法亦灭,海洋法系又复不足与欧大陆法系对立,故教授之说实大而无当,烦琐至极,著者仍以"五大法系"之说为简扼得要。

著者于比较研究诸说之后,深知"中国法系"在"世界法系"中有其不可磨灭之价值存在,即"发生最早"、"传播最广",足与其他四大法系分庭抗礼也。

二

著者次所待解决之问题即为"中国法系"之内容及范围究为如何,著者以——

"中国法系"者盖指数千年来支配全人类最大多数,与道德相混自成一独立系统且其影响于其他东亚诸国者,亦如其在本部之法律制度之谓也。

著者甚不以浅见伦太郎博士根本怀疑"中国法系"之存在为然,盖中国虽自秦、汉南北之风俗即相悬殊,然中国法律自殷、周以迄宋、明,皆汉族一系相传,循序进展,中间虽有五胡、辽、金、元、清之侵入,但皆被同化,而于编纂法典,传播法律知识尤极努力,且影响诸国者,东至于渤海、朝鲜、日本、琉球,南至安南、缅甸,西至西域,北至契丹、蒙古,本编因日本、朝鲜、安南、琉球之文献较多,故较渤海、缅甸诸国而特详加叙述焉。著者又分诸国为——

第一,摹仿《唐律令》之时代

(a)日本方面:天智天皇时之《近江令》,文武天皇时之《大宝律令》,元正天皇时之《养老律令》以至醍醐天皇时之《延喜格式》。

(b)朝鲜方面:新罗、百济、高句丽及高丽太祖王建一代之法制。

(c)安南方面:李太祖(公蕴)、陈太宗（煚)及黎太祖(利)三朝之法制。

第二,摹仿《明律》及《会典》之时代

(a)日本方面:武家时代末期藩侯所纂法条及明治维新时之《假刑律》(即《暂行刑律》)、《新律纲领》及《改定律例》等。

(b)朝鲜方面:朝鲜太祖李成桂之《朝鲜经国典》、《经济六典》,太宗之《续六典》,世祖之《经国大典》,李太王之《刑法大全》等。

(c)安南方面:阮世祖(福英)之《嘉隆皇越律例》、宪祖阮旋之

《钦定大南会典事例》等。

(d)琉球方面:乾隆时之《科律》及咸丰时之《法条》。

著者兹将各国所受"中国法律"之影响分章略述于后。

三

著者以中国与朝鲜之关系最为深长,故先述朝鲜,按前后《汉书》、《三国志》均有箕子"八条"之记载,而李晬光、韩致奫及《增补文献备考》之解释均不一致,李丙焘氏则根本怀疑其不存在,近年如今西龙、稻叶岩吉、鸳渊一、关野贞诸氏又以箕子事实全属传说,故著者亦以箕子之"八条"为不可信。

三国鼎立时代之法制史料《三国史记》一书之价值远在《三国遗事》之上,著者以高句丽颁律最早,必受晋以后诸律之影响,故其律始仿《北齐律》而有"十恶"之名。新罗颁律虽在高句丽百余年之后,然尚在日本《十七宪法》之前八十五年。百济于晋时即能输入汉学于日本,其浸染中国文化至深,故其律令必自汉、魏脱胎而出,惜文献不足征也。

高丽立国凡经四百七十四年之岁月,故法制史料较为丰富,著者所根据以研究者为郑麟趾等撰之《高丽史》及《增补文献备考》等书。《高丽律》虽仿《唐律》,然仅七十一条,若与《唐律》之五百条较,仅当其五分之一而弱,实繁简大差。高丽法案亦仿唐制,然实不称名。其刑法关于"帝室犯罪"及"谋反大逆"、"背国投伪"、"漏泄大事"、"度关"等罪之处分全付阙如,惟"渎职"、"诬告"、"失火"、"伪造文书"、"赌博"、"奸非"、"杀伤"、"窃盗"、"侵占"、

"毁弃损坏"等罪之处分均同《唐律》而稍有出入。民法大部分亦沿袭《唐律》之规定,惟"承继"方面,容许"无男孙,则女孙",较唐之"男性中心主义"尚能更进一步耳。

李成桂灭高丽而自立,上表请明太祖为更国号,其崇拜明朝,至为诚笃,故李朝一代均遵用《大明律》,惟《大明律》所规定之赎罪钱数,因当时朝鲜之币制与明不同,故以"常布五升"抵明之通货铜钱"一贯",例如"赎铜钱十二贯",即等于"折五升布六十匹"也。又因其国境狭小,而《大明律》有"流三千里"之规定,虽最远之庆源府,亦不过一千六百八十里,故将赎流罪之办法改以其本国里数准计。李朝历代除遵用《明律》外,又远据《周官》,近本《大明会典》,纂成《经国典》、《经济六典》、《续六典》、《经国大典》……诸书,其"刑典"之条文甚为简略,且不完备,故只有补充法令之价值,而非即当时现行法之主体也。

四

著者以近数十年来日本法制史家于"中国法律"在日本之影响之研究,用力最深,贡献特大,惜多偏于隋唐时代之考据方面,于法条内容之分析比较,及明治维新时三度摹仿明清律而未大成之事实未加注意,故兹编颇欲弥补此项缺憾。

日本自天智天皇时代至醍醐天皇时代充分输入中国法律,"律"、"令"、"格"、"式"应有尽有,较之朝鲜、安南,尤形完备,然日本民族者,世界上最能适应时势之民族也,故非削趾适履,一味盲从者可比,唐制原甚复杂,而日本一变为简单。《唐律》虽有"十恶"之规定,而《大宝律》则省略合并诸节目而成为"八虐","八议"亦改为"六议"。又因崇信佛教,故一切刑罚处分较唐减轻一等乃至二等,犯罪连坐之范围亦极狭小,具见当时立法者斟酌取舍之苦心也。

　　日本自后白河天皇以降,乾坤解纽,武士专权,为政惟行苛法,前代自中国输入之"律"、"令"、"格"、"式",其实用之价值虽完全陷于低下,然其末季诸藩如:纪州藩之《国律》则参酌唐明律,新发田藩之《在中御条目》及熊本藩之《御刑法草书》,弘前藩之《御刑法牒》,名古屋藩之《御定书》等则径以《大明律》为准据,迨将军德川庆喜奉还大政,于是日本国运发生一大转机,而司法遂亦有空前之革新,而明治元年所编之《假刑律》及三年十二月所公布之《新律纲领》,其体裁犹以《大明律》为蓝本。明治六年又颁行《改定律例》,其形式已如欧陆法典之顺数目次序列举条款,又废止笞、杖、徒、流等刑名,然法律名词则仍沿《大明律》而未改,盖自隋唐至是时,日本法律受中国之影响凡一千六百年,不可谓非长久矣,求之欧陆诸国法制史中,尚乏其例焉。

五

　　琉球见自《隋书》,其传甚略,《北史》、唐、宋、元诸史因之,然在元代以前,中国学者均误指台湾为琉球也。而琉球之有文字尤为时甚晚,其地僻陬之乡至今犹有象形文字之遗迹,及以结绳纪事之远古风俗,故其国之历史多凭传说,荒唐无稽。溯琉球文化之发达,当自明初入贡中国并遣子弟入学始。厥后历明至清,凡五百余年,所受中国之影响至为深长,视朝鲜殆弗让焉。其国于乾隆五十一年颁行《科律》,自《大清律》四百三十六门中抉取一百三条,均加以精细注释,且能适应岛国民情,因时制宜,立法者十年之苦心及律学之造诣均有足称焉。

六

著者据《后汉书·马援列传》推知马援平定安南时,《汉律》即已在安南施行,惟最初迁就安南习惯之处,或不在少数耳。自五代晋天福四年(939年)吴王权破南汉为独立国起,亘有宋一代,安南为丁先皇帝、黎(大行)天福帝李(公蕴)太祖、陈(㬎)太宗所统制,据《越史通鉴纲目正编》、《大越史记全书》及潘辉注之《历朝宪章类志》之记载,则李陈两朝亦曾公布法典,其职官亦有"刑部尚书"、"廷尉"、"御史"等,然法条不全,虽潘书及黎崱《安南志略》与李文凤《越峤书》等各有所述,然亦仅窥豹一斑,略可想见当时校定律格亦遵用唐、宋之制,但其宽严之间,或时加斟酌耳。

陈朝为黎季犛所篡夺,明成祖永乐五年(1407年)派兵大破季犛,改安南为交阯,设三司,同内郡,厉行彻底之同化政策,旋因中官马骐以采办至,大索境内珍宝,人情骚动,叛者四起,清化府俄罗县巡检黎利实力最强,经十年抗争之结果,卒于明宣宗宣德五年得明廷许可权署安南国事。黎利建国于朝鲜李成桂之后,李朝最先采用《大明律》,以常理推论,黎朝自亦必奉行《大明律》。即安南史学家如吴甲豆氏亦谓"黎朝刑制,参仿明清",乃据著者比较分析研究之结果,黎朝法典大部分均摹仿《唐律》,一小部分则受《元律》及《大明律》之影响,然要以《唐律》为惟一之楷模,《大明律》反退居不甚重要之地位,故吴氏之说实错误也。

至最近世之阮朝,其法典之编纂始径以明清律为蓝本,其法律文句多同《大明律》,惟条例则间取自《大清律例》及黎朝圣宗洪德时之条例。迨为法国合并之后,其属地处断狱仍用中国律,惟河内、海防诸让地始用法国律。

七

著者研究东亚各国法制史之后,深知距今百余年以前,东亚大地之文化殆无不以中国为惟一之策源地,而东亚诸国家亦咸兢兢以追随中国为当务之急,法律特其一端耳。尤有进者,中国与东亚诸国不仅有文化之关系,即今日朝鲜、安南、琉球、日本以至逞罗诸国,其人民血管中盖搀入不少中国民族之血液,著者因痛感东亚原属一家,彼此应互相提携,共图进步,以维持我东亚久远之声光于弗坠。著者最后征引诸家学说阐述"中国法律"有其历劫不磨之真价值存在,希望我东亚法家均能回顾数千年来我祖宗心血造诣之宝贵财产,不惟不至纷失,且更进一步力采欧、美之所长,斟酌损益,以创造崭新宏伟之"东洋法系",是则著者区区之微意也。

第一章 导言

一、世界法系中之中国法系

"中国法系"者,世界最大法系之一也。盖"法系"(geneology of law)之称,自最近世东西各国之法制史家始。彼辈以各国家法制系统之成立,恒由于天时、气候、地理、历史及其人民、种族、政治、宗教、生活之不同而异其内容。班固有言曰:"凡民函五常之性,而其刚柔缓急音声不同,系水土之风气……好恶取舍,动静无常,随君上之情欲。"[1]亦斯义也,盖民族性常影响法律之惯习故也。董康氏亦有云:

> 法律依时为乘除,本非一成不变,顾以时代之制度言,则有沿革;以土地之风习言,则有系统;历古及今,无论如何变迁,终不越于系统以外。[2]

旨哉言乎!夫最早从事比较各国法制及其历史者为英人梅茵(Sir Henry Maine),继之者则有达勒斯特(Dareste)、勒维罗特(Revillout)诸人,[3]泷川政次郎博士所著《西洋法制史讲义案》,其《总说世界法系之分立》一节有云：

> 近代因交通发达，人类关于自然界及社会之知识均成为世界的性质，而从来以一国家一民族为基本之法制史学浸假遂发展以至于成为世界法制史学而后止。[4]

若就区别世界诸法系而论，则最早主唱"法系"之说者厥为日本之穗积陈重博士，氏于明治十七年（前清光绪十年）三月之《法学协会杂志》第1卷第5号揭载"法律五大族之说"，[5]分世界之法系为"印度法族、中国法族、回回法族、英国法族、罗马法族"五种，其着眼点在民族苟不相同，则法律亦生差异，其立说最精当而不移，简而扼要者也。大正元年（民国元年）博士又出版英文《日本新民法》（《比较法学之资料》）(The New Japanese Civil Code as Material For the Study of Comparative Jurisprudence)，又分伟大法族（Great Families of Law）为七，即（1）中国法族（the Family of Chinese Law）；（2）印度法族（the Family of Hindu Law）；（3）谟罕默德法族（the Family of Mohamedan Law）；（4）罗马法族（the Family of Roman Law）；（5）日耳曼法族（the Family of Germanic Law）；（6）斯拉夫法族（the Family of Slavic Law）；（7）英国法族（the Family of English Law），[6]较前增加日耳曼及斯拉夫二法族，然日耳曼法族在今日已失其独立性，且与海法系共残存于大陆及英美法系中，至斯拉夫法族虽在斯拉夫人亦尝自豪自成一大法系[盖其支配区域为旧帝俄、波兰、波希米亚（Bohemia）、塞尔维亚及门的内哥罗，实不可谓不大]，然多沿袭罗马法系及英国法系，其在南斯拉夫则更受罗马法系及回回法系之支配，殆不足与中国法系、印度法系、罗马法系、英美法系之历史较长影响巨大者相提而并论也,故博士法律五大族之说尚较七大族之说为优。继博士之后而主唱法系者,则有德国之柯勒尔(Josef Kohler)及温格尔(Leopold Wenger)两氏于1914年(民国三年)刊行《综合法制史》(*Allgemeine Rechtsgeschichte*)一书,区分世界之法系为原始民族法(Das Recht Der Primitiven Völker)、东洋民族法(Das Recht Der Orientalischen Völker)、希腊罗马法(Das Recht Der Griechen und Romen)三种,其东洋民族法中又分为半文明民族法(Das Recht der Halbkul-turvöker)及文明民族法二种,其所谓"半文明民族法"盖指阿兹特克族(Azteken,南美墨西哥之种族)、印卡族(Inca,秘鲁、智利等处之一种民族)、玛雅族(Maya为墨西哥之一种族)、马来族(Malaien)、蒙古族而言,"文明民族法"则包括巴比伦及亚述、埃及、伊色列及犹太、亚剌伯及回教徒、印度、佛法、波斯、阿尔曼尼亚(Armenisches Recht)、中国、日本等国家,[7]此种分类盖除以民族为区别之标准外,尚参酌于文化程度之高低,然已稍嫌烦琐。迨美国西北大学法学院教授韦格穆尔(John Henry Wigmore)氏于1923年(民国十二年)发表《世界诸法系之发生消灭及传播》(*The Rise, Disappearance and Transmigration of the World's Legal System*)一论文,[8]此论文分世界之法系为"埃及法系、巴比伦法系、中国法系、希伯来法系、印度法系、希腊法系、罗马法系、日本法系、日耳曼法系、塞尔特克(Celtic即古爱尔兰人)法系、斯拉夫法系、亚剌伯摩色尔曼(Arab-Musulman,即谟罕默德)法系、海法系、欧大陆法系、寺院法系、英美法系"十六种,可谓大而无当,烦琐至极。氏于1928年(民国十七年)又刊行《世界法律系统大全》(*A Panorama of the World's Legal System*)三巨册,坚谓一法系之兴起及继续皆依赖于一受高深训练之职业阶级之发展及生存(The rise and perpetuation of a legal system is dependent on the development and survival of a highly trained professional class)[9],未免有唯心之嫌,又将巴比伦法系改称为美塞布达米亚(Mesopotamia)法系,[10]亚剌伯摩色尔曼法系改为谟罕默德(Mohammedan)法系,[11]然仍维持其十六法系之说,不知埃及、巴比伦、希腊、塞尔特克法系及寺院法系早已僵死,中国法系与日本法系之内容又大率相同,氏所谓日本法系之特色为"非宗教"等,实则皆为中国法系所共有,乃一般学者公认之事实,即氏所指陈幕府时代之惯习法及判例法,其文字与思想仍为中国传来之物,不足独立自成一系统,桑原骘藏博士于昭和四年(民国十八年,1929年)京都帝国大学第二十四夏季讲演会所讲演《中国之古代法律》即有云:

> ……(日本)自奈良朝至平安朝吾国(指日本而言)王朝时代之法律,无论形式上与精神上,皆根据《唐律》。自德川时代至明治之初及明治十三年顷为止,所谓日本之法律者,直接间接皆受明律之影响。[12]

博士为东洋文化史之专门名家,故其言精确可信,韦格穆尔氏贪多务博,细大不捐,又喜立臆说,致与事实相去甚远,故氏所述日本法系之内容实甚简单肤浅,而斯拉夫法系之内容贫弱不能自树一帜,前已论及,海法系是否足与欧大陆法系对立,泷川政次郎博士所著《西洋法制史讲义案》即深致怀疑。[13]又希伯来法系在昔时虽曾盛极一时,然至今日,国亡而法亦消灭,虽《摩西十诫》至今为信奉耶教者所宗,然在世界上已无足轻重。此外如罗马及日耳曼等法系亦仅成为混血儿而尚残存。故氏于此书卷三《附录法律地图》亦有云"十六系统中可承认尚存于今日之世界者,只有英法系、中国法系、日耳曼法系、印度法系、日本法系、回教法系、罗马法系、斯拉夫法系八种"〔14〕,不知八种犹嫌过多也。若以诸法系之历史相较,则中国法系延长数千余年,较最古之埃及、美塞布达米亚等法系之寿命而犹过之,且影响于东亚诸国如朝鲜、日本、琉球、安南、西域者尤非如埃及、美塞布达米亚等之局促一隅者可比,故谓中国法系为世界最大法系之一,谁曰不宜?周祺先生所著《中国法制史讲义》编有言曰:

……夫世界诸邦之法系有古与今两大分界:就古时发生最早者言之,则有巴比伦法系、埃及法系、犹太法系、波斯法系、希腊法系,而吾国居其一。就近今传播最广者言之,则有印度法系、罗马法系、回回法系、日尔曼法系,而吾国又居其一。诚哉中国法制之足尚矣!请先言世界之法系,以证明中国法制之特色。考十九世纪左右,法国探险家马尔庚氏于波斯诗赛地方发掘纪元前二千二百年顷,巴比伦古代石柱所镌汉摩剌比王之法典,分为十九段,共二百八十条,恰与我唐虞刑法法典成立相先后,日人田能村梅士著《世界最古之刑法》已阐明之。埃及之《马禄优士法典》号称赫蒙斯神所授,今已烟消尘灭,不能确定其年代;若第五朝阿沙王御宇,太子贺列特兹拍所作《道德篇》,虽曰经典,则又非其伦也。犹太则摩西之圣匦《十诫》,授自耶和华神,而其时代不过纪元前一千五百年顷。波斯则琐罗亚斯德之《圣律》,全部二十一卷,授自护尔摩斯多神,而其时代,亦不过纪元前一千三百年顷。若希腊革雷德岛法律制度,尝感化斯巴达、雅典之政治家也,来格瓦剌之模仿梅诺士,为斯巴达立法,则在纪元前八百年以外。梭伦之聘请业毕缅迭士为雅典立法,则在纪元前六百年以内。东鳞西爪,若有若无,亦徒供历史家之把玩而已,岂足比吾国之法制,先诸国而炳炳麟麟,后诸国而绳绳继继者哉?

若夫发生在纪元前八百年顷,而传播于印度半岛及中央亚细亚地者,非婆罗门教祖吠哇萨陀之《曼奴法典》乎?第八编以上,言宗教兵事,第八编以下,言诉讼民刑。而《拿拉大法典》之注释,且分为中、南、北、东北、西南五派矣,发生在纪元前五百年顷,传播于欧洲诸国。而浸及于亚非西洲一部分者,非罗马之《十二铜表》乎?第三表以上,言诉讼裁判,第三表以下,言民刑公法。而茹斯底连大帝之《罗马法全典》亦积前后数百年之私著作而成矣。凡此皆亚于吾国法典,而成立于纪元前者也。试言纪元后之法系,则回回之《克兰经典》云牙布黎尔之神授于谟罕默德,全部共一百十四章,注释者有司尼与细亚两派,其成立在六百年顷,约当吾国李唐时代。日耳曼之福希古斯王安腊列克发布《普列肥利母法典》于大陆,在五百年顷,亦当吾国李唐时代。英吉利王耶特瓦尔特、合福安利特、绎那耶披尔特三王之法典,而制定普通法于三岛,在一千数十年顷,约当吾国赵宋时代。此二法系者,传播虽广,亦不过与中国法系平分古今东西洋之文明而已。通全体以观之,若巴比伦,若埃及,若犹太,若罗马,久已鼎迁屋社,成为历史地理上名词。希腊今虽立国,要亦等诸意大利之于罗马,非犹是斯巴达、雅典之子孙,波斯进矣,顾羊皮金装之圣律,早烬于亚历山大之一炬;印度则多淘汰于外采之英吉利,回回则仅保守于后起之土耳其,前途茫茫,法系不绝如线,思厥先祖父,缔造国家,编纂法典,或谋治安而图守成,或求统一而讲整理,或感时势而采更新,几经竭虑殚精,以法制留遗厥后,乃前之人欲烬薪传火,后之人偏买椟还珠,甚至利器授人,徒自贻藉兵于寇,赍粮于盗之诮,如罗马法系之导源希腊,日耳曼法系之折衷罗马,为希、罗者亦徒哀已。然则国家亡而复兴,玉律金科,自创之而自保之,不毁灭于两度入主之异族,且使之多少同化于吾法制下者,全世界惟有一中国耳……〔15〕

周氏因过信古籍,故以唐尧、虞舜之传说为事实,夫中国法律虽起源甚早,然成文法必在文字发生以后,近数十年中外考古学家研究之结果,均以河南殷墟出土之龟甲兽骨所刻之文为吾国最古之文字,是以拙作《中国法律发达史》即就甲骨文字中有关法制者列举实例以穷究其演进之情形,〔16〕则中国之成文法必产生于殷、周之际,盖无可疑,至法典之编纂,何时为最先?异说纷纭,颇难一致,韦格穆尔氏乃竟以《周礼》为最古之法典云:

……最早且留存于今日之法典厥为周之法典,约在纪元前1100年,或谓为(姬)旦所编纂,彼乃周之公爵,即周朝创业者之兄弟。

此法典即被称为《周礼》或周之规律也者。……〔17〕

氏所言甚简,而不幸竟卷入数千年来中国学者辩争最烈之旋涡中。盖自汉武帝时起,即谓《周礼》为末世渎乱不验之书,何休亦指为战国阴谋之书,宋胡致堂、胡五峰、司马光、晁说之等皆以为刘

歆伪作,近世如先师梁启超先生所撰《先秦政治思想史》亦有云:

> ……据吾侪所推断,其必非周公作,盖成信谳。然谓全部为汉人赝托,抑又不类,意其中一部分或为西周末厉、宣时代制度,一部分则春秋战国时列国所行,汉人杂糅此二者,而更附益其一部分。……[18]

是韦格穆尔氏以《周礼》为中国最古之法典,未免稍涉武断也。[19]夫最能怀疑吾国古代法制者,殆莫过于法人耶士卡拉(Jean Escarra)教授!氏于《中国法律之西方研究法》(Western Methods of Researches into Chinese Law)一讲稿中有云:

> 中国自有《唐律》,而后"法理学"与"法律准则"及解释方开始发展(It is only from the Tang codification that the technique of Chinese Jurisprudence and its doctrinal and judicial interpretation begins to develop)。[20]

著者于旧作《中国法律发达史》曾驳之云:

> 氏以尧、舜为神诞荒渺之话是很不错的,但殷、周、秦、汉、三国、晋、南北朝、隋诸朝都一笔抹杀,说是不可靠,就令人不心服了。[21]

次则日本仁井田升先生去年应中华留日青年会讲演《以唐为中心之东亚法律》,谓中国法典在西历纪元以前(即汉平帝元始元年以前)均不确实,《周礼》有汉人伪造之嫌,周末郑、晋之刑书、刑鼎亦不存在,李悝《法经》乃后人所补缀,故较之《汉摩剌比王法典》在纪元2000年顷及罗马《十二铜表》在纪元前5世纪者远非其比。惟中国于纪元后3世纪之半有《晋律》二十篇,六百二十条,《晋令》四十卷四十篇,二千三百余条,时地中海尚为野蛮民族所跳梁云云,氏思辨明晰,在殷、周甲骨铜器之记录法律条文未发现以前,诚难有以折其口而服其心也。著者于《中国法律发达史》曾有云:

> 战国至秦的社会既有极剧烈的变化,所以各国的法律也就由简单而日趋于复杂,由零碎的习惯法而变为有系统、次序、固定不移的成文法。现在列举各国的法典如下:
> 韩国有《刑符》,申不害所作。
> 魏国有《法经》,李悝所作。
> 李悝是中国成文法典的创始者。[22]

明丘浚所著《大学衍义补》"治国平天下之要"、"慎刑宪"、"定律令之制上",魏文侯时李悝著《法经》六篇条云:

> 按刑法之著为书,始于此,成周之时虽有禁法著于周官,然皆官守之事,分系于其所职掌,未有成书也;然五刑之目,其属各有多少,五等之刑各以类而相从焉,著之篇章,分其事类,以为诠次,则于此乎始焉。[23]

日本芦野德林所著《无刑录刑法上》有云:

……《康诰》曰:"由文王作罚。"《吕刑》曰:"明启刑书胥占。"春秋时楚以蛮夷之国,而芊尹无宇尚引周文法诵其词,则周家之法书之方策,而颁诸列国可知也。且夫《周官》之刑政禁令非各有其成书,又何所依准乎?晋文《被庐》之法,楚文《仆区》之法,范宣子《刑书》、邓析《竹刑》之类,盖亦著之书矣,然则刑法之著为书,非始于李悝也。盖周家之典,列国之法,至战国散逸,经秦火皆不存,但李悝所著,商君受之相秦,萧何收之以定《汉律》,遂为百代刑书之祖耳。[24]

程树德先生之《中国法制史》亦云:

中国之有成文法典,自李悝《法经》始。(原注:李悝以前,非无法典,如黄帝《李法》,春秋时《刑书》、《刑鼎》之类,特至悝始集其成耳。)[25]

朱方氏《中国法制史》亦谓"李悝之《法经》六篇为后世编纂法典者奉为鼻祖"[26]。由此可知周氏所言或不免失之夸张,然著者犹惜其眼光不能越出中国一步,以彻视朝鲜、日本、琉球、安南、西域、渤海千数年来所蒙中国之影响为如何密切深厚,于以见中国法系之伟大性为不可得而否认者也。

二、中国法系之内容及范围

印度、谟罕默德、罗马、英美诸法系不在本文范围之内,现所欲言者,则中国法系之全面目究为如何。著者九年前曾以五十万言详述中国法系之内容,于商务印书馆出版《中国法律发达史》二册,乃近读浅见伦太郎博士所著《卑弥呼法典之遍路》一文,[27] 竟有出人意表外根本怀疑中国法系存在之议论,氏谓秦始皇、汉高祖时中国南北之风俗即相悬殊,自五胡南下而后,风俗之混乱愈甚,故所谓继续四千年之中国法系者,其有无殆不可知,而韦格穆尔氏亦不过沿袭通俗之谬见云云,氏同一性质之论文为数甚多,不胜枚举,择其较重要者述之,如《中国法系无继续之意义》有云:

> 从来谓中国有四千年继续的文化,实则此种俗说应打一对折,故只有二千年。……[28]

《倭人传之法制史的研究》云:

> 中国之史实在秦始皇之后,以前皆为传说时代。……
> 殷墟甲骨文字及周鼎殷彝皆为赝造之假古董,《尚书》、《春秋》、《左传》亦属后人伪作,不得谓为史实。……[29]

《北方民族之法制概论》云:

> 中国传说之记录如世之所谓《易》、《诗》、《书》、《礼》、《春秋》者,皆为汉初人之著作。……[30]

氏为法学专家,故非如中、日、欧、美诸国之穷年累月,孜孜攻究中国历史尚不易成为定说之汉学者,不稍涉武断也。而氏之态度尤易动反感,《法律春秋》有闵泳寿氏者竟谓氏为"非论理、非常识、非法理",氏以其名为伪托,乃朝鲜佣聘以作排外论之一人,故不知人间尚有羞耻事。[31]然氏对中国法系及摹仿中国之朝鲜法制极端轻视,又疑古过勇。实则关于"中国法系",拙作曾谓中国法律为中国民族固有之产物,起自殷、周,历春秋、战国、秦、汉、三国、南朝、隋、唐、宋、明,皆汉族一系相传,循序进展,中间虽屡有北方民族之侵入,如五胡、北朝、辽、金、元、清等,但皆被同化,而于编纂法典,传播法律知识,尤极努力,且不只国内如此,即在东亚,中国法律之影响于诸国者亦甚巨大。惜拙作仅第二章附录传说之箕子在朝鲜统治下之司法,及第十九章内略述唐代之律、令、格、式传入日本,为彼时日本立法之楷模,[32]寥寥数节,殊不惬意。民国二十三年秋东渡留学,常在东京市东洋文库、上野帝国图书馆、东方文化研究所、国家文化振兴会、帝国大学图书馆、史料编纂所等处阅书,因得不少为国内所难搜集之材料,积年余之久遂成此文。虽犹感不备,然中国法律于东亚诸国所发生之影响,盖已纲举目张。若与旧作合观,则世界五大法系中之中国法系,其全貌已可毕睹。窃不自量,颇欲以长久岁月完成"中国法系究为如何"之使命也,海内外贤达尚乞进而教之,则幸甚。

夫所谓"中国法系"者,盖指"数千年来支配全人类最大多数,与道德相混自成一独立系统且其影响于其他东亚诸国者,亦如其在本部之法律制度之谓也"。仁井田升氏于其名著《唐令拾遗》有言曰:

> 中国法律之影响,东至于日本、朝鲜,南至安南,西至西域,北至契丹、蒙古。[33]

又于同书及《关于唐令之复旧》一文谓:

> 古代中国法律在地域及民族方面,皆曾影响于四方。
>
> 耶陵(Rudolf von Jhering)谓罗马曾三次征服世界〔原注:见《罗马法之精神》(Geist des römischen Rechts, 5 Aufl., Bd. I, ST)〕,中国于东方古代之亚细亚亦曾一度以武力支配之,一度以儒教支配之,一度以法律支配之。……[34]

此语甚佳,惜"东方古代之亚细亚"一语稍有语病,盖中国法律之支配东方亚细亚不仅古代也,即中古近世亦然,惟自清朝鸦片战争英法联军诸役而后,欧美各国领事裁判权确立,中国法律之势力范围始日蹙百里耳。此外,如泷川政次郎博士所著《日本法制史》亦云:

> 高句丽及百济于东晋时,新罗于梁时,渤海、日本于隋唐时输入中国法律,从事摹仿制法事业。[35]

桑原骘藏博士《王朝之律令与唐之律令》一文,只泛论唐代文化与东亚诸国之关系曰:

> 我国(日本)平安时代即当于西历九世纪间,是时世界文化之中心,西方则为萨拉森之报打,东方则为唐之长安。……
>
> 唐之文化使东亚诸国大受感化。当时自日本、新罗、高昌、吐蕃等国派遣留唐之学生均努力于文化之输入。又中央亚细亚及东亚细亚诸国之君主大抵皆以受唐朝之封赠职位为荣。……[36]

博士又于《中国之孝道——尤其自法律上观之中国孝道》一文云:

> 《唐律》为日本王朝时代及朝鲜高丽时代法律之母法。……[37]

耶士卡拉教授所作《中国法律与比较法学》[(Chinese Law and Comparative Jurisprudence)，民国十五年天津法国图书馆(La Librairie Francaise Tientsin)1926年出版]亦谓日本及安南千数百年以来，均蒙中国法律之影响，并举杉山直治郎氏所作《法律之演变》(Les Transformations du Droit)卷二第219页之言作证，又以近年法国法制虽传入安南，然以中国法系"先入为主"、"根柢深固"之故，竟不得不让步。其在西北方面新疆、甘肃一带之回回民族固保存谟罕默德之法典而弗坠，然亦采用中国法系之一部分。元代之蒙古民族则尤足证明征服者几完全为被征服者所同化矣。[38] 董康氏云:

> ……亚东法律系统……之幅员，凡日本、朝鲜、暹罗均属之。在中国国土本身，蒙古为游牧之国，逐水草而迁徙，与内地迥别;西藏且往昔化外人之列，属于羁縻性质，均不能以普通之法律相绳，然国家特设藩部或驻在地大员类如古之都护者，以受其质成，未始无沟一之方策也。尝游英京伦敦，于律师公会，泛论犯罪年龄责任，英分七岁、十二岁、十六岁为三时期，与《周官》同，颇疑英之系统亦出东亚，或即所谓东来法之一欤? 由是推之，东亚法系固亦横亘世界，与《罗马法》对峙，不可磨灭之物也。[39]

由以上诸氏所言可证明"中国法系者,世界最大法系之一"之言,为非夸诞者也。惟如耶士卡拉教授谓"蒙古民族则尤足证明征服者几完全为被征服者所同化",恐不免言过其实,董康氏又以"蒙古为游牧之国,逐水草而迁徙,与内地迥别",亦语近武断,夫今日专攻蒙古法律之权威学者殆不能不推俄人屋雅万乐夫斯基(V. Bjavanofckiy)教授,氏于民国十二三年间(1923、1924年)出版《蒙古诸部族之习惯法》一书,至民国十八年(1929年)译为英文,标题 Customary Law of the Mongol Tribes,日本东亚经济调查局又译其民国二十年(1931年)在哈尔滨出版之《蒙古法之历史的概说》,改题为《蒙古惯习法之研究》。其所引用欧文参考书将近百种,用力不可谓不勤笃。[40]氏列举汉、蒙法律差异之点,如汉氏族自隋唐以来历代沿用之"笞"、"杖",蒙古因为牲畜民族,故其普通身体刑之基本要具厥为"鞭箠",而不用笞杖,此其相异者一也。汉族自古即严厉保持家族关系之纯正,故对奸通罪科处特重,古有"宫刑",即对不伦者而设,《大清律》似稍缓和矣,然亦自笞一百起以至于处死;反之,在蒙古诸部族中,则在缔婚前及结婚后之性的关系,尚有某种程度之自由存在,故蒙古人之习惯法,对奸通采极宽容之态度,有仅处轻微之刑焉,有完全犯而不较焉,此其相异者二也。汉族又以崇拜祖先著名于世,历代刑章对发掘坟墓者概从严惩治,不稍宽宥;反之,蒙族则未曾考虑及埋葬之为义务,对死者遗骸不过放置之而已,故有发掘坟墓者,虽轻微刑罚亦付阙如,此其相异者三也。[41]由氏所述诸点观之,耶士卡拉教授谓蒙古族法律完全同化汉族,则不免抹杀事实,虽然,汉、蒙两族之关系由来久矣,故屋雅万乐夫斯基氏谓有清二百余年统治蒙古之结界,中国法律虽未曾将蒙古法体系之全部摧毁净尽,然中国之刑法及诉讼法则,影响于蒙古之痕迹,殆为不可掩蔽者,殊如一般峻烈之刑名,对杀亲者处"八裂刑"及"去势"与"拷问"等事,其所蒙中国之影响,为绝对不能加以否认之事实。[42]其在民法方面,说者以汉族业农耕,蒙族事牲畜,宜如风马牛之不相及,然汉族因饥馑逃荒而移入蒙古者,为数甚众,因有向蒙人租种土地之必要,而蒙古于前此之时,对所谓"租借土地"一事,殆属懵然罔觉者也,此亦受汉族影响而后始能有之一例证。又蒙族殆无专事贸易之人,其境内商业大部分惟汉人是赖,故其与商业有关之习惯,不能不惟汉人之规范是从,至其成文法所受汉族直接影响之一显明证据,则如金钱借贷之法定利息,不得过三分六厘,凡此皆自汉人传授而来之法制,[43]著者以董康氏所言近于武断者以此也。蒙族而外,前所引诸氏所论东亚诸民族国家之法律所蒙中国之影响,非不纷然众多,乃按其实际,有可得而言者焉,如朝鲜、日本、琉球、安南等国是;有不可得而言者焉,如渤海国者,《旧唐书·渤海靺鞨传》仅有云:

　　渤海王数遣诸生诣京师太学,习识古今制度。[44]

《新唐书·渤海传》亦仅记其官制云:

　　……左六司忠仁义部……右六司智礼信部……以比六官。中正台,大中正一,比御史大夫。……[45]

固具体而微之唐代制度也。[46]然于当时法条之内容,则皆无考。近闻泷川博士专攻《渤海国法制史》,甚望早日杀青,得先观为快也。又如缅甸者,据《小方壶斋舆地丛钞》所收泰西(人名原阙)某著《缅甸志》有云：

> 政事大略与东方各国相同，权柄专制于王，百官不得专擅，所用律例，皆合中华、印度两国之律，参酌损益而行。……[47]

哈维（G. E. Harvey）所著《缅甸史》(*The History of Burma*)亦略述缅甸之法律：窃盗初犯黥"贼"字于两颊，再犯截手，三犯斩。又初犯赃重至八百缅币以上即斩。复谓民事方面，负债不偿即听债主役使，妻女或为债主逼使卖淫偿还债欠。[48]然寥寥数节，不足以考察中国法律在该地所发生之影响究为如何也。

此外，光绪二十八年（1902年）国际汉学者开会于德国之汉堡，由俄国拉得洛夫氏提议组织国际中亚远东探险团之后，于是德国组织四次探险队在新疆考古，英国则由斯坦因氏组织探险队前后四次在新疆发掘搜集，法国则由伯希和氏在新疆探险，俄国则有考斯拉夫、鄂登堡三次在新疆发掘，日本亦有大谷光瑞、橘瑞超诸氏在新疆探险，其所获有关于法制之史料者如：

《汉律》之木简：参看斯坦因、沙畹（Stein et Chavannes）两氏之《流沙坠简》(*Documents Chinois*)及张凤氏之《汉晋西陲木简汇编》。[49]

《唐律》断简：斯坦因氏所得者为开元《名例律》之断简，[50]大谷光瑞氏于新疆吐峪沟所得者为《擅兴律》、《贼盗律》之断片。[51]

《唐令》：斯坦因氏所得者为《东宫王府职员令》，[52]伯希和氏所得者为《公式令》。[53]

《唐格》：伯希和氏所得者为《散颁刑部格》。[54]

《唐式》：伯希和氏所得者为《水部式》。[55]

唐宋法律文件：诸氏又于敦煌、吐鲁番、和阗、库车诸处，除发见律、令、格、式之残卷外，又得不少之唐、宋诉状、户籍及家产分单与借钱文书等。[56]

夫新疆为中世纪前东西文化传播之枢纽，而其民族又为"深目高鼻"（用《北史》语）之伊兰种，迨唐末突厥族移入，始成今日汉、缠回杂处之现象，是就人种之立场，探究中国法律所发生之影响，亦属必要，然其地自汉唐以来迄于今日属于中国，故不在本文范围研究之内，惟朝鲜、日本、琉球、安南等国过去虽与中国有数千年深厚密切之关系，而自19世纪以来东亚因受欧美帝国主义之震撼，致发生有史以来所无之剧变局面，又此诸国者因蒙中国文化之影响甚为深巨，故关于法制史之资料颇属富丰，著者略彼详此之理由，即在是焉。但自法制史上之趋势言之，则诸国者可划分为二大时期：

第一，摹仿"唐律令"之时代——盖可谓属于"唐律令"之系统者，如：

（1）日本方面：天智天皇时之《近江令》，文武天皇时之《大宝律令》，元正天皇时之《养老律令》以至醍醐天皇时之《延喜格式》。

（2）朝鲜方面：新罗、百济及高丽太祖王建一代之法制。

(3)安南方面:李太祖(公蕴)、陈太宗(煚)及黎太祖(利)三朝之法制。

第二,摹仿《明律》及《会典》之时代——即属于《大明律》之系统者,如:

(1)日本方面:武家时代末期藩侯所纂法条及明治维新时之《假刑律》(即《暂行刑律》)、《新律纲领》及《改定律例》等。

(2)朝鲜方面:朝鲜太祖李成桂之《朝鲜经国典》、《经济六典》,太宗之《续六典》,世祖之《经国大典》,成宗之《前续录》,中宗之《后续录》,肃宗之《典录通考》,英祖之《续大典》,正祖之《大典通编》、《典律通编》,李太王之《大典会通》及《刑法大全》等。

(3)安南方面:阮世祖(福英)之《嘉隆皇越律例》、宪祖阮旋之《钦定大南会典事例》等书。

(4)琉球方面:乾隆时之《科律》及咸丰时之《法条》等。

若自诸国与中国之关系言之,则朝鲜最为深长,故先述朝鲜,次及日本,而琉球附焉。台湾则有冈松参太郎氏所作之《台湾私法》(临时台湾旧惯调查会第一部调查《第三回报告书》)其第一卷《绪论》之第六款"台湾之法律"谓:清政府时代台湾之法律有"成文法"及"惯习法"二种之大别:

第一,成文法。如《大清律》、《大清会典》、《会典事例则例》及《福建省例》皆为台湾所施行之法律。

第二,惯习法。台湾居民多自闽、粤移来,故各从其原籍之惯习,然因移住已有二百余年,其异于中国内地之习惯亦不在少数。其参考资料,盖有:

(1)《福建通志》、《台湾府志县志》、《淡水厅志》、《诸罗县志》、《噶玛兰厅志》、《采访册》及其他《鱼鳞册》、《柳条册》、《八筐册》、《实征户册》等书。

(2)各地人民所有之证明书类。[57]

本书内容第一编为"不动产",第二编"人事",第三编"动产",第四编"商事及债权",洋洋数十万言,诚浩瀚巨著,为当代有名之东洋法制史之重要参考书,故本书于台湾法制则不之及也。又次则述安南,安南书籍流通外国者甚少,《四库》所收,惟《安南志略》一种,私人所藏之少盖可想见。据松本广信氏所撰《(安南)河内法国远东学院所藏安南本书目》及《越南王室所藏安南本书目》,[58]则安南书籍数量之多,实可惊人。著者生长滇南,以留学外地,出入安南者前后四次,然人事羁牵,来去匆匆,不克久留。今所根据者,乃东洋文库所藏永田安吉氏之寄赠本,[59]虽不足与法国远东学院及越南王室相比拟,然主要之法制史料,已应有尽有,实亦极难得而可贵者矣,故尚希读者特加注意焉。

注　释

[1]《汉书·地理志》第八。
[2]《新旧刑律比较概论》,第1页。
[3]参看 John Henry Wigmore's *A Panorama of the World's Legal System*, vol. Ⅲ, chap. XVII, p.1121。
[4]中央大学:《西洋法制史讲义案》,第1页。
[5]现收入《穗积陈重遗文集》第一集,第292至307页。
[6]Nobushige Hozumi's *The Mew Japanese Civil Code*, chap. V, p.35.
[7]按本书共分为三大章,系柯勒尔氏执笔者为:
　第一,原始民族法(pp.1-48)
　第二,东洋民族法:
　1.半文明民族法
　(1)阿兹特克族、印卡族、玛雅族(pp.49-53)

(2)马来族(pp. 53-55)

(3)蒙古族(pp. 55-56)

2. 文明民族法

(1)巴比伦及亚述(pp. 57-66)

(2)埃及(pp. 66-71)

(3)伊色列及犹太(pp. 71-82)

(4)亚剌伯及回教徒(pp. 82-102)

(5)印度(pp. 102-123)

(6)佛法(pp. 123-130)

(7)波斯(pp. 130-134)

(8)阿尔曼尼亚(pp. 134-138)

(9)中国(pp. 138-145)

柯勒尔氏本节所述之中国法制自尧、舜、禹时起,不能鉴别史料之真伪,是一失也。法家只举商鞅,其他诸多类是,挂一漏万,是二失也。详细批评,尚待异日。

(10)日本(pp. 145-150)

温格尔氏执笔者为:

第三,希腊及罗马法(pp. 145-302)

〔8〕此文为日本高柳贤三氏译,载于《法学协会杂志》第41卷第5号,并谓韦格穆尔教授之来函云:"只为日本文之翻译而作(For Japanese translation only)。"

〔9〕*A Panorama of the World's Legal System*, vol. Ⅲ, chap. ⅩⅦ, p. 1129.

〔10〕Ibid., vol. Ⅰ, chap. Ⅱ, p. 59.

〔11〕Ibid., vol. Ⅱ, chap. Ⅸ, p. 535.

〔12〕《中国法制史论丛》,第213页。

〔13〕中央大学:《西洋法制史讲义案》,第5页。

〔14〕*A Panorama of the World's Legal System*, vol. Ⅲ, Appendix, p. 1135.

〔15〕《中国法制史讲义》第二编,中国公学大学部铅印本,第1至2页。

〔16〕参看《中国法律发达史》上册,第二章,第24至27页。

〔17〕*A Panorama of the World's Legal System*, vol. Ⅰ, chap. Ⅳ, "The Chinese Legal System", p. 158.

〔18〕《先秦政治思想史》,第30页。

〔19〕韦格穆尔氏于前书尤犯一极大错误,谓约在纪元1400年,明代之永乐

大臣编订一通行之新法典,此法典为二百年后满洲清朝之法典所根据(p. 160),按永乐为明成祖年号,非大臣之名也。成祖只定诬告等之单行法,至《大明律》则草创于太祖之吴元年,更定于洪武六年,整齐于二十二年至三十年,始颁行全国,氏所言抑何远于事实也。按氏之原文如下:"In the ensuing Ming dynasty, about A. D. 1400, the minister Yung Lo framed a new general code. ..."似此类文句,尚希氏于再版时痛加删削焉。

〔20〕《中国社会政治科学季刊》(The Chinese Social and Politcal Science Review), vol. Ⅷ, January, 1924。

〔21〕《中国法律发达史》上册,第343页。

〔22〕前书,第73页。

〔23〕《大学衍义补》卷之一百二。

〔24〕《无刑录》卷五。

〔25〕《中国法制史》,第8及12两页。

〔26〕《中国法制史》,第32页。

〔27〕《法学协会杂志》第45卷第11号。

〔28〕日本大学法学部出版之《法律学研究》第26卷第9号。

〔29〕《法律学研究》第27卷第11号。

〔30〕《法律学研究》第27卷第5号。

〔31〕见同上,氏为最先着手撰述朝鲜法制通史之人,其博士学位之论文为《朝鲜法制史稿》,首卷《学位记》引大正十一年(民国十一年二月九日)《官报》揭载东京帝国大学法学部教授会《审查论文之要旨》有云:"本论文为著者多年苦心之著作,其缺点则叙事稍形散漫,考证亦往往失于不精密,殊如第五编(按即李朝朝代之法制)抄录各种史料过多,创见甚形缺乏,然著者本论文将杂驳不备之朝鲜法制史料整理安排……使半岛法制沿革之大纲得以大明。……"云云,是氏所贡献者,朝鲜法制方面较中国为多也。

〔32〕参看拙作:《中国法律发达史》上册,第29页及第344、345两页。

〔33〕《唐令拾遗序说》。

〔34〕《法学协会杂志》第52卷第2号。

〔35〕《日本法制史》第三编,第一章"总说"。

〔36〕《历史与地理》第6卷第5号。

〔37〕《狩野教授还历记念支那学论丛》,第326页。

〔38〕参看原书(pp. 8,9)。
〔39〕《新旧刑律比较概论》,第1页。
〔40〕参看日译《蒙古惯习法之研究》日本版原著者序文第2页、东亚经济调查局序文第1页及《引用参考书》第1至5页。
〔41〕参看《蒙古惯习法之研究》第一部,第六章"中国法律对蒙古法律之影响",第169至174页。
〔42〕参看前书,第174至176页。
〔43〕参看前书,第172、176、177诸页。
〔44〕《旧唐书》。
〔45〕《新唐书》。
〔46〕此节应参看岛山喜一氏:《渤海史考》,第99至136页;金毓黻氏:《渤海国志长编》卷十五《职官考》及沼田赖转博士《日满之古代国交》,第29至33页。
〔47〕《小方壶斋舆地丛钞》,第十帙。
〔48〕*The History of Burma*, pp. 358-359.
〔49〕*Documents Chinois*, p. 109, Pl, XIV.《汉晋西陲木简汇编》,第57页。
〔50〕参看罗振玉氏之《敦煌石室碎金》卷上。
〔51〕参看《西域考古图谱》。
〔52〕参看《敦煌石室碎金》卷上及王国维师《观堂集林》卷二十一。
〔53〕参看内藤虎次郎博士:《日本文化史研究》之《唐代文化与天平文化》一章。
〔54〕参看董康氏:《书舶庸谭》及大谷胜真氏关于《敦煌出土散颁刑部格之残卷》——见《青丘学丛》第17号。
〔55〕参看《敦煌鸣沙石室佚书》及内藤博士:《日本文化史研究》。
〔56〕参看羽田亨氏:《西域文明史概论》,第132至134及185诸页。
〔57〕参看《台湾私法》第一卷《绪论》,第26至41页。
〔58〕参看《史学》第13卷第4号及第14卷第2号。
〔59〕参看石田干之助氏:《三松盦读书记》(见《史学杂志》第45卷第1号)及岩井大慧氏:《永田安吉氏蒐集安南本目录》(见《史学》第14卷第2号)。

第二章　中国法律在朝鲜之影响

一、自传说之箕子八条至高丽王建一代

朝鲜与中国之关系,盖数千年于兹矣！日本今西龙博士所著《朝鲜之文化》有云,"朝鲜享受中国之文化,故其国之思想全然受中国文化之支配"[1],诚哉是言也。至于法制方面,信如爱尔兰(Alleyne Ireland)氏所云:"1895年(光绪二十一年)以前高丽所施行之法律,皆摹仿中国者也。"[2]但高丽于中日战争后十年(即光绪三十一年,1905年),犹参酌唐明律编纂《刑法大全》,于光武九年四月颁布之,故爱尔兰氏应改言曰:"1905年以前高丽所施行之法律,皆摹仿中国者也。"如此方符于事实。又汉密尔顿(Angus Hamilton)氏亦云:"高丽法律之原则及性质与施行于中国者无甚显著之差异,中国谨严之保守主义统治高丽者为时甚久。"(The principles and character of Korean law presented no very marked deviation from that which had been upheld in China through so many centuries...)[3]考中国法律在朝鲜最早所发生之影响,如班固《汉书》有云:

殷道衰,箕子去之朝鲜(按在周武王十三年己卯,前1122

年),教其民以礼义、田蚕、织作,乐浪朝鲜民犯禁八条:相杀,以当时偿杀;相伤,以谷偿;相盗者,男没入为其家奴,女子为婢,欲自偿者人50万,虽免为民,俗犹羞之。嫁娶无所雠(颜师古曰:"雠,匹也。"),是以其民终不相盗,无门户之闭,妇人贞信不淫辟。……[4]

安鼎福氏《东史纲目》引李氏晬光之言曰:"《箕子》八条,只有三条,或疑并五伦为八云。"[5]但朝鲜弘文馆所纂辑之《增补文献备考》另有按语云:

> 谨按八条之见于《汉书》处只此三条而已,其余五余有不可考,或云并五伦为八条,恐未然。[6]

是对于李氏之说深致怀疑者也。韩致奫氏《海东绎史》别有解说云:

> 愚谓八条之见于《汉书》者四条:相杀,一条也;相伤,一条也;相盗,一条也;嫁娶无所雠,又一条也,故下云是以其民终不相盗,无门户之闭,妇人贞信不淫辟,范氏亦云箕子施八条之约,使人知禁,遂乃邑无淫盗,观于此则可知嫁娶无雠亦入八条中也。[7]

然其余四条之内容究竟如何?竟莫能明也。班固而后,范晔之《后汉书》[8]、陈寿之《三国志》[9]等均沿其说,除"八条"而外,广池千九郎博士所著《东洋法制史本论》"中国殷以前之亲等制度及朝鲜之亲等制度"一项又谓，殷以前之亲等制度，或即由箕子之手而流传于朝鲜，或为今日朝鲜亲等制度之渊源，亦未可知云。[10]其持反对论者如近人李丙焘氏撰《关于所谓箕子八条教者》一论文，谓"从来所谓箕子之八条禁令者，其内容不过种种之牵强附会而已：或为《汉书》之'相杀、相伤、相盗'三条，或为《尚书·洪范》中之三'八政'，又或为三纲及五伦"[11]。夫怀疑朝鲜之箕子事实者不自李氏始，日本学者如今西龙氏之《朝鲜史概说》，即以箕子王朝鲜之事，《史记》、《汉书》之记载均甚简略，若有若无，至魏鱼豢之《魏略》，其事始稍详，然实误采乐浪韩氏之《谱系》，故以箕子为王也。[12]稻叶岩吉氏之《朝鲜史》亦谓汉武帝以前无箕子之传说者。[13]鸳渊一氏所撰《古代之满洲》复以确定箕子之封地最为困难，故其法制皆甚可疑。[14]凡此皆自文字方面立论，其有就实物方面而亦加以否认者，则如关野贞博士所撰《朝鲜文化之遗迹》即以今日平壤大同江一带所有之箕子陵、箕子宫、箕子井及箕子之井田等皆出于后人之附会。[15]故吾人以箕子《八条》之说，在未有积极之证据以前，阙疑可耳，然中国与朝鲜之关系实甚久远，溯自殷末及战国以降，内乱频仍，人民不堪流离之苦，相率隐避于朝鲜者实为数甚多，《三国志·魏书·东夷传》即有云：

  陈胜等起，天下叛秦，燕、齐、赵民避地朝鲜数万口（《后汉书·东夷列传》并同）。

汉初卫满之率燕民移居半岛特其一例，迨武帝声威远播，遂于元封三年（前108年）建乐浪、玄菟、真番、临屯四郡，[16]于是当时为东方表率之中国高等文化乃倾量输入，观于近数十年日本考古学者在朝鲜发掘之结果,乐浪文化之全面目殆宣泄泰半,[17]从可知当时朝鲜固有之文化及民族血统必蒙甚大之影响。故汉献帝建安五年之时,据日本《古事记》所载熊袭叛变,新罗暗助,神功皇后出征,新罗遂乞降,高句丽百济旋亦来朝贡,百济王子阿直岐且推荐学者王仁至日本(时在晋武帝太康六年),献《论语》、《千字文》,贵族子弟且从之游,深究中国文学历史经书,[18]可见朝鲜为当时日本输入中国文化之惟一策源地,朝河贯一博士于其名著《古代日本之制度生活》(*The Early Institutional Life of Japan*)即有言曰:

>……一般皆明了日本与朝鲜之关系有甚古之历史,朝鲜使日本认识大陆文化之片面而旋即开放一与中国直接交通之路径。[19]

吾人于此亦可推知朝鲜所蒙中国文化影响实极深厚。关野贞博士《朝鲜文化之遗迹》一文关于时代之区分,其第一期即为新罗、百济、高丽鼎立之三国时代,又以三国受汉、魏、晋之影响为前期,受南北朝之影响为后期,[20]然所述多限于美术、工艺、佛法方面,三国之文字史料固非鲜少,金富轼《三国史记》有云:

>海东有国家久矣!自箕子受封于周室,卫满僭号于汉初,年代绵邈,文字疏略,固莫得而详焉。至于三国鼎峙,则传世尤多:新罗五十六王992年,高句丽二十八王705年,百济三十一王678年,其始终可得而考焉。[21]

然《三国史记》关于法制之记载亦甚缺乏,内藤虎次郎博士云,"考镜三韩古史,莫要于《三国史记》、《三国遗事》二书"[22],按《遗事》为高丽麟角寺僧一然所撰,书成于元世祖至元间,其书内容于法制方面尤无一字道及,故其史料之价值远在《三国史记》之下。现参酌吾国及朝鲜之古籍略述三国之法制如下:

(一) 新罗

新罗开国于汉宣帝五凤元年(前57年),历三十八王九百九十二年,至五代后唐明宗天成二年(927年)始降于高丽,《新唐书·东夷列传》有云:

> 新罗,弁韩种也,居汉乐浪故地,横千里,纵三千里,东距长人,东南日本,南濒海,北高丽,王居金城。……[23]

丁谦氏《新唐书·东夷列传地理考证》云:

> 新罗本名斯卢,为辰韩十二国之一,云弁韩种误。其王初为朴氏,名赫居世,历十传昔氏代之,八传金氏又代之,唐时为王即金氏裔。国地皆辰、弁二韩旧墟,云汉乐浪地又误,汉乐浪郡仅有今平安、黄海二道西面一带(原注:东皆高名骊境),未尝及新罗界也。又新罗之东,尽滨大海,并无余地以为长人立国。本传原文云:"长人者,人高三丈,锯牙钩爪,黑毛覆身,其国连山数十里,有一峡以铁为门,新罗常屯兵守之。"荒诞至此,殊不足辨……王所居即庆州府,曰"金城"者,盖夸饰之词,谓城坚如金,非其本名。……[24]

按丁氏之说是也。中国自古以来妄自尊大,暗于外情,此其一端。夫新罗于三国鼎立时代所蒙中国法律之影响,盖不可考矣,迨太宗武烈王暨文武王即位,唐朝灭亡百济与高句丽,[25]新罗始统一半岛,追摹中国文化,遂呈空前绝后之盛况,泷川博士所著《唐之法制》有云:"唐时首都长安有新罗留学生260人,可知唐之法制输入新罗殆为无可怀疑之事。"[26]今西龙博士所谓新罗盛时入唐之僧侣及留学生为数甚多,故唐风之文物输入。[27]现考之于《三国史记·新罗本纪》"法兴王"条有云:

> 七年春正月,颁示律令。[28]

福田芳之助氏谓,"此次颁令尚在日本《十七宪法》之前85年",但较高句丽之颁令尚晚147年,[29]另据拙作之《年代对照表》则稍有出入。《增补文献备考·刑考》"新罗"条云:

> 文武王七年始置右理方府掌刑律。

但《三国史记·新罗本纪》"文武王上"则不见记载,[30]此外如云:

> 景德王十七年置律令博士二员。

《三国史记》与此并同。[31]《职官考》又有云:

> 新罗置司正府,又置内司正典,掌纠察百僚。[32]

似即当时之御名。又云:

> 新罗置左理方府,右理方府,掌律令,后改议方府。[33]

盖即当时之刑部,《三国史记》有言曰:"新罗官号因时沿革不同,其名唐夷相杂,其曰'侍中''郎中'等者皆唐官名……"[34]是可见新罗所蒙唐之影响为甚巨大,惟当时法典条文均丧失无遗,为可惜也。[35]

(二) 高句丽

高句丽立国最古,《周书·王会》篇有"东夷嗛羊"语,原注云:"东夷,东北夷高句丽也。"其他所在据丁谦氏云:"……古高句丽在今奉天省城东北英额边门外浑河发源处。(原注:浑河即《地理志》及《水经注》小辽河。)"[36]

然本文今所论者为汉元帝建昭二年(前37年)东明圣王高朱蒙所建之新高句丽国,丁谦氏云:

> ……新高句丽在今朝鲜北境平安道成川郡地。[37]

其《高句丽国有二考》云:

> 高句丽国之在朝鲜,人皆知之,其地当居辽东东南,余读范(晔)氏《后汉书》乃云在辽东之东,且云南与朝鲜接,何也?况高句丽即高丽,何夫余国北又有所谓"稿离国"?种种鹘突,殊不可解,及读《朝鲜史》、《东藩纪要》、《东国通鉴》及《高丽

好大王碑》,并证以《魏志》,南、北《史》,新、旧《唐》等书始恍然于高句丽本有二国:其在辽东之东,南与朝鲜接者,为古高句丽,即《地理志》玄菟郡所治高句丽县地。前汉元帝初古高句丽王有养子朱蒙避难南奔,渡鸭绿江,至朝鲜平安道成川郡地,别建为国而仍其故号,此重立之高句丽也。二国南北相距一千余里,无可牵混。……[38]

按是说甚辨,此新高句丽与中国之关系,据陈寿《三国志·乌丸鲜卑东夷传》云:

……王莽初发高句丽兵以伐胡,不欲行,强逼遣之,皆亡出塞为寇盗……莽召严尤击之,尤诱期句丽侯驺至而斩之,更名高句丽为下句丽,降为侯国。光武帝八年,遣使来朝,始复称王。……[39]

丁谦氏云:

……《朝鲜史》载王莽伐匈奴,征其兵,琉璃王(名类利,东明王朱蒙子)不应,降于鲜卑,而侵犯汉边境,知传所云"亡出塞为寇盗",实高句丽与鲜卑暗相勾结,而莽不知也。严尤诱斩之句丽侯驺,盖即彼国统兵之人。……[40]

《宋书·夷貊传》云:

……晋末义熙九年,王琏表献赭白马,除高丽王乐浪公,

>高祖践阼,诏谕进爵,遂遣使贡献。……[41]

《南齐书·貊传》云:

>……宋末高丽王乐浪公高琏为使持节散骑常侍都督营、平二州诸军事车骑将军开府仪同三司,太祖建元元年,进骠骑大将军。三年,遣使贡献,乘舶泛海,使驿常通,亦使魏虏,然强盛不受制。……[42]

按魏收《魏书·外国传》云:

>……世祖时钊曾孙琏始遣使朝贡,帝使李敖至其都平壤城,询访国事。……讫武定末,贡使无岁不至。[43]

由上可知三国鼎立时代之高句丽其与中国关系之密切盖自汉、魏、南北朝以降即然,《三国史记·高句丽本纪》有云:

>小兽林王(一云小解朱留王)……二年夏六月,秦王苻坚遣使及浮屠顺道送佛像经文,王遣使回谢,以贡方物,立太学,教育子弟。[44]

可见与中国往来之频繁,而所受中国文化影响之深,关野贞博士《朝鲜文化之遗迹》所述当时之古坟墓,铜镜土器等工业艺术及长安城之建筑历历若在目前,[45]惟法制方面则《三国史记·高句丽本纪》谓小兽林王三年(晋孝武帝宁康元年,373年)始颁律

令,[46]然条文不传,故难详考。惟《增补文献备考》有记载云:

> 高句丽大武神王十一年令曰:"其十恶中,准律用刑者外,犯别罪合被重杖者并征赎。"[47]

按此事《三国史记·高句丽本纪》不见记载,[48]而大武神王十一年乃汉光武帝建武四年(28年),"十恶"之罪名至《北齐律》始有,故可知其为错误,然从上引文字亦可推知高句丽之法律必受晋以后诸律之影响也。

(三)百济

百济起自西汉成帝鸿嘉三年(前18年),历三十王六百七十八年,至唐高宗显庆五年(660年)始亡于新罗,范晔《后汉书·东夷列传》有云:

> 韩有三种:一曰马韩、二曰辰韩、三曰弁辰。……弁辰在辰韩之南,亦十有二国,其南亦与倭接,凡七十八国,伯济是其一国焉。……[49]

丁谦氏云:

> ……伯济即百济,其国与新罗、高句丽均于西汉末先后迭兴,新罗、百济既立,三韩均为所并,中国人因远无闻,历三国、两晋,直至南北二《史》始载其事迹。范氏作此书时,想已闻有

伯济国名,故附及,不知伯济固马韩五十四国之一,而新罗亦弁辰十二国之一……[50]

按《宋书·夷貊传》有记载云:

……义熙十二年,封其王余映为百济王,高祖践阼,进其位号。景平二年,遣使贡献。元嘉二年以后,每岁表进方物。[51]

魏收《魏书·外国传》亦有云:

……延兴(魏孝文帝年号)二年,王余庆始遣使表献,且诉高句丽侵陵,诏优答之。……[52]

是百济于中国南北朝分立之际犹来朝贡,观其于晋武帝时即能将中国儒学传入日本,则其国中必盛行摹仿汉土文明,惜吾国史籍所传述百济之律条制度均甚形简略。惟如《后周书·异域传》所云:

百济其刑罚反叛退军及杀人者,斩。盗者,流,其赃两倍征之。妇人犯奸者没入夫家为婢。[53]

《旧唐书》亦有云:

其用法叛逆者死,籍没其家。杀人者以奴婢三赎罪。[54]

是其刑名酷似中国,处分亦差近。前书又云:

> 百济置朝廷佐平掌刑狱事。

今考之朝鲜记载:如《三国史记·百济本纪》及《增补文献备考》均谓"百济古尒王二十七年置朝廷佐平掌刑狱事"[55];又云"二十九年下令凡官人受财及盗者三倍征赃禁锢终身"。按古尒王二十七年当中国魏元帝景元元年(260年),以百济浸染汉文化之深,则其法律必自汉魏两代脱胎而出,为无可疑惑之事也。

(四) 高丽王建一代

按百济、高句丽虽于唐高宗时先后灭亡,[56]朝鲜半岛逐渐为新罗所统一,但不久又分裂为三国,除新罗外,复有后百济及高丽二国,沿至五代之晋高祖天福元年(936年)时新罗、后百济又先后灭亡,于是高丽复统一朝鲜半岛。据《新五代史·四夷附录》及《宋史·外国传》云:

> ……后唐同光天成时,其主高氏累奉职贡,长兴中权知国事王建承高氏之位,遣使朝贡,立为玄菟州都督,封高丽国王,晋开运二年卒;子武袭位,卒;子昭,权国事,周广顺元年封王;宋建隆二年遣使来贡,进检校太师,封王如故,自后朝贡甚谨。国喜文学,屡求佛经文学,并使国人就学于国子监,淳化间尝赐其国进士王彬、崔罕等及第,授官遣还。又有金行成者,留仁中朝,官至殿中丞。又有康允者,登进士第,扬历中外,至京西转运使,以清白干力闻,上章多所建白,追卒,真宗特以其子希龄为太常奉礼郎,给俸终丧。……[57]

由是可见宋之对高丽较前代尤能深进一层,故高丽虽名为属国,而实无异于域内,中国文物遂愈盛行,且高丽王国自王建于五代梁太祖贞明四年建国起至明太祖洪武二十五年(918年至1392年)之三十四代恭让王王瑶始为李成桂所废,盖凡经四百七十四年之岁月,不可谓不长,故关于法制史之资料较为丰富,而朝鲜法制之真面目始于此睹之,亦一快事也。

著者所根据以研究高丽一代法制之史料,除《增补文献备考》等书而外,以明治四十一年(前清光绪三十四年)日本国书刊行会所排印之《高丽史》一百三十八卷为主要之资源,此书吾国《四库全书总目·史部》"《载记类》存目"仅著录《高丽史》二卷,盖当时库馆诸臣仅得见残本二卷,惟朱彝尊藏有全部,惟此书在中国得窥全豹者实甚少耳。[58]此书为高丽世宗朝史臣郑麟趾等三十二人奉命所撰,于文宗元年告成,时为吾国明代宗景泰二年(1450年),[59]计《世家》四十六卷,《志》三十卷,《表》二卷,《列传》五十卷,王氏四百七十余年之文献赖以得征焉。现就高丽法制方面分为法典、法院编制、诉讼手续、刑法、民法等叙述于下,同时并与《唐律》之条文比较其异同。

【法典】

高丽王建一代之律,盖摹仿《唐律》而稍加删削者也。《增补文献备考》引洪汝河所纂《刑法志》曰:"高丽刑法所遵用者,李唐焉。"[60]郑麟趾等撰《高丽史·刑法志》亦云:

> ……高丽一代之制,大抵皆仿乎唐,至于刑法亦采《唐律》,参酌时宜而用之。曰《狱官令》二条、《名例》十二条、《卫禁》四条、《职制》十四条、《户婚》四条、《厩库》三条、《擅兴》

三条、《盗贼》六条、《斗讼》七条、《诈伪》二条、《杂律》二条、《捕亡》八条、《断狱》四条,总七十一条,删烦取简,行之一时,亦不可谓无据。[61]

按《唐律》为五百条,《高丽律》不过七十一条,仅当其五分之一而弱,实繁简大差矣。故前书记其施行后之成效云:

> 然其弊也,禁纲不张,缓刑数赦,奸凶之徒脱漏自恣,莫之禁制,及其季世,其弊极矣,于是有建议杂用元朝《议刑易览》、《大明律》以行者,又有兼采《至正条格言行事宜》成书以进者,此虽切于救时之弊,其如大纲之已隳,国势之已倾何?……[62]

高丽采用《元律》盖在辛禑三年(时为明太祖洪武十年,1377年),会"令中我决狱,一遵《至正条格》"[63],迨辛禑十四年(明太祖洪武二十一年,1388年),李成桂(即朝鲜之太祖)废辛禑而立冲幼之辛昌,确立向明排元之国策,于是典法司上《疏》曰:

> ……前元有天下,制以《条格通制》,布律中外,尚惧其烦而未究,复以中国俚语为律,而名之曰《议刑易览》,欲令天下之为吏者,皆得而易晓也。然本朝俚语与中国不通,则尤难晓之,又无讲习者,故凡施刑者皆出妄意。……今《大明律》考之《议刑易览》,斟酌古今,尤颇详尽,况时王之制,尤当仿行。伏惟殿下,命通中国与本朝文俚者,斟酌更定,训导京外官吏,一笞一杖,依律而施行之;若不按律,而妄意轻重者,以其罪罪之。……[64]

是高丽将亡,犹欲采用《大明律》者,时势为之也。又《郑梦周列传》有云：

> （恭让王）四年，梦周取《大明律》、《至正条格》、本朝法令，参酌删定，撰新律以进。

《恭让王传》亦有云：

> 四年二月甲寅，守侍中郑梦周进所撰新定律，王命知申事李詹进讲凡六日，屡叹其美，谓侍臣曰："此律须要熟究删定，然后可行于世也。"……

此新律内容之大部分恐即与《大明律》相同，惜其不传也。

【法院编制】

《高丽史·百官志》有云："高丽太祖开国之初参用新罗泰封之制……其官员或杂方言，二年立三省六尚书九寺六卫略仿唐制。"[65]郑元容《文献撮录》引徐居正曰："丽太祖开国立三省六尚书九寺六卫，略仿唐制，成宗稍加增损，忠烈忠宣王服事胡元，凡官爵之侔拟上国者悉改之，互相纷更，官爵太紊。"[66]徐兢《宣和奉使高丽图经》亦有云："……官府之设大抵皆窃取朝廷美名，至其任职授官，则实不称名，徒为文具观美而已。……"[67]

现将高丽一代司法机关分类叙述于下：

〔中央〕

《高丽史·百官志》云：

> 典狱署掌狱囚，国初始置"典狱置"，成宗十四年（宋太宗淳化五年，994年）改为"大理寺"，有评事。文宗复改为"典狱

署",置令一人,秩正八品;丞二人,正九品。忠宣王罢,恭愍王十一年元顺帝至正二十二年,1362年复置令从八品、从九品。吏属文宗置史二人,记官三人。〔68〕

此为高丽仿唐制而设之最高审判机关。

前书又云:

> 司宪府掌论执时政,矫正风俗,纠察弹劾之任,国初称司宪台,成宗十四年改御史台,有大夫、中丞、侍御史、殿中侍御史、监察御史。显宗五年(宋真宗大中祥符七年,1014年)武臣金训等请罢御史台,置金吾台使、副使、录事,并无常员。六年罢金吾台使,复以御史台为司宪台,置大夫、中丞、杂端、侍御、司宪、监察司宪。十四年复改御史台。靖宗十一年(宋仁宗庆历五年,1045年)升权知监察御史班在阁门祗候上。文宗定判事一人、大夫一人,秩正三品;知事一人、中丞一人,从四品;杂端一人、侍御史二人,并从五品;殿中侍御史二人,正六品;监察侍御史十人,从六品(文吏各五人)。睿宗十一年(宋徽宗政和六年,1116年)诏知事杂端立本品行头。神宗五年(宋宁宗嘉泰二年,1202年)御史二人升为参秩。忠烈王元年(元世祖至元十二年,1275年)改监察司,仍改大夫为提宪,中丞为侍丞,侍丞侍御史为侍史,监察御史为监察史。……〔69〕

此为高丽仿唐制而设之总检察机关。

高丽亦有刑部,郑元容《文献撮录》卷八"丽朝刑部"条所述不及《高丽史》之详备,按《百官志》曰:

刑曹掌法律词讼详谳之政,太祖仍泰封之制,置义刑台,后改刑官,有御事侍郎、郎中、员外郎。成宗十四年,改尚书刑部。文宗定判事一人,宰臣兼之,尚书一人,秩正三品;知部事一人,他官兼之。侍郎二人,正四品;郎中二人,正五品;员外郎二人,正六品。又别置律学博士一人,从八品;助教二人,从九品。忠烈王元年改为典法司,仍改尚书为判书,侍郎为总郎,郎中为正郎,员外郎为佐郎。……

此为高丽仿唐制而设之司法行政机关。
〔地方〕
《百官志》云:

(高丽太祖)二年(五代梁贞明五年,919年)……内有省、部、台、院、寺、司、馆、局,外有牧、府、州、县,官有常守,位有定员。……[70]

现分述高丽一代地方之司法机关如下:
州 《百官志》云:

知州郡员吏品秩同防御镇,后只置知事判官,或只置知事诸县。文宗定令一人,七品以上,尉一人八品。睿宗三年诸小县置监务。……[71]

府 留守官 同书云:

西京留守官,太祖元年置平壤大都护府。……成宗十四年置知西京留守事一人……判官二人……司录参军事二人……法曹一人。……

东京留守官,成宗以庆州为东京,置留守使一人。……

南京留守官,文宗以扬州为南京,置留守一人。……

团练使、都团练使、刺使、观察使,成宗为州府之职,穆宗罢之。……

都护府 同书云:

大都护府,文宗定官制,使一人……判官一人……司录兼掌书记一人……法曹一人。……

中都护府……(文宗)后只置使司录,或置使法曹。……

防御镇,文宗定使一人……判官一人……法曹一人。……

按廉使 同书云:

按廉使,专制方面以行黜陟,即国初节度使之任。……

廉问使 同书云:

廉问使,旧制畿县皆直隶……其刑名钱谷军情事务以至官吏殿最民间词讼无不纠理。……

巡军府 前书《刑法志》有云:

忠宣王二年传旨曰:"巡军府本为捕盗而设,民间斗殴宰杀牛马等事皆可理之,其余土田奴婢事并勿理,以巡绰为事。"[72]

现将高丽一代司法机关之组织列表于下:

中央 ┤ 典狱署(大理寺)——裁判机关
　　　│ 司宪府(御史台)——检举机关
　　　└ 刑　曹(刑　部)——司法行政机关

地方 ┤ 州
　　　│ 府
　　　│ 西京、东京、南京留守官
　　　│ 都护府
　　　│ 按廉使
　　　│ 廉问使
　　　└ 巡军府

【诉讼手续】

前书《刑法志》有关于法院职员回避之规定,如《公式相避》云:

　　本族:父子孙,同生兄弟,堂兄弟,同生姊妹之夫,堂姊妹之夫(原注:台省政曹外许同官),伯父叔父,伯母叔母之夫,侄女之夫,女婿孙女婿。

　　外族:母之父母,母之同生兄弟,母之同生姊妹之夫,母之同生兄弟姊妹之子。

　　妻族:妻之祖父,妻之同生兄弟,妻之同生姊妹之夫,妻之伯父叔父,妻之伯母叔母之夫,妻之兄弟姊妹之子,侄女之夫。[73]

按《唐六典》卷六《刑部》门注所规定者较此稍为简略。讯问被告之规定,如《刑法一·职制》云:

> 诸察狱之官先备五听,又验诸证事状,疑似不首实,然后拷掠,每讯相去二十日,若讯未毕,更移他司,仍须鞫者,连写本案移送,即通前讯。以充三度;若无疑似,不须满三度;若因讯致死者,皆具状申牒当处长官与纠弹官对验。

按本条与《唐六典》卷六注及《唐律》卷第二十九《断狱律》之条文颇相仿佛。

另条:

> 犯杀人罪初段坚问九端,隔三七日;二段坚问十二端,隔四七日;三段坚问十五端。

另条:

> 恭愍王元年(元顺帝至正二十二年,1362年)二月教曰:"内外官吏未取诸囚招辞,面缚乱打,伤肌肤,害性命,予甚悯焉,今后毋得法外乱刑,违者罪之。其军人逃役者,随所犯杖之,吏民有罪者亦如笞杖,并勿罚布;贪污犯赃者不在此限。"

一般审判之规定如《刑法一·职制》云:

> 判外狱囚西京则分台,东西州镇则各界兵马使,关内西道则按察使,东南海则都部署,其余各界首官,判官以上无时监行推检轻罪量决,重囚则所囚年月具录申奏,如有滞狱,官吏科罪论奏。

另条:

成宗七年(宋太宗端拱元年,988年)判诸道转运使及外官,凡百姓告诉不肯听理皆令就决于京官。……

又《刑法二·恤刑》引"文宗十六年(宋仁宗嘉祐七年,1062年)二月制"曰:

自今必备三员以上然后讯鞠囚徒,以为定制。

《刑法一·职制》引"肃宗元年(宋哲宗绍圣三年,1096年)教"曰:

旧制凡官吏决狱,小事五日,中事十日,大事二十日,徒罪以上狱按三十日已有之限,其令内外所司申明举行。

高丽对死刑之科断亦如中国历代之极为重视,《刑法一·职制》有云:

判死不再生,人命至重,今外方重刑界员例不亲问,使外吏于多事中杂治之,甚为不可;自今牧都护所推狱使以下员齐坐知州县令所推狱界首一员亲进复验,无有差谬,然后连衔署名临问员每七月初一日内亲赍上来。

【刑法总则】
〔刑名〕
徒刑 《刑法一·名例》云:

徒刑五:一年,折杖十三,赎铜二十斤。一年半,折杖十五,赎铜三十斤。二年,折杖十七,赎铜四十斤。二年半,折杖十八,赎铜五十斤。三年,折杖二十,赎铜六十斤。

按《唐律》卷第一《名例》,《唐六典》卷六所规定与此全同。

身体刑　同书:

笞刑五:一十,折杖七,赎铜一斤。二十,折杖七,赎铜二斤。三十,折杖八,赎铜三斤。四十,折杖九,赎铜四斤。五十,折杖十,赎铜五斤。

杖刑五:六十,折杖十三,赎铜六斤。七十,折杖十五,赎铜七斤。八十,折杖十七,赎铜八斤。九十,折杖十八,赎铜九斤。一百,折杖二十,赎铜十斤。

按《唐律·名例》无折杖规定。

流刑　同书:

流刑三:二千里,折杖十七,配役一年,赎铜八十斤。二千五百里,折杖十八,配役一年,赎铜九十斤。三千里,折杖二十,配役一年,赎铜一百斤。

按《唐律·名例》及《唐六典》卷六注均无"折杖"规定,余并同。

死刑　同书:

死刑二:绞,赎铜一百二斤。斩,赎铜上同。

按同《唐律·名例》。

〔刑之执行〕

吾国旧籍有关于高丽执行刑罚之记载者,如《宋史·外国列传》有云:

> 高丽刑无惨酷之科,惟恶逆及骂父母者斩,余皆杖肋,外郡刑杀悉送王城,岁以八月减囚死罪,皆流诸岛,累赦眡轻重原之。[74]

宋人著作中如孙穆之《鸡林类事》有云:

> (高丽)国法至严,追呼虽寸纸不至即罚,凡人诣官府少亦费米数斗,民贫甚惮之。有犯不去巾衣,但褫袍带,杖笞颇轻,投束荆史自择以牌记其杖数,最苦执缚交臂反接量罪为之,自一至九又视轻重制其时刻而释之,惟死罪可久,甚者髀骨相磨,胸皮折裂,凡大罪亦刑部拘役也,周岁待决终不可逃。[75]

徐兢《宣和奉使高丽图经》"图圄"条云:

> 高丽图圄之设,其墉高峻,形如环堵,中亦有屋,盖古圜土之意也,今在官道之南,与刑部相对,轻罪则付刑部,盗及重罪则付狱,系以缧绁,无人得逸者。亦有枷杻之法,然淹延不决,有至阅时经岁,惟赎金可免。
>
> 凡决杖以一大木横缚二手于上,使之著地而后鞭之。笞杖极轻,自百至十,随其轻重而加损,惟大逆不孝乃斩,次则反缚髀骨相磨,至胸次皮肤折裂乃已,亦车裂之类也。

外郡不行刑杀,悉械送王城,每岁八月虑囚,夷性本仁,死罪多贷而流于山岛,累赦则以岁月久近量轻重原之。[76]

以上所述宽严至不相同,又似与中国唐、宋司法制度差异甚为悬殊者,但考之《高丽史》则不然,现分类述之如下:

身体刑之执行　如《刑法一·名例》所云:

刑杖式(尺用金尺)脊杖长五尺,大头围九分,小头围七分。臀杖长五尺,大头围七分,小头围五分。笞杖长五尺,大头围五分,小头围一分。

此种规定虽与马端临《文献通考·刑考》五所述唐制虽稍有不同,但文字则甚近似也。[77]

流刑之执行　如《刑法一·职制》云:

犯流罪者,东界镇人则移配北界,北界则移东界,勿令配南界。

又《刑法二·恤刑》云:

德宗三年(宋仁宗景祐元年,1034年)七月教曰:"……其殴家主及谋杀人强盗者杖流无人岛;纵犯强盗伤人持杖以下,罪窜有人岛。"

死刑　死刑不得执行之时日如《刑法一·禁刑》所规定:

国忌,十直(原注:初一日、初八日、十四日、十五日、十八日、二十三日、二十四日、二十八日、二十九日、三十日），俗节（原注：元正、上元、寒食、上巳、端午、重九、冬至、八关、秋夕），慎日（原注："岁首、子午日、二月初一日。"按此如《唐律·断狱律》"立春后不决死刑"条之规定）也。

死流刑 死流刑又有犹豫执行之规定，先述流刑，《刑法二·恤刑》云：

> 诸流移人未达前所，而祖父母、父母在乡丧者，给暇七日发哀，周丧承重亦同。

另条：

> 诸流移囚在途，有妇人产者并家口给暇二十日；家女及婢给暇七日；若身及家口遇患，或逢贼津济水涨不得行者随近官每日验行，堪进即遣。若祖父母父母丧者，给暇十五日，家口有死者七日。年七十以上父母无守护，其子犯罪应配岛者存留孝养。

次述死刑：

> 诸妇人在禁临产月者，责保听出，死罪产后满二十日；流罪以下满三十日。

另条：

> 诸犯死罪在禁非恶逆以上，遭父母丧、夫丧、祖父母丧，承

重者给暇七日发哀。流徒罪三十日责保乃出。

此种立法原理,凡稍治中国刑法史者,即可知其脱胎于中国也。

〔刑之减轻〕

《高丽律》因条文较《唐律》为少,故其关于加重处刑之条件不得详考,惟刑之减轻条件仍如《唐律》之有"亲属"、"老弱"、"赎罪"、"官品"等规定,如《刑法二·盗贼》云:"同居卑幼将人盗己家财,以私辄用财物论加二等",此为加重处刑者,但"凡人(则)减常盗一等;盗缌麻小功亲减一等,大功亲减二等,周亲(则)减三等"矣。

《恤刑》云:

> 文宗三十三年(宋神宗元丰二年,1097年)江阴县有一盲,谋奸人妻,因杀人当死,依律文八十以上十岁以下及笃疾例论减死配岛。

另条:

> ……仁宗十六年(宋高宗绍兴八年,1138年)判八十以上及笃疾人虽犯杀人,除杖刑配岛。……

此则为老弱减等之例。

另条:

> 肃宗十年(宋徽宗崇宁四年,1105年)判进士虽无荫,凡轻

罪赎铜。惟犯偷盗、诣曲、强奸、斗伤人,依律断罪。

此为赎罪减轻之规定。

又《刑法一·职制》有规定云:

> 枉法赃有官品人犯者,官当收赎,一匹以上除名,无禄减一等。……

另条:

> 不枉法赃有官品人犯者,令官当收赎,四匹以上免官,无禄者减一等,四十匹加役流。……

此为官当减刑之例。

此外,关于刑之减轻规定者,尚有如同书另条云:

> 犯斩罪免死者,脊杖五十;绞罪,脊杖四十,刑决付处。

又《刑法二·恤刑》有云:

> 睿宗元年(宋徽宗崇宁五年,1106年)七月诏曰:"乙亥年犯恶逆流配者宜各量移叙用,缘坐没为奴隶者,免之;其不属贱者,并加抚恤。其僧徒犯奸,永充乡户,经赦不原,几乎苛法,宜令有司检察,并充军役。……"

【刑法分则】

《高丽律》内容较《唐律》甚为简单,故关于侵犯帝室之治罪,因《卫禁》只有四条,而不知其究竟如何处分。此外如《盗贼》不过六条,《职制》稍多,亦仅十四条,故如《唐律》之"谋反大逆"、"背国投伪"、"漏泄大事应密"、"漏泄军事消息"及"私度关"、"越度缘边关塞"种种详密精细之规定,殆根本即不曾拟订也。故现只限于《高丽史》所有之条文分类述之如下:

〔渎职罪〕

贿赂方面 《刑法一·职制》云:

> 官吏监临自盗及监临内受财枉法者,徒杖勿论,收职田归乡。……监临赃一尺,笞四十;一匹,五十;二匹,杖六十;三匹,七十;四匹,八十;五匹,九十;六匹,一百;八匹,徒一年;十六匹,一年半;二十四匹,二年;三十二匹,二年半;四十匹,三年;五十匹,流一千里。与者减五等,罪止杖一百。如监临官于部内乞取者,加一等;若以威力强乞取者,准枉法赃论。

按以上规定同《唐律》卷第十一《职制下》"受所监临财物"条。

> 枉法赃:一尺,杖一百;一匹,徒一年;二匹,一年半;三匹,二年;四匹,二年半;五匹,三年;六匹,流二千里;七匹,二千五百里;八匹,三千里;十五匹,绞。……

本条同《唐律·职制下》"监临主司受财枉法",惟规定较《唐律》稍为详细耳。

不枉法赃：一尺，杖九十；二匹，一百；四匹，徒一年；六匹，一年半；八匹，二年；十匹，二年半；十二匹，三年；十四匹，流二千里；三十匹，加役流。……

同《唐律·职制下》。

坐赃：一尺，笞二十；一匹，三十；二匹，四十；三匹，五十；四匹，六十；五匹，七十；六匹，八十；七匹，九十；八匹，一百。十匹，徒一年；二十匹，一年半；三十匹，二年；四十匹，二年半；五十匹，三年；与者减五等。

同《唐律》卷第二十六《杂律上》，惟文字加详。[78]

在官侵夺私田：一亩，杖六十；三亩，七十；七亩，八十；十亩，九十；十五亩，一百；二十亩，徒一年；二十五亩，一年半；三十亩，二年；三十五亩，二年半；园圃加一等。

本条与《唐律·户婚律》"在官侵夺私田"条相同。

因官挟势乞百姓财物：一匹，笞二十；二匹，三十；三匹，四十；四匹，五十；五匹，杖六十；六匹，七十；七匹，八十；八匹，九十；十匹，一百；二十匹，徒一年；三十匹，一年半；四十匹，二年；五十匹，二年半；与人物者，减一等。……

本条同《唐律·职制下》"挟势乞索"，而文字加详。

越权方面　《刑法二·禁令》云：

> 柱征租税入己：一尺，杖一百；一匹，徒一年；二匹，一年半；三匹，二年；四匹，二年半；五匹，三年；六匹，流二千里；七匹，二千五百里；八匹，三千里。有禄者，三十匹，加役流；无禄者，二十五匹，加役流（《唐律》无）。

〔监禁者脱逃罪〕

《刑法二·盗贼》有条云：

> 犯盗配所逃亡者，刑决钑面配远陆州县。

按《唐律·捕亡律》有"流徒囚役限内"七条，惟本条处分则与《唐律》均不相同。

〔诬告罪〕

《刑法一·大恶》有条云：

> 告周亲尊长，外祖父母，夫妇之祖父母，虽得实，徒二年；流罪，徒三年；死罪，流三千里；诬告，加所诬罪二等。……
>
> 告大功尊长罪，虽得实，徒一年半；流罪，二年半；死罪，三年；诬告，加所诬罪二等。……

按《唐律》卷第二十九《断狱律上》"诬告期亲尊长"条规定，"诬告重者加所诬罪三等"，较《高丽律》处分为重。

〔失火放火罪〕

《刑法二·禁令》有条云：

> 诸失火者二月一日以后、十月三日以前烧野田者，笞五

十；迤烧人宅舍财物，杖八十；赃重者坐赃论减三等。故烧官府庙社及私家舍宅、财物，无问屋舍大小，财物多寡，徒三年；赃满五匹，流二千里；十匹，绞；杀伤人者，以故杀伤论。故烧人屋舍、蚕箔、五谷积聚者，首处死，从者脊杖二十。

以上规定与《唐律·杂律》"非时烧田野"条、"烧官府、私家宅舍"条及《盗贼律》"故烧人舍屋"等条相当。

〔伪造文书罪〕

《禁令》有条云：

> 诈伪官文书有增减者，同亡失及误毁者减二等。

本条律文疑有残阙，然必系摹仿《唐律·诈伪律》者。

〔私作秤斗罪〕

《禁令》有条云：

> 私作秤斗在市执用有增减者，一尺，杖六十；一匹，七十；二匹，八十；三匹，九十；四匹，一百；五匹，徒一年；十匹，一年半；十五匹，二年；二十匹，二年半；二十五匹，三年；三十匹，流二千里；三十五匹，二千五百里；四十匹，三千里。
>
> 用秤斗尺度出入官物不平入己者：一尺，杖六十；一匹，七十；二匹，八十；三匹，九十；四匹，一百；五匹，徒一年；十匹，一年半；十五匹，二年；二十匹，二年半；二十五匹，三年；三十匹，流二千里；三十五匹，加役流；有增减者坐赃论。

本条律文较《唐律》卷第二十六《杂律上》"私作斛斗秤度"条之规

定为加详。

〔赌博罪〕

《禁令》有条云：

> 以博戏赌钱物者，各杖一百；其停止主人及出凡和合令戏者，亦杖一百；赌饮食、弓射、习武艺者，虽赌钱物，无罪。

本条与《唐律》卷第二十六《杂律上》"博戏赌财物"之规定完全相同。

〔奸非罪〕

《刑法一·奸非》云：

> 监临主守于监守内犯奸，和，徒二年（《唐律·杂律上》作"加奸罪一等"，实则处分并同）；有夫，二年半；强，三年；和奸妇女，减一等。
>
> 部曲人及奴奸主及主之周亲尊长，和，绞；强，斩（同《唐律》"奴奸良人"条）；和者，妇女减一等；奸主缌麻以上亲，减一等。
>
> 奸父祖妾，伯叔母姑姊妹子孙之妇，兄弟女，和，绞；奸父祖幸婢，减二等。（同《唐律》"奸父祖妾"条）
>
> 凡人奸尼女冠，和，徒一年半；强，徒二年；尼女冠与和，徒二年半（《唐律》作"又加一等"，处分并同）；强不坐。

故以上规定皆多同《唐律·杂律上》。

〔重婚罪〕

《刑法一·户婚》有条云：

>妻擅去,徒二年;改嫁,流二千里。妾擅去,徒一年半;改嫁,二年半;娶者同罪;不知有夫,不坐。

本条与《唐律·户婚律》"义绝"之第二项及"和娶人妻"条之法意相同。

〔妨害卫生罪〕

《刑法二·禁令》有条云:

>违方诈疗病因取财物者,一尺,杖六十;一匹,七十;二匹,八十;三匹,九十;四匹,一百;五匹,徒一年;七匹,一年半;十五匹,二年;二十匹,二年半;二十五匹,三年;三十匹,二千里;三十五匹,加役流,不在收赎之例。

本条与《唐律·诈伪律》"医违方诈疗病"条之法意相同。

〔杀人罪〕

《刑法一·大恶》有条云:

>谋杀周亲尊长外祖父母,夫妇之父母虽未伤,斩(同《唐律·贼盗律》)。
>
>道士女冠僧尼谋杀师主,同叔伯父母。
>
>谋杀周亲卑幼,徒二年半;已伤,三年;已杀,流三千里;(《唐律》:"谋杀卑幼者,各依故杀罪减二等;已伤者,减一等;已杀者,依故杀法。")有所规求谋杀,加一等。
>
>谋杀大功尊长(《唐律》作"缌麻以上尊长"),流二千里;

已伤,绞;已杀,斩(同《唐律》);谋杀小功缌麻尊长者亦同。

谋杀大功以下缌麻以上卑幼,徒三年;已伤,流三千里;已杀,绞;有所规求,加一等。

故以上所规定仍多同《唐律》卷第十七《贼盗一》。

〔殴伤罪〕

《大恶》有条云:

殴祖父母、父母、外祖父母,徒一年……伤,流二千里;折伤,绞;至死,斩;过失伤,各减本伤罪二等。

詈亲兄姊者,杖一百;殴,徒二年半;伤,三年;折伤,流二千里;折支,绞;至死,斩。(同《唐律》卷第二十二《斗讼二》"殴詈祖父母、父母"条)

过失伤,各减本伤罪二等。(《唐律》卷第二十三《斗讼三》作"诸过失杀伤人者,各依其状以赎论"。)(下略)

殴堂兄姊者,徒一年半;折齿以上,徒三年;折筋以上,流二千里;二事以上,绞。误伤者,减本伤罪二等。

殴缌麻兄姊,杖一百;折一齿以上,徒一年半;二齿以上,二年;折筋以上,二年半;折支以上,流二千里;二事以上,流三千里;至死,绞(《唐律》卷第二十二《斗讼二》作"斩");尊属又加一等,至死,斩。

殴小功兄姊,徒一年;折齿以上,徒二年;折二齿以上,二年半;折筋以上,三年;二事以上,流三千里;至死,斩;尊属又加一等。

殴兄之妻及夫之弟妹手足,杖七十;拔发以上,九十;他物伤,徒一年;折一齿以上,一年半;二齿以上,二年;损筋以上,二年半;折支以上,流二千里;二事以上,流三千里;至死,绞;不伤,笞五十;妄犯者加一等。(同《唐律》"殴兄妻,夫弟妹"条)

妻妾詈夫之祖父母、父母,徒二年;殴,绞;伤,斩(《唐律·斗讼二》作"死者,斩");过失伤,徒二年半;过失杀,三年。

殴杀弟妹及兄弟之子孙与外孙,徒三年;故杀,流二千里。(同《唐律·斗讼二》)误杀,过失杀勿论。

夫殴伤妻:他物伤,杖八十;折一齿以上,九十;二齿以上,一百;折筋以上,徒一年;折支以上,二年;二事以上,三年;至死,绞;故杀,斩;拔发以上,杖六十。过失杀勿论,以妻殴妾同。(同《唐律》"殴伤妻妾"条)

殴杀堂弟妹、堂侄孙,流二千里;故杀,绞。

殴妻父母,准十恶不睦论。

〔和卖略卖人口罪〕

《刑法一·户婚》有条云:

和卖子孙为奴婢,徒一年;略卖,一年半;(《唐律》卷第二十《贼盗四》并同)和而故卖者,加一等。

和卖亲弟、侄、外孙为奴婢,徒二年半;略卖,徒三年;未售减一等;和而故卖者,减一等。(同《唐律·贼盗四》)

和卖堂兄弟之子孙为奴婢,流二千里;略卖,流三千里;不售,减一等;知而故卖者亦减一等,余亲同凡人。

〔遗弃罪〕

《户婚》有条云：

> 祖父母、父母在子孙别籍异财,供养有阙,徒二年(《唐律》卷第十二《户婚上》作"徒三年");服内别籍,徒一年。
>
> 无父母和论无故弃妻者,停职付处。

〔窃盗及强盗罪〕

《刑法二·盗贼》有条云：

> 应犯窃盗满五贯,处死;不满五贯,脊杖二十,配三年;不满三贯,脊杖二十,配二年;不满二贯,脊杖十八,配一年;一贯以下,量罪科决,女免配。
>
> 窃盗一匹,杖六十;二匹,八十;三匹,九十;四匹,一百;五匹,徒一年;十匹,一年半;十五匹,二年;二十匹,二年半;二十五匹,三年;三十匹,流二千里;三十五匹,二千五百里;四十匹,三千里。……

按大体均同《唐律》卷第十九《贼盗三》"窃盗"条。

〔诈欺取财罪〕

《刑法二·禁令》有条云：

> 恐吓取人财物者:一尺,杖七十;一匹,八十;二匹,九十;三匹,一百;四匹,徒一年;五匹,一年半;十匹,二年;十五匹,二年半;二十匹,三年;二十五匹,流二千里;三十匹,二千五百

里;三十五匹,三千里;满二十匹,首处死。

按所规定同《唐律》卷第十九《贼盗三》,惟条文加详。

〔侵占罪〕

《禁令》有条云:

> 妄认公私田并盗贸卖者:一亩,笞五十;五亩,杖六十;十亩,七十;十五亩,八十;二十亩,九十;二十五亩,一百;三十亩,徒一年;三十五亩,一年半;四十亩,二年;五十亩,二年半。妄认未得,准妄认物未得论。

本条与《唐律》卷第十三《户婚中》大略相同。

另条:

> 盗耕公私田:一亩,笞三十;五亩,四十;十亩,五十;十五亩,杖六十;二十亩,七十;二十五亩,八十;三十亩,九十;三十五亩,一百;四十亩,徒一年;五十亩,一年半;荒田减一等,强加一等。(按《唐律·户婚律》原有"盗耕种公私田"条)
>
> 盗葬他人田,笞五十;墓田,杖六十。告里正移埋;不告而移,笞三十。盗耕人墓田,杖一百;伤坟者,徒一年。(按《唐律·户婚律》原有"盗耕人墓田"条)
>
> 侵巷街阡陌,杖七十;种植,笞五十;穿垣,杖六十。虽种植无防,废不坐。主司不禁,同罪。(按《唐律·户婚律》原有"侵巷街阡陌"条)

〔赃物罪〕

《禁令》有条云：

> 知盗诈之赃而故买者：一匹，笞二十；二匹，三十；四匹，五十；五匹，杖六十；六匹，徒一年；三十匹，一年半；四十匹，二年；五十匹，二年半。知而为藏者，减一等。

> 知人诈欺得物而从乞取者：一尺，笞二十；一匹，三十；二匹，四十；三匹，五十；四匹，杖六十；五匹，七十；六匹，八十；七匹，九十；八匹，一百；十匹，徒一年；二十匹，一年半；三十匹，二年；四十匹，二年半；五十匹，三年。知而买者，减为藏者二等。

以上规定较《唐律》卷第二十《贼盗四》之条文尤形繁杂。

〔毁弃损坏罪〕

《禁令》有条云：

> 斫伐他人墓茔内树木者：一尺，杖六十；一匹，七十；二匹，九十；四匹，一百；五匹，徒一年；十匹，一年半；十五匹，二年；二十匹，二年半；二十五匹，三年；三十匹，流二千里；三十五匹，二千五百里；四十匹，三千里。伐亲属墓内树者亦同。（按《唐律·贼盗律》原有"窃园陵内草木"条）

> 于他人田园辄将瓜果而去者：一尺，杖六十；一匹，七十；二匹，八十；三匹，九十；四匹，一百；五匹，徒一年；十匹，一年半；十五匹，二年；二十匹，二年半；二十五匹，三年；三十匹，流二千里；三十五匹，二千五百里；四十匹，三千里。强将去者以盗论，辄食者坐赃论。（按《唐律·杂律》原有"食官私田园瓜果"条）

故放畜产损食人田苗者：一尺，笞二十；一匹，三十；二匹，四十。……若因走失者，减二等，并勒偿所损。（按《唐律·厩库律》原有"官私畜损食物"条。）

另条：

　　弃毁制书及官文书者：一尺，杖六十；一匹，七十；二匹，八十；三匹，九十；四匹，一百；五匹，徒一年。……

本条与《唐律》卷第二十七《杂律下》所规定之处分不同。

【军法】

《高丽史·刑法二·军律》所规定多为"辱职罪"、"违令罪"等，原文如下：

　　睿宗元年（宋徽宗崇宁五年，1106年）正月都兵马使奏曰："顷者东藩之役，军令不严，故将帅无敢力战，卒伍亦皆奔溃，屡致败绩。……"伏见辛亥、戊午年间显庙（按即宋神宗熙宁元年间）行师之令曰："初当训励时不至者，勿论官职高下，脊杖十五。二次不至者，及进退失伍者，或持卜筮讹言以惑众者，误坠失兵仗者，队正以下闻令不传及传之而不行者，为卒虽救其上不能使免者，或私泄谋于敌，或敌入军中知而不告者，皆杖脊二十。"
　　发兵而不及期者，有亡走心，或临敌不战，或当战妄动者，士卒不从其将节制者，兵仗器械抛弃敌中者，为卒不救其上以致败没者，见战者危急以非己部伍不救者，夺人弓剑争人首级者,将军将校临阵不战,或亡入军中,或言降于敌者,或陈而不能拒,俾敌冲突者,皆斩。……

但敌自降,不告而妄杀者……请杖二十。……

此种规定均较《唐律》卷第十六《擅兴律》等为简单。

【民法】

〔行为能力〕

《高丽史·食货志》有云:

国制民年十六为丁,始服国役。[79]

按杜佑《通典》引武德七年《令》"二十一为丁",神龙元年"天下百姓年二十二成丁",天宝三年"百姓二十三以上成丁",广德元年"百姓二十五成丁",[80]均较高丽为晚。

〔身分〕

高丽亦有奴婢,《刑法二·奴婢》有云:

昔箕子封朝鲜,设禁《八条》:"相盗者没入为其家奴婢",东国奴婢,盖始于此。士族之家,世传而使者曰"私奴婢",官衙州郡所使者曰"公奴婢"。

按箕子《八条》既无定说,则谓奴隶即起源于是时,甚为不可,但一般社会情形,奴隶之历史颇为古远,故高丽之有奴隶必在战国、两汉之际,是可推想而知者也。

高丽亦有如《唐律疏义》所云"奴比畜产"之规定,如云:

成宗五年（宋太宗雍熙三年，986年）七月教："凡隐占人逃奴婢者，依律文一日绢三尺例，日征布三十尺给本主，日数虽多，毋过元直。奴年过十五以上六十以下，直布百匹；十五以下，六十以上，五十四。婢年十五以上五十以下，百二十匹；十五以下五十以上，六十匹。"

但奴婢亦得有附条件解放之机会，如：

成宗六年（宋太宗雍熙四年，987年）教："放良奴婢年代渐远，则必轻侮本主，今或代本主水路赴战，或庐墓三年者，其主告于攸司，考阅其功，年过四十者方许免贱。若有骂本主又与本主亲族其抗者，还贱役使。"

〔婚姻〕
《高丽律》对婚姻成立限制之条件，大致有如下诸款：
（1）良贱不得为婚。《奴婢》有条云：

奴娶良女，主知情，杖一百，女家徒一年；奴自娶，一年半；诈称良人，二年。

按所规定多与《唐律》卷第十四《户婚下》相同。
（2）尊长被囚不得为婚。《禁令》有条云：

祖父母、父母被囚而嫁娶者，徒罪，杖一百；死罪，徒一年；祖父母、父母命者勿论，妾减三等。

(3)命妇不得再嫁。《户婚》有条云：

> 恭让王元年(明太祖洪武二十二年，1389年)九月，都堂启散骑以上妻为命妇者，毋使再嫁；判事以下至六品妻，夫亡三年不许再嫁，违者坐以失节。……

以上两款则为高丽因接受儒家"敬节"、"教节"之思想而摹仿中国历代法典之规定者也。

〔承继〕

《户婚》有条云：

> 靖宗十二年(宋仁宗庆历五年，1046年)制：诸田丁连立无嫡子，则嫡孙；无嫡孙，则同母弟；无同母弟，则庶孙；无男孙，则女孙。

此条规定与《唐律》卷第十二《户婚上》之注所引《令》文盖相同，惟《高丽律》容许"无男孙则女孙"，较唐之"男性中心主义"尚能更进一步耳。

〔养子〕

《户婚》有条云：

> 养异姓男，与者笞五十，养徒一年；无子而舍去者，二年；养女不坐。其遗弃小儿三岁以下异姓听养。

按此律多同于《唐律》卷第十二《户婚上》之规定。

另条：

文宗二十二年(宋神宗熙宁元年,1068年)制:"凡人无后者,无兄弟之子,则收他人三岁前弃儿,养以为子,即从其姓,继后付籍,已有成法。其有子孙及兄弟之子而收养异姓者一禁。制禁以伯叔及孙子行者为养子。"

〔土地所有权〕
《高丽史·食货志》有云:

> 高丽田制大抵仿唐制,括垦田数分膏堉,自文武百官至府兵闲人,莫不科授,又随科给樵采地,谓之"田柴科",身没并纳之于公。惟府兵年满二十始受,六十而还。有子孙亲戚则递田,丁无者籍监门卫,七十后给"口分田",收余田。无后身死者及战亡者妻亦皆给口分田。又有"功荫田",柴亦转科,以给传子孙。……[81]

据此节之记载,"口分田"与"功荫田"皆有"所有权"之性质。
又关于田地诉讼之"时效",《刑法二·诉讼》有云:

> 恭让王三年(明太祖洪武二十四年,1391年)十月良舍上疏曰:"……丙申年宣旨一款内忠烈王丁未年(按忠烈王一代无丁未年或即丁亥年,时在元世祖至元二十四年,1287年)以前事,虽祖业田土人口毋得争讼,又以五决从三,三决从二,每降宣旨,以遏争讼之风。……"

〔买卖〕
高丽时代民间买卖之文契今尚有遗存者,仁井田升氏所著《采

访法律史料》一文有朝鲜李王职博物馆收藏之《高丽国买地券》,其原文如下:

> 岁次辛酉二月朔庚午,二十八日丁酉,前玄化寺住持僧统阐祥亡过人□(不明)不幸早终,今用钱九万九千九百九十贯文,买墓地一段,东至青龙,西至白虎,南至朱雀,北至玄武,保人张坚固,见人李定度,以后不得辄有侵夺,先有居台,远避千里之囷□□(不明)。
>
> 急急如律令敕。[82]

此种买地券之文字形式,与中国东汉、晋、唐各朝所遗存至今者皆极相似。[83]

〔贷借〕

《高丽史·刑法二·禁令》有条云:

> 负债不告官司强牵财物过本者:一尺,笞二十;一匹,三十;二匹,四十;三匹,五十;四匹,杖六十;五匹,七十;六匹,八十;七匹,九十;八匹,一百;十匹,徒一年;二十匹,一年半;三十匹,二年;四十匹,二年半;五十匹,三年,仍勒依元契还主。

按本条规定同《唐律》卷第二十六《杂律上》,但文字加详,而其处分则固应列入侵占罪之范围内也。

附

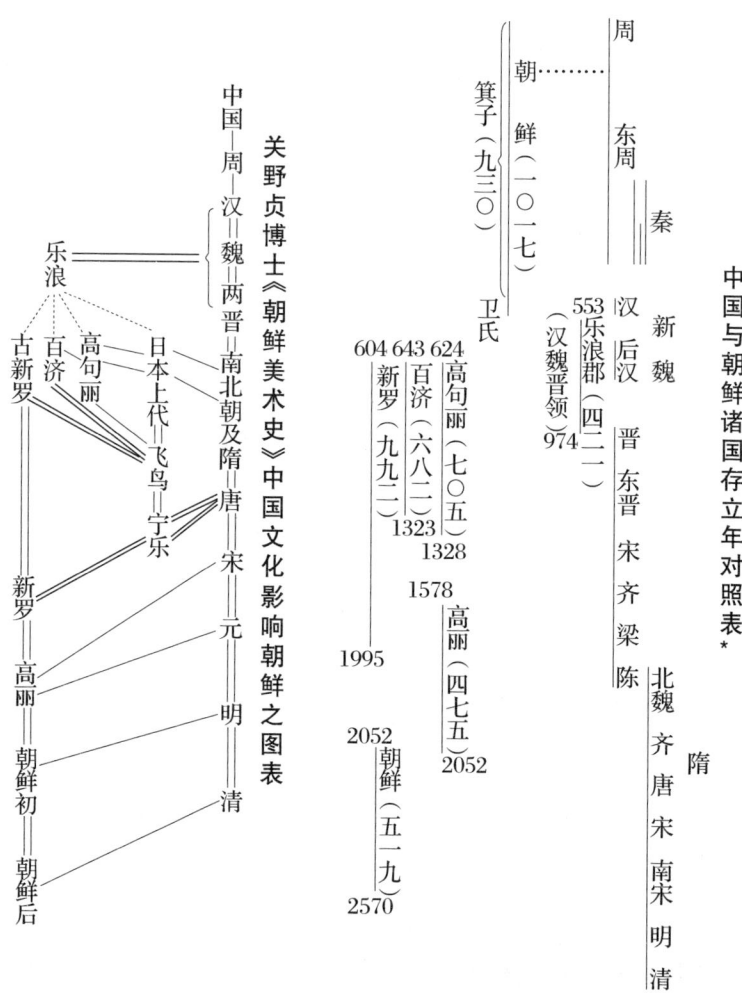

* 大原利武氏《论朝鲜文化之变迁》(见《朝鲜》第 150 号)。

第二章　中国法律在朝鲜之影响

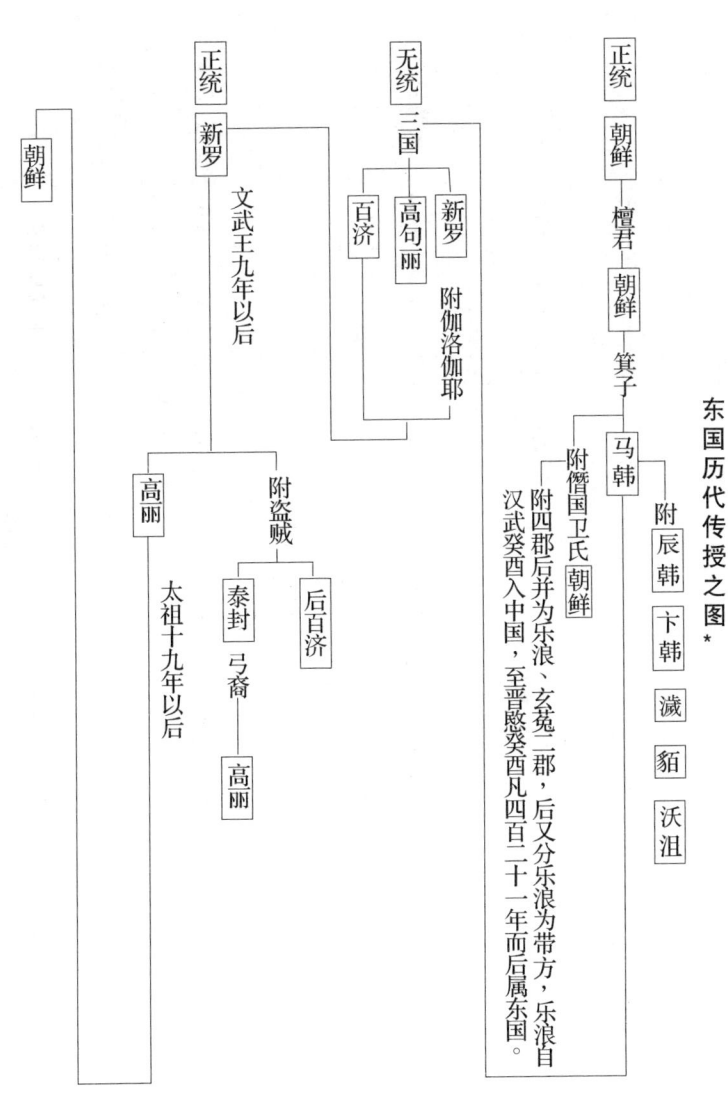

东国历代传授之图*

---

* 安鼎福《东史纲目》(朝鲜古书刊行会本)图上。

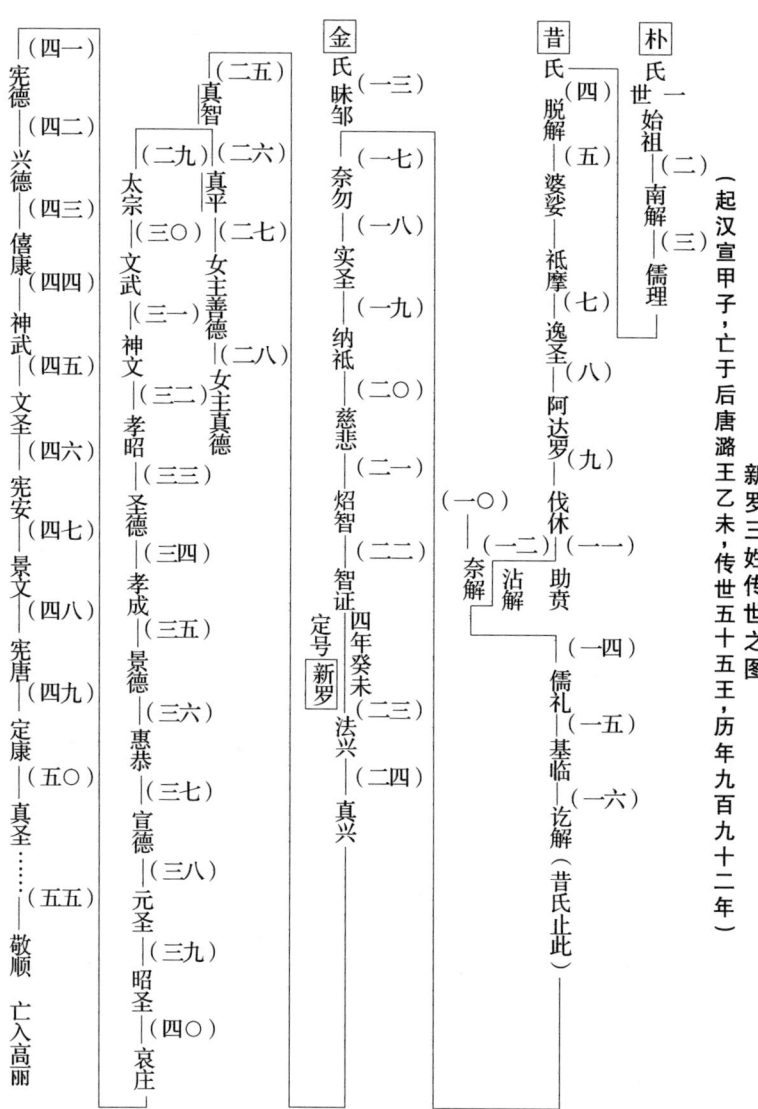

第二章　中国法律在朝鲜之影响

高句丽传世之图

（起汉宣甲申——按与《三国史记·年表》不同——亡于唐高宗戊辰，传世二十八王，历年七百五年）

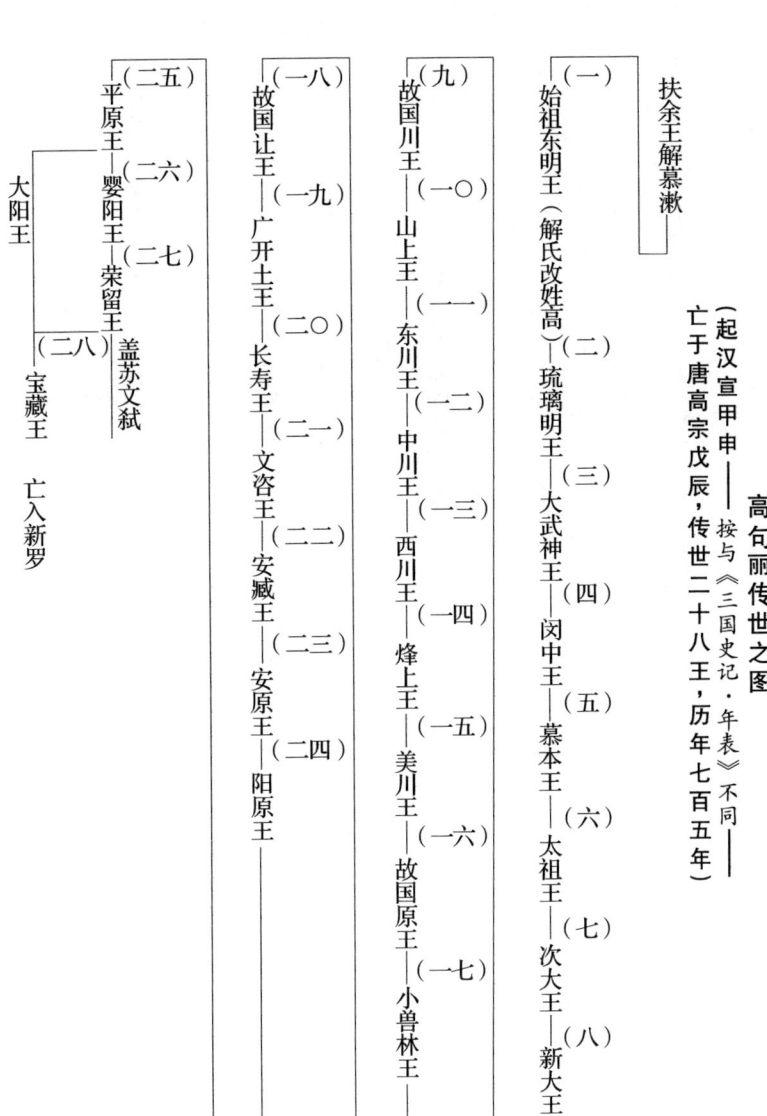

扶余王解慕漱
(一) 始祖东明王（解氏改姓高）
(二) 琉璃明王
(三) 大武神王
(四) 闵中王
(五) 慕本王
(六) 太祖王
(七) 次大王
(八) 新大王
(九) 故国川王
(一〇) 山上王
(一一) 东川王
(一二) 中川王
(一三) 西川王
(一四) 烽上王
(一五) 美川王
(一六) 故国原王
(一七) 小兽林王
(一八) 故国让王
(一九) 广开土王
(二〇) 长寿王
(二一) 文咨王
(二二) 安藏王
(二三) 安原王
(二四) 阳原王
(二五) 平原王
(二六) 婴阳王
(二七) 荣留王
　　　盖苏文弑
(二八) 宝藏王　亡入新罗
　　　大阳王

百济传世之图

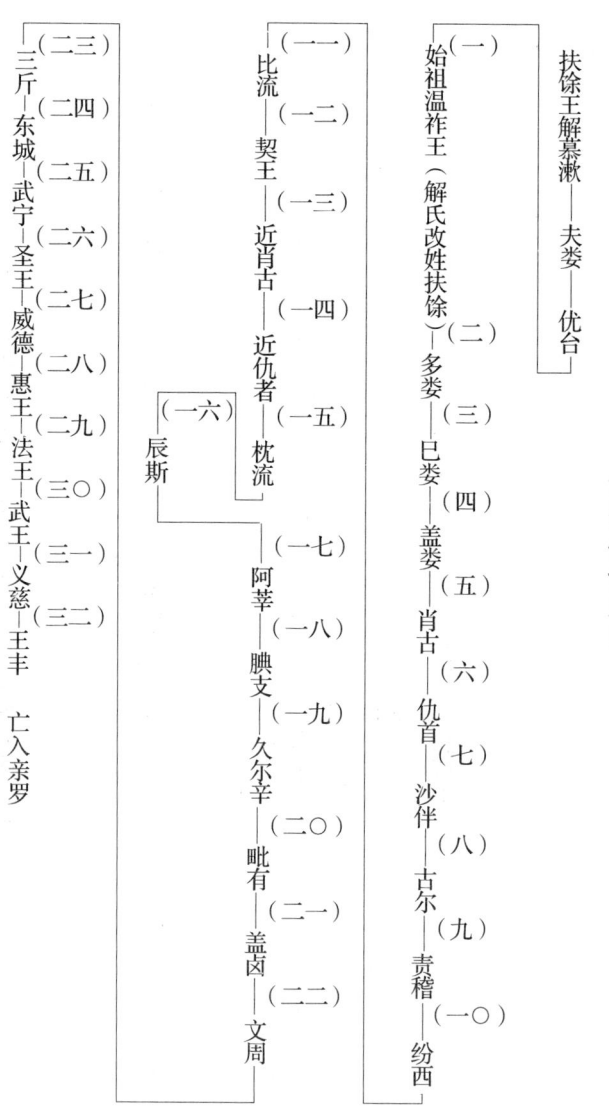

第二章　中国法律在朝鲜之影响

高丽王世系表

（按徐兢《宣和奉使高丽图经》卷第二《王氏》条有《世系表》，仅九世十七人，合一百九十三年，现引林泰辅博士《朝鲜通史四·高丽王世系》如左）

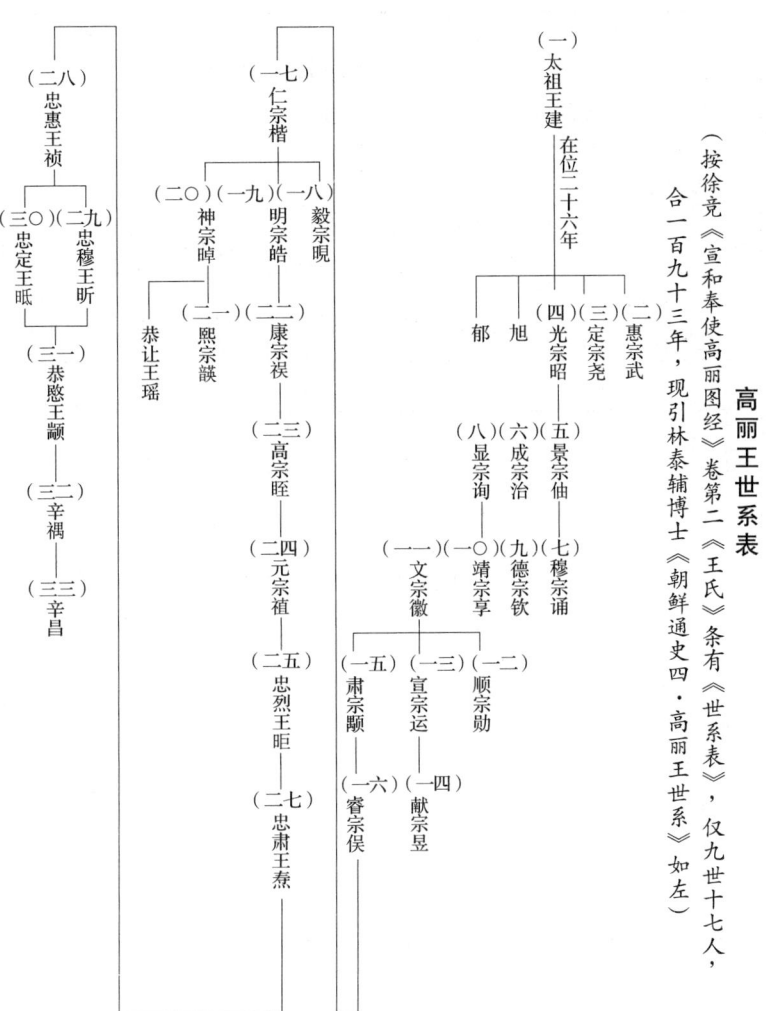

《东史纲目》官职沿革图(节录)

	新罗	高句丽	百济		弓裔	
刑部尚书沿革	左右理方部 左真德置,右文武王置,掌律令,即刑部也。	未闻	朝廷佐平,掌刑狱。			
	高丽初	成宗十四年改官制	文宗定制	忠烈王元年改	忠宣王	恭愍王五年改	恭让王
	义刑台改刑官	尚书刑部	刑部	典法司	铨曹	刑部	刑曹

	三国	高丽初	成宗十四年改	文宗定制	忠烈王元年改	忠宣王受禅	恭愍王五年
宪台沿革	新罗司正府太宗王置掌纠弹。景德王改肃正台。……高句丽内评外评等官,盖宪职也。	司宪台掌论执时政,正风俗。	御史台	御史台	监察司	司宪府	御史台

第二章 中国法律在朝鲜之影响

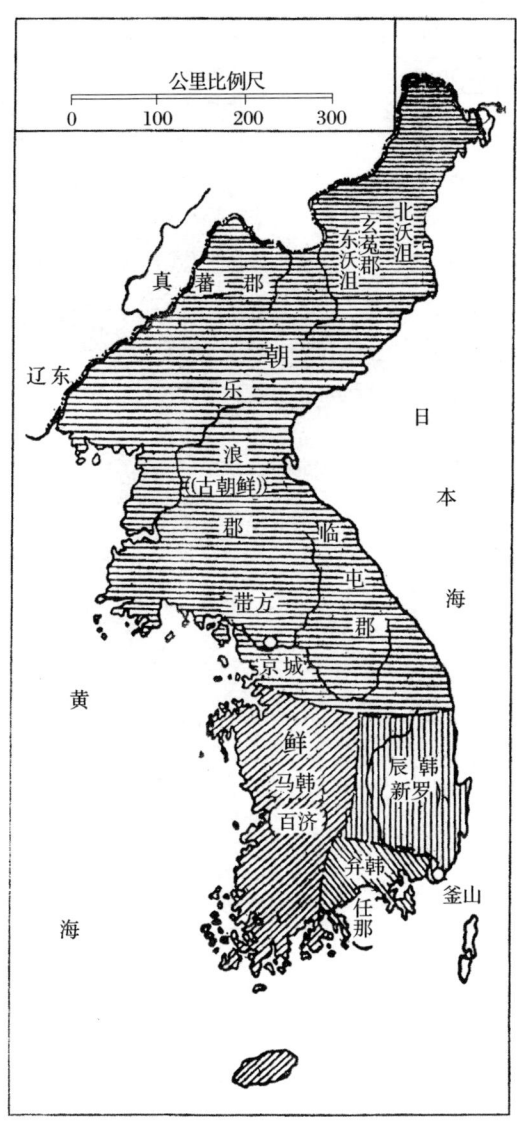

三国鼎立以前之朝鲜半岛图

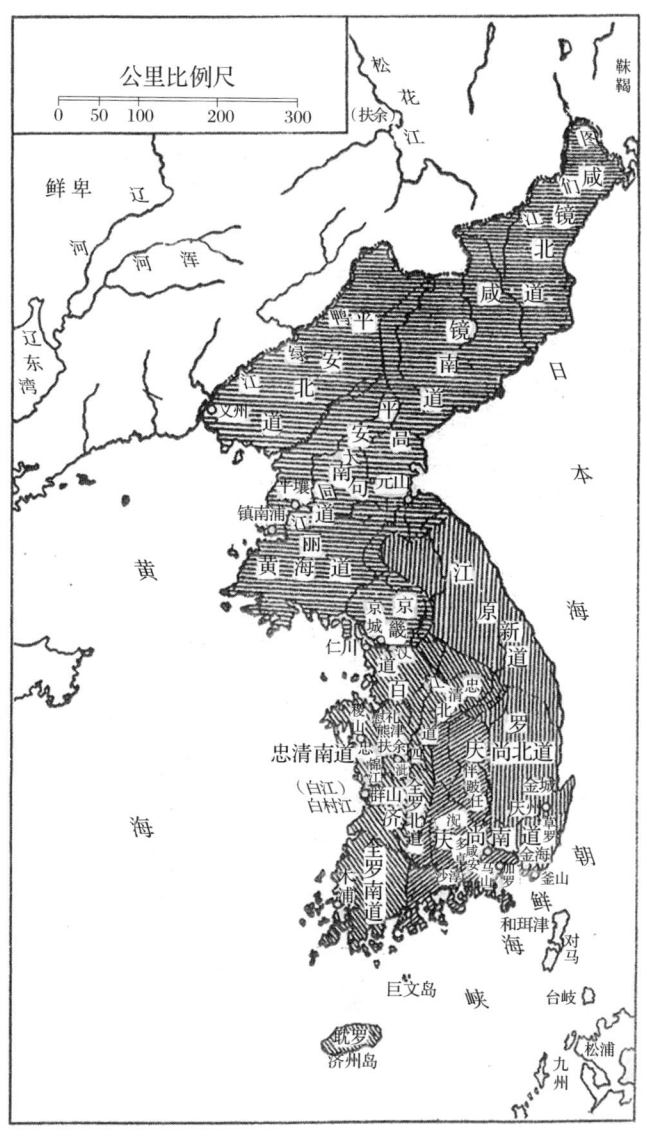

三国鼎立时之朝鲜半岛图

二、自李朝时代至中日战争前后

高丽王国经悠久之岁月为李成桂所覆灭,成桂即位时即遣中枢院事赵胖赍书赴明请求承认;其后复遣密直司事韩尚质赴明请于"朝鲜"、"和宁"两语中择一为国名,盖"和宁"者为咸镜道成桂出生之地,明太祖以朝鲜为箕子旧号,故宁取朝鲜而舍和宁,[84]《明史》有云:

> (明太祖)二十五年冬,成桂闻皇太子薨,遣使表慰,并请更国号,帝命仍古号曰朝鲜。……[85]

于是高丽遂改称朝鲜,前书又云:

> 朝鲜在明,虽称属国,而无异域内,故朝贡络绎,锡赍便蕃,殆不胜书。……[86]

是可见李朝与明朝关系密切之一斑也。至《大明律》之传入朝鲜,前已云在高丽将亡之时,迨李成桂即位,据《太祖实录》记其言曰:

> ……予府循舆情,勉即王位,国号仍旧为高丽(按是时尚未得明太祖赐名),仪章法制,一依前朝故事。……[87]

故李朝开国之初,必仍沿用《大明律》,则为无疑之事也。《实录》又记太祖即位所谓便民之十七事目,其一有云:

> 前朝之季,律无定制,刑曹巡军,街衢各执所见,刑不得中。自今刑曹掌刑法、听讼、鞫诘,巡军掌巡绰、捕盗、禁乱,其刑曹所决,虽犯笞罪,必取谢贴罢职,累及子孙,非先王立法之意。自今京外刑决官,凡公私罪犯,必该《大明律》追夺宣敕者,乃收谢贴;该资产没官者,乃没家产;其附过、还职、收赎、解任等事,一依律文科断毋蹈前弊,街衢革去。

此特确认《大明律》为当时之现行法律,李太祖之崇拜明制,此其一端耳。又自太祖命群臣纂辑《经国大典》历世宗一朝而不成,至世祖始命宁城府院君崔恒、右议政金国光、西平君韩继禧等纂修,于五年始颁布《户典》,六年颁布《刑典》。世祖薨后,睿宗即位,元年九月《经国大典》六卷始告竣工。成宗初立,又命崔恒等修正,二年(明宪宗成化七年,1471年)始将《经国大典》全部颁行中外。此《经国大典》远据《周官》,近本《大明会典》,为李朝四百余年之根本法规。其后于成宗时虽有《大典续录》一卷,中宗时有《大典后续录》一卷,肃宗时有《受教辑录》二卷,《典录通考》七卷,英祖时有《续大典》六卷,正祖时有《大典通编》六卷,李太王时(大院君柄政之时)有《大典会通》五卷,然皆不过修正补续原书而已。[88] 直至中日战争后十一年,朝鲜犹参酌《大明律》编订《刑法大会》,可知《大明律》、《大明会典》诸书在李朝一代直为其最主要之法源也。现分述李朝一代之法制如下:

【法典】

《增补文献备考》有云:"臣谨按《大明律》即我朝之遵而用之者也。《经国大典》成而《大明律》为益明,《续大典》成而《经国大典》为益备;苟有犯科者,有司必于此三者原究而比拟之。"[89] 而

《大典会通》亦有云:"依《原典》用《大明律》,而《原典》、《续典》有当律者,从二典。"[90]是李朝之法典以《大明律》为主,而以《经国大典》等为其补助,麻生武龟氏所作《李朝之法典》一文有云:"……《经国大典》中设有《刑典》……又其他各典所规定之法条有侵犯者即适用该法规,法典所未规定之犯罪始用《大明律》。"[91]其实《经国大典》、《续典》诸书《刑典》之条文较之《大明律》极为简单,故甚不完备,只能有补充法令之价值,而非即当时现行法之主体,麻生氏之言甚有语病也。现考李朝法典之传来及其编纂之经过如下:

〔《大明律》〕

《经国大典》有云:"用《大明律》。"[92]郑道传《经国典·宪典总序》云:

> ……今我殿下,仁覆如天,明断如神,好生之德,合乎上帝,凡有犯法,为有司所论执者,苟有可疑,每加矜恤,务从宽典,多所原免,俾以自断。又虑愚民无知触禁,爰命攸司,将《大明律》译以方言,使众易晓,凡所断决,皆用此律,所以上奉帝范,下重民命也。……

吾国记载如薛培榕《朝鲜会通条例》亦云:"刑遵《明律》。"[93]按《大明律》草创于明太祖之吴元年,更定于洪武六年,整齐于二十二年,至三十年始行颁布,[94]前引《高丽史·刑法志·职志》典法司之上疏,是辛禑十四年(时为洪武二十一年),《大明律》即已传入朝鲜。另据《增补文献备考·刑考·刑书》"大明律"条云："恭让王四年《大明律》来。"本条不知根据何书,惟恭让王四年为洪武二十五年。据《明史·刑法志》言洪武二十二年《更定大明律》已全部告成,则传入朝鲜当在此时。迨李朝初立,太祖即谕法司遵行,并命逐字直解。据东洋文库所收藏抄本《大明律洪武直解》三十卷附洪武乙亥(二十八年——李太祖四年,1395年)金祗跋云：

> ……此《大明律》书科条各有攸当,诚执法者之准绳,圣上思欲颁布中外,使仕进辈传相诵悉,皆得以取法,然其使字不常,人人未易晓,况我本朝三韩时薛聪所制方言文字,谓之吏道,士俗生知习熟,未能遽革,焉能家到户谕,每人而教之哉？宜将是书,读之以吏道,导之以良能,政丞平壤伯赵浚乃命检校中枢院高士绸与予嘱其事,某等详究反覆,逐字直解,于虖! 予二人草创于前,三峰郑先生道传,工曹典书唐诚润色于后,岂非切磋琢磨之谓也欤？功既告讫,付书籍院,以白州知县徐赞所造刻字印出,无虑百余本,而试颁行,庶不负钦恤之意也。……

其所谓"直解"者,试举一例以概其余,如《大明律》卷第一《名例律》"十恶"云："一曰谋反,谓谋危社稷。"《直解》云："社稷乙危亡为只为作谋为行卧乎事。"此虽为汉字,而自中国人观之,其意义诚不可解也。据广池千九郎博士所著《东洋法制史本论》谓："韩国法律文体有三种之别:第一为汉文,第二为吏套混交文,乃新罗时代使用之古文,今惟吏隶子弟学习之,第三为谚文混交文。"[95]此种《直解》乃属于第三种之法律文体。又自太祖而后,仍有数次译注《大明律》之事,如《太宗实录》有云:

> 十一年(明成祖永乐九年,1411年)十二月戊子命译《大明律》,勿杂用《元律》(第二十二卷)。
> 十四年(永乐十二年,1414年)十二月甲申以南在李叔蕃为详定都监提调,初河仑李稷检校判汉城卞季良为提调,至是上命仑等改正《明律译解》误处,仑以事重且稷朝京未还,请启二人为提调,从之。[96]

此书之传本据花村美树教授云共有五种:即内阁文库本,金泽庄三郎博士之藏本,京城大学所藏弘文馆本,朝鲜总督府所藏备边司本,京城大学及花村博士所藏之奎章阁本,皆系刻板,此外闻尚有数种云。[97]

〔《朝鲜经国典》〕

太祖三年(明太祖洪武二十七年,1394年)郑道传《朝鲜经国典·宪典后序》云:

> 今我殿下,德孰乎仁,礼得其序,可谓得为治之本矣,其议刑断狱,以辅其治者,一以《大明律》为据,故臣用其总目,作《宪典》诸篇。……

又《太祖实录》三年五月戊辰条亦有云:

89

>　判三司事郑道传,撰进《朝鲜经国典》,上观览叹美,赐厩马绮绢白银。[98]

〔《经济六典》〕

《太祖实录》太祖六年(洪武三十年,1397年)十二月二十六日条云:

>　都堂令检详条例司册写戊辰以后合行条例,目曰《经济六典》,启闻于上,刊行中外。[99]

都堂为都评议使司,检详条例司即当时之法制局。《太祖实录》又云:

>　《六典》为治之具,宜令六曹讲求命官之意,各尽其职,毋敢惑怠。[100]

此书内容究为如何?徐居正、申用溉等所编《东文选》有《经济六典·元集详节序》云:

>　……我太祖康献大王应天受命,一新制度……于时先正左政丞赵浚等……乃搜摭国初以后政令条格,编类成书,仿成周六官之名,为圣朝一代之法。……[101]

〔《续六典》〕

《太宗实录》卷八太宗四年(明成祖永乐二年,1404年)九月十

九日议政府诸官奏言:

> 即位以后条例判旨,《六典》所未载而可为万世法者,简择成书以续《六典》刊板施行,允之。

此为修撰《续六典》之始,迨太宗十三年告成。据《太宗实录》"十三年癸巳"条云:

> 颁行《经济六典》,初政丞赵浚等撰受判可为遵守者,目为《经济六典》以进刊中外,至是政丞河仑等存其意,去其俚语,谓之《元六典》,又选上王即位以来可为经济者,谓之《续六典》。……[102]

花村美树教授曾撰有《关于〈经济六典〉者》一论文,[103]其篇目如下:

绪言
一、《经济六典》编纂之经过
(一)赵浚《六典》
(二)河仑《六典》
(三)李稷《六典》
(四)黄喜《六典》
(五)其后之经过——《经国大典》编纂之颠末
二、《经济六典》之篇别及其体裁

洋洋数万言,盖明切详尽,极考证之能事矣。惜文繁不能具引于此,有志专攻朝鲜法制史者取而细读之可也。

〔《经国大典》〕

此法典编纂之经过麻生武龟氏《李朝之法典》一文[104]言之綦详,朝鲜总督府中枢院于昭和九年(民国二十三年,1934年)活板刊行,其篇目如下:

> 卷之一,《吏典》。卷之二,《户典》。卷之三,《礼典》。卷之四,《兵典》。卷之五,《刑典》。卷之六,《工典》。

卷首有徐居正《经国大典序》云:

> ……恭惟世祖……尝谓左右曰:"我祖宗深仁厚泽,宏规懿范,播在令章者曰《元续六典》誊录,又有累降教旨,法非不美,官吏庸愚,眩于奉行,良由科条浩繁,前后抵牾,不一大定耳,今欲斟酌损益,删定会通,为万世成法,仍命宁城府院君崔恒……衷集诸条,详加采择,撰次为书,删烦削冗,务要精简。……"书既成厘为六卷以进,赐名曰《经国大典》,《刑》、《户》二典既已颁行,四典未及雠正,八音遽遏,圣上诵追先志,遂讫就绪,用颁中外。……其曰《六典》,即周之六卿。……孰谓《大典》之作,不与《周官》、《周礼》而相为表里乎?……(按《周官》、《周礼》实即一书,此分为二,实系错误。)

〔《前续录》〕

此书六卷,系成宗二十三年(明孝宗弘治五年,1492年)壬子李

克增等所辑成,权健《大典续录序》云:

……今上即位之二十三年,命广川君臣李克增等,若曰:"我世祖大王受命中兴,留心制作,斟酌《元续典》,以成《大典》,第缘时异事殊,近来新科别条或相抵牾,官吏眩于奉行,其取《大典》后教令可为恒法者,裒集以进。"臣克增等闻命祗慄,芟芜剪繁,增加增减,皆裁自宸衷,深得损益变通之宜矣,书成赐名《大典续录》。……

此外,如《成宗实录》"二十二年辛亥十月十日癸丑"及"二十三年壬子二月三日甲辰"、"七月二十八日丙申"等条皆见记载,朝鲜总督府中枢院刊本有内藤吉之助教授所撰之《例言》,并可参看,此书篇目如下:

卷之一,《吏典》。卷之二,《户典》。卷之三,《礼典》。卷之四,《兵典》。卷之五,《刑典》。卷之六,《工典》。

〔《后续录》〕

此书六卷,系中宗三十八年(明世宗嘉靖二十二年,1543年)癸卯殷辅等所辑成。《中宗实录》三十八年九月二十三日"甲子"条有云:

甲子政府议启曰:"近来诸司各自受教,法条纷扰,中外用法各异,弊甚不赀,故各司所在承传受教,无遗搜聚,彼此参考,反覆商榷,斟酌损益可行者存之,可祛者删之,裒集成书,启奉圣谕,遂称两司查勘署经,请名之曰《后续录》。"

此书篇目如下:

卷之一,《吏典》。卷之二,《户典》。卷之三,《礼典》。卷之四,《兵典》。卷之五,《刑典》。卷之六,《工典》。

〔《词讼类聚》〕
此书一卷,系宣祖十七年(明穆宗隆庆十二年,1584年)乙酉金伯干所编,盖自《大明律》、《经国大典》等书类聚有关词讼者成为《相避》、《断讼》、《听讼》、《杂着》、《决讼》、《日限》等三十一目。

〔《决讼类聚补》〕
徐有矩《镂板考》有云:

《决讼类聚补》一卷,不著撰人名氏,英宗丁亥刻。旧有《决讼类聚》一卷,亦不知出于谁手,取《大明律》及国朝《刑典》,而抄录其切于听讼者,分四十二目,是书因其部目而增补之。其附算律及赈济粜籴之法,则未免蛇足矣。

东洋文库收藏《决讼类聚补》一册,其《凡例》有云:

国家典章固当讲习奉行,不宜有所抄录,第其篇帙浩大,节目繁缛,亦难一一考阅,以合法意,故古人既已抄出条令之切要于决讼者,名曰《决讼类聚》……兹用依其书而添补之。……

其目录有:一、相避;二、斗殴;三、辜限;四、杀伤;五、检验;六、落胎;七、盗贼;八、推断;九、擅杀;十、滥刑等四十二项。

〔《听讼指南》〕

宣祖乙酉年(明神宗万历十三年,1585年)编成。

〔《典录通考》〕

此书凡十四卷,系肃宗丙戌年(清圣祖康熙四十五年,1706年)编成。

〔《受教辑录》〕

此书六卷,系肃宗三十三年(康熙四十六年,1707年)命李翊等收录自中宗三十八年至肃宗二十四年,凡一百五十五年间之教令,其书体裁则仿《前后续录》。

〔《新补受教辑录》〕

此书二卷,系英祖十九年(清世宗雍正八年,1730年)癸亥命弘文、艺文两馆提学编辑《受教辑录》以后之教令。

〔《续大典》〕

此书六卷,系英祖二十年(雍正九年,1731年)甲子命金在鲁等所编纂,其经过情形《英宗实录》二十年甲子八月二十四日戊辰,十一月二十八日辛丑诸条及朝鲜总督府中枢院出版之《续大典》内藤吉之助氏《校订〈续大典〉例言》皆有记载。此书有英祖《题续大典》卷首云:

……今《续典》大要在兹,其要伊何?曰宽曰厚,其他节文,有司存焉。……

又有《续大典小识复敕群工》云:

……关系法文者,相考皇朝律与本典续典,其无可据,然后禀旨定律,若有各随己意,任自弛张者,备局政院察推,一以饬因循混杂,一以信颁布续典。……

按此书《刑典》:"凡二十七目……总二百六十三条。"
〔《钦恤典则》一册〕
正祖元年戊戌(清高宗乾隆四十三年,1778年)编成。
〔《秋官志》〕
正祖癸卯年(乾隆四十八年,1783年)编成。
〔《大典通编》〕
此书六卷,正祖八年甲戌(乾隆四十九年,1784年)奉朝贺金致仁等奉命编纂,东洋文库藏有刻本,卷首李福源《大典通编序》有云:

上之八年台臣有言,即阼后受教可著为令式者,宜分类编书,以便施行,上曰:"嘻!《续典》成于甲子,而先王教令之后于甲子者尚多,其敢专于近而忽于远乎?且《原典》、《续典》各为一书,艰于考据,予尝病之,宜取二典及旧今受教通为一编,其令二三卿掌其事,大臣总之。"书既成,名曰《大典通编》。

《凡例》又云:

一、以《经国大典》、《续大典》合部而增补《续典》后受教及今所现行法例通为一编。

一、《六典》条目第次,一从两大典,而先录《经国大典》,次录《续大典》,次录《增补》。(余条从略省)

〔《典律通编》〕

正祖丁未年(乾隆五十二年,1787年)编成。

〔《大典会通》〕

此书六卷,系李太王二年乙丑(清穆宗同治二年,1863年)领议政赵斗淳等所编纂,朝鲜古书刊行会有印本,篇目同《经国大典》,卷之五《刑典》,凡三十七目。卷首有金炳学《大典会通序》云:

……上之二年春,因相臣筵奏乙巳以后教式之未遑刊布者,令开局补辑同异条例,一遵两圣朝续增旧规,名曰《大典会通》。

《凡例》云:

一、以《经国大典》、《续大典》、《大典通编》合部,而《通编》以后受教及禀奏定式今所见行者,会稡添补,通为一书。

一、六典一依旧例,先录《经国大典》书"原"字,次录《续大典》书"续"字,次录《大典通编》书"增"字,新补合录条起头处以"补"字阴刻标揭,以别先后。(余条从略省)

〔《法规类编》〕

李太王光武丙申年编成。

〔《刑法大全》〕

此书据张焘氏编纂之《新旧刑事法规大全》则系李太王光武九年(光绪三十一年,1905年)四月二十九日所颁行,共六百八十条,系参酌《大明律》(著者以此法典取材于《唐律疏义》者亦不少,说详后)及朝鲜之《大典会通》与《新颁律》草拟而成。[105]按光武九年五月二十九日《韩国官报》附录"宫庭录事"——

诏曰:"刑法为政治之必须,乃有国之先务也,我国典宪未始不备,而古今殊制,存废无常,民生之犯科愈多,有司之疑眩滋深,朕甚慨之,兹用本之先王成宪,参之外国规例,著为一王之典,命曰《刑法大全》,颁示中外,永垂无穷,庶民生知所畏避,而有司易于遵奉也,呜呼!尚钦哉!"

光武九年四月二十九日议政府参政大臣闵泳焕。

此法典著者曾遍访东京各公私藏书处均未获见,旋数函恳池内宏博士代为专询浅见博士,蒙赐覆云此书在当时即不易入手,前所藏一本为人借去未还,其人至今生死不明,实遗憾千万云。著者又检阅朝鲜总督府出版之《朝鲜图书解题》亦未著录,是不惟日本现未收藏,即朝鲜亦恐存在者甚少矣。惟据花村美树教授《朝鲜法制史》所述,此法典全体共分为五编:自第一编至第三编为总则的规定,第四与第五两编为各论的规定。第一编为《法例》,第二编为《罪例》,第三编为《刑例》,第四编为《律例上》(原注——网罗侵犯公法益之罪条),第五编为《律例下》(网罗侵犯私法益之罪条)。第一编共一章八节,第二编一章九节,第三编一章十九节,第四编八章六十四节,第五编六章六十一节,总计六百八十条,实为一庞大之法典。[106]著者与花村教授无一面之雅,又未倩人介绍,乃冒昧专函恳为借阅,乃竟蒙自朝鲜京城帝国大学挂号寄来,如此高谊,古人所稀!其书为铅印本,所用文字为汉、韩参半,其篇目如下:

第一编　法例
　　第一章　用法范围
第二编　罪例
　　第一章　犯罪分析
第三编　刑例
　　第一章　刑罚通则
第四编　律例上
　　第一章　反乱所干律
　　第二章　职权所干律
　　第三章　断狱及诉讼所干律
　　第四章　诈伪所干律
　　第五章　神明所干律
　　第六章　弃毁所干律
　　第七章　阍禁所干律
　　第八章　丧葬及坟墓所干律
第五编　律例下
　　第九章　杀伤所干律
　　第十章　奸淫所干律
　　第十一章　婚姻及立嗣所干律
　　第十二章　窃盗所干律

第十三章　财产所干律

第十四章　杂犯律

按此法典之原本虽属罕觏,而竟有克勒玛基(Laurent Crémazy)氏之法文译本,标题为《大韩刑法》(Le Code Pénal De La Corée, Tai-Han Hyeng Pep)。附与中国之《大清律例》及安南之《皇越律例》之比较说明[Avec Indication Des Textes De Législation Comparée Puisés Dans Le Code Pénal De La Chine(大清律例)et Dans Le Code Annamite(皇越律例)]。其书于光绪三十年(1904年)在朝鲜京城之京城印刷所(The Seoul Press)出版,尚在朝鲜李太王光武九年明令颁行时之前一年,著者因此推知此法典之编成为时必属甚早,故朝鲜政府乃能以之分赠当时驻韩之各国公使馆,惟其编纂之经过,则尚不能完全明了耳。

【法院组织】

林景范《朝鲜官制考》,有曰:"李氏建国在明洪武年间,其官制礼仪,拟唐、宋之制。"[107]惟此书专据万历以前之制,且甚简单,不如《文献备考》诸书之既详且明也。按李朝称文官为东班,武职为西班,其中又有京官及外官之别,其东班之京官,议禁府系奉王命以推鞫刑狱,司宪府则纠弹百官,然行政与司法之区别则仍如中国之混淆不明也。其《经国大典》仅有云"属衙门,掌隶院,典狱署"[108],简略之至!现详述李朝之法院组织如下:

〔中央方面〕

义禁府及平理院　《增补文献备考》云:

……太宗十四年……义禁府……自是罢兵柄,掌奉教推

鞫之事。……〔109〕

又云：

> 今上（按即李太王）三十一年改义禁府称义禁司，属之法务衙门。……三十二年改称高等裁判所。……光武三年改称平理院。……〔110〕

司宪府　前书云：

> 本朝太祖元年因丽制置司宪府，掌论执时政、纠察百僚、振纪纲、正风俗、伸冤抑、禁滥伪等事。……〔111〕

《世祖实录》"世祖八年（明代宗天顺七年，1463年）三月"条派遣八道分巡御史，其职权为：

> 一、守令七事，举行与不纠。……
> 一、守令及将帅及守令万户，察访等贪墨虐民之事。……
> 一、上项水陆将帅及守令，万户驿丞等贪墨虐民及自己冤抑事，许民告诉。（下略）〔112〕

《增补文献备考》及《肃宗实录》"肃宗七年（清康熙二十年，1681年）正月"条另有规定如下：

> 一、监司之律已不简……

一、道内有蔑伦败常,坏民俗者,兴讹造言,惑乱民听者。

一、协勒驱使,私役民力者。……

一、守令掩置人伦大罪,不为成狱者。

一、冤狱之不得伸理者,勿论久近,并令访问。

一、滞狱累年,官吏互相推诿,久不处决者。

一、土豪广占农庄,欺隐田结,劫夺良女为奴妻。……[113]

至关于御史之性质、沿革、任命、权限等之说明,则有张润植氏《朝鲜李朝时代暗行御史制度之研究》一文[114]并可参看。

刑曹及法部　《增补文献备考》云:

本朝太祖元年置刑曹,掌法律,详谳词讼奴隶之政。……[115]

前书又云:

今上(按即李太王)三十一年改刑曹为法部衙门,置大臣一员,协办一员。……三十二年改称法部管理司法行政及恩赦复权,监督各裁判所。……[116]

〔地方方面〕

前书《外官》一二有"留守"、"经历"、"观察使"、"都事"、"府尹"、"庶尹"、"大都护府使"、"牧使"、"都护府使"、"判官"、"郡守"等皆以行政府而兼理司法者也。现参酌《大典》诸书表之于后[117]:

《经国大典》	《续大典》	《大典通编》	《大典会通》
义禁府(从一品衙门) 　判事从一品。知事,正二品。同知事,从二品。经历,从四品。都事,从五品。……	经历减,都事降为从六品。	同知事以上或为一员,或为二员。	都事五员,从八品。
司宪府(从二品衙门) 　大司宪一员,从二品。执义一员,从三品。掌令二员,正四品。……	减监察一员。		
刑曹(正二品衙门) 　判书一员,正二品。参判一员,从二品。参议一员,正三品。正郎四员,正五品。佐郎四员,正六品。律学教授一员,从六品。别提二员,从六品。明律一员,从七品。审律二员,从八品。律学训导一员,正九品。检律二员,从九品。	减正郎及佐郎各一员。增设兼教授及别提,审律各一员。又减检律一员。		
掌隶院(正三品衙门) 　太祖元年置刑曹都官,世祖十三年改为掌隶院,掌奴隶之籍簿及决讼事件。判决事一员,正三品。……		改属刑曹。	
典狱署(从六品衙门) 　太祖元年置,掌狱囚。主簿一员,从六品。奉事一员,从八品。参奉一员,从九品。	减奉事,增加参奉一员。		

地方之司法机关可参看花村美树教授《朝鲜法制史》及麻生武龟氏《朝鲜中央及地方制度沿革史》，兹不复赘。[118]

【诉讼手续】

牵连二以上法院案件，《刑法大全》第一编《法例》第一章《用法范围》第二节《听理区域》：

> 第七条　二人以上同犯罪事发，两处官司各拿获时，听轻罪就重囚，少数囚从多数囚；若囚数相等者，移交先发官司受理。
>
> 若两处官司相距过三百里，各从事发官司受理。

本条与《大明律》卷二十八《刑律·断狱》除文字小有不同外，其规定则完全相同。

法院职员回避之规定，《决讼类聚补一》"相避"条除引《大明律》之条文外，并引《经国大典》之《吏典》及《前续录》诸书，文繁不具录。按中国历代均以死丧忌服年月之长短别亲疏，朝鲜之服制又为如何乎？广池千九郎博士所著《东洋法制史本论》第二卷《韩国亲族法亲等制度之研究》，其《自序》有曰：

> 本篇论述韩国亲族法亲等制度之形式、性质，并其法律上之效果，并说其亲等计算法发源于中国，而其计算之法，全然一致于古代罗马民法之亲等计算法者也。……

又录光绪七年（1881年）法国传教士所作《朝鲜文法》（*Grammaire Coréenne et Exercices Gradués*）之一《亲等表》及《大典会通》之本宗与

外亲服图,其亲族名称仍沿袭中国,如"父,斩衰三年;母,齐衰三年"等,所不同者,如"伯叔父母三寸","堂姑五寸"……博士考释所谓"寸"者即"等"也,"一寸亲"即"一等亲","二寸亲"即"二等亲"也。[119]又李太王所命编纂之《两诠便考》其"相避"规定之原文如下:

> 京外官本宗大功以上亲(祖、孙、兄弟,三寸叔、侄、四寸兄弟),从祖(祖之兄弟),孙,从叔(父子从兄弟),侄及女夫,孙女夫,姊妹夫,外亲缌麻以上(祖、孙、三寸叔、侄、内外姨从),妻,亲父,祖父,兄弟,姊妹夫(友婿),本宗三寸叔母(姑母),侄女夫,四寸姊妹夫,外亲,三寸叔母(姨母),夫,妻,妾亲,同姓三寸叔,侄,四寸兄弟(妻之同姓四寸)并相避(继外亲无相避)。出继者于本生亲一体相避,婚姻家并相避。[120]

《刑法大全》第四编《律例上》第三章《断狱及诉讼所干律》第十一节《听理违犯律》又有规定:

> 第三百十六条 司法官受理自己亲属、雇工、婚姻家、受业师或曾有仇嫌之诉讼者,处笞四十。

按本条规定全同《大明律》卷二十二《刑律·诉讼》,而《大明律》则又沿袭自《大元通制·职制》者也。

传唤及拘提被告之规定,《经国大典·刑典》"囚禁"条云:

> 杖以上,囚禁文武官及内侍府、士族妇女、僧人,启闻囚禁,犯死罪者,先囚后启。

《刑法大全》第一编《法例》第一章《用法范围》第三节《拘拿及立证格式》又有规定：

> 第八条　官员犯罪者，敕任官则先奏后拿，奏任官则先拿后奏。但敕任官犯反逆罪者，得先拿后奏。

所谓"敕任官"者，亦如《大明律》卷一《名例》之规定："凡京官及在外五品以上官有犯奏闻请旨，不许擅问。"所不同者，则奏任官得先拿后奏，《大明律》之规定系"若府州县官犯罪，所辖上司不得擅自勾问，止许开具所犯事由实封奏闻"。惟"其犯应该笞决罚俸收赎纪录者"，始"不在奏请之限"耳。

讯问被告之规定，《经国大典·刑典》"推断"条有云：

> 凡拷讯取旨乃行，外则报观察使，本曹开城府观察使流以下直断，各衙门笞以下直断。

赖德（George Trumbull Ladd）氏所著《在高丽与伊藤（博文）侯爵会见记》有云：

> 高丽所用拷讯之法系摹仿中国之明代，如压膝碎鼻诸惨刑在 1894 年明代即已废除，而高丽犹仍用之。[121]

按 1894 年为前清光绪十九年，所云明代必系笔误；又中国废止讯刑亦不在是年，光绪三十四年《大清现行刑律》告成，宣统二年四月始颁行京外，自此法典始，中国乃正式废除讯刑。[122]江庸氏《五十年来中国之司法》一文有云：

> 停止刑讯——此议发之两江总督刘坤一、湖广总督张之洞,奉旨交法律馆核办,经馆议定办法,停止刑讯,笞杖改为罚金;无力完纳,折以工作。……〔123〕

由此可知赖德氏所言殊多失实。

关于证人之规定,《刑法大全》第一编第一章第三节:

> 第十一条 审查罪人时,罪人之有服亲属、家长、雇工,年八十以上十岁以下,聋哑盲狂人均不得立证。袒免亲属他人同居者,亦同。

按《唐律》卷第二十九《断狱律》及《大明律》卷二十八《刑律·断狱》均规定:

> 其于律得相容隐,即年八十以上,十岁以下及笃疾,皆不得令其为证。……

是《刑法大全》不过改《唐明律》之"笃疾"为"聋哑盲狂人",又删去《唐律》之"违者减罪人罪三等",改如《大明律》之"笞五十"(参看第四编《律例上》第三章《断狱及诉讼所干律》第十一节《听理违犯律》之第三百十七条)。

其诉讼行为之一般规定,《决讼类聚补》十五"告诉"条亦录《大明律》四则及嘉靖丁巳、康熙戊午《承传》与《受教辑录》等现均从略省。此外如《经国大典·刑典》"停讼"条云:

> 外方词讼务停后,务开前(原注——以春分日为务停,秋

分日为务开），除十恶、奸盗、杀人、捉获、付官逃奴婢，仍役据夺奴婢等，一应关系风俗侵损于人外，杀讼并勿听理。……

"决狱日限"条云：

> 凡决狱大事（死罪）限三十日，中事（徒流）二十日，小事（笞杖）十日。辞证在他处事须考完者，随地远近除往还日数亦于限内决讫。……

其对原告因身分之不同而限制其起诉权之规定，如"告尊长"条云：

> 子孙妻妾奴婢告父母家长，除谋叛逆反外，绞。

此种处分较《大明律》卷二十二《刑律·诉讼》之"杖一百，徒三年"者为加重，又云：

> 奴妻婢夫告家长者，杖一百，流三千里。

此与《大明律》相同，惟改"徒三年"为"流三千里"耳。前书"诉冤"条云：

> 关系宗社及非法杀人外，吏典仆隶告其官员者，品官吏民告其观察使守令者，并勿受，杖一百，徒三年。

《刑法大全》第四编《律例上》第三章《断狱及诉讼所干律》第

第二章　中国法律在朝鲜之影响

二节又有《亲属相告律》：

第二百八十三条　尊长卑幼相告者，依下列处罪：

一、告祖父母、父母、夫、夫之祖父母、父母者，惩役三年（《大明律》："杖一百，徒三年"）。

二、告期亲尊长外祖父母者，笞一百（《大明律》作"虽得实，杖一百"）。

三、告大功亲。笞九十（《大明律》："杖九十"）。

四、告小功亲，笞八十（《大明律》："杖八十"）。

五、告缌麻亲，笞七十（《大明律》："杖七十"）。

六、告袒免亲，笞五十（《大明律》无）。

七、（略）

八、雇工告家长及家长妻，惩役二年半；告家长缌麻以上亲，依本条二项、三项、四项、五项各减一等（《大明律》作"各减奴婢罪一等"）。（按"奴婢告家长及家长缌麻以上亲者，与子孙卑幼同"。《刑法大全》则删去奴婢之专条规定，殆亦蒙人权思想之影响而然欤？）

九、被告祖父母，父母，夫之祖父母，父母，并同自首免罪（同《大明律》）。期亲大功尊长，外祖父母，妻之父母，减本罪四等（《大明律》无）；小功缌麻减本罪三等（同《大明律》）。

十、尊长告卑幼，勿论，被告卑幼期亲大功女婿并同自首免罪，小功缌麻减本罪三等（同《大明律》）。

此外，又有如《唐律》卷六《名例律》及《大明律》卷一《名例》"亲属相为容隐"之规定，如第三编《刑例》第一章《刑罚通则》第七

109

节《知情不告及藏匿处断例》：

> 第百二十七条　罪人知情不告者藏匿者依下处断：
> 一、二（从略）
> 三、为亲属衰服，大功以上尊长，外祖父母，妻之父母，夫兄弟者，皆勿论。大功以上卑幼，小功以下尊长卑幼，依第六十四条亲属等级递减（《唐律》作"小功以下相隐，减凡人三等"）。
> 四、雇工为家长者，亦勿论（同《唐律》）。家长为雇工者，减二等（《唐律》无）。

以上为限制诉讼之规定。但亦有许可自由或必须负告发之责任者，如《经国大典·刑典》"元恶乡吏"条云：

> 元恶乡吏许人陈告，亦许本官京在所告司宪府，推劾科罪。……守令知而不举劾者，以制书有违律论。

关于上告之规定，如"诉冤"条云：

> 诉冤抑者，京则呈主掌官，外则呈观察使；犹有冤抑，告司宪府；又有冤抑，则击申闻鼓。

死罪终审之规定，如"推断"条云：

> 京外死罪本曹报议政府详覆。死罪三覆启，外则观察使定差使员同其邑守令推问。……

执行刑罚之限制,前书"禁刑日"条云:

  京外各衙门每遇大殿王妃诞日,王世子生辰,大祭祀及致斋,朔望,上下弦,停朝时日,勿行拷讯决罚。上项各日及二十四气雨未晴,夜未明,勿行死刑。

法院籍没赃物如前书"赃物"条之规定云,"凡赃赎物送户曹"。《刑法大全》第三编《刑例》第一章《刑罚通则》第十七节《征偿处分》:

  第百六十四条　赃物现存者,追本色;现无者,据犯处当时中等物价估计追征。(同《大明律》卷一《名例》)
  第百六十五条　追赃后官物纳官,私物给主。但彼此俱罪之赃及无主物者属公。(同《大明律·名例》)
  第百六十八条　凡身死者不得追赃(同《大明律》)。

【刑法总则】
〔法例〕
《刑法大全》第一编《法例》第一章《用法范围》第一节《本法律施用权限》:

  第二条　犯罪本法律无正条者,得引律比附。……(同《大明律·名例》)

〔不为罪〕

前书第九节《不论罪类》：

> 第九十一条　九十岁以上，七岁以下者犯罪，勿论。

按此规定实沿自《唐律》卷第四《名例律》及《大明律·名例》"老小废疾"条"九十岁以上，七岁以下，虽有死罪不加刑"。

〔公私罪〕

前书第二编《罪例》第一章《犯罪分析》第一节《犯罪原因》第六十七条：

> 三、公罪为公事上不觉失错者。
> 四、私罪为勿论公事私事而恣意故犯者。

此与《唐律·名例》所谓"公罪谓缘公事致罪而无私曲者"、"私罪谓不缘公事私自犯者"之规定，文字虽稍有为同，而意义则无甚歧异。至前书第三编《刑例》第一章《刑罚通则》第六节《公私罪处断例》则与《大明律·名例》所规定者不同。

〔俱发罪〕

前书第八节《二罪以上处断例》：

> 第百二十九条　二罪以上同时俱发，从重者处断；其各等者，从一科断。

此条规定全同《唐律》卷第六《名例》及《大明律·名例》。

〔累犯罪〕

前书第十节《一罪再犯处断例》：

>第百三十四条　一罪再犯者加本罪一等,三犯以上递加。强盗再犯者,绞;窃盗再犯者,惩役终身,三犯者绞。

按本条亦沿自《唐律》卷第二十《贼盗律》及《大明律》"三犯加重"之规定。

〔共犯罪〕

前书第十一节《二人以上共犯处断例》:

>第百三十五条　从犯减首犯一等。

按《唐律》卷第五《名例律》及《大明律·名例》均作"随从者减一等",是《刑法大全》沿之未改,而删去两律之"共犯罪者,以造意为首"一语,是语气未免突兀欠妥。又:

>第百三十六条　共犯罪之一人二人见获,余人在逃,见获者称在逃者为首犯,更无证据,则论决从罪。其后在逃者被获,称前获者为首犯,审查得实,更以前获者为首犯论罪,通算前科刑期以充后科刑期。……

此条规定亦全同唐明律。

〔刑名〕

《大明律洪武直解》卷第一《名例律》"五刑"条云:

徒刑

>徒刑五:一年,杖六十,赎铜钱十二贯(同《大明律》卷一《名例》),准折"五升布"六十匹(《大明律》所无)。

按当时朝鲜与明之币制不同,故以"常布五升"抵明之通货铜钱"一贯",故赎铜钱十二贯即等于折五升布六十匹也。另据《太祖实录》云:"刑曹典书柳观等上言:'……其计赃之罪,考之于律,监守自盗者,赃满四十贯,则当极刑,今以常布五匹折一贯,则布二百匹乃当四十贯也。人有盗二百匹,而极刑甚可悯也。且使杖一百者,赎布三十匹,则有轻刑之失,非所以用刑之中也,乞以常布十五匹当钱一贯,则盗六百匹以上乃当极刑,而杖一百者赎布九十匹,刑赎亦得轻重之宜矣。……命都堂拟议,请如刑曹所申。'"〔124〕是自太祖七年以后改为"常布十五匹当钱一贯"。

> 一年半,杖七十,赎铜钱十五贯(同《大明律·名例》),准折"五升布"七十五匹(《大明律》所无)。
>
> 二年,杖八十,赎铜钱一十八贯(同《大明律·名例》),准折"五升布"九十匹(《大明律》所无)。
>
> 二年半,杖九十,赎铜钱二十一贯(同《大明律·名例》),准折"五升布"一百五匹(《大明律》所无)。
>
> 三年,杖一百,赎铜钱二十四贯(同《大明律·名例》),准折"五升布"一百二十匹(《大明律》所无)。

花村美树教授云:"《刑法大全》第九十二条至第九十八条所定刑罚之种类,其主刑为死刑、流刑、役刑、禁狱刑及笞刑。……役刑因禁于监狱并服役务,共分一年乃至终身之十种等级。禁狱刑则自一月乃至十月。……"〔125〕

按《刑法大全》第三编《刑例》第一章《刑罚通则》第一节《刑名刑具及狱具》:

第九十六条　役刑囚禁于监狱服役,其等数同第九十五条流刑。(详后)

第九十七条　禁狱囚禁于监狱,有下列十等之区别:

一、十个月;

二、九个月;

三、八个月;

四、七个月;

五、六个月;

六、五个月;

七、四个月;

八、三个月;

九、二个月;

十、一个月。

薛培榕《朝鲜会通条例》另有记载云:

徒刑有五:一年,七两;一年半,十两五钱;二年,十四两;二年半,十七两五钱;三年,二十一两。

身体刑　《大明律洪武直解·名例律》云:

笞刑五:一十,赎铜钱六百文(同《大明律》),准折"五升布"三匹(《大明律》所无)。

二十,赎铜钱一贯二百文(同《大明律》),准折"五升布"六匹(《大明律》所无)。

三十,赎铜钱一贯八百文(同《大明律》),准折"五升布"九匹(《大明律》所无)。

四十,赎铜钱二贯四百文(同《大明律》),准折"五升布"十三匹(《大明律》所无)。

五十,赎铜钱三贯(同《大明律》),准折"五升布"十五匹(《大明律》所无)。

《刑法大全》第三编第一章第一节:

第九十八条 笞刑以小荆条打臀,有下列十等之区别(原注:长周尺三尺五寸,大头径二分七厘,小头径一分七厘):

一、一百;

二、九十;

三、八十;

四、七十;

五、六十;

六、五十;

七、四十;

八、三十;

九、二十;

十、一十。

《大明律洪武直解·名例律》:

杖刑五:六十,赎铜钱三贯六百文(同《大明律》),准折

"五升布"十八匹(《大明律》所无)。

七十,赎铜钱四贯二百文(同《大明律》),准折"五升布"二十一匹(《大明律》所无)。

八十,赎铜钱四贯八百文(同《大明律》),准折"五升布"二十四匹(《大明律》所无)。

九十,赎铜钱五贯四百文(同《大明律》),准折"五升布"二十七匹(《大明律》所无)。

一百,赎铜钱六贯(同《大明律》),准折"五升布"三十匹(《大明律》所无)。

薛培榕《朝鲜会通条例》另有记载云：

笞刑有五：一十者,钱七钱(原注:百文为两);二十者,一两四钱;三十者,二两一钱;四十者,二两八钱;五十者,三两五钱。

杖刑有五：六十者,四两五钱;七十者,四两九钱;八十者,五两六钱;九十者,六两三钱;一百者,七两。

讯杖长三尺三寸,上一尺三寸则圆径七分;下二尺则广八分,厚二分。(原注：以下端打膝下,不至臁肕次,毋过三十度以上,并用营造尺。)

枷长五尺五寸,头阔一尺二寸;死罪之枷重二十斤,徒流重十八斤,杖罪重十四斤。

杻长一尺六寸,厚一寸。

李氏中叶除压膝烙刺及全家徙边背剠鼻刖足乱杖等刑。

流刑　《大明律洪武直解·名例律》云：

流刑三：二千里，杖一百，赎铜钱三十贯（同《大明律》），准折"五升布"一百五十匹（《大明律》所无）。

二千五百里，杖一百，赎铜钱三十三贯（同《大明律》），准折"五升布"一百六十五匹（《大明律》所无）。

三千里，杖一百，赎铜钱三十六贯（同《大明律》），准折"五升布"一百八十匹。

据《太宗实录》云：

癸未，定流罪收赎之法，议政府启曰："大明律流三千里，赎铜钱三十六贯，本国以'五升布'十五匹准铜钱一贯，计'五升布'五百四十匹，本国之境流不满三千里，其收赎则满三千里数，名实不相当，以本国境内里数计之，最远庆源府一千六百八十里，其三十六贯减一分，二十四贯准计'五升布'三百六十四。其流二千五百里则赎钱三十三贯，东莱县为次一千二百三十里，其三十三贯减一分，二十二贯准计'五升布'三百三十匹。其流二千里，则赎钱三十贯，丑山为次一千零六十五里，其三十贯减一分，二十贯准计'五升布'三百匹，自今以后，凡赎流罪，以上项本国里数准计。"从之。

此条规定流杖赎钱未分别，故计算减轻之法仍未周密，前书又有云[126]：

议政府上流罪收赎法曰："……今考律文《名例》云：杖一百，流三千里，赎钱三十六贯；杖一百，流二千五百里，赎钱三十三贯;杖一百,流二千里,赎钱三十贯;其赎钱之数皆以流杖通计,其于减分之法,流杖赎钱不分别,而都计除之,似为未便若令减分,则杖一百流三千里赎钱三十六贯,除杖一百赎钱六贯,而减一分,二十贯杖一百,流二千五百里,赎钱三十三贯,除杖一百赎钱六贯,减一分,十八贯,杖一百,流二千里,赎钱三十贯,除杖一百,赎钱六贯,而减一分,十六贯,然笞杖之数,一从律文,而流罪则乃以本国里数不满,减分施行,有违于作律之意自今不合流配,而纳赎钱者,勿令减分,全以律文之数收赎其流配者,不满里数一分收赎。……"〔127〕

又关于流刑之执行,《大明律洪武直解》卷第一《名例律》"徒流迁徙"条除一字不移照录《大明律》:

直隶府州:江南发山东盐场,江北发河间盐场。

等规定之外,又有就朝鲜地方而自加规定,惜《直解》多为吾人所不解耳!如:

直隶府州
直属京城左右道:(原注:京城"乙良"远处"是去等"庆尚道,中间"是去等"全罗杨广道。近处"是去等"西海交州道盐所,吹炼所。西海道"是去等"付处庆尚道盐所,吹炼所。交州江陵道"是去等"付处全罗道盐所,吹炼所。杨广道"是去等"付处平壤朔方道盐所,吹炼所。)
流三等,照依地理远近定发各处荒芜及濒海州县安置。

……边远充军。(原注:京城军"是去等"庆尚道充军,中间"是去等"全罗道充军,西海道军"是去等"庆尚道充军,交州江陵道军"是去等"全罗道充军,杨广道军"是去等"平壤朔方道充军。)

《刑法大全》第三编第一章第一节,另有流刑之规定:

第九十五条　流刑押付岛地,有下列十等之区别,但虑有逃脱,故囚禁该地方监狱:

一、终身;

二、十五年;

三、十年;

四、七年;

五、五年;

六、三年;

七、二年半;

八、二年;

九、一年半;

十、一年。

薛培榕《朝鲜会通条例》另有记载云:

流刑有三:二千里,二十八两;二千五百里,三十一两五钱;三千里,三十五两。

死刑　《大明律洪武直解·名例律》云:

死刑二:绞,斩。赎铜钱四十二贯(同《大明律》),准折"五升布"二百十四(《明律》所无)。

《刑法大全》第三编第一章第一节:

  第九十四条　死刑如下:
  一、绞。

此外尚有附加刑,前书:

  第九十九条　附加刑有下列二种之区别:
  一、免官免役。
  二、没入。

〔刑之执行〕

明无名氏《朝鲜志》云:

  囚人冬月则给铺席,夏月则净修狱中,洗洒枷杻,使无寒冻熏蒸之患。又定医官,备药物救之。贫不能养狱者,官给廪料。〔128〕

《刑法大全》有规定云:

  第百条　狱具有下列六种区别:
  一、枷:长周尺五尺五寸,头阔一尺五寸,重二十斤。(长阔同明制,惟明枷自十五斤至二十五斤。)

一、杻：长周尺一尺六寸，厚一寸。（同明制，参看《续文献通考》。）

（余条从略）

又前书第二节《主刑处分》：

第百二条　处死刑者宣告后，法部大臣上奏经裁可后执行（此亦如《明会典》"请旨处决"之规定）。

第百三条　妇女怀孕时处死刑，待分娩后百日执行（同《大明律》卷二十八《刑律·断狱》之规定）。

第百十条　轻罪施用笞刑，妇女犯奸罪去衣受刑，余罪单衣受刑（同《大明律》卷一《名例》之规定）。

〔刑之加重及减轻〕

前引第十节第百三十四条《一罪再犯处断例》之"三犯加重"即为加重之一种规定，此外如第十四节《加减次序》：

第百五十七条　加重之次序自所犯本律随等递加，流役罪止终身。减轻之次序自所犯本律随等递减尽于全免。

此与《唐律·名例》"称加者就重次，称减者就轻次"盖相同。至刑之减轻条件亦为"老弱"、"收赎"等，《太宗实录》云：

……按《大明律》文，老幼废疾者许收赎，其铜钱一千文为一贯，准宝钞一贯，国初因前朝之旧，以铜钱一贯准五升布

"十"(此字衍)五匹,至戊寅年刑曹受教。杖一百徒三年者,当赎铜钱二十四贯,准例赎布五百四十匹。(此数有误,以太祖戊寅七年定制计算,只三百六十匹。)贫乏之人,倾家破产,尚未充数,似违钦恤之意;若以铜钱一贯准五升布十匹,庶得轻重之宜,从之。〔129〕

《刑法大全》第十二节《未遂犯处断例》又有规定:

  第百三十七条　未遂犯依下列处断:
  一、死刑罪减一等。
  二、流刑役刑罪减二等。
  三、禁狱罪减三等。
  四、笞刑罪减四等。

按唐明律未遂减等均规定于各条文中,未有如此之统括于四原则者,然究亦为"后来居上","此胜于彼"。

又前书第十三节《免罪及加减处分》:

  第百四十条　祛除国家大患,临阵胜敌,平乱服众,回复城池,开拓疆土建功之人犯死罪时,处一等流刑;役刑以下各减二等。
  第百四十一条　第百四十条建功之人,建功前犯罪发觉时,死刑减二等,流刑役刑以下得免罪。但减等免罪无过一次。

此两条规定盖沿袭唐明律《名例》"八议"中之"议能"、"议功"、"议勤"之优待军人条款者。又:

第百四十二条　犯罪自首者,依下列处断:

一、发觉前向官自首者,免罪(同唐明律)。

三、轻罪发觉时因自首重罪者,免其重罪(同唐明律)。

四、发觉讯问时自首他罪者,免其他罪。(《唐律》原文作"即因问所劾之事而别言余罪者,亦如之",文字虽不同而意义则无不同。)

五、遣人代首如祖父母、父母、子孙、兄弟、叔侄、翁婿、外祖父母、外孙,雇工首告者,亦同犯人自首。(《唐律》作"即遣人代首,若于法得相容隐者,及相告言者,各听如罪人身自首法"。)

六、自首不实不尽者,以不实不尽论罪,至死者减一等(同《大明律·名例》)。

(余条从略)

第百四十三条　八十岁以上,八岁以上,十二岁未满犯罪时依本律减二等。(《唐律》作"八十岁以上,十岁以下及笃疾犯反逆杀人应死者上请,盗及伤人者亦收赎,余皆勿论"。)

(余条从略)

〔行刑权时效〕
前书第二编第一章第七节《犯罪时老幼区别》:

第八十五条　老疾前犯罪,老疾后发觉时,若在禁狱以上之罪犯期限内并依老疾论。幼小时犯罪,长大后发觉时依幼小论。

此条盖袭自《唐律》"诸犯罪时虽未老疾,而事发时老疾者,依老疾论;若在徒年限内,老疾亦如之。犯罪时幼小,事发时长大,依幼小论"之规定,不过文字上稍有不同耳。

〔刑期之时例〕

前书第一编第一章第七节《名称分析》:

第四十八条 称一日二十四小时。(《唐律》:"诸称日者以百刻计",此则受欧洲时计——钟表输入之影响也。)称一月三十日(《唐律》无)。称一年谓三百六十日(同《唐律》)。

〔刑律文例〕

《经国大典》卷之五《刑典》"银钱代用"条云:

律称"银钱"并以国币准计。

"罪犯准计"条云:

律称"罚俸钱",一十日准笞一十,半月笞二十,一月笞三十,两月笞五十。犯充军者,准杖一百,徒三年。……

《刑法大全》第一编第一章第七节《名称分析》:

第三十四条 称乘舆车驾及御者,太皇太后、皇太后、皇后、皇太子、皇太子妃并同。(按同《唐律·名例律》,惟加入"皇太子"、"皇太子妃"二项。)

第四十六条 称众者谓三人以上(同《唐律》)。

第六十二条 称亲属者,谓本宗,异姓,有服及袒免亲如下:

一、斩衰齐衰　斩衰三年:父,长子,妻妾,夫;……齐衰三年:母,嫡母,继母。……

二、期亲　谓众子,女,长子,妻,长孙。……

三、大功亲　谓夫,祖父母,伯叔父母。……

四、小功亲　谓长孙妻,长曾孙妻,长玄孙妻,兄弟妻。……

五、缌麻亲　谕众孙妻,众曾孙,众玄孙。……

六、无服亲　谓本宗同五世祖祖免亲,异姓外曾祖父母。……

(余条从略)

此则参酌于《唐律》五服之制与年月表及《大明律·名例·服制》,而并不用"一寸"、"二寸"、"三寸"之称谓者也。

【刑法分则】

明黄洪宪《朝鲜国纪》云:

……法无苛条,其败常犯赃,及妇人再嫁者,书名三司,其子孙不齿士类。……[130]

明人若不知《大明律洪武直解》即为李朝之现行法,与中国盖无多大歧异,至如《刑法大全》者则为朝鲜承受"中国法系"最后之产物,故今一并分析于后,此外如《增补文献备考》之《诸律类记》[131]序文有云:

今……所以集三典(按即指《大明律》、《经国大典》、《续大典》而言)之著定,随五刑之条例,参互而类聚之。……若夫律之有废,刑之特除,实出于列圣朝仁厚恻怛,慎刑狱,重人命之意,于虖休哉!谨系于末。

其书内容大致如下:

《诸律类记一》:

笞一十　录《大明律》三十三条,《续大典》五条,现举其条文之数例如下:

"□骂人者□奴婢骂旧家长者。……(原注:'以上《大明律》')"余均如此。

笞二十　录《大明律》四十八条。

笞三十　录《大明律》二十九条。

笞四十　录《大明律》九十三条,《续大典》四条。

笞五十　录《大明律》五十六条,《经国大典》一条,《续大典》六条,《大典通编》一条。

笞六十　录《大明律》七十四条,《经国大典》五条,《续大典》八条。

杖七十　录《大明律》二十五条,《经国大典》一条。

杖八十　录《大明律》一百二十二条,《经国大典》十九条,《续大典》二十二条。

杖九十　录《大明律》二十四条,《经国大典》二条,《续大典》一条。

杖一百　录《大明律》一百五十条,《经国大典》十九条,《续大典》七十五条,《大典通编》三条。

《诸律类记二》:

杖六十,徒一年。　录《大明律》三十四条,《续大典》十二条。

杖七十,徒一年半。 录《大明律》二十五条。

杖八十,徒二年。 录《大明律》四十三条,《经国大典》一条,《续大典》十条。

杖九十,徒二年半。 录《大明律》四十八条,《续大典》二条。

杖一百,徒三年。 录《大明律》一百四十二条,《经国大典》十二条,《续大典》八十四条。

《诸律类记三》:

杖一百,流二千里。 录《大明律》三十八条,《续大典》四条。

杖一百,流二千五百里。 录《大明律》四条。

杖一百,流三千里。 录《大明律》九十二条,《经国大典》五条,《续大典》六十八条。

杖一百,迁徙。 录《大明律》四条,《续大典》一条。

杖一百,充军。 录《大明律》十五条,《续大典》十二条。

杖一百,边远充军。 录《大明律》二十二条,《续大典》七条。

为奴。 录《大明律》六条,《经国大典》四条,《续大典》二十三条。

(余从略)

《诸律类记四》:

绞待时　录《大明律》八十九条,《经国大典》五条,《续大典》九条。

绞不待时　录《大明律》十八条,《续大典》三条。

斩待时　录《大明律》一百条,《经国大典》五条,《续大典》十条。

斩不待时　录《大明律》三十四条,《续大典》三十四条。

凌迟处死　录《大明律》十五条。

坐赃　　录《大明律》三十条。

不枉法赃　　录《大明律》十三条，《续大典》二条。

窃盗赃　　录《大明律》三十八条，《续大典》一条。

枉法赃　　录《大明律》三十七条，《续大典》四条。

（余条从略）

附《废律》：

笞五十　二条。

杖八十　二条。

杖一百　十一条。

徒一年　一条。

徒二年　一条。

徒三年　十条。

流三千里　六条。

定配　三十九条。

枭示　九条。

斩　三条。

（余从略）

按以笞、杖、徒、流、死等刑名区别法条，殊无甚意义，故今仍就刑法之内容分类叙述如下：

〔侵犯帝室罪〕

不敬

太庙门擅入　《大明律洪武直解》（以下称"卷第……"者并同）卷第十三《兵律·宫卫》用《大明律》之规定。

《刑法大全》第四编《律例上》第七章《阍禁所干律》第一节《冒

禁擅入律》又有规定：

> 第四百二十九条　擅入圜丘坛门，太庙门，山陵兆域门，太社门，御真奉安殿门者，处笞一百。（按《大明律》作"凡擅入太庙门及山陵兆域门者，杖一百，太社门，杖九十。……"此均改为"笞一百"。）

宫殿门擅入　卷第十三《兵律·宫卫》用《大明律》。但《直解》云："凡大阙紫门东西门及关内良中趣便以直入为在乙良，杖一百。……"与《大明律》之称皇城午门东华西华玄武门者异。

《刑法大全》第四编第七章第一节又有规定：

> 第四百三十一条　擅入阙门者，笞一百（《大明律》："杖一百"）；时御所，宫殿门者，惩役一年（《大明律》："杖六十，徒一年"）；御膳所及御在所者，处绞（同《大明律》）。

直行御道　卷第十三用《大明律》。《刑法大全》第四编第七章第一节又有规定：

> 第四百三十四条　无故直行时御所宫殿门内御道者，笞一百（《大明律》："杖一百"）。……

冲突仪仗　卷第十三用《大明律》。《刑法大全》前条又有规定：

> 冲入仪仗内者，处惩役十年（《大明律》："绞"）。

上书奏事犯讳　卷第三《吏律·公式》用《大明律》。《刑法大全》第四编第二章《职权所干律》第四节《奏报违错律》又有规定：

　　第二百十六条　上书奏事误犯御讳庙讳者，处笞八十（按《唐律·职制律》、《大明律》均作"杖八十"）；其余文书，处笞四十（同《大明律》）；若为名字触犯者，处笞一百（《大明律》："杖一百"）。

宫内忿争　卷第二十《刑律·斗殴》用《大明律》。《刑法大全》第五编《律例下》第九章《杀伤所干律》第十七节《斗殴伤人律》又规定：

　　第五百十八条　阙内忿争者，笞五十（同《唐律·斗讼律》及《大明律》）。声彻御在所及相殴者，笞一百（《大明律》："杖一百"）。铜铁汁或刃伤及折伤以上依五百十一条诸项各加二等，殿内各加三等。（《大明律》作"折伤以上加凡斗伤二等，殿内又递加一等"。文字虽有不同，而处分之规定则一致。）

危害
带兵仗入宫殿　《兵律·宫卫》用《大明律》。《刑法大全》第四编第七章第一节又有规定：

　　第四百三十三条　除应带持兵仗之守卫宿卫之人外，带持兵器弹药入阙门者，处惩役终身。（《大明律》："杖一百，发边远充军。"又文字方面亦有不同。）入时御所，宫殿门者，处绞（同《大明律》）。

向宫殿射　用《大明律》。

合和御药　卷第十二《礼律·仪制》用《大明律》。

造御膳犯食禁　用《大明律》。

御幸舟船不坚固　用《大明律》。

〔内乱罪〕

谋反大逆

卷第十八《刑律·盗贼》用《大明律》。

《刑法大全》第四编第一章《反乱所干律》第一节《反逆律》又有规定：

> 第百九十条　谋大逆者不分已遂、未遂及首从，处绞。
>
> 第百九十一条　犯谋反者，不分已遂、未遂及首从，处绞。

按《大明律》作"皆凌迟处死"，《刑法大全》只处"绞"，又删除株连家族之惨酷规定，不可谓非一大进步也。

背国投伪

卷第十八《刑律·盗贼》用《大明律》。

《刑法大全》前章第三节《外乱律》又有规定：

> 第百九十六条　潜从外国，背叛本国，为间谍，起战端者，不分首从，处绞。

按《大明律》作"皆斩，妻妾子女给付功臣之家为奴，财产并入官；父母祖孙兄弟不限籍之同异，皆流二千里安置"，宽严盖不可以道理计,实亦时代使然。

〔漏泄军情大事罪〕

卷第三《吏律·公式》用《大明律》。《刑法大全》前章第四节《国权坏损律》又有规定:

> 第二百条　趋附依赖外国有所犯者依下列处罪:
> 一、(从略)
> 二、漏泄本国秘密情形与外国人者,绞。

按《大明律》作"……机密大事……辄漏泄于敌人者,斩"。《刑法大全》前编第二章《职权所干律》第九节《渎职律》又有规定:

> 第二百四十四条　近侍官员漏泄机密重事于人者,处流终身(《大明律》:"斩");轻事,处笞一百(《大明律》:"常事,杖一百,罢职不叙")。

〔度关津罪〕

卷第十五《兵律·关津》用《大明律》。

〔朋党罪〕

卷第二《吏律·职制》用《大明律》。《刑法大全》第四编第四章《诈伪所干律》第四节《奸细律》又有规定:

> 第三百六十二条　进谗言,左道陷害人抵刑者,依第二百八十四条《诬告律》科断。(《大明律》作"……左使杀人者,斩。")(余条从略)

按本条处刑归并于诬告罪,实较《大明律》之规定为优。

〔渎职罪〕

贿赂

卷第二十三《刑律·受赃》用《大明律》、《词讼类聚补四十一·受赃》亦全引《大明律》,惟《经国大典·刑典》"禁制"条云:

奔竞者,杖一百,流三千里。……

《刑法大全》第五编《律例下》第十三章《财产所干律》第五节《犯赃律》又有规定:

第六百三十一条 官员吏典因事受人财而曲法处断者,计赃处枉法律;不曲法处断者,计赃处不枉法律;因事受人财者,处坐赃律。枉法赃通算全科,不枉法赃坐赃折半科罪(按同《大明律》之规定)。与者并受者依律减五等如下表:

一、枉法赃

十两以下(《大明律》:"一贯以下")	笞八十(《大明律》:"杖七十")
十两以上二十五两未满	笞九十(《大明律》:"一十贯,杖九十;二十五贯,杖七十,徒一年半。")
二十五两以上五十两未满	笞一百(《大明律》:"五十贯,杖一百,流三千五百里。")
五十两以上七十五两未满	禁狱一个月
七十五两以上百两未满(余条从略)	禁狱二个月(按《大明律》八十贯,即处"绞"。)

三百两以上三百五十两未满	惩役一年
八百两以上	终身

二、不枉法赃

十两以下(《大明律》:"一贯以下")	笞六十(《大明律》:"杖六十")
十两以上二十五两未满	笞七十
二十五两以上五十两未满	笞八十(《大明律》:"五十贯,杖六十,徒一年。")
五十两以上七十五两未满	笞九十
七十五两以上百两未满	笞一百(《大明律》:"一百贯,杖一百,流二千里。")
百两以上百二十五两未满	禁狱一个月(《大明律》:"一百二十贯,罪止杖一百,流二千里。")
(余条从略)	
五百五十两以上六百两未满	惩役一年
千二百两以上	终身

三、坐赃

十两以下	笞二十
(余条从略)	

第六百三十二条 官员吏典处断后受财者,事若曲法,以枉法赃论(同《唐律》卷第十一《职制下》,文字小有不同);事不曲法,依不枉法赃各律减一等论(《唐律》作"以受所监临财物论")。

第六百三十四条　监临官吏受部内馈遗者,笞四十(《唐律》作"一尺,笞四十")。馈遗者,减一等(《唐律》无)。

越权

司法方面　卷第二十八《刑律·断狱》"虐待罪囚"、"决罚不如法",卷第二十二《刑律·诉讼》"告状不受理"诸条用《大明律》,惟《经国大典·刑典》"滥刑"条云:

> 官吏滥刑,杖一百,徒三年。致死者,杖一百,永不叙用。

"恤囚"条云:

> 京司宪府外观察使检察狱囚,如有不牢不修,漏通侵虐等事,则杖一百。

《刑法大全》第四编《律例上》第三章《断狱及诉讼所干律》第十四节《不恤罪囚律》又有规定:

> 第三百三十四条　司狱官吏及使役对罪囚犯下列五项者,并处笞五十(按《唐律》卷第二十九《断狱上》作"杖六十")。
> 一、应给衣粮不给者;
> 二、救疗有疾病不勤者;
> 三、应解狱具不解者;
> 四、应保放不保放者;

五、拦阻应入视人者。

第三百三十五条　因第三百三十四条诸项所为致罪囚于死者,依下列处罪:

一、死罪,答六十。

二、流役罪,答八十。

三、禁狱罪,惩役一年。

四、答罪,惩役一年半。

按《唐律》均作"以故致死者徒一年",《大明律》卷二十八《刑律·断狱》均作"绞",不若《刑法大全》之有区别,然为保全罪囚之幸福起见,窃以唐明律之规定犹有一日之长。

第三百三十六条　克减狱囚衣粮者,计赃依第六百三十一条枉法律论(《大明律》作"计赃以监守自盗论")。

第三百三十七条　司法官吏及使役非理凌虐殴伤罪囚者,依第五百十一条斗殴伤人律加一等(《大明律》作"依凡斗伤论");因而致死者,处绞(同《大明律》)。

第十二节《决罚违犯律》:

第三百二十二条　司法官决罚拷讯罪人滥用定数以外者,答七十(《唐律》作"答三十";《大明律》作"答四十")。……致死者,处绞(《唐律》:"徒一年";《大明律》:"杖一百")。

第九节《罪人移受有违律》:

> 第三百九条　干连犯人在他官司时,直照引致,当该官司文书接到后三日内不拿交者,笞二十;每一日加一等,止笞六十。

按《唐律》作"……牒至不即遣者,笞五十,三日以上杖一百",是处分较《刑法大全》为重。

行政方面　卷第三《吏律·公式》"制书有违"、卷第四《户律·户役》"私役部民夫匠"、卷第十七《兵律·邮驿》"多乘驿马",卷第七《户律·仓库》"多收税粮斛面"诸条用《大明律》,惟《经国大典·刑典》"禁制"条有云:

> 驿马滥乘者,私与者并杖一百,流三千里。……
> 守令非因公事越境者,以制书有违律论。……

《刑法大全》第四编第二章《职权所干律》第一节《制书有违律》又有规定:

> 第二百二条　奉制书施行而违者,处笞一百(《大明律》作"杖一百")。
> 第二百三条　奉制书而稽缓者,一日笞五十,每一日加一等,罪止笞一百(《大明律》:"杖一百")。
> 第二百四条　奉行制书时失错旨意者,处笞七十(《大明律》作"各减三等")。

第九节《渎职律》:

第二百四十八条　官员役使所属监工,官吏私役工匠在家者,一人笞四十(同《大明律》),每三人加一等(《大明律》作"每五名加一等"),止笞八十(《大明律》:"杖八十");计日追给雇工钱(《大明律》规定"每名一日工钱六十文")。

(余条从略)

〔逮捕监禁者脱逃罪〕

卷第二十七《刑律·捕亡》"罪人拒捕"、"狱囚脱监及反狱在逃",卷第十八《刑律·贼盗》"劫囚",卷第二十八《刑律·断狱》"与囚金刃解脱"诸条用《大明律》,《词讼类聚补十一·捕亡》亦引《大明律》之二则。《经国大典·刑典》"逃亡"条云:

徙民逃亡者,妻子属残驿奴婢,捕获则户首斩;自现则还元徙处,妻子放。

"公贱"条云:

公贱有流亡者……不能检举官吏及知而不告所管人,切邻,并以制书有违律论。若避役为僧尼者,决杖一百,极边残邑官奴婢永属,知情师僧尼以制书有违律论,还俗当差。

《刑法大全》第四编第三章第八节《罪人追捕有违律》又有规定:

第三百七条　追捕罪人时,犯人持杖拒捕,格杀之,及逐杀逃走囚徒,或囚窘迫自杀者,并勿论(同《唐律》卷第二十八条捕亡之规定)。

但已就拘执而逃走拒捕者,伤人各依第五百十一条《斗殴伤人律》论罪;杀人,处死刑。……

第十节《失囚律》:

第三百十二条 失囚徒及故纵者依下列处罪:

一、监守于执行前不觉失囚,减囚罪二等(同《唐律》)。其因反狱在逃者,又减二等。(《唐律》作"若因拒捍而走者,又减二等"。)……

二、三、四、五(诸项从略)

六、故纵囚徒者,与囚同罪;论断前自己或他人捕得,若囚自首或已死,减二等。(《唐律》作"故纵者……即以其罪罪之,未断决间能自捕得及他人捕得,若囚已死及自首,除其罪",是较《刑法大全》之处分为轻也。)

(余条从略)

第四节《干犯罪囚律》:

第二百九十三条 狱官及使役以金刃或他物可以自杀及解脱枷锁诸具之器具者,笞一百(《唐律》及《大明律》卷第二十八《刑律·断狱》均作"杖一百")。因而致囚自伤或伤人者,并惩役一年(《唐律》:"徒一年";《大明律》:"杖六十,徒一年")。……

第二百九十五条 暴行劫夺罪囚者,不论得囚未得囚,处惩役终身(《唐律》卷第十七《贼盗》作"流三千里",《大明律》卷十八《刑律·贼盗》作"皆斩")。……

〔藏匿犯人罪〕
卷第二十七《刑律·捕亡》用《大明律》。
〔伪证罪〕
卷第二十八《刑律·断狱》用《大明律》。《刑法大全》第四编第三章第六节《伪证律》:

> 第三百条　罪囚及证佐人对司法官不言实情,故行诬证,及外国人裁判上,通辩人传译不实,致罪有出入者,证佐人减罪人罪二等,通辩人与同罪。(按除改易"化外人"为"外国人"等而外,亦完全与《大明律》相同。)

〔诬告罪〕
卷第二十二《刑律·诉讼》用《大明律》,惟《经国大典·刑典》"诉冤"条另有规定云:

> 诬告者,杖一百,流三千里。

然仍与《大明律》之"各罪止杖一百,流三千里"相同也。《刑法大全》第四编第三章第三节《诬告律》又有规定:

> 第二百八十四条　诬告人禁狱以下罪者,加所诬罪二等;诬告流役罪者,加三等,罪止惩役终身。(按《大明律》作"凡诬

告人笞罪者,加所诬罪二等;流徒杖罪加所诬罪三等,各罪止杖一百,流三千里"。)诬告死罪,被诬人已决者,绞;(《大明律》作"反坐以死……犹令备偿路费,取赎田宅,断付财产一半,养赡其家"。)未决者,惩役终身。(《大明律》作"杖一百,流三千里,加役三年"。)诬告反逆者,不论已决未决,处绞(《唐律》卷第二十三《斗讼三》作"斩")。

第二百八十六条 告二事以上,告重事实,轻事招虚;二事罪等,一事告实者,皆免罪。(略同《唐律》)……

第二百八十七条 诬告本管上官及该地方官死罪者,不论已决未决并处绞。(《唐律》作"诸诬告本属府主、刺史、县令者,加所诬罪二等"。)

第二百八十八条 诬告祖父母、父母、夫、夫之祖父母、父母者,不论已决、未决及轻重等,绞。期亲以下尊长依第六十四条《亲属等级》所诬罪递加。(按《唐律》作"诬告重者,加所诬罪三等;告大功尊长各减一等,小功缌麻减二等,诬告重者,各加所诬罪一等"。)诬告卑幼者,期亲减所诬罪三等(《唐律》:"减二等"),大功减二等(《唐律》:"减一等"),小功缌麻减一等(《唐律》:"小功以下以凡人论"),袒免亲不减。但诬告子孙、外孙、子孙之妻妾及己之妾(同《唐律》)与雇工(《唐律》无)者,并勿论(同《唐律》)。……

第二百八十九条 揭投隐匿姓名之文书以谤讪国事、政府及告人罪者,处惩役终身。(《唐律》作"诸投匿名书告人罪者,流二千里"。)

第二百九十条 教唆词讼,代作诉状,增减情罪诬告人者,与犯人同罪(全同《大明律》)。

第二百九十一条　受雇诬告人者与自己诬告律同论(同《大明律》)。……

(余条从略)

〔失火放火罪〕

卷第二十六《刑律·杂犯》用《大明律》。《刑法大全》第五编《律例下》第十四章《杂犯罪》第三节《放火及失火律》又有规定：

第六百六十五条　放火故意烧自己家屋者,笞一百(《大明律》:"杖一百");因而延烧公私家屋及积聚物品者,处惩役三年(《大明律》:"杖一百,徒三年")。

第六百六十六条　放火故意烧公私家屋及积聚物品者并处绞(《大明律》作"皆斩")。

第六百六十七条　失火延烧邻里家屋者,笞五十(同《大明律》);延烧及宗庙、宫阙者,惩役终身(《大明律》作"绞")。于山陵兆域内失火者,处惩役二年(《唐律》卷第二十七《杂律下》作"徒二年");其在外失火而延烧兆域内者,各减三等(《唐律》:"各减一等")。

第六百六十八条　官府、公廨及仓库内失火者,处惩役二年(《唐律》:"徒二年")。……

(余条从略)

〔决水罪与过失水害罪〕

卷第三十《工律·河防》用《大明律》。《刑法大全》第五编第十三章《财产所干律》第十节《农商工业违犯律》又有规定：

第六百四十九条　决堤堰川渠者,处惩役一年;(按《大明律》分为"凡盗决河防者,杖一百"及"若故决河防者,杖一百,徒三年",此则合并为一项。)若坏损或漂失人之家屋、财物、田禾者,计赃依第六百条准窃盗律科断。(《大明律》于"故决河防"条规定"漂失赃重者,准窃盗论……",是《刑法大全》所指者为"故决"而非"盗决"也。)

〔私藏应禁军器罪〕
卷第十四《兵律·军政》用《大明律》。
〔妨害秩序罪〕
诈称官　《刑法大全》第四编第四章《诈伪所干律》第三节《诈冒行止律》:

第三百五十二条　诈称承官人使命欺诳官府煽惑人民者,处绞。(按《大清律》卷三十《刑律·诈伪》有"凡诈假官而假与人官者,斩"之规定。)

造妖书妖言　前书第十二节《邪术律》:

第四百四条　造谶纬妖书传播惑众者,惩役终身(《唐律》卷第十八《贼盗二》作"绞")。……

夜无故入人家　前书第七章《阍禁所干律》第三节《公私家屋擅入律》:

第四百四十一条　夜无故入人家者,不分首从,处禁狱六个月(《唐律》作"笞四十")。

〔妨害交通罪〕

卷第三十《工律·河防》用《大明律》。薛培榕《朝鲜会通条例》有云:

……漕船之故失者,船主沙工并枭示。……

《刑法大全》第四编第二章《职权所干律》第八节《溺职律》又有规定:

第二百四十二条　道路桥梁有阻碍损坏应修理而不修理者,笞三十(同《大明律》)。桥梁津船应造置而不造置者,加一等。(《大明律》:"笞四十",处分并同,惟文字则略有不同。)

〔伪造货币罪〕

卷第二十四《刑律·诈伪》用《大明律》,《经国大典·刑典》"伪造"条有云:

伪造楮货者,绞。捕告者,官赏正布二百五十匹,仍给犯人财产。

《刑法大全》第四编第四章《诈伪所干律》第十节《伪造律》又有规定:

第三百九十三条　伪造纸币金银铜货者并处绞,工匠同论(同《大明律》),助役者(《大明律》作"为从")及设械未行者(《大明律》无),减一等(同《大明律》)。

第三百九十四条　第三百九十三条知情输入行使者,处惩役十年。(《大明律》作"知情买使者,各减一等……"。)

第三百九十六条　将时用金银铜货剪剜薄小者,处惩役一年(《大明律》:"杖一百")。……

第三百九十七条　鼓铸他物伪造金银者,处惩役十年。(《大明律》:"若伪造金银者,杖一百,徒三年。……")

(余条从略)

〔伪造文书印文罪〕

卷第二十四《刑律·诈伪》"诈为公文书"、"伪造印信历日等"条用《大明律》,《词讼类聚补十四·诈伪》又引《大明律》三条及康熙《承传》,《经国大典·刑典》"伪造"条有云:

> 伪造印信者,印文虽未成,处斩,妻子永属诸邑奴婢。捕告者给犯人财产。

《刑法大全》第十节《伪造律》:

> 第三百八十一条　伪造制书者,处绞;未施行者,减一等。(《大明律》作"凡诈为制书及增减者,皆斩;未施行者,绞"。)
>
> 第三百八十四条　伪造玺宝、符验者,不论全成未成,处绞。(《唐律》卷第二十五《诈伪》作"诸伪造皇帝八宝者,斩……"。)
>
> 第三百八十五条　伪造各官司印章者,惩役终身。(《唐

律》:"诸伪官文书印者,流二千里。"《大明律》:"凡伪造诸衙门印信……者,斩。")……

（余条从略）

〔私造斛斗秤尺罪〕

卷第十《户律·市厘》用《大明律》,《刑法大全》前章第八节《度量衡增减律》又有规定:

> 第三百七十六条　官许斛斗升秤尺不平行使,私自增减者,处笞六十(同《大明律》)。得利赃重者,依第六百三十一条《坐赃律》论。(《唐律》卷第二十六《杂律上》作"因有增减者,计所增减准盗论"。)工匠,处笞五十(《大明律》"工匠同罪")。
>
> 第三百七十七条　不经官司较勘印烙行使斛斗升秤尺者,处笞四十(同《大明律》)。

〔亵渎祀典礼罪〕

卷第十一《礼律·祭祀》"淫祀"、"邪教"诸条用《大明律》。《刑法大全》第四编第二章《职权所干律》第二节《享祀错误律》又有规定:

> 第二百六条　祭享日期不预先告示者,笞五十(《唐律》卷第九《职制上》作"杖六十");因失误行事者……并处笞一百(《唐律》:"徒二年")。
>
> 第二百八条　知有缌麻以上丧差遣为祭官者及不自言有丧者,并处笞一十(《唐律》:"笞五十")。

第二百九条 已受誓戒而犯下列行为者并处笞三十：

一、吊丧问疾者(《唐律》："笞五十")；

二、判署刑杀文书者(《唐律》："笞五十")；

三、参预宴筵者(《唐律》无)；

四、散斋不宿净室者(《唐律》："一宿笞五十")；

五、致斋不宿本所者(《唐律》："一宿杖九十，一宿各加一等")。

第二百十条 受誓戒，行祭礼时错误者，并处笞一十(《唐律》："笞四十")。

第二百十一条 关于祭物而有所犯者，依下列处罪：

一、(从略)

二、牲牢、玉帛、黍稷等属不如法者，笞五十(《唐律》："杖七十")。

三、一器缺少者，笞八十。(《唐律》："阙数者，杖一百。")

四、一器全缺者，笞一百。(《唐律》："全阙者，徒一年。")

(五、六)从略

七、牺牲喂养不如法致有瘦损者，一头笞四十，每一头加一等，止笞八十。因而致死或放失者，一头笞五十，每一头加一等，止笞九十。(《唐律》卷第十五《厩库》作"诸供大祀牺牲养饲不如法，致有瘠损者，一杖六十，一加一等，罪止杖一百；以故致死者，加一等"。)

第五章《神明所干律》第二节《亵渎神明律》：

第四百十条 私家设坛祭天亵渎神明者，处笞八十(《大明律》："杖八十")。

第四百十一条　寺院、神庙烧香禳福者,处笞一百。(《大明律》:"笞四十,妻女犯罪坐夫男;无夫男者,罪坐本妇。")

第八章《丧葬及坟墓所干律》第一节《丧葬违礼律》:

第四百四十三条　居丧违礼者,依下列处罪:
一、父母丧制未终,释服从吉,冒哀从仕者,笞八十。……
(二、三从略)。
(以上皆为唐明律所谓"十恶"、"不孝"之范围)
四、国丧时挟娼张乐者,禁狱十个月。(《唐律》卷第二十六《杂律上》作"诸国忌废务日作乐者,杖一百……"。)

〔私贩盐茶矾罪〕
卷第八《户律·课程》用《大明律》。
〔掘墓残尸罪〕
卷第十八《刑律·盗贼》用《大明律》。《刑法大全》第四编第八章《丧葬及坟墓所干律》第三节《坟墓侵害律》又有规定:

第四百五十八条　私掘人冢未至棺椁者,惩役一年(《大明律》:"杖一百,徒三年")。……开棺露尸,弃毁或藏匿尸骸者,惩役十五年。(《大明律》:"已开棺椁见尸者,绞。")……
第四百六十条　穴居坟冢或为捕捉狐狸熏爇而烧棺椁者,处惩役二年(《唐律》卷第十八《贼盗二》:"徒二年");烧尸者,处惩役三年(《唐律》:"徒三年",盖完全相同也)。
第四百六十一条　除依礼迁葬祖父母、父母坟冢而外,有侵犯者依下列处罪:

一、发冢未至棺椁者,惩役七年。……

二、露棺椁者,绞。(《大明律》:"若卑幼发尊长坟冢者同凡人论,开棺椁见尸者,斩。")……

三、(从略)

第四节《死尸残害律》:

第四百六十六条　火烧或割剥死尸及其他残毁行为抛弃或投水者,处惩役终身(《大明律》:"各杖一百,流三千里")。……

第四百六十八条　犯如第四百六十六条弃毁缌麻以上尊长死尸者,依第六十四条《亲属等级》递加入死。(《大明律》:"若弃毁缌麻以上尊长死尸者,斩。")弃毁祖父母、父母尸体者并处绞(《大明律》:"斩")。

第四百六十九条　……弃毁子孙尸体者,处笞一百(《大明律》:"杖八十")。

(余条从略)

〔赌博罪〕

卷第二十六《刑律·杂犯》用《大明律》。《刑法大全》等五编《律例下》第十四章《杂犯律》第五节《赌技律》又有规定:

第六百七十二条　以赌技骗取财物者,现赃并准依第五百九十五条《窃盗律》科断。(按《唐律》卷第二十六《杂律上》作"赃重者各依己分准盗论"。)

第六百七十三条　开张赌房作窝主者,依第六百十六条

《窃盗窝主律》减一等。(《唐律》作"其停止主人及出久若和合者,各加之"。)

但赌饮食者并勿论(同《唐律》"赌饮食不坐")。

〔奸非罪〕

卷第二十五《刑律·犯奸》"和奸"、"有夫奸"、"强奸"、"媒奸"诸条用《大明律》,《词讼类聚补十三·犯奸》引《大明律》之四条。《刑法大全》前编第十章《奸淫所干律》又有规定,如第一节《奸人妇女律》:

  第五百三十四条 和奸有夫女者,笞九十(《大明律》:"杖九十");刁奸者,处笞一百(《大明律》:"杖一百")。无夫,减一等(《大明律》:"凡和奸,杖八十");奸妇同论(《大明律》:"男女同罪")。

  第五百三十五条 暴行逼迫妇女强奸者,处绞(同《大明律》);妇女不坐。

但未成者,减一等(《大明律》:"杖一百,流三千里")。

  第五百三十七条 奸淫十二岁未满幼女者,不论和奸刁奸,均以强奸论(《大明律》:"虽和,同强论")。

  第五百三十八条 居父母、夫、夫之父母丧犯奸者,加犯奸本律二等(同《大明律》)。

  第五百四十条 奸生子女给奸夫收养(同《大明律》),违者处笞一百(《大明律》无)。

第三节《官吏犯奸律》:

第五百四十五条　司法官、司狱官及使役奸淫在囚禁或押解中之妇女者,惩役三年(《大明律》作"杖一百,徒三年,囚妇止坐原犯罪名")。……

第五百四十六条　监临官奸淫管内妇女者,加犯奸本律二等,妇女不坐。(《大明律》:"加凡奸罪二等,各罢职役不叙,妇女以凡奸论。")

第四节《奸亲属及家长或雇工律》:

第五百四十八条　奸淫母、嫡母、继母、养母、从祖母、祖姑母、伯叔母、姑母、从叔母、从姑母、姨母、兄弟妻、姊妹、女、子孙妇、侄女、侄妇者,男女并处绞(同《大明律》)。……

第五百四十九条　除第五百四十八条亲属外,奸淫内外缌麻以上亲,同母异父姊妹者,男女并处惩役五年(《大明律》:"杖一百,徒三年")。奸淫缌麻以上亲之妻者,惩役三年(《大明律》之处分同前)。

第五百五十一条　奸淫同宗无服亲及义女者,处惩役一年(《大明律》:"各杖一百")。奸淫无服亲之妻,减一等(《大明律》仍为"杖一百")。

第五百五十三条　雇工奸淫家长之妻(《大明律》作"各斩"),及期亲或期亲之妻者,男女并处绞(《大明律》虽处男绞刑,但妇女则减一等)。奸淫家长之缌麻以上亲或缌麻以上亲之妻者,处惩役十五年(《大明律》:"各杖一百,流二千里")。

第五节《奸事纵容及媒合律》:

第五百五十五条　容接奸妇奸夫借与房屋便易行奸并为媒合者,各减奸夫律一等(同《大明律》)。……

第五百五十七条　纵容妻妾或女及子孙之妻妾,或乞养女与人通奸者,处笞九十(《大明律》:"杖九十")。抑勒通奸者,处笞一百(《大明律》:"杖一百")。……

〔重婚罪〕

卷第六《户律·婚姻》用《大明律》,《词讼类聚补十二·嫁娶》亦引《大明律》,《经国大典·刑典》"禁制"条有云:

已受婚书而再许他人成婚者,其主婚者论罪,离异。

《刑法大全》第五编第十一章《婚姻及立嗣所干律》第一节《婚姻违犯律》又有规定:

第五百六十五条　招婿同居将婿逐出再招婿及女已嫁他人再嫁者,处禁狱十个月。(《大明律》作"凡逐婿嫁女,或再招婿者,杖一百,其女不坐"。)知情娶者同罪,女追归前夫(同《大明律》)。

第五百六十六条　有妻更娶妻者,处笞九十(《大明律》:"杖九十");后妻离异(同《大明律》)。

〔杀人罪〕

卷第十九《刑律·人命》"故杀"、"谋杀",卷第二十八《刑律·

断狱》"加功自杀"诸条用《大明律》。《刑法大全》第五编第九章《杀伤所干律》又有规定,第一节《谋杀人律》:

> 第四百七十三条　谋杀人,造意者及下手助力者并处绞;(《大明律》:"造意者,斩;从而加功者,绞。")随行不下手助力者,减一等。(《大明律》:"不加功者,杖一百,流三千里,杀讫乃坐。")
>
> 第四百七十四条　拆割人身体,采取精气者,不分首从,并处绞。(《大明律》作"凡采生折割人者,凌迟处死,财产断付死者之家……为从者,斩……")
>
> (余条从略)

第二节《故杀人律》:

> 第四百七十七条　下列所为故杀人者,并处绞:
> 一、使用金刃或他物者;(《唐律》卷第二十一《斗讼一》作"以刃及故杀人者,斩"。)
> 二、用可杀人之物及毒药放入耳鼻或其他孔窍者;(《唐律》卷第十八《贼盗二》只规定"诸以物置人耳鼻及孔窍中有所妨者,杖八十"。)
> 三、故意于寒节屏去衣服,饥渴屏去饮食,登高去梯,乘马去辔及其他与生命有关系之植者;(《唐律·贼盗》亦只规定"其故屏去人服用饮食之物以故杀伤人者,各以斗杀伤论"。)
> 四、用蛇蝎或毒虫咬人者;(《大明律》:"凡造畜蛊堪以杀人……者,斩。")

五、涡滩或泥汙深险之处,桥梁舟车朽漏,知其不堪渡人而诈称平浅牢固使人陷溺者;(《唐律》卷第二十七《杂律下》作"诸船人行船茹船写漏安标宿止不如法,若船筏应回避而不回避……杀伤人者减斗杀伤三等"。)

六、故放畜产咬触人者。(《唐律》卷第十五《厩库》作"诸畜产及噬犬……故放令杀伤人者,减斗杀伤一等"。)

第三节《斗殴杀人律》:

第四百八十条　二人以上共犯本节事情,下手重者处绞,余人并处笞一百。(《唐律》卷第二十一《斗讼一》:"诸同谋共殴伤人者,各以下手重者为重罪,元谋减一等,从者又减一等。")

……第四百八十一条　二人以上同谋共殴人致死,下手重者,处绞;原谋者,处惩役终身(《唐律》:"元谋减一等")。……

(余条从略)

第五节《弹射驰猎杀人律》:

第四百八十三条　因弹射或驰猎杀人者,依下列处罪并依第百七十三条二项追征埋葬费给死者家:

一、向城市人之家屋放弹、射箭、投掷瓦石等物因致人于死者,惩役终身。(《唐律》卷第二十六《杂律上》作"因而杀伤人者,各减斗杀伤一等";另条:"若故令入城及宅中杀伤人者,各以斗杀伤论,至死者加役流。"《刑法大全》实并两项为一也。)……

二、为捕捉鸟兽,于山野张器械、作坑阱、不设标识,致人误陷或触跌而死者,惩役三年。(《唐律》作"诸施机枪作坑阱……以故杀伤人者,减斗杀伤一等";另条:"其深山向泽及有猛兽犯暴之处而施作者,听仍立标帜,不立……以故杀伤人者,减斗杀伤罪三等。"是《刑法大全》又并两项为一也。)

三、人家稠杂之处,驰骤车马,致人于死者,惩役十年。(《唐律》作"以故杀伤人者,减斗杀伤一等"。)

第六节《过失杀人律》:

第四百八十四条　因左开所为过失杀人者并依第百七十三条一项追征赔偿给付死者家:

一、弹射禽兽,因事投掷砖瓦不期杀人者;(《大明律》作"各准斗杀伤罪依律收赎,给付其家"。)

二、升降高险蹉跌而杀者;(《唐律》卷第二十三《斗讼三》作"各依其状以赎论"。)

(三、四、五、六从略)

第七节《医药杀人律》:

第四百八十五条　医人为人治疗疾病,因事用诈,故下毒药杀人者,依本章第二节《故杀人律》论罪。(《唐律·杂律上》:"诸医为人合药……其故不如本方杀人者,以故杀伤论。"《大明律》:"……因事故用药杀人者,斩。")

第八节《因戏杀人律》:

第四百八十七条　因危险戏演致人于死者,处惩役终身。(《唐律·斗讼》:"诸戏杀伤人者,减斗杀伤二等。")

第九节《威逼人致死律》:

第四百八十八条　以威力制缚或拷打人及监禁私家致死……者,主使者处绞,下手者处惩役终身。(《唐律·斗讼》:"诸以威力制缚人者,各以斗殴论。"《大明律》作"凡因事威逼人致死者,杖一百"。)……

第四百八十九条　夺取妇人财产,威逼致自尽者,处绞。

第四百九十条　强奸妇女致自尽者,不论奸事成否,并处绞。(按《大明律》作"若因奸盗而威逼人致死者,斩"。以上两条实沿之而另加以分别规定。)

(余条从略)

第十节《擅杀仇人律》:

第四百九十三条　祖父母、夫、夫之祖父母、父母及兄弟或子孙被杀时,将行凶人杀死,依下列处分:

一、登时杀死者,勿论(同《大明律》)。……

(余条从略)

第十二节《亲属杀死律》:

第四百九十八条　杀亲属尊长者,依下列科处:

一、如本章第一节(谋杀)、第二节(故杀)、第三节(斗殴杀)、第四节(误杀)所为而杀祖母、父母及袒免以上亲尊长与夫、夫之祖父母、父母、袒免以上亲尊长者,绞。(《大明律》作"谋杀祖父母……已行者,皆斩;已杀者,皆凌迟处死"。)……

(二、三从略)

第四百九十九条　杀亲属卑幼者,依下列科处:

一、如本章第一节(谋杀)所为杀子孙者,惩役终身。(《唐律·贼盗一》作"即尊长谋杀卑幼者,各依故杀罪减二等;已伤者,减一等;已杀者,依故杀法"。)……

二、如本章第二节(故杀)所为杀子孙者,惩役一年半。(《唐律·斗讼二》作"祖父母、父母故杀子孙,徒二年半"。)……

三、如本章第三节(斗殴杀)所为杀子孙者,惩役一年。(《唐律》作"若子孙违犯教令而祖父母、父母殴杀者,徒一年半";《大明律》卷二十《刑律·斗殴》作"杖一百"。)……

(四、五、六、七、八从略)

第五百条　威逼亲属尊长致自尽者,依下列科处:

一、因事威逼祖父母、父母、夫、夫之祖父母、父母、期亲以上尊长、外祖父母致自尽者,处绞;大功以下递减一等(同《大明律·断狱》之规定)。……

(余条从略)

第十三节《杀死官员律》:

第五百二条　杀官吏、奉命使臣、吏典使役、本管官、上司官……者,依下列科处:

一、如本章条一节（谋杀）、第二节（故杀）、第四节（误杀）所为者，各依其本条。（《大明律》："谋杀……已行者，杖一百，流二千里；已伤者，绞；已杀者，皆斩"。）……

（余条从略）

〔殴伤罪〕

卷第二十《刑律·斗殴》"伤害至死"、"致笃疾或废疾"诸条用《大明律》，《词条类聚补二·斗殴》引全《大明律》，九《擅杀》亦引《大明律》之四条及康熙辛未《承传》一则。《刑法大全》第五编第九章又有规定，第十七节《斗殴伤人律》：

第五百十一条　斗哄殴打人者，依下列科处，又依第百七十三条三项追征治疗费给付病者：

一、手足殴人，不成伤者，答三十（《大明律》："答二十"）。……

二、铁石或杆棒等物殴人不成伤者，答五十（《大明律》无）。……

三、秽物污人头面者，答一百；灌入口鼻者，禁狱一个月（《大明律》："杖一百"）。

四、汤、火、铜铁汁伤人者，禁狱一个月（《大明律》："杖一百"）。

五、金刃、炮丸伤人者，惩役二年。

六、拔须发方寸以上者，答七十（《唐律》："杖八十"）；若血从耳目出至内损吐血者，禁狱二个月（《唐律》作"各加二等"）。

七、折一齿或手足一指及抉耳鼻破骨者，禁狱五个月（《唐律》："徒一年"）。

八、眇一目、折二齿或二指以上及髡发者,惩役一年。(《唐律》:"眇一目……徒一年","折二齿……徒一年半"。)

九、折肋,盲两目,割耳鼻者,惩役七年(《唐律》:"徒二年")。

十、折跌肢体,瞎一目者,惩役十年(《唐律》:"徒三年")。

十一、折两肢,瞎两目,损身体二事以上,断舌,毁败男子阳物,妇女阴户致疾病难治者,惩役终身(《唐律》:"流三千里")。

第五百十二条　二人以上谋共殴者,依第五百十一条诸项科断,下手伤重者为首,原谋者减一等(同《唐律》)。……

(余条从略)

第二十节《殴伤亲属律》:

第五百三十条　殴亲属尊长者,依下列科处:

一、殴祖父母、父母、夫之祖父母、父母者,绞(同《唐律》;但《大明律》处"斩")。

二、殴期亲兄姊者,惩役二年半(同《唐律》)。……

(三、四、五、六从略)

第五百三十一条　殴亲属卑幼者,依下列科处:

一、殴或伤期亲以下袒免亲以上卑幼者,并勿论。(《大明律》:"殴缌麻小功亲……非斫伤,勿论。")……

二、殴或伤子孙妻妾及乞养异姓子孙者,并勿论(同《大明律》)。……

三、夫殴伤妻者,勿论。(《大明律》:"其夫殴妻,非斫伤勿论。")……

(余条从略)

第二十一节《堕胎律》：

第五百三十三条　堕胎者依下列科处：

一、殴打孕妇堕胎者，惩役二年。(《唐律·斗讼一》："堕人胎，徒二年。")……

（余条从略）

〔骂詈罪〕

卷第二十一《刑律·骂詈》用《大明律》，《词讼类聚补十六·骂詈》亦引《大明律》四条。《刑法大全》第五编第十四章《杂犯律》第一节《骂詈律》又有规定：

第六百五十二条　骂人者，处笞一十；相骂者，各处笞一十（同《大明律》）。……

第六百五十五条　下列犯人并处笞一百：

一、官吏骂奉命使臣者(《大明律》："杖一百")；

二、吏典使役骂本管上官者(《大明律》："杖一百")；

三、大小民人骂该地方上司官者(《大明律》："杖一百")；

四、讼辩时骂讼官者。(《大明律·条例》只规定："问罪，用一百斤枷枷号三个月发落；妇人有犯罪坐夫男，若不知情及无夫男者，止坐本妇，照常发落。")

第六百五十六条　骂亲属尊长者，依下列科处：

一、骂缌麻兄姊者，笞五十（同《大明律》）；小功，笞六十（《大明律》"杖六十"）。……

（二、三、四从略）

第六百五十七条　雇工骂家长者,处禁狱五个月(《大明律》作"绞")。

（余条从略）

〔遗弃罪〕

卷第二十六《刑律·杂犯》遗弃"夫匠军士"、卷第十七《兵律·邮驿》遗弃"病故官家属"、卷第四《户律·户役》遗弃孤老、卷第二十二《刑律·诉讼》遗弃"祖父母、父母"、卷第六《户律·婚姻》遗弃"妻"或"夫"诸条用《大明律》。

〔逮捕监禁人罪〕

卷第二十《刑律·斗殴》、卷第二十四《刑律·诈伪》"私擅逮捕监禁"、卷第二十八《刑律·断狱》"滥权逮捕监禁"诸条用《大明律》。

〔略诱及和诱罪〕

卷第十八《刑律·贼盗》用《大明律》。《刑法大全》第五编第十二章《窃盗所干律》第八节《略人律》又有规定：

第六百四条　设方略诱引人家男女卖买或转卖作人妻妾或子孙者,惩役三年(《大明律》作"杖一百,徒三年")；作雇工或娼妓者,处惩役十年。(《大明律》作"为奴婢者……皆杖一百,流三千里……"。)……

第六百六条　得人家男女肯诺和诱卖买或转卖作人妻妾或子孙者,惩役二年(《大明律》："杖九十,徒二年半")；作雇工或娼妓者,处惩役三年；(《大明律》作"为奴婢者……杖一百,徒三年"。)被诱者各减一等(同《大明律》)。

第六百九条　诱卖亲属作人妻妾或子孙者,依下列科处：作雇工者,各加一等；得肯诺和诱者,各减一等,被诱者不坐。

一、诱卖子孙者,禁狱八个月(《唐律》卷第二十《贼盗四》作"徒一年")。

二、诱卖弟妹,侄或侄女,从孙或从孙女,外孙或外孙女,妾及子孙妇者,惩役二年。(《唐律》:"和卖弟妹,徒二年半。")

三、诱卖子孙之妾者,惩役一年。(《唐律》只规定:"如祖父母、父母卖子孙之妾……而买者,各加卖者罪一等。……")

四、诱卖从弟妹、从侄或从侄女、再从孙者,惩役二年半。

(余条从略)

〔窃盗及强盗罪〕

卷第十八《刑律·贼盗》用《大明律》,《词讼类聚补》亦引《大明律》十条,《经国大典·刑典》"贼盗"条有云:

> 强盗不死者,依律论罪后,刺"强盗"二字,再犯处绞。凡刺字者封署刺处仍囚,过三日乃放。
> 冒出外境偷取彼人财物者,绞。盗内地物转卖彼境者,以潜卖禁物论,并勿拣赦前。……

《小方壶斋舆地丛钞》所收阙名《高丽琐记》有云:

> 在昔之时刑无酷烈,惟元恶及骂父母者,斩;余皆杖胁。今则法重刑苛,盗一物者即枭首,而民不畏法,人不怀刑,风俗之偷可见矣。〔132〕

薛培榕《朝鲜会通条例》亦有云:

……和水及偷取粮米十石以上者亦枭示。……

《刑法大全》第五编第十二章《窃盗所干律》又有规定,第一节《盗大祀所用及御用物律》:

> 第五百八十五条　盗大祀神祇供用祭器帷帐等物及飨荐玉帛牲牢馔具之属者,不分首从,并处绞(《大明律》作"皆斩")。盗未进神御及营造未成若已祭讫之物,及大祀所用釜甑刀匙之属者,处惩役三年(《大明律》作"皆杖一百,徒三年")。但计赃过惩役三年者,监守人依第五百九十一条《监守自盗律》、常人依第五百九十二条《常人盗律》各加一等入死。(《大明律》之律文与此略有不同,又刑事处分亦仅"计赃重于本罪……各加盗罪一等,并刺字"。)
>
> 第五百八十六条　盗玺宝或启字,制书符验及御马或辇舆之类者,不分首从,并处绞(《大明律》作"皆斩")。盗御库金银钱帛者,同论。[《大明律》作"凡盗内府财物者,皆斩"。(原注:盗御宝及乘舆服御物皆是。)]
>
> (余条从略)

第二节《盗官司印章或文书及各门钥律》:

> 第五百八十九条　盗各官司印章文书者依下列科处:
> 一、盗各官司印章者,不分首从,并绞(《大明律》:"皆斩")。
> 二、盗各官司信章、符缄等类或文书,处惩役一年。(《大明律》作"盗关防印记者,皆杖一百,刺字"。)……

三、(从略)

第五百九十条　盗各门钥者依下列科处:

一、盗坛、庙、社及御真奉安殿阙门门钥者,绞(《大明律》无)。

二、盗京城门门钥者,惩役终身(《大明律》:"皆杖一百,流三千里")。

三、盗府牧郡城门门钥者,惩役三年(《大明律》:"皆杖一百,徒三年")。

四、盗仓库门者,笞一百(《大明律》:"皆杖一百,并刺字")。

第四节《强盗律》:

第五百九十三条　劫取财产犯下列所为者,不分首从,处绞(《大明律》作"皆斩")。未得财者,处惩役终身(《大明律》作"皆杖一百,流三千里")。

(一、二、三、四、五、六、七、八、九诸节从略)

第五节《窃盗律》:

第五百九十五条　踰墙穿穴或潜形隐面,因人不见,窃取财物者,通算其入己赃不分首从,依下表科处,未得财者,处禁狱三个月。

| 十两以下 | 禁狱六个月(《大明律》作"一贯以下,杖六十";《大清律》卷二十四《刑律·贼盗中》:"一两以上至十两,杖七十。") |

十两以上五十两未满	禁狱七个月(《大明律》作"一十贯,杖七十";"五十贯,杖六十,徒一年"。)
五十两以上百两未满	禁狱八个月(《大明律》作"五十贯,杖六十,徒一年";"一百贯,杖一百,流二千里"。)
百两以上二百两未满	禁狱九个月[《大明律》作"一百二十贯,罪止杖一百,流三千里";《大清律》:"一百二十两以上,绞(监候)。"]
三百两以上四百两未满	惩役一年
千二百两以上	惩役终身

此外,第三节《盗系官财产律》又有规定:

  第五百九十二条 常人盗系官财产者,不分首从并计其所盗赃依下表科处;未得财者,处禁锢四个月。(《大明律》作凡常人盗仓库钱粮等物,不得财,杖六十,免刺。)

十两以下	禁狱七个月(《大明律》作"一贯以下,杖七十"。)
十两以上五十两未满	禁狱八个月(《大明律》作"一十贯,杖九十";"五十贯,杖一百,流二千五百里"。)
五十两以上百两未满	禁狱九个月(《大明律》作"八十贯,绞"。)

二百两以上二百五十两未满　惩役一年
千两以上　　　　　　　　　绞

第六节《准窃盗律》：

　　第五百九十七条　盗杀马牛者,不论官有私有,惩役三年(《大明律》:"杖一百,徒三年")。盗杀驴骡者,处惩役一年半(《大明律》:"杖七十,徒一年半")。计赃重者,官有及监守依《监守自盗律》,常人依《常人盗律》,私有依第五百九十五条《窃盗律》各加一等。(《大明律》作"若计赃重于本罪者,各加盗罪一等"。)

　　第六百一条　擅取在田野之谷、麻、菜、果及无人看守之器物与他人已用工力积聚于山野之柴草木石等类者,计赃准第五百九十五条《窃盗律》论罪。(《大明律》作"计赃准窃盗论,免刺"。)

第七节《树木盗斫律》：

　　第六百二条　盗斫公有地之树木者依下列科处:
　　一、盗斫坛、庙、社、殿、宫、陵、园、墓之树木者,处惩役三年,计赃重者,监守人准《监守自盗律》,常人准《常人盗律》各加一等(《大明律》作"皆杖一百,徒三年")。
　　(二、三、四、五诸节从略)
　　第六百三条　斫伐他人禁养树木者,依下列科处:
　　一、斫伐坟茔内槚木一株者,笞四十,每十株加一等。

（《大明律》作"若盗他人坟茔内树木者,杖八十"。）……

第十二节 《亲属及雇工偷窃律》：

第六百十九条　亲属相盗者,依下列科处：

一、各居亲属相盗者,依《凡人律》第六十四条《亲属等级》递减。（《大明律》作"期亲减凡人五等,大功减四等,小功减三等,缌麻减二等,无服之亲减一等,并免刺"。）……

二、同居卑幼符同他人盗己家尊长物者,一百两笞五十,每一百两加一等,止笞一百；他人减《凡盗律》一等。（《大明律》作"卑幼依私擅用财物论,加二等,罪止杖一百,他人减凡盗罪一等,免刺"。）……

三、（从略）

〔诈欺取财罪〕

卷第十八《刑律·贼盗》用《大明律》。《刑法大全》第五编第十二章第六节《准窃盗律》又有规定：

第五百九十九条　恐吓人取财及勒捧或勒毁有关财产之证书者,计赃准第五百九十五条《窃盗律》,加一等。（《大明律》作"计赃准窃盗论加一等,免刺"。）

第六百条　诈欺官私取财或拐带他人之财者,计赃准第五百九十五条《窃盗律》论罪。（《大明律》作"并计赃准窃盗论,免刺"。）

〔侵占罪〕

卷第十八《刑律·贼盗》"监守自盗"、卷第九《户律·钱债》"费用受寄财产"、卷第五《户律·田宅》"盗卖换易田宅"、卷第六《户律·婚姻》"强占良家妻女"诸条用《大明律》。《经国大典·刑典》"私贱"条有云：

> 据执他人奴婢及决后仍执者,杖一百,徒三年,惩役价给主。

《刑法大全》又有规定,第五编第十二章第三节《盗系官财产律》：

> 第五百九十一条　监临或主守自盗系官产者,不分首从,并计其所盗赃依下表科处：
>
> | | |
> |---|---|
> | 十两以下 | 禁狱八个月(《大明律》："一十贯,杖七十,徒一年半。") |
> | 十两以上五十两未满 | 禁狱九个月(《大明律》："四十贯,斩。") |
> | 七十五两以上百两未满 | 惩役一年 |
> | 五百五十两以上七百两未满 | 惩役终身 |
> | 七百两以上 | 绞 |

第九节《田宅山林冒认及强占律》：

> 第六百十二条　冒认及换易田宅,伪造契券典卖与人者,田一结屋五间以下,笞五十；每一结五间加一等,止惩役二年；

系官者各加二等,止惩役三年。(《大明律》作"田一亩,屋一间以下,笞五十;每田五亩屋三间加一等,罪止杖八十,徒二年;系官者各加二等"。)……

第六百十四条　将他人及互争之田产称为己有,投献豪势者,与者受者并处惩役三年(《大明律》作"各杖一百,徒三年")。

第十三章《财产所干律》第七节《钱债有违律》：

第六百四十三条　受寄人钱财物产而费用不偿还者,依第六百三十一条《坐赃律》,减一等。(本条《唐律》卷第二十六《杂律上》作"诸受寄财物而辄费用者,坐赃论减一等"。)

前章第八节《遗失物克留律》：

第六百四十四条　得人遗失物,官私物勿论。限内不送纳本管官者,官物计赃以第六百三十一条《坐赃律》论,私物减二等。(《大明律》作"满五日不送官者,各以亡失罪论;赃重者坐赃论,私物坐赃减二等"。)

（余条从略）

〔赃物罪〕
前书第十二章第十三节《盗后分赃律》：

第六百二十条　知情与盗贼分赃,及买得或受寄不论何种盗赃者,依下列科处:

一、分赃入己者,计赃依第五百九十五条《窃盗律》,减一等。

二、买得者计所买物依第六百三十一条《坐赃律》,止笞一百。(《唐律》卷第二十《贼盗四》作"知盗赃而故买者,坐赃论减一等"。)

三、受寄留者,计受留物依第六百三十一条《坐赃律》,减一等。(《唐律》作"知而为藏者,又减一等"。)……

〔毁弃损坏罪〕

卷第三《吏律·公式》"弃毁制书印信"、卷第五《户律·田宅》"弃毁器物稼穑等"、卷第七《户律·仓库》"损坏仓库财物"、卷第十一《礼律·祭祀》"毁大祀丘坛"、卷第二十六《刑律·杂犯》"折毁申明亭"诸条用《大明律》。《刑法大全》第四编第六章《弃毁所干律》又有规定,第一节《侵害尊尚地律》:

第四百十三条 毁破民及国共敬之尊地者,依下列科处:

一、(从略)

二、圜丘坛、社稷、文庙,惩役十年。(《大明律》作"凡大祀丘坛而毁损者,杖一百,流二千里"。)

三、(从略)

四、历代帝王庙宇及先贤、忠臣、烈士之祠院,惩役五年。(《大明律·条例》作"不许于上樵采耕种及牧放牛羊等畜,违者杖八十"。)

五、诸项之墙门及翼廊,各减二等(同《大明律》)。

六、误犯诸项者,各减三等(同《大明律》)。

(余条从略)

第二节《文书、符信弃毁律》：

第四百十七条　弃毁制书、玺宝、符验者，处绞(《大明律》："斩")。误犯者，各减三等(同《大明律》)。

第四百十八条　弃毁各官司印章者，惩役终身；信章及符缄等类文书，处笞一百。(《大明律》作"若弃毁官文书者，杖一百"。)……

第三节《器物、稼穑弃毁律》：

第四百二十条　弃毁大祀及中祀神御之物者，惩役三年(《大明律》作"杖一百，徒三年")。……

第四百二十一条　弃毁乘舆服御物者，处惩役三年(《唐律》卷第二十七《杂律下》作"各以盗论")。误犯者，减三等(《唐律》作"准盗论，减二等")。

第四百二十八条　弃毁人坟茔内碑碣及石兽者，处惩役一年(《唐律》作"徒一年")，各令修立。……

【军法】

〔擅权罪〕

卷第十四《兵律·军政》用《大明律》。

〔辱职罪〕

卷第十四《兵律·军政》"主将不固守"、"不即调发"，卷第十三《兵律·宫卫》"怠忽守候"诸条用《大明律》。

第二章　中国法律在朝鲜之影响

〔诈伪罪〕

卷第十三《兵律·宫卫》"宿卫守卫人私自代替"、卷第十四《兵律·军政》"军人替役"诸条用《大明律》。

〔掠夺罪〕

卷第十四《兵律·军政》用《大明律》。

〔逃亡罪〕

卷第十四《兵律·军政》用《大明律》。

〔毁弃军器罪〕

卷第十四《兵律·军政》用《大明律》。

〔关于俘虏之罪〕

卷第十四《兵律·军政》用《大明律》。

〔违令罪〕

卷第十四《兵律·军政》用《大明律》。

《经国大典·兵典》[133]所规定多为军事法庭审判之程序，如云：

> 都总管以下一应职带军务者所犯，本曹启闻举劾，行在时则堂上官、议亲、功臣及军士外，杖八十以下直断。
>
> 都总府大将亦于所管启闻举劾，行在时则都总府大将、卫将、部将各于所管笞以下直断，杖以上启闻。
>
> 将帅受命在外者，堂上官、议亲、功臣外，杖以下直断；诸镇将笞以下直断；杖以上传报主镇将（临敌则不在此限）。
>
> 行在时外，常时犯军令死罪者，诸将杖六十，军士杖九十。

【民法】

〔时效〕

《经国大典·户典》云："凡讼田宅，过五年则勿听。（盗卖者，相讼未决者……不限年。)告状而不立讼,过五年者,亦勿听,奴婢同。"[134]此种规定与《大明律》卷五《户律·田宅》之条例所云"告争家财、田产但系五年之上……告词立案不行",盖相同也。

《经国大典·刑典》,"奴婢决讼定限"条又有云:

一、永乐丙戌正月初一日以后,私奴娶良妻所生,虽已属公置簿若不付正,续案,则从父决给。

一、永乐丙戌正月初一日以前,奴娶良妻所生奴婢,景泰辛未五月二十九日以前,接状分拣者外,称逃婢所生诉讼者,勿受理。

一、永乐癸巳三月十一日以后,有妻娶妻不即发觉,身没后,子孙争嫡者,以先为嫡。

(余条从略)

〔身分〕

朝鲜阶级制度盛行,故有"良人"、"公贱"、"私贱"种种之严格区别,《决讼类聚补》二十三"私贱"条、二十四"公贱"条征引《经国大典》及嘉靖、万历之《受教》多则,许午《朝鲜杂志》[135]亦有云:

奴婢以世及,名类甚多,有官奴婢、寺奴婢、各司奴婢、私奴婢等等名目。……

〔婚姻〕

明无名氏《朝鲜志》卷上《风俗》节云:"婚娶必通媒纳采,不娶同姓。"按《大明律洪武直解》卷第六《户律·婚姻》关于婚姻之成

立及解除种种条件全用《大明律》,故《决讼类聚补十二·嫁聚》即引《大明律》之九条,《经国大典·礼典》有条云:

> 男年十五,女十四方许婚嫁。若两家父母中一人有宿疾,或年满五十而子女年十二以上者,告官婚嫁。
>
> 宗室则具其子女年岁及定婚家主职、姓名、告宗簿寺,宗簿寺检核启闻。
>
> 士大夫妻亡者,三年后改娶;若因父母之命,或年过四十无子者,许期年后改娶。〔136〕

《刑法大全》第五编第十一章《婚姻及立嗣所干律》又有规定,第一节《婚姻违犯律》:

> 第五百六十四条 丧夫守志之妇人,其夫之祖父母、父母或外祖父母强嫁者,笞八十(《大明律》:"杖八十");期亲或妇人之期亲强嫁者,并减二等,妇人还归故夫家,娶者不坐,追还财礼(同《大明律》)。
>
> 第五百六十八条 居父母丧而嫁娶者,笞一百(《大明律》:"杖一百");娶妾或为人之妾者,并笞八十(《大明律》作"各减二等")。……
>
> 第五百六十九条 祖父母、父母犯罪囚禁而嫁娶者,笞八十(《大明律》:"杖八十");娶妾或为人之妾者,处笞六十(《大明律》:"减二等")。但有祖父母、父母之命者,不坐(同《大明律》)。
>
> 第五百七十条 娶犯罪或背夫逃走妇女,知情者与妇女同

罪,至死者减一等(同《唐律》卷第十四《户婚下》)。

第五百七十一条　地方官及监临官于管内强取妇女作自己或亲属家人之妻妾者,处惩役一年。(《唐律》作"诸监临之官娶所监临女为妾者,杖一百;若为亲属娶者,亦同之"。)

第五百七十三条　娶同姓无服亲或无服亲为妻者,惩役一年;娶缌麻亲为妻者,处惩役二年;为妾减二等。(《唐律》作"诸同姓为婚者,各徒二年,缌麻以上以奸论"。)……

第五百七十四条　内外亲属相婚者,依下列科处,并离异:

一、同母异父姊妹者,惩役五年(《唐律》:"各以奸论");

二、外叔妻及甥侄妻,惩役一年半;(《唐律》:"若外姻有服属而尊卑共为婚姻……各以奸论。")

三、妻妾前夫之女,惩役三年(《唐律》:"各以奸论");

四、内外从或姨从姊妹,笞一百(《唐律》:"杖一百");

五、父母之内外从或姨从姊妹……并笞一百(《唐律》:"杖一百")。

(余条从略)

第二节《妻妾失序及夫妇离异律》:

第五百七十八条　妻妾所犯无下列诸项而夫出之者,笞八十(《唐律》:"徒一年半");虽犯诸项,而与持父母丧(同《唐律》:"三不去"),更有子女(《唐律》"三不去"无此条件)及娶时贫贱,娶后富贵无所归而犹出之者,处笞四十(《唐律》:"杖一百"),并令完聚:

一、不顺夫之祖父母、父母者(同《唐律》"七出"之三"不

事舅姑");

二、多言与族戚失和者(同《唐律》"七出"之四"口舌");

三、有淫行者(同《唐律》"七出"之二"淫佚");

四、窃盗者(同《唐律》"七出"之五"盗窃");

五、有可传染之恶疾者(同《唐律》"七出"之七"恶疾")。

按本条删除《唐律》七出之"无子"及"妒忌"两项,颇为有见。

第五百七十九条　妻妾有犯下列诸项而夫不离异者,处笞一百(《唐律》:"徒一年"),并离异:

一、谋害或殴打夫者;

二、殴骂夫之期亲以上尊长及外父母者;

三、与袒免以上亲通奸者。(以上并同《唐律》之所谓"义绝")

(余条从略)

〔承继〕

无名氏《朝鲜志·风俗》节云:"若嫡长子无后,则众子;众子无后,则妾子奉祀;旁亲无后者,祔祭;嫡妾俱无子者,告官立同宗支子为后。"〔137〕按《大明律洪武直解》卷第四《户律·户役》关于立嫡种种之规定全用《大明律》。《经国大典·礼典》"立后"条云:

嫡妾俱无子者,告官立同宗支子为后。

《刑典》"贱妻妾子女"条云:

宗亲缌麻以上,外姓小功以上亲,贱妾子女并从良,无赎身立役。

"公贱"条云：

> 凡贱人所系,从母役。(唯贱人娶良女所生,从父役。僧人所生虽良亦从贱。……)公贱无子女身死者,奴婢田宅属于本司本邑(私贱则并其财产许本主区处)。

"私贱"条有一表如下：

私贱 父母奴婢 嫡无子女者奴婢	承重子加五分之一	众子女平分	良妾子女七分之一平分 承重子则加五分之一

余条从略。

《刑法大全》第五编第十一章又有规定,第三节《立嗣违犯律》：

> 第五百八十二条　立嗣违法者,依下列科处：
> （一、二、三、四诸节从略）
> 五、乞养异姓子孙立而为嗣者,处笞六十(《大明律》："杖六十")。……
> 六、给子孙与异姓人为嗣者,处笞一百(同《大明律》)。……
> （余条从略）

〔所有权〕

《大明律洪武直解》卷第九《户律·钱债》所规定所有权取得之

条件全用《大明律》。《经国大典·户典》有条云:

> 无主田,移给他人。(有军役者死亡,移徙则给递立者;无役人则给田少者。……)〔138〕

薛培榕《朝鲜会通条例》另有记载云:

> 奴婢田土均有赐牌,有"赏尔可传永赐"之句。

《经国大典·礼典》有"奴婢土田赐牌式"如下:

> 教旨:
> 惟尔某有某功,将臧获几口,土田几结,特赐赏尔,可传永世者(只赐己身,则可传永世者,改尔其受之)。

〔典权〕

《大明律洪武直解》卷五《户律·田宅》之规定全用《大明律》。《刑法大全》第五编第十三章《财产所干律》又有规定,第六节《典卖有违律》:

> 第六百三十七条　所典田宅等物,契限已满,本主备价赎还,典主托故不肯放赎者,处笞四十;限外所得利息追征还主。(按本条除文字较《大明律》为简短而外,其所规定则全相同。)

〔买卖〕

《大明律洪武直解》卷第十《户律·市廛》所规定者全用《大明律》，《决讼类聚补三十二·买卖》及三十三《买卖日限》引嘉靖、万历、顺治、康熙承传，《经国大典·户典》"买卖限"条云：

> 田宅、家舍买卖限十五日勿改，并于百日内告官受立案（奴婢同）；牛马则限五日勿改。

《刑典》"私贱"条云：

> 凡买卖奴婢，告官。私和买卖者，其奴婢及价物并没官。年十六以上五十以下价楮货四千张，十五以下五十一以上三千张。（据《钱钱代用》条注云：钱十文准楮货一张。）若盗卖则价物征于盗卖者（原注：田宅同）。

《刑法大全》第四编第四章《诈伪所干律》第七节《买卖不实律》又有规定：

> 第三百七十四条　商贾牙侩买卖物货估计价值时，有所犯者，依下列科处：
> 一、评估物价者，或贵或贱使价不平者，计所增减之价以第六百三十一条《坐赃律》论罪。（《大明律》作"卖物以贱为贵，买物以贵为贱者，杖八十"；《唐律》卷第二十六《杂律上》

作"已得赃重者,计利准盗论"。)

〔贷借〕

《大明律洪武直解》卷第九《户律·钱债》所规定者全用《大明律》,《经国大典·户典》"征债"条云:

> 负公私宿债者,虽身死有妻子财产者许征。
> 凡负私债有具证笔文记者许征,过一年不过官者勿听。

薛培榕《朝鲜会通条例》亦有云:

> 征私债者或以田房索抵,或以其子女勒为奴婢者,杖一百,仍还其田房子女。
> 负公债至六百两以上未偿者,良人公私贱虽纳物堂上嘉善者,并其妻子没为奴婢以偿债。
> 凡公债勿许以田土、家舍代纳,已纳者每年收其田税,准本利后还给。

《刑法大全》第五编第十三章《财产所干律》第七节《钱债有违律》又有规定:

> 第六百三十八条 监临官吏于部内放钱债,典执财物者,处笞八十(《大明律》:"杖八十");利息计赃重者,依第六百三十一条《不枉法律》科断。(《大明律》:"违禁取利,以余利计

赃重者,依不枉法论,并追余利给主。")

第六百三十九条　私债违约不报者,依下列科处:

一、五十两以上(《大明律》作"五贯以上"),违三个月,笞一十,每一月加一等,止笞四十(同《大明律》)。

二、五百两以上,违三个月,笞二十,每一月加一等,止笞五十。(《大明律》作"五十贯以上违三月笞三十,每一月加一等,罪止杖六十,并追本利给主"。)

三、二千五百两以上,违三个月,笞三十,每一月加一等,止笞六十(《大明律》无)。

第六百四十条　因私债不告官司强夺人财产者,处笞八十(《大明律》:"杖八十"),强夺财产过本利,计赃依第六百条《准窃盗律》依数追还。(《大明律》作"估价过本利者,计多余之物坐赃论,依数追还"。)

第六百四十一条　因私债准折人妻、妾、子、女者,处笞一百(《大明律》:"杖一百");强夺者,处惩役一年半(《大明律》:"加一等")。……

第六百四十二条　因私债奸占妇女者,处绞(同《大明律》)。

李朝一代之法条,大体已如上所述,除完全适用《大明律》而外,其他条文虽不尽与《大明律》相同,而其立法之准则,固始终以中国法律为惟一之范本,虽自前清光绪甲午一战,中国势力完全退出朝鲜,朝鲜法制亦自是焕然改观,但民族之亲族、婚姻、继承等方面,犹保留甚多之中国法系之遗物,[139]详细说明,俟之异日。

第二章 中国法律在朝鲜之影响

附 林泰辅博士《朝鲜通史》五《朝鲜王世系表》

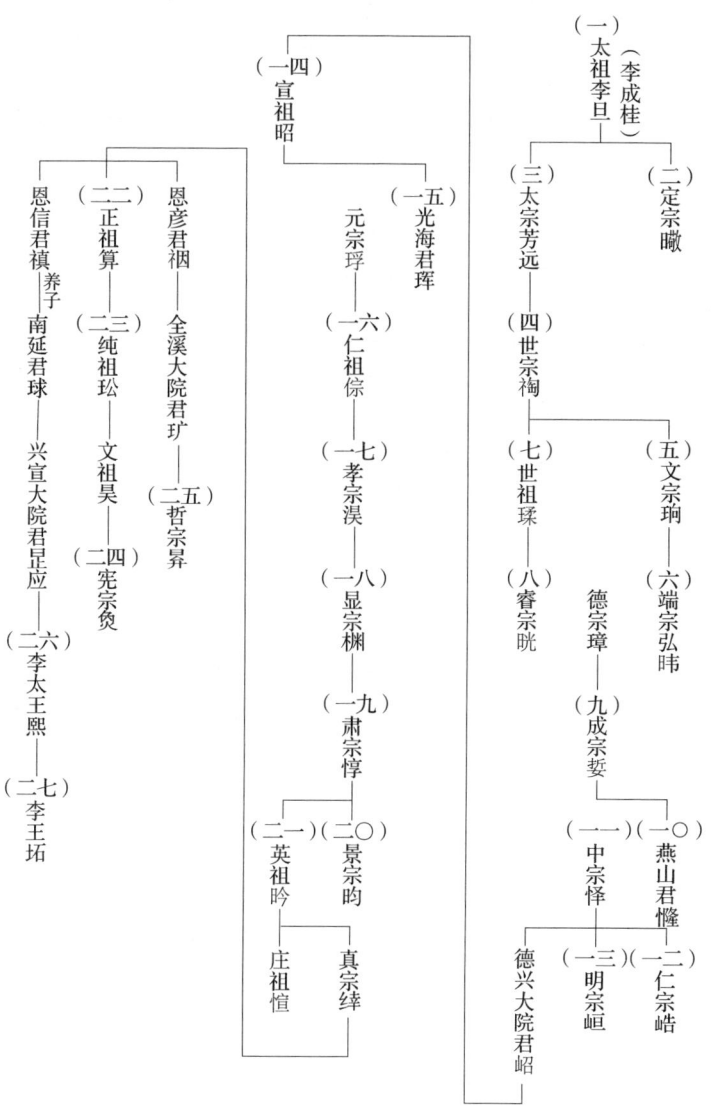

注 释

〔1〕《朝鲜史之刊》,《朝鲜之文化》,第 191 页。
〔2〕Alleyne Ireland's *The New Korea*, chap. Ⅵ, p. 137.
〔3〕Angus Hamilton's *Korea*, chap. Ⅸ, p. 114.
〔4〕《汉书》卷二十八《地理志》第八下,并可参看李珥《箕子志》卷之一《传》及徐命膺所著《箕子外纪》。
〔5〕《东史纲目》第一上。
〔6〕《增补文献备考》卷之一百二十七《刑考》。
〔7〕《海东绎史》卷第二十四《刑志》,朝鲜古书刊行会本,第 510 页。
〔8〕《后汉书》卷八十五《东夷列传》第七十五"濊"条。
〔9〕《三国志·魏书》卷三十《乌丸鲜卑东夷传》。
〔10〕《东洋法制史本论》第一卷,第四章第三项,第 89 页。
〔11〕见《市村(瓒次郎)博士古稀纪念》,《东洋史论丛》第 1185 至 1202 页。
〔12〕参看《朝鲜史之刊》第 66、67 诸页。
〔13〕参看《朝鲜史》,《世界历史大系》本第 6、7 两页。
〔14〕参看《古代之满洲》,《世界历史大系》本第 212、213 两页。
〔15〕参看明治四十三年(前清宣统二年)《历史地理临时增刊朝鲜号》第 67 页。
〔16〕参看《东国通鉴》(上)第 4 页及白鸟库吉、前内亘两博士合撰之《汉代之朝鲜》,见《满洲历史地理》第 1 卷。
〔17〕参看关野贞博士:《朝鲜境内乐浪带方时代之遗迹》(《人类学杂志》第 29 卷第 10 号);朝鲜总督府:《朝鲜古迹图谱》第一册;关野贞、谷井栗山氏:《平壤附近乐浪时代之坟墓》(朝鲜总督府:《古迹调查报告》第一册);今西龙博士:《大同江南之古迹与乐浪王氏之关系》(《东洋学报》第 2 卷第 1 号);关野贞博士:《乐浪时代之遗迹》(朝鲜总督府:《古迹调查特别报告》第四册);原田淑人教授等:《乐浪》之本文及图版。
〔18〕参看福田芳之助氏:《新罗史》,第四章,第 53 至 59 页;今西龙氏:《百济史研究》,第 15、16 两页;滨田耕作氏:《日本文化之源泉》,第 12、13 两页;村冈典嗣氏:《日本文化史概说》,第 14 至 18 页;宇田尚氏:《日本文化与儒教之影响》,第一章第一节,第 51 页。
〔19〕*The Early Institutional Life of Japan*, chap. Ⅳ, p. 252.
〔20〕《历史地理临时增刊朝鲜号》,第 64 页。
〔21〕《三国史记》卷第二十九《年表》(上),朝鲜古书刊行会本,第 380 页。
〔22〕日本京都帝国大学:《影印正德本三国遗事序》。

〔23〕《新唐书》第一百四十五卷。

〔24〕《新唐书·东夷列传地理考证》,《浙江图书馆丛书》刻本,第8页。

〔25〕《新唐书·东夷列传》云:"武德四年王金真平遣使入朝,诏答赉,后三年册为新罗王。真平死,立女善德为王,十七年为百济所攻,来乞师,会亲征高丽,诏率兵分牵势,善德以兵入高丽,拔水口城,二十一年死。妹真德袭王,高宗永徽元年百济破之,五年死,弟春秋立,明年百济、高丽、靺鞨共伐取其三十城,帝命苏定方往讨,遂平百济。……"

〔26〕《唐之法制》,《世界文化史大系》第7卷。

〔27〕参看《新罗史研究》第56、64、65、330、369诸页。

〔28〕《三国史记》卷第四《新罗本纪》第四"法兴王"条。

〔29〕参看《新罗史》第二期《三国时代》第二章《中国文化之东渐》第112、113两页。

〔30〕《三国史记》卷第六《新罗本纪》第六"文武王上"。

〔31〕见前书卷第九。

〔32〕《增补文献备考》卷之二百十九《职官考六》"台省"条。

〔33〕前书卷之二百十八《职官考五》。

〔34〕《三国史记》卷第三十八《杂志》第七《职官上》。

〔35〕浅见伦太郎博士《朝鲜法制史稿》有云:"(新罗)律文今已不传,故难于详考。然'夷九族,谪远方'之刑已有用之者,又惠恭王六年幸西原京,曲赦所经州县之系囚。又国家有大祭祀及立太子时均如高句丽之行大赦。……"(参看原书第三编《三国时代之法制》第三章"新罗王国"第150页)按此均系受中国法律之影响始有若是之规定。

〔36〕《三国志·乌丸鲜卑东夷传附鱼豢〈魏略·西戎传〉地理考证》,《浙江图书馆丛书》本,第7页。

〔37〕见同上。

〔38〕《后汉书·东夷列传地理考证》,《浙江图书馆丛书》本,第7页。其《新唐书·东夷列传地理考证》又有云:"高丽为高句丽省文,其国与新罗、百济均在今朝鲜境,新罗居其东南,百济居其西南,传中曰东日南未合,况高丽与二国陆地相连,并不隔海,曰'东跨海,南跨海'尤谬。……"(第4页)

〔39〕《三国志》第三十卷。

〔40〕《三国志·乌丸鲜卑东夷传附鱼豢〈魏略·西戎传〉地理考证》,《浙江图书馆丛书》本,第7页。

〔41〕《宋书·列传》第五十七。

〔42〕《南齐书·列传》第三十九。

〔43〕《北魏书·列传》第八十八。

〔44〕《三国史记》卷第十八《高句丽本纪》第六,朝鲜古书刊行会本,第252页。

〔45〕《历史地理临时增刊朝鲜号》,第64至67页。

〔46〕《三国史记》卷第十八。

〔47〕《增补文献备考·刑考》一"小兽林王三年"条。

〔48〕参看《三国史记》卷第十四《高句丽本纪》"第二大武神王十一年"条。

〔49〕《后汉书·列传》第七十五。

〔50〕《后汉书·东夷列传地理考证》,《浙江图书馆丛书》本,第11页。

〔51〕《宋书·列传》第五十七。

〔52〕《北魏书·列传》第八十八。

〔53〕《后周书·列传四十一·异域上》"百济"条。

〔54〕《旧唐书》卷一百九十九(上)《列传》一百四十九"百济"条。

〔55〕参看《三国史记》卷第二十四《百济本纪》第二《古尒王本纪》,《增补文献备考·刑考一》,又卷之二百十八《职官考五》及福田芳之助氏《新罗史》第145、146两页。

〔56〕参看池内宏博士所作《高句丽灭亡后遗民之叛乱及唐与新罗之关系》一文(见《满鲜地理历史研究报告》第十二)。

〔57〕《新五代史·四夷附录》第三。

〔58〕参看稻叶岩吉氏所著之《朝鲜史》一论文(见《明治以后历史学之发达》第517、518页)。

〔59〕参看《刊高丽史例言》及林泰辅博士《朝鲜通史》第五章第208、209两页,今西龙博士《朝鲜史之刊》第18至20页。

〔60〕《增补文献备考·刑考一》。

〔61〕《高丽史八十四·志》卷第三十八《刑法一》。浅见伦太郎博士谓此摹仿《唐律》而成之《高丽律》,其制定之时间,当在高丽国势最盛之第六世成宗时代,并举《高丽史·刑法志》"禁令"、"职制"两条之注明年月而又类似《唐律》之法意者为立论之根据(参看《朝鲜法制史稿》第193至195页)。然博士本属推测,在无充分证明之前,自可备一说。

〔62〕《高丽史八十四·志》卷第三十八《刑法一》。

〔63〕参看前书《职制》及《列传》"辛禑"条。

〔64〕见同上。

〔65〕前书七十六《志》卷第三十《百官一》。

〔66〕《文献撮录》卷八"丽朝官制"条。

〔67〕《宣和奉使高丽图经》卷第十五"省监"条,此据《知不足斋丛书》本。

〔68〕《高丽史七十六·志》卷第三十一《百官二》。

〔69〕前书《志》卷第三十《百官一》。

〔70〕见同上。

〔71〕前《志》卷第三十一《百官二》。

〔72〕前书八十五《志》卷第三十九《刑法二》"贼盗"条。

〔73〕前书八十四《志》第三十八《刑法一》"公式相避"条。

〔74〕《宋史》列传第二百四十六《外国三》"高丽"条。

〔75〕《鸡林类事》(《说郛》本号——按即"卷"字——第55)。

〔76〕《宣和奉使高丽图经》卷第十六"囹圄"条。

〔77〕参看拙作:《中国法律发达史》上册,第400页。

〔78〕浅见伦太郎博士谓此条与《唐律·职制》"贷所监临财物"条之法意相同(参看《朝鲜法制史稿》第198页)。据著者之研究。则此条实摹仿《唐律·杂律》"坐赃致罪"条,惟文字加详耳,博士之说误。

〔79〕《高丽史七十九·志》卷第三十三《食货二》"户口"条。

〔80〕参看《通典》卷七《食货七》丁中。

〔81〕《高丽史七十八·志》卷第三十二《食货一》"田制"条。

〔82〕东方文化学会东京研究所之《东方学报》第五册《续编》第43、44两页。

〔83〕参看拙作:《中国法律发达史》上册,第182、232、515诸页。

〔84〕陈仁锡《皇明世法录》卷之八十一有曰:"其号'朝鲜',以日东出海润故名。"

〔85〕《明史》卷三百二十《外国列传一》"朝鲜"条。

〔86〕同上,又朱国祯辑《皇明大记》卷之十一"朝鲜"条亦云:"朝鲜礼义之国,一以敬事中国为主,故能长世,中国亦倚为东藩,虽未入版图,宛如一家堂奥。"

〔87〕《太祖实录》卷一,第43页。

〔88〕参看内藤吉之助教授《校订经国大典例言》及林泰辅博士《朝鲜通史》第176、177、242至246诸页。

〔89〕《增补文献备考》卷之一百三十六《刑考十》"诸律类记"条。

〔90〕《大典会通》卷之五《刑典》。

〔91〕《朝鲜》(杂志)第147号。

［92］《经国大典》卷之五《刑典》"用律"条。
［93］《小方壶斋舆地丛钞》第十帙本。
［94］参看拙本：《中国法律发达史》下册，第二十五章，第749至751页。
［95］《东洋法制史本论》，第354页。
［96］《太宗实录》第二十八卷。
［97］参看《法学协会杂志》第54卷第2号《大明律直解考》一文。
［98］《太祖实录》第五卷。
［99］前书第十二卷。
［100］前书第十五卷。
［101］《东文选》卷之九十三。
［102］《太宗实录》第二十五卷。
［103］京城帝国大学：《法文学会论集》第一部第五册。
［104］《朝鲜》(杂志)第147号。
［105］参看《新旧刑事法规大全》卷下及浅见伦太郎博士《朝鲜法制史稿》第374、375页。
［106］花村美树教授：《朝鲜法制史》(《朝鲜史讲座》本，第64页)。
［107］林景范刊行之《朝鲜官制考叙》。
［108］《经国大典》卷之五《刑典》。
［109］《增补文献备考》卷之二百十七《职官考四》。
［110］前书卷之二百三十八《职官考二十五》"更张官制"条。
［111］前书卷之二百十九《职官考六》"台省"条。
［112］《世祖实录》卷之二十八，第10页。
［113］《增补文献备考》卷二百二十七"御史"条及《肃宗实录》卷之十一第8页。
［114］《法学论丛》第22卷第1至第3号揭载。
［115］《增补文献备考》卷之二百十八《职官考五》。
［116］前书卷之二百三十八《职官考二十五》"更张官制"条，并参看青柳南冥氏所著《朝鲜文化史大全》第九篇《朝鲜行政史》第521页。
［117］《增补文献备考》卷之二百三十、二百三十一《职官考》十七、十八，《外官》一、二。
［118］花村美树教授：《朝鲜法制史》(《朝鲜史讲座》本，第40至41页)；麻生武龟氏：《朝鲜中央及地方制度沿革史》(《朝鲜史讲座》本，第93至131页)。

〔119〕参看《东洋法制史本论》第 2 卷《韩国亲族法亲等制度之研究》,第 371 至 373 页。
〔120〕《两诠便考》吏诠六十"相避"条。
〔121〕George Trumbull Ladd's *In Korea with Marquis Ito*, part Ⅱ, chap. ⅩⅣ, p. 340.
〔122〕参看拙作:《中国法律发达史》下册,第 892、893 两页。
〔123〕参看申报馆出版《五十年来之中国》江庸氏《五十年来中国之司法》一文。
〔124〕《太祖实录》卷十三"太祖七年四月丁酉"条。
〔125〕《朝鲜法制史》(《朝鲜史讲座》本,第 65 页)。
〔126〕《太宗实录》卷四"太宗二年九月癸未"条。
〔127〕前书卷二十五"太宗十三年正月丙申"条。
〔128〕无名氏《朝鲜志》卷上"风俗"条,《艺海珠尘》本,第 10 页。
〔129〕《太宗实录》卷十一"太宗六年五月丁酉"条。
〔130〕《朝鲜国纪》(《学海类编》本,第 19 页)。
〔131〕《增补文献备考》卷之一百三十六《刑考》十至卷之一百三十九《刑考》十三《诸律类记一》至《诸律类记四》并附《废律》。
〔132〕《小方壶斋舆地丛钞》第十帙。
〔133〕《经国大典》卷之四《兵典》"用刑"条。
〔134〕前书卷之二《户典》"田宅"条。
〔135〕《小方壶斋舆地丛钞》第十帙所收。
〔136〕《经国大典》卷之三《礼典》。
〔137〕《朝鲜志》,《艺海珠尘》本,第 9 页。
〔138〕《经国大典》卷之二《户典》"田宅"条。
〔139〕参看浅见伦太郎博士:《朝鲜法系之历史研究》,《法学协会杂志》第 39 卷第 8 号。

朝鲜法制史参考书目

《东国文献备考》,一百卷,四十册,印本。

  本书为朝鲜英祖四十六年庚寅(清乾隆三十五年,1770 年)命金致仁、洪凤汉等仿马端临《文献通考》之体例编纂而成,其篇目为《象纬》、《舆地》、《礼》、《乐》、《兵》、《刑》、《田赋》、《财用》、《户口》、《市籴》、《选举》、《学校》、《职官》等,网罗朝鲜古今之一切文物制度。

《增补文献备考》,二百五十卷,五十册,印本。

《东国文献备考》仅有十三目,正祖时命李万运更增七考,为二十考,李太王又命朴容大等再加勘酌取舍,成为《象纬》、《舆地》、《帝系》、《礼》、《乐》、《兵》、《刑》、《田赋》、《财用》、《户口》、《市籴》、《交聘》、《选举》、《学校》、《职官》、《艺文》等十六考,于隆熙二年再版。卷首有《御制增补文献备考序》曰:"……英庙庚寅,令相臣金致仁等荟萃成一统之书,命之曰《文献备考》,刊行于世。正祖壬寅,命李万应将是书十三考追补为二十考,未及刊布;朕于万机之暇尝取览焉,窃有感乎两圣朝法古遗后之惓惓至意,爰命文苑诸臣续纂之,分类序次,悉依原本,而删繁就简,撮而合之,曰《象纬》、《舆地》、《帝系》、《礼》、《乐》、《兵》、《刑》、《田赋》、《财用》、《户口》、《市籴》、《交聘》、《选举》、《学校》、《职官》、《艺文》凡十六考,共二百五十编。……"

《百宪总要》,二册,写本。

抄录吏、户、礼、兵、刑、工六曹所属之法例,全部一百七十一目,即《吏》九目、《户》十八目、《礼》五十六目、《兵》十六目、《刑》六十八目、《工》四目。

《经国大典》,六卷四册,印本。

《大典续录》,六卷一册,印本。

《大典后续录》,六卷一册,印本。

《受教辑录》,六卷二册,印本。

《新补受教辑录》,二卷一册,写本。

《续大典》,六卷五册,印本。

《大典通编》,六卷五册,印本。

《大典会通》,六卷五册,印本。

《大明律直解》,三十卷四册,高士褧等著,印本,写本。

《经国大典注解》,一册,安玮、闵荃等著,印本。

《典录通考》,十二卷五册,印本。

《典律通补》,六卷五册,具允明编,写本。

《增修无冤录》,二卷一册,具宅奎增修,具允明重订,印本。

《增修无冤录谚解》,三卷二册,徐有邻撰,印本。

《词讼类聚》,一册,金伯干编,印本。

《决讼类聚补》,一册,写本,刻本。

《御定钦恤典则》,一册,印本。
《钦钦新书》,三十卷十册,丁若镛著,写本。
  全书三十卷,分为《经史要义》三卷,《批评隽抄》五卷,《拟律差例》四卷,《祥刑追议》十五卷,《剪跋芜词》三卷。
《三国史记》,五十卷,金富轼撰,朝鲜史学会印本。
  第一卷至第十二卷《新罗本纪》;
  第十三卷至第二十二卷《高句丽本纪》;
  第二十三卷至第二十八卷《百济本纪》;
  第二十九卷至第三十一卷《年表》上、中、下;
  第三十二卷至第四十卷《志》;
  第四十一卷至第五十卷《列传》。
《三国遗事》,五卷,释一然著,朝鲜史学会印本。
《高丽史》,一百三十九卷,郑麟趾等撰,国会刊行会印本。
《世家》四十六卷,《志》三十九卷,《表》二卷,《列传》五十卷。
《东国通鉴》,五十六卷,徐居正、郑孝恒等撰,朝鲜古书刊行会印本。
  李克墩《序》云:"三国并峙则称《三国纪》,新罗统合则称《新罗纪》,高丽则称《高丽纪》,三韩以上则称《外纪》,上下千四百年。……"
《东国通鉴提纲》,十三卷七册,洪汝河著,印本。
《东史会纲》,二十七卷九册,林象德著,印本。
《东史纲目》,二十卷,安鼎福著,朝鲜古书刊行会本。
《太祖实录》,十五卷十五册,春秋馆编,写本。
《定宗实录》,六卷四册,春秋馆编,写本。
《太宗实录》,三十六卷三十五册,春秋馆编,写本。
《世宗实录》,一百六十三卷一百五十四册,春秋馆编,印本。余从略。
《汉书》、《后汉书》、《三国志》之《东夷传》,《晋书·四夷传》、《宋书》、《南齐书》、《梁书》之《夷貊传》,《魏书·外国传》、《周书·异域传》、《隋书·东夷传》、《新唐书·东夷传》、《五代史·四夷附录》、《宋史》、《辽史》、《金史》之《外国传》、《元史·外夷传》、《明史·外国传》。
马端临《文献通考》卷之三百二十四《四裔考》"东夷"、"朝鲜"等条。
王圻:《续文南通考》卷二百三十七《四裔考》"东夷"、"高丽"等条。
李贤等撰:(明)《一统志》卷之八十九《外夷》"朝鲜国"等条。
陈德华等撰,《大清一统志》卷四百二十一《外藩诸臣》"朝鲜"条。

徐竞:《奉使高丽记》。
孙穆:《鸡林类事》。
龙文彬:《明会要》卷七十七《外蕃》。

第三章 中国法律在日本之影响

一、自天智天皇时代至醍醐天皇时代（唐高宗总章元年至五代梁太祖开平元年，668年至907年）

读广池千久郎氏以英文著述之《东方法制史初论》谓日本法律虽完全以中国法律为根据，但日本原来"法律"一字之意义盖与中国毫无关系，日本文字中"诺里"（ノリ）即指法律而言，其第一意义为"大声宣告"（Loud utterance），继则为"宣告者即为现在有统治权之人"（utterance of the one who is of power），因此自日本《帝国宪法》可以推论有统治权者为天皇，而"诺里"者即为"天皇之命令"，[1]此与中国谓"公平"为法律之意义者全异其趣，自文字学言之，斯言诚是，然中日两国之关系，由来久矣！周凤瑞溪《善邻国宝记序》即有云："日本与震旦相通，盖始于垂仁天皇之代欤？（按在后汉光武时）其通书信则推古朝圣德太子自制隋国答书焉。"穗积陈重博士所著《日本新民法》亦云："日本法律属于中国法族者，盖一千六百年矣。虽自大化改革以后经历极多巨大之变化，而日本法制之基础仍属于中国之道德哲学与崇拜祖宗之习惯及封建制度。"（Japanese Law has belonged to the Family of Chinese law for more than one thousand six hundred years. ...)[2]朝河贯一博士之《古代日本之制度生活》一书即在阐明日本大化革新所受中国之影响,惟其所重视者为日本当时中央及地方政府之组织,颁田制度之施行,租税之征收及军队之编制,[3]而于法典之修纂则甚为简略。实则中日两国现存之法制史料诚可汗牛而充栋,尤以近数十年以来日本法制史家于中国法律在日本之影响之研究用力最深,贡献特大,惜多偏于隋唐时代之考据方面,于法条内容之分析比较及明治维新时三度摹仿明清律而未大成之事实未加注意(韦格穆尔教授之《世界法律系统大全·日本法系》(The Japanese Legal System)一章亦不着一字)。[4]故是编即为弥补此项缺憾而作。

日本民族者,世界上最能适应时势之民族也。虽充分输入中国法律(《律》、《令》、《格》、《式》应有尽有,较之朝鲜、安南尤形完备),但非削趾适履,一味盲从者可比。内藤虎次郎博士所著《唐代文化与天平文化》有云:"日本采用《唐律》,其文句虽相同但多加以斟酌改订,如中国极重之罪为'十恶',而日本则省为'八虐',且大体上《日本律》较《唐律》之处刑皆为减轻。"又就敦煌发现唐之《公式令》、《散颁刑部格》、《水部式》与日本《大实令》之《公式令》、《三代格》、《延喜式》相比较,虽甚相似,但日本皆一变唐制之复杂为简单。[5]桑原骘藏博士《王朝之律令与唐之律令》一文既列多数图表以比较唐、日两律之异同(详后),复于篇末指出《大宝律》将《唐律》有关国讳、家讳之条文及无甚意义之"同姓结婚,徒二年,离异"等条款概行删削,又未曾将与李唐有特殊关系之"道教"及腐败之"宦官制度"输入日本,皆可证明当时立法者斟酌取舍之苦心也。[6]三浦周行博士《法制史之研究》亦有云:"日本法制虽属中国法系,但立法者斟酌国情而有取舍,故'律'则采用《唐律》

之处甚多,'令'经数次修改与《唐令》相异之处不少。……"[7]泷川政次郎博士亦有云,"日本虽摹仿唐制,但以岛国之故,不能如大陆'礼仪三百,威仪三千'之唐制之复杂,故一切皆趋于简单化。又因崇信佛教,故一切刑罚处分较唐减轻一等乃至二等,犯罪连坐之范围亦极狭小。弘仁(嵯峨天皇年号,唐宪宗元和八年)甲寅之际,且停废死刑"[8],盖事实也。其余改变中国法律之处,容后详为比较。

中国法律于何时始输入日本?夫朝鲜、安南皆壤境相接,往来至便,惟中日两国一衣带水,在航海术未发达时代,彼此交通,颇非易事。其时中国人士往往利用日本海之左旋回流,由朝鲜半岛漂渡至日本山阴地方,以灌输中国文化。(内藤虎次郎博士谓战国末年日本即接受中国文化,[9]但日本方面,则殊无法利用此日本海之左旋回流,故不得不由北九州经对马、一岐至朝鲜半岛,而更至中国,凡前后《汉书》、《魏志》、《晋书》、《宋书》所载日使来华之路线大概即此。嗣后迄于隋代,文帝统一南北,日本圣德太子深慕中国之灿烂文化,遂有"遣隋使"之举,隋炀帝亦遣使者来日,于是中日交通因之大盛。[10])盖不仅中国之经书、史籍、诸子、美术及佛教等乘时东渡。即中国法制亦于其时传入日本,历隋至唐,中国之制法事业突飞猛进,日本亦急起直追,颇呈东洋法制史上前此所无之奇观。富井政章氏所著《法制史略》有言曰:

> 神武纪元一千二百六十四年(唐太宗贞观十四年,604年)厩户皇子取儒、佛二教之旨,斟酌隋朝之法制,定《宪章》十七条,此为成文法之滥觞。当时中国文化之发畅已显著,故日本上流之士竞研究大陆之学,而图国家制度之改良,既知儒佛

二教,复绍受隋唐之法制,自是历世渐改旧时之不文法,而编定公私诸法。第三十六世孝德天皇宣布《大化律令》,嗣后改制增补数次,以至第六十世醍醐天皇之《延喜格式》,其间以第四十二世文武天皇之朝所撰定《大宝律令》之法文为最整备。……[11]

此中日二国之制法事业何以同时并盛?宫崎道三郎博士之《论律令》一文有言曰:

《大宝养老律令》者,我日本之法典,与人民之休戚有密接之关系者也,而取法于中国,抑何故也?也岂只羡慕当时中国制度之完整从而摹仿之乎?曰实尚有其他原因,盖当时日本之种种制度,皆有改良之必要,尤以"世职"及"兵制"为甚。此外则唐代武力日盛,朝鲜之日本势力减退,形势亦甚迫切,加以中国文化又陆续输入,故日本人心大受刺激,留学中国者又主张移植唐制于日本,《推古纪》三十一年条有云:"大唐学问者僧惠齐、惠光及医惠日、福因等并从智洗尔等来之,于是惠日等共奏闻曰:留于唐国学者,皆学以成业,应唤,且其大唐国者法式备定,珍国也,常须达。"于是遂决意编纂法典。[12]

牧健二博士所著《日本法制史概论》有云:

……三韩征伐以后,与大陆之交通遂开,日本之思想方面不独学习中国之国家理论,即生产方面亦相当有显著之进步,尤以此种之经济发展,村落膨胀,人民移动,土地渐成私有,氏族社会遂不得不崩坏。……日本以有大陆政策之故,故痛感有国家自强之必要,既蒙中国"王土王民"思想之感化,故极希望新国家之实现,……乃于大化元年颠覆强雄苏我氏,为国家一大改革之起始。……此之改革遂成为接受唐代法制之端绪。〔13〕

泷川博士之《日本法制史》亦有解说云:

……大陆之中国经数百年之南北分裂至隋唐始告统一,其强大之武力与高度之文化自然使朝鲜、日本等与其周围邻近之民族望风披靡。其时日本国民欲废除从古昔以来由氏族联合而成之国家之脆弱组织,期望形成如隋唐之中央集权之巩固国家,实因外力之压迫及高度文化之输入与谋国际上之竞争乃出于时势需要之所迫,故大化革新实为必要,且此改革为社会之改革,继则编纂律、令、格、式。以举中央集权之实。……其改革之主要人物则为留学中国之高向玄理、僧旻等人,皆蒙隋唐文化甚强烈之刺激之人物也。〔14〕

诸氏所释,皆甚精当,故可并存而不废也。现述日本法制所蒙中国影响之各方面于后:

【法典】

德川光国祖孙数代所修之《大日本史·刑法志》有云:

……世道不古,人心渐伪,上宫太子始作《宪法》,〔15〕至中宗中兴,命藤原镰足修撰律令,制作轨度,大超前代,历朝遵行，颇有损益，格式之书，又相继成编于弘仁（嵯峨天皇年号，唐宪宗元和五年，810年）、贞观（清和天皇年号，唐宣宗大中十三年，859年）、延喜（醍醐天皇年号，唐昭宗光化四年，901年）间，盖"令"者，尊卑贵贱之等数，国家之制度也。"格"者，百官有司所常行之事也。"式"者，其所常守之法也。凡邦国之政，必从事于此，其不能遵由，为恶而入于罪戾者，一断以"律"。……

《刑法志》二又云：

……推古帝即位，上宫太子执政……十二年四月太子肇作《宪法》十七条，其第四曰："群卿百僚必以礼为本，无礼者必有罪。"五曰："绝餮弃欲，明辨诉讼。"十一曰："明察功过，赏罚必当。"日本书纪后之言律、令者，以为国家制法自兹始矣。弘仁格式序然皆劝戒饬令之语，而未及立用刑之名例也。

文武帝四年……又撰成律条，六月敕刑部亲王藤原、朝臣不比等撰定律令，至大宝元年（唐武后长安元年，701年）成，《律》六卷，《令》十一卷，续日本纪、卷数据弘仁格式序，本朝书籍目录六目宣告依新令为政。

元正帝养老二年（唐玄宗开元六年，718年），又敕右大臣藤原、朝臣不比等更撰律令，各为十卷，今所行即是也。弘仁格式序，天长三年官符，本朝书籍目录，水镜大宝所撰，谓之古律、古令，本朝书籍目录，贞永式目钞因加修饰，定令30篇，955条（令集解）。《律》之为书，分篇十有二：一曰《名例》、二曰《卫禁》、三曰《职制》、四曰《户婚》、五曰《厩库》、六曰《擅兴》、七曰《贼盗》、八曰《斗讼》、九曰《诈伪》、十曰《杂律》、十一曰《捕亡》、十二曰《断狱》。(按今所存,惟有《名例》、《卫禁》、《职制》、《贼盗》四篇耳,其他亡逸不可详考。)[16]

此为日本史籍之记述,但于天智天皇时最先摹仿《唐律》而成《近江令》之重要事实一字不提,诚莫大之缺憾。至吾国方面如黄遵宪所著《日本国志·刑法志》一尚能得体要,如云:

推古时上官太子执政,始作《宪法》十七条,后世以为造律之祖,然法中仅为禁饬语,尚非刑名律也。[按韦格穆尔教授亦云:"圣德《十七条》俨如希伯来之《十诫》,非尽为法律,实不过一简略之政治及社会的范典而已。(The Seventeen Maxims of Shotoku, however, Like the Ten Commandments of the Hebrews, are essentially not rules of law, but a short code of political and social morality)"][17]迫孝德朝依仿唐制,始设刑部省,省中分二司:曰藏赎司,曰囚狱司,于是始有《刑律》,律分十二:一曰《名例》、二曰《卫禁》、三曰《职制》、四曰《户婚》、五曰《厩库》、六曰《擅兴》、七曰《贼盗》、八曰《斗讼》、九曰《诈伪》、十曰《杂律》、十一曰《捕亡》、十二曰《断狱》。亦用"五刑",别有"八虐"即后世律所谓十恶,常赦所不原者。"六议"即议亲、议故诸条。等条,大概同《唐律》。其时遣唐学生颇有习律者,归以教人,而法制颇详明矣。及王政衰微,将军主政,刑罚或轻或重,惟长官之意,并无颁行一定之法。……近年王政维新,复设刑部省,明治三年十二月乃采用《明律》,颁行《新律纲领》一书。……六年五月又颁《改定律例》一书……比《新律纲领》颇有斟酌损益,然大致仍同《明律》。八年五月改设大审院诸裁判所,其职务事务章程及颁发控诉规则,上告规则,乃稍稍参用《西律》。十年二月又有更改,自外交条约称泰西流寓商民均归领事官管辖,日本欲依通例,改归地方官,而泰西各国咸谓日本法律不完不备,其笞、杖、斩、杀之刑不足以治外人,于是日本政府,遂一意改用《西律》……[18]

此外,如陈家麟《东槎闻见录》"刑罚"条有云:

上古未有刑律……推古帝时设《十七宪法》,定笞、杖、徒、流、死五等,职官则设"官当"、"免收居官"、"免官"、"除名"诸律,谓之闰律。又为老疾妇幼设收赎法,皆据《唐律》酌量,是谓《大宝律》。其后间有变革,然数百年来悉以此为标准。自文治至庆长代笞、杖以禁狱,代徒刑以追放,流、死二刑依旧,设枭首与磔罪为极刑,又有罪三族者。……(明治)三年十二月定《新律纲领》,以笞、杖、徒、流、死五者为正刑。……[19]

此则错误挂漏,在所不免。现除明治时代三度摹仿《明律》之事实于次章详为叙述外,按时代之先后将日本所摹仿天智天皇时有:

《近江律》 此律之有无为日本法制史家辩争之一问题。佐藤诚实博士所著《律令考》[20]据《官位令集解》"上宫太子并近江朝廷惟制'令'不制'律'",遂断言《近江律》根本即不存在,但宫崎道三郎博士所著《法制史讲义案》另有新说,谓"后世之目录家大抵将《律》与《令》之卷数合并,故'《近江令》二十二卷'云者即包括'律'、'令'二者,惟脱落一'律'字",又从其他傍证以推断《近江律》之必非虚无。[21]此说既出,反对者大有人在:如三浦周行博士所著之《续法制史之研究》[22]及中田薰博士之《公法法制史讲义案》[23]皆加以否定,惟近年尚有桥口长一氏所撰《律令之变迁》一文[24]主张《近江律》之存在,泷川博士于其名著《律令之研究》加以反驳,[25]谓其根据薄弱,不能成立,故《近江律》之有无,尚非一时所能解决者也。

《近江令》 此令编纂之时间共有三说:第一说为天智天皇元年,据(日本)《本朝文粹弘仁格式序》云:"至天智天皇元年,制令二十二卷。"[26]第二说为天智天皇七年,《大织冠传》"天智天皇七年"条:"先此帝令大臣撰述礼仪,刊定律令,通天人之性,作朝廷之训,大臣与时贤人,损益旧章,略为条例,一崇敬爱之道,同止奸邪之路,理慎折狱,德洽好生,至于周之三典,汉之九篇,无以加焉。"[27]第三说为天智天皇四年,《皇年代略记》:"四年制令二十二卷,谓之世人近江朝廷令也。"[28]此三说中《弘仁格式序》自即位之年计算,《大织冠传》自称制之年计算,故均为七年(戊辰),即唐高宗总章元年(668年)。至《皇年代略记》之史料价值远非前二书之可比,四年之说当不甚确。

至编纂之人则为与"遣隋使"小野妹子同行,留学中国三十三年之高向玄理、僧旻及百济亡后归化日本之沙宅绍明、许率母等人。其所根据之《中国法典》,据中田薰博士《唐令与日本令之比较》一文,则为《武德》、《贞观》、《永徽》、《麟德》、《乾封》、《仪凤》、《垂拱》七令。[29]另据泷川博士之说,则当时所根据之令,仅有三种:第一,唐高祖之《武德令》;第二,唐太宗之《贞观令》;第三,唐高宗之《永徽令》。其篇目大抵沿袭《贞观令》,如《官位令》、《职员令》、《户令》、《田令》、《赋役令》、《选叙令》、《考仕令》、《军防令》、《厩牧令》等,[30]此为日本最初之法令,亦即中国法律在日本发生直接影响之第一次也。据中田薰博士之《日本私法法制史讲义》云:"此二十二卷之《近江令》于奈良朝以前,全部烧失。"[31]三浦周行博士《法制史之研究》并云"此令不传于后世"[32],是大可惜之事也。

天武天皇时有:

《天武律令》 《日本书纪》有十年(按即唐高宗弘道年,683年)二月天皇诏曰:"朕今更欲定律令,改法式。"[33]又据《类聚国史》云:"(天武天皇十一年八月)丙寅,造法令。"[34]其参与编纂者有粟田真人、伊吉博德、中臣大岛诸人,伊吉则唐之留学生也,其时唐之《永徽律令》必随之而东渡,盖意中事。故泷川博士曰:"《天武律令》之蓝本必《武德》、《贞观》、《永徽》三律令中之一。"[35]其内容尚可于《日本书纪》、《续日本纪》等书,得窥见一斑。

文武天皇时有:

《大宝律令》 韦格穆尔教授《世界法律系统大全》、《日本法系》一章对前此编纂《近江》、《天武》律令之经过事实皆一字不提,而以《大宝律令》直接承继圣德《十七条》,[36]实甚疏漏也。按《大宝律令》之由来,考之《续日本纪》云,"文武天皇四年(唐中宗嗣圣十七年,700年)六月甲午条诏净大参刑部亲王、直广藤原、朝臣不比等(十九人)撰定律令",至翌年大宝元年(唐武后长安元年)而成。[37]据《弘仁格式序》及《本朝书籍目录》,此《大宝律令》共有

《律》六卷、《令》十一卷,[38]其所根据之蓝本,据前引中田薰博士之论文则唐自垂拱以来无刊定"令之证据,故其所资参考者与《近江令》殆无有不同者"[39]。佐藤诚实博士《律令考》亦云《大宝令》当出自《近江令》,其所本者为《武德》、《贞观》、《永徽》三令,恐以《永徽》为多。[40]朝河贯一博士直以701年之法典为摹仿中国之《永徽律》(The Code of 701 was framed after the Chinese Code of the Yung-Hwui period)(650—655)。[41]另据泷川博士之推想,则以为必系以唐高宗永徽二年之《永徽律令》及武后垂拱元年之《垂拱格式》为主。[42]又举一例以实证《大宝令》之沿袭唐之《永徽令》,如《选叙令集解》"凡经癫酗酒,及父祖子孙被戮者,皆不得任侍卫之官"条之"穴云"问答"此条先在《永徽令》,今于《开元令》省除。……"[43]《大宝律令》之重要,日本有名之作家竹越与三郎氏于其所著英文《经济史观之日本文明史》即加以发挥云:"《大宝律令》取日本旧有散漫之不成文习惯法而代之,而其影响于后世之效力足与优斯底尼大帝(Justinian)之《法典》媲美,其造福于日本之价值,尤高出其上云云。"[44]诚哉是言,然氏于《大宝律令》摹仿《唐律令》之事实未会述及,是不免稍有遗憾者也。

元正天皇时有:

《养老律》 《本朝文粹弘仁格式序》有云:"养老二年(唐玄宗开元六年)复同大臣不比等奉敕更撰律令,各为十卷。……"[45]《本朝法家文书目录》著录《养老律》十卷十三篇,其篇目如下:

第一,《名例上》;第二,《名例下》;第三,《卫禁》、《职制》;第四,《户婚》;第五,《厩库》、《擅兴》;第六,《贼盗》;第七,《斗讼》;第八,《诈伪》;第九,《杂》;第十,《捕亡》、《断狱》。

现存仅《名例上》、《卫禁》、《职制》、《贼盗》三卷四编。小中村清矩博士等所编《日本古代法律》之《律疏残篇》,其目录如下:

(1) 五刑

(2) 八虐

(3) 六议

《名例律》 第一,共二十五则(原注:后阙)

《卫禁律》 第二,共十四则(原注:前阙)

《职制律》 第三,共五十六则

《贼盗律》 第七,共五十三则

又石原正明氏于仁孝天皇文政年间(约在清道光初年)曾就《令集解》、《政事要略》、《法曹至要抄》、《裁判至要抄》、《金玉掌中抄》等十七种古书中有关法制者辑成《律逸》八卷,其目录如下:

卷之一 《名例律下》第二

卷之二 《卫禁律》第二

卷之三 《户婚律》第五

卷之四 《厩库律》,《擅兴律》第七

卷之五 《斗讼律》第九

卷之六 《诈伪律》

卷之七 《杂律》

卷之八 《捕亡律》第十二,《断狱律》

泷川政次郎博士于石原氏所引书之外又自十三种古书辑得《律逸

逸》,于《法学协会杂志》第 43 卷第 3 号起发表,现收入《法令之研究》第四编,盖极具苦心之作也。其目录如下:

  卷一 《名例律》第二

  卷二 《卫禁律》第三

  卷三 《户婚律》第五

  卷四 《厩库律》第六,《擅兴律》第七

  卷五 《斗讼律》第九

  卷六 《诈伪律》第十

  卷七 《杂律》第十一

  卷八 《捕亡律》第十二

  卷九 《断狱律》第十三

  吾人若就《养老律》之《名例》、《卫禁》、《职制》、《贼盗》诸篇之律文观之,与《唐律疏议》殆完全相同。惟须注意者则自来均以《唐律疏议》为唐高宗之《永徽律》,惟佐藤诚实博士之《律令考》,始怀疑其书为中宗、武后、玄宗避讳诸节。[46]仁井田升、牧野巽两氏复衍其说,撰成《故唐律疏议制作年代考》上下二篇,[47]于是《唐律疏议》一书实为唐玄宗开元二十五年律疏之说乃确立,较之日本《养老律》犹晚十九年。(盖开元二十五年适当圣武天皇之天平九年,距元正天皇之养老二年则为十九年)故一般学者向以《唐律疏议》与《养老律》为有母子之关系,而不知实为兄弟关系也。泷川博士于两氏之论文公布以前,即以《养老律令》之蓝本为《永徽》而非《开元》,甚有先见之明。[48]

  《养老令》 据《令义解》及《令集解》二书,《养老令》共有十

卷,三十篇,九百三十二条:

> 第一卷　《官位令一》,凡十九条
> 第二卷　《职员令》二、三、四、五
> 第三卷　《神祇令六》、《僧尼令七》
> 第四卷　《户令八》、《田令九》、《赋役令十》、《学令十一》
> 第五卷　《选叙令十二》、《继嗣令十三》、《考课令十四》、《禄令十五》
> 第六卷　《官卫令》、《军防令》
> 第七卷　《仪制令十八》、《衣服令十九》、《营缮令二十》
> 第八卷　《公式令二十一》
> 第九卷　《仓库令二十二》、《厩牧令二十三》……
> 第十卷　《关市令二十七》、《捕亡令二十八》、《狱令二十九》、《杂令三十》

其中惟《仓库》、《医疾》二篇于中世散佚,余则并存。据前引中田薰博士之论文,此令所参考者或即为唐之《神龙令》、《太极令》及开元初年及四年之令,此九百三十二条之《养老令》较之如《通典》所述《贞观令》一千五百九十条(《新唐书艺文志》则作一千五百四十六条,不知孰是)及《唐六典》所述开元四年令一千五百四十六条者皆删除甚多,其数盖约六百余条也。复就《唐六典》卷三所引《唐令》之篇目观之(参看佐藤诚实博士之《律令考》),则日本之《僧尼令》、《学令》、《继嗣令》、《禄令》、《假宁令》及《捕亡令》六篇,皆为《唐令》之所无。然日本之《僧尼令》,系自唐之《道僧格》而来,《继嗣令》为唐《永徽令》中《封爵令》之化身。《捕亡令》亦为《永徽令》固有之一篇,《学令》之名则见于《唐会要》卷六十六,故可谓完全脱胎于《唐令》者也。现尚有一问题,即此《养老律令》内容与《大宝律令》果有差异与否？复为日本法制史家辩争最烈之问题。其冲突之点如：第一,三浦周行博士维持旧说以《大宝律》有注无疏,故为六卷,《养老律》则注以外尚有疏,故为十卷。泷川博士则以《大宝律》注疏并存,尚有六卷。《养老律》之有十卷,非仅有疏之故然也,实尚有其他原因。第二,三浦周行博士以《养老律令》并未曾变更《大宝律令》,泷川博士则以《两律》较《两令》之差异为甚少。第三,三浦周行博士以《令释》为《大宝令》之注释,《新令》为《养老令》之注释,泷川博士则以《令释》为《新令》之注释。[49]此争点与本文范围不能谓为无关涉,因随笔及之。

又仁井田升氏所著《唐令拾遗》附录《日唐两令对照表》、系以《日本令》为基准而与《唐令》本文之相当者对照研究,兹节录于下：

一、《神祇令》;《日本令》二十条,《唐令》相当者四条

二、《户令》;《日本令》二十五条,《唐令》相当者三十九条

三、《田令》;《日本令》三十七条,《唐令》相当者三十条

四、《赋役令》;《日本令》三十九条,《唐令》相当者二十条

五、《学令》;《日本令》二十二条,《唐令》相当者十二条

六、《选叙令》;《日本令》三十八条,《唐令》相当者二十条

七、《继嗣令》;《日本令》四条,《唐令》相当者四条

八、《考课令》;《日本令》七十一条,《唐令》相当者五十三条

九、《禄令》;《日本令》十五条,《唐令》相当者四条

十、《宫卫令》;《日本令》二十八条,《唐令》相当者五条

十一、《军防令》;《日本令》七十六条,《唐令》相当者三十九条

十二、《仪制令》;《日本令》二十六条,《唐令》相当者二十二条

十三、《衣服令》;《日本令》十四条,《唐令》相当者九条

十四、《营缮令》;《日本令》十七条,《唐令》相当者七条

十五、《公式令》;《日本令》七十九条,《唐令》相当者二十八条

十六、《仓库令》;《日本令》十六条,《唐令》相当者三条

十七、《厩牧令》;《日本令》二十八条,《唐令》相当者十七条

十八、《医疗令》;《日本令》二十七条,《唐令》相当者十条

十九、《假宁令》;《日本令》十三条,《唐令》相当者十条

二十、《丧葬令》;《日本令》十七条,《唐令》相当者十五条

二十一、《关市令》;《日本令》二十条,《唐令》相当者十一条

二十二、《捕亡令》;《日本令》十五条,《唐令》相当者六条

二十三、《狱令》;《日本令》六十三条,《唐令》相当者三十余条

二十四、《杂令》;《日本令》四十一条,《唐令》相当者二十二条

称德天皇时有:

《删定令条》 《日本后纪》有嵯峨天皇弘仁三年(唐宪宗元和七年)五月庚寅诏曰:"今此《删定令条》,是去神护景云三年(唐代宗大历四年,769年)议请删定。"[50]

桓武天皇时有：

《删定令格》 《类聚国史》有桓武天皇延历十六年（唐德宗贞元十三年，797年）施行《删定令格》之记载。[51]

以上两次删定之动机盖如《日本后纪》所云："故右大臣从二位吉备，朝臣真备，大和国造正四位下大和宿祢长冈等删定律令24条辨轻重之舛错，矫首尾之差违。"[52]

嵯峨天皇时有：

《弘仁格》十卷 弘仁十一年（唐宪宗元和十五年，820年）藤原、冬嗣、葛野、麻吕、安人、三守、常主等所编定。

《弘仁式》四十卷 同时编订。其经过情形，详见于《弘仁格式序》，佐藤诚实博士有《弘仁格式序约解》。[53]

清和天皇时有：

《贞观格》十二卷 贞观十一年（唐懿宗咸通十年，869年）藤原、氏宗、年名、音人、是善等所修纂。《本朝法家文书目录》载《贞观格》一部十二卷，佐藤诚实博士有《贞观格序约解》。[54]

《贞观式》二十卷 贞观十三年（咸通十二年）氏宗等所修纂。《本朝法学家文书目录》、载《贞观式》一部，二十卷。

《贞观式序》见《三代实录》，佐藤诚实博士有《贞观式序约解》。[55]

醍醐天皇时有：

《延喜式》五十卷 延喜五年（唐昭宗天祐二年）所修纂。佐藤诚实博士有《上延喜格式表约解》及《延喜式序约解》。[56]

《延喜格》十卷 延喜七年（五代梁太祖开平元年，907年）藤原忠时平、定国、有穗等修纂。《延喜格序》："起自贞观十一年至于延喜七年，其间诏敕官符搜抄撰集，除其滋章，删其烦杂。……以官分隶，以类相从。……"《本朝法家文书目录》有《延喜格》一部十卷，佐藤诚实博士有《延喜格序约解》。[57]

前引《大日本史刑法志》有结束日本追随唐代制法盛业之言。曰："此皇朝所以遵神道，采唐制，删定百代之大典者，可谓备矣。"诚哉是言也。

【法院】

日本官制来自中国，故伊藤长胤氏所作《制度通叙》有曰：

> ……或者则谓中夏文明之地，礼乐之所在，而本邦僻处夷服，简陋无文，不足与言也，此两者胥失之矣。……因高之使隋，真人之聘唐，而文籍之道兴焉……然则谓吾国全让中夏可乎？……[58]

黄遵宪《日本国志·职官志》亦有言曰：

> ……盖自推古舒明始通隋唐，至是始摹仿《六典》，日趋于文……

安藤知冬氏所著《日本大典》又有云：

> 本朝官司之别曰宫、有省、有台、曰府、曰职、曰坊……大抵皆沿唐制。……[59]

桑原骘藏博士《王朝之律令与唐之律令》一文则谓："《大宝令》虽本于唐制，然删除其弊害，改为简要。"又作二表如下：

第三章　中国法律在日本之影响

唐之官制

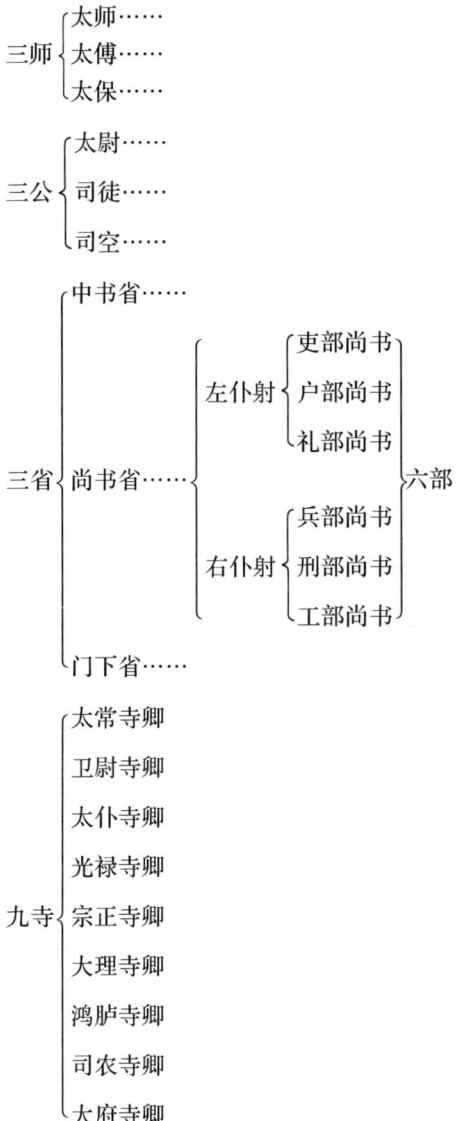

日本之官制

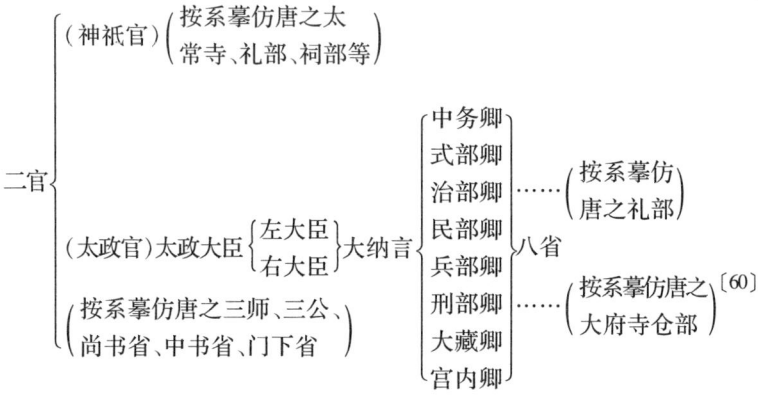

现略述日本受隋唐影响后之司法机关之组织于后：

〔中央〕

刑部省 《日本大典·刑部省》及《大日本史·职官志》并云："刑部省（《令义解》）及大宝修令，置卿一人四品，正四位下，掌鞫狱、定刑名、决疑狱、良贱名籍、囚禁负债事，其属司二：曰赃赎、囚狱。……"[61]（按刑部省卿略同唐刑部尚书之职。）

"赃赎司正一人，正六位上，掌簿敛配没、赃赎阑遗杂物事。《令义解》"（略同唐刑部比部郎中员外郎之职。）

"囚狱司正一人，正六位上，掌囚禁罪人、徒役功程、配流决杖事。《令义解》"（略同唐刑部都官员外郎之职。）

"大判事二人，正五位下，掌案覆鞫状、断定刑名、判诸争讼。中判事四人，正六位下，少判事四人，从六位下。《令义解》其后省中判事，定为大判事一人，少判事二人。类聚三代，格，年月不详。"（按

略同唐大理寺）

弹正台 《日本大典》"弹正台"及《大日本史职官志四》并云："弹正台尹一人，从四位上，掌肃清风俗、弹奏内外非违，五位以上弹，六位以下移所司推问《令义解》，惟大政大臣不得弹。尹有犯，则弼以下共奏弹，台中非违互相弹。弼以下月巡京中，忠以下日察京城内外。《延喜式》……"〔62〕（按略似唐御史台之职）

〔地方〕

左京职右京职 国都分为左右两京职置大夫一人，纠察所部田宅、良贱之诉讼。

摄津职 "摄津即古来于辐凑之地置大夫一人，掌田宅、良贱之诉讼。"〔63〕

太宰府 《日本大典·太宰府》："帅一人，从三位，唐之都督府都督也。""大宰帅之职掌……纠察所部……田宅、良贱诉讼。……""大判事一人，从六位下。少判事一人，正七位上。大少判事掌案覆犯状，断定刑名，判诸争讼。……"〔64〕

按察使府 "按察使从四位下……唐时置十道按擦使，道各一人。……养老三年始置按察使十一人。……""按察使之职掌巡历管国，以十条访察国郡官司：……二曰割断合理，狱讼无冤……又以八条举罚百姓……"〔65〕

大国 "守一人，从五位上，唐之刺史也。……""介一人，正六位下，唐之别驾也。……掌……纠察所部……田宅、良贱诉讼……"

大郡 "大领一人，唐之县令也。……"

上郡 "大领一人。"

中郡 "大领一人。"

下郡 "大领一人。"

小郡 "领一人。"[66]

【诉讼手续】

石原正明《律逸》有关于牵连案件属于二以上法院管辖并案受理之规定,如《断狱律》云:"〔凡〕鞫狱官囚徒伴在他所者,听移送先系处并论。(原注:《狱令集解》□上《户令集解》引下鞫狱至他所九字擅移囚郡各附款别国者,即受囚之郡,申所管之国,转牒送囚之国依法推劾□《户令集解》。)"[67]

按本条与《唐律》卷第二十九《断狱上》完全相同。

法院职员回避之规定,如《令义解狱》条所规定法院职员应回避者为:

一、五等以上之亲族;

二、三等以上婚姻之家;

三、受业师;

四、仇嫌人。[68]

而《唐六典》"刑部"门亦云:"……凡鞫狱官与被鞫人有亲属仇嫌者皆听更之。(原注:亲谓五服内亲及大功以上婚姻之家并授业经师为本部都督、刺史、县令及府佐于府主皆同换推。)"[69]是"五等亲"即唐之"五服内亲","三等以上婚姻之家"即唐之"大功以上婚姻之家",《唐六典》"宗正寺"及"司封郎中"虽有所谓"五等亲"者,然只限于皇家,故此等名词实日本所创者,不过本条之规定则与唐完全相同而无如何出入也。

附录日本《仪制令》所规定之五等亲表[70]:

一等亲:父母、养父母、夫、子。

(按此与中国《五服之制》之"斩衰三年,齐衰三年之亲"相当。)

二等亲:祖父母、嫡母、继母、伯叔父姑、兄弟姊妹、夫之父母、妻妾、侄、孙、子之妇。

(按此与中国之"齐衰一年之亲"相当。)

三等亲:曾祖父母、伯叔之妇、夫之侄、从父兄弟姊妹、异父兄弟姊妹、夫之祖父母、夫之伯叔、姑侄之妇、继父、夫之前妻妾之子。

(按此与中国之"大功九月之亲"相当。)

四等亲:高祖父母、从祖祖父姑、从祖伯叔父姑、夫之兄弟姊妹、兄弟之妻妾、再从兄弟姊妹、外祖父母、舅姨、兄弟之孙、从父兄弟之子、外甥、曾孙、孙之妇、妻妾前夫之子。

(按此与中国之"齐衰五月,小功五月,齐衰三月"之亲相当。)

五等亲:妻妾之父母、姑之子、舅之子、玄孙、外孙。

(按此与中国之"缌麻三月"之亲相当。)

中国以丧服定亲等,日本之《丧葬令》虽亦有"五服",然纯为丧服之规定,不以之别亲等也。[71]

广池千九郎博士所著《东洋法制史本论》有"丧服制度之五服与日本《养老律》之五等亲比较"一节并可与此参看,其要点即为:

(1)《唐律》之"期亲"与"大功"为日本之二等亲,又或"大功"只为三等亲。

(2)"小功"为三等亲,又或为四等亲。

(3)"缌麻"为四等亲,又或为五等亲。
(4)"斩衰三年"、"齐衰三年"与日本之一等亲相当。[72]

法院传唤及拘提被告之限制,如《律疏残篇·职制律》云:

> 凡在外长官及使人,于使处有犯者,所部属官等,不得即推,皆须申上听裁。若犯当死罪,留身待报,违者各减所犯罪四等。[73]

与《唐律》卷第十《职制律》"长官使人有犯"条全同。

讯问被告如坂上明兼《法曹至要抄》所引《狱令》云:

> 凡察狱之官先备五听,又验诸证信,事情疑似犹不首实者,然后拷掠,每讯相去二十日。[74]

此与《唐六曲》卷六完全相同。《法曹至要抄上》又有条云:

> 拷囚不得过三度,杖数总不得过二百,杖罪以下不得过所犯之数。[75]

此与《唐律》卷第二十九《断狱律》"拷囚不得过三度"条所规定者完全相同。《令义解》"狱"条又云:

> 其决杖笞者臀受,拷讯者背臀分受,须数等。

此与马端临《文献通考》所述"其决笞者'腿',分受,决杖者背'腿'臀分受,须数等,拷讯者亦同"相较,[76]盖仅多一"腿"字,余则全同。《金玉掌中抄》又有条:

一、不拷讯人事；

僧尼(原注:见《刑部式》),有官位(见《名例律》),五位以上子孙(同律),废疾(见《狱令》),年七十以上,十六以下,怀孕,侏儒,以上不拷讯,以证人决事。

此种规定与《唐律》卷第二十九《断狱律》"八议请减老小"及卷第三十"拷决孕妇"条完全相同,惟"僧尼"在唐或不能邀此特典。

其得拒绝出庭作证言之规定,如石原正明氏《律逸》引律云:

其于律得相容隐,即八十以上,十岁以下及笃疾,皆不得令其为证,违者减罪人罪三等。[77]

按与《唐律》卷第二十九《断狱律》"八议请减老小"条完全相同。

至关于诉讼行为之规定,如《律逸》引事云:

凡告人罪皆须明注年月,指陈实事,不得称疑,违者笞四十;官司受而为理者,减所告罪一等;即被杀被盗,及水火损败者,亦不得称疑,虽虚皆不反坐。[78]

按"笞四十",《唐律》卷第二十四《斗讼律》。"告人罪须明注年月"条作"笞五十",余并完全相同。

《律疏残篇·贼盗律》云:

凡祖父母、父母、外祖父母及夫为人所杀私和者,徒三年;二等亲,徒二年;三等以下亲,递减一等。[79]

按"二等亲"即《唐律》之"期亲","三等以下亲"即"大功以下亲"。故本条与《唐律》卷第十七《贼盗律一》之规定亦完全相同。此为子孙于祖父母、父母、外祖父母或妻于夫为人杀害时须负告发之责任;又强盗杀人被害之家及同伍亦必告发,《政事要略》引《律》文:"强盗及杀人,贼发被害之家及同伍即告其主司。……"[80]

石原正明氏《律逸》引《律》:

〔凡〕强盗及杀人,贼发被害之家,及同伍即告其主司。若家人同伍单弱,比伍为告。当告而不告,一日杖六十。(按同《唐律》卷第二十四《斗讼四》之条文。) 主司不即言上,一日杖一百(唐律作"一日杖八十,三日杖一百")。……[81]

此外普遍之规定,如前书引《律》云:

……即同伍保内在家有犯,知而不纠者,死罪徒一年,流罪杖一百,徒罪杖七十;其一家惟有妇女及男年十六以下者皆勿论。

与《唐律》卷第二十四《斗讼》所规定者完全相同。

又对原告之身分各有不同而特限制其起诉权,《律逸》卷之五《斗讼律》第九引《律》文数条,桑原骘藏博士《王朝之律令与唐之律令》又有比较唐、日两律之条文如下:

《唐律》	《大宝律》
诸告祖父母者,绞。 诸告期亲尊长、外祖父母、夫、夫之祖父母虽得实,徒二年。	同左 (按《日律》原文为"告二等尊长……")减为徒一年。

博士所表尚未列入《律逸》卷之五所引律文一条,即:

〔凡〕告五等四等卑幼(《唐律》作"小功卑幼"),虽得实,杖六十(《唐律》作"杖八十",处分较重)。三等以上(《唐律》作"大功以上"),递减一等(《唐律》同)。……

此外,如《政事要略》引《律》:"奴婢告言主,非谋反逆叛者,绞。"[83]《律逸》引《律》:"〔凡〕被囚禁,不得告举他事,其为狱官酷己者,听之。即年八十以上,十岁以下,及笃疾者,听告谋反逆叛子孙不孝,及同居之内,为人侵犯者,余并不得告。"[84]均同《唐律》卷第二十四《斗讼》所规定。

至全然不应起诉之规定如《律逸·名例律》引《律》云:

〔凡〕同居若三等以上亲(《唐律》作"大功以上亲"),及外祖父母、子孙之妇、夫之兄弟及兄弟妻,有罪相为隐;家人(《唐律》作"部曲")、奴婢为主隐,皆勿论;即漏露其事,及摘语消息,亦不坐;其四等以下亲(《唐律》作"小功以下")相隐,减凡人三等。……[85]

此所规定与《唐律》卷第六《名例》"同居相为隐"条全同。

又赦前事亦不应起诉,《律逸》引《律》:

〔凡〕以赦前事相告言者,以其罪罪之。官司受而为理者,以故入人罪论,至死者,各近流(《唐律》作"各加役流");若事须追究者,不用此律。[86]

与《唐律》卷第二十四《斗讼律》"以赦前事相告言"完全相同。

以上为人民之"自诉"。其属于监临主司所提起之公诉如《僧尼令》、[87]《法曹至要抄》、《职员令集解》引《律》："凡监临主司知所部有犯法,不举劾者,减罪人三等。"同《唐律·斗讼律》"监临知犯法"条。

初审判决后须取狱囚服辩,《律逸·断狱律》第十三引《律》:

> 凡断罪皆须具引律、令、格、式正文。(原注:见《职员令集解》、《三代实录》所载《贞观格序》。)

另条又云:

> 〔凡〕狱结竟,徒以上,具告罪名,违者笞四十。(原注:见《狱令义解》。)[88]

按此条律文《唐律》卷第三十《断狱律》"狱结竟取服辩"条作"……徒以上各呼囚及其家属具告罪名,仍取囚服辩;若不服者,听其自理,更为审详",是残阙之处甚多。而《唐律》"违者笞五十"较"四十"则颇加重其处分也。

其审判之程序如《令义解·狱令》云:

> 凡告言人罪,非谋叛以上者皆令三审。……[89]

又水陆关外人民上诉之程序另有规定,《律疏残篇·卫禁律》有云:

> ……即被枉徒罪以上,抑屈不申,及使人复讫不与理者,听于近关"国"、"郡"具状申诉所在官司,即准状申"太政官",

仍递送至京。……〔90〕

与《唐律》卷第八《卫禁下》所规定完全相同,惟《唐律》"国"、"郡"作"州"、"县","太政官"作"尚书省"耳。

终审之规定如《日本大典》所云:

> 凡犯罪:笞罪,郡决之;杖罪以上,郡断定,送国复审讫;徒杖罪及流应决杖,若应赎者,即决配征赎;其刑部断徒以上,亦准此。刑部省及诸国断流以上,若除免官当者皆连写案申太政官。案覆理尽,申送即按覆。……〔91〕

按本条与《唐六典》卷六及注所规定者相同,惟《唐六典》"郡"、"国"、"太政官"仍作"县"、"州"、"尚书省"耳。

现录《类聚国史》所引清和天皇贞观八年(唐懿宗咸通七年,866年)十月二十五日之"判例"一通,以考见当时中国法律在日本运用之一斑:

> 太政官论奏曰,刑部省断罪文云:"赞岐国浪人沼美都良麻吕杀香河郡百姓县春贞,春贞妻奏净子申诉云:美都良麻吕于春贞宅相共饮酒,言论相斗,春贞叫曰:'吾为美都良麻吕被*刺。'惊而见之,血出自左胁即死,同郡人秦成吉等与春贞、美都良麻吕等同饮之人也,而相斗之场,虽以言词相谏而遂不相救助,国司断云:'《斗讼律》云:斗殴杀者,绞;以刃及故杀人者,斩;虽因斗,而用兵刃杀者与故杀同,准犯据律,合斩刑者。'又《捕亡律》云:'邻里被杀,人告而不助救者,杖一百。'成吉等在杀

---

* 原文如此,"被"字疑误。——编者注

人处而不助救,准律条各处杖一百。刑部省复断云:'国断有失,何者?案《律》斗而用刃,即有害心,仍处斩刑,但不同于故杀而引故杀及用兵杀等之文,此国司之谬断也。'又净子词云:'成吉等与春贞、美都良麻吕相斗之场,虽以言词相谏而遂不救,净子闻春贞之言,才知被刺,然则成吉等醉中不觉美都良麻吕害春贞之心,非闻告而不助,见刺而不救者也,仍改断无罪。(下略)'"[92]

【刑法总则】
〔法例〕
《师守记》引《律》云:"当条虽有罪名,所为重者自从重。"[93]按同《唐律疏议》卷第六《名例》"本条别有制"。《朝野群载》、《法曹类林》均引《名例律》云:"断罪而无正条,其应入罪者,则举轻以明重。"[94]按同《唐律》"断罪无正条"条。

《法曹至要抄上》引《名例律》云:"化外人,同类自相犯者,各依本俗法;异类相犯者,以法律论。"[95]按同《唐律·名例》。

〔犯罪〕

现行犯 《律逸·捕亡律》引《律》:"〔凡〕被人系击,折伤以上,若盗及强奸,虽傍人皆得捕系以送官司。"[96]按同《唐律》卷第二十八《捕亡》。

私罪 《律疏残篇·名例律》第一第十则:"私罪谓私自犯,及对诏诈不以实受请枉法之类。"[97]按同《唐律》卷第二《名例》。

俱发罪 《朝野群载》、《政事要略》、《西宫记》诸书[98]所引《律》文:"二罪以上俱发以重者论。等者从一。"按同《唐律·名例》"二罪从重"条。

共犯罪 《政事要略》、《类聚三代格》、《户令集解》、《续日本后纪》诸书所引《律》文:"共犯罪者以造意为首,随从者减一等。……"[99]按同《唐律·名例》"共犯罪造意为首"条。

第三章 中国法律在日本之影响

〔刑名〕

《日本大典》及《大日本史刑法志》均载：

"其用刑有五：一曰笞，二曰杖，三曰徒，四曰流，五曰死。……"〔100〕按同《唐律·名例》。按《大宝律目录》云：

> 笞十，赎铜一斤。
>
> 笞二十，赎铜二斤。
>
> 笞三十，赎铜三斤。
>
> 笞四十，赎铜四斤。
>
> 笞五十，赎铜五斤。〔101〕
>
> 杖六十，赎铜六斤。
>
> 杖七十，赎铜七斤。
>
> 杖八十，赎铜八斤。
>
> 杖九十，赎铜九斤。
>
> 杖一百，赎铜十斤。〔102〕
>
> 徒一年，赎铜二十斤。
>
> 徒一年半，赎铜三十斤。
>
> 徒二年，赎铜四十斤。
>
> 徒二年半，赎铜五十斤。
>
> 徒三年，赎铜六十斤。〔103〕
>
> 近流，赎铜一百斤。
>
> 中流，赎铜一百二十斤。
>
> 远流，赎铜一百四十斤。〔104〕
>
> 死罪二：绞、斩，二死赎铜各二百斤。〔105〕

桑原骘藏博士《王朝之律令与唐之律令》一文曾作一比较表〔106〕如下：

《唐律》	《大宝律》
（1）笞刑　十　二十　三十　四十　五十	同左
（2）杖刑　六十　七十　八十　九十　一百	同左
（3）徒刑　一年　一年半　二年　二年半　三年	同左
（4）流刑　二千里　二千五百里　三千里	不明记里数，惟分近流、中流、远流三等
（5）死刑　绞斩	同左

其平赃之规定如《法曹志林》所引《律》，"平赃者据犯处当时物价及上布估"，亦同《唐律·名例》。

〔刑之适用〕

日本亦如唐之因人之身分不同而异法之适用，现以"殴打骂詈罪"为例：

《式目抄》引《律》"凡斗殴人者，笞四十"；《法曹至要抄》、《金玉掌中抄》作"笞三十"，恐为"四十"之误，[107]但法文均同《唐律》卷第二十一斗讼。《律逸·斗讼律》，"凡殴伤妻者减凡人二等，死者以凡人论"[108]，亦同《唐律》。

《法曹至要抄》及九条公爵家《延喜式》纸背《养老律断简》，"殴兄姊者徒一年半"[109]，按同《唐律》，但改"徒二年半"为"徒一年半"。

《大日本史·刑法志》引《律》："殴祖父母、父母者，皆斩。"[110]按同《唐律》卷第二十一《斗讼》。

桑原骘藏博士《王朝之律令与唐之律令》一文曾作一表[111]如下：

	《唐律》	《大宝律》
殴打兄姊	徒二年半	徒一年半
殴打伯叔父母、姑、外祖父母	徒三年	徒二年
殴打祖父母、父母	斩	斩

第三章 中国法律在日本之影响

〔刑之加重及减轻〕

《金玉掌中抄》、《法曹至要抄》、《西宫记》、《类聚三代格》所引《律》文,"称加者就重次,称减者就轻次……"[112],按并同《唐律》卷第六《名例》。

又"三犯"则加重,《律疏残篇·贼盗律》云:

> 凡盗经断,后仍更行盗,前后三犯徒者,近流(《唐律》卷第二十《贼盗律》作"流二千里")。三犯流者,绞(《唐律》同)。……[113]

刑之减轻,据《大日本史·刑法志》所载[114]其第一条件即为身分在"六议"以内者,此则较《唐律》卷第二《名例》"八议"条少"议勤"、"议宾"二项。《律疏残篇》"六议"条例举说明之如下:

> 一曰:议亲[谓皇亲及皇帝五等以上亲,及太皇太后、皇太后四等以上亲,(原注:"太皇太后者,皇帝祖母也。皇太后者,皇帝母也。")皇后三等以上亲]。
>
> (按"五等以上亲"即《唐律》"袒免以上亲";"四等以上亲"即《唐律》"缌麻以上亲";"三等以上亲"即《唐律》"小功以上亲"。)
>
> 二曰:议故(谓故旧)。疏议全同《唐律疏议》。
>
> 三曰:议贤(谓有大德行)。疏议全同《唐律疏议》。
>
> 四曰:议能(谓有大才艺)。疏议全同《唐律疏议》。
>
> 五曰:议功(谓有大勋功)。疏议全同《唐律疏议》。
>
> 六曰:议贵(谓三位以上)。《唐律疏议》作"职事官自三品以上,散官二品以上,及爵一品者"。

前书《名例律》云：

凡"六议"(《唐律》："八议")者犯死罪，皆条所坐及应议之状，先奏请议，议定奏裁。(议者原情议罪，称定刑之律而不正决之。——原注："原情议罪者，谓原本其情，议其犯罪。称定刑之律，而不正决之者，谓奏状之内，惟云，准犯依律合死，不敢正言绞、斩，故云不正决之。"——此为《唐律疏议》之所无。)流罪以下减一等，其犯"八虐"(《唐律》："十恶")者不用此律)。

另条：

……若五位及勋四等以上(《唐律》卷第二作"官爵五品以上")犯死罪者上请，流罪以下减一等(同《唐律》)。……

另条：

凡七位勋六等以上及官位、勋位(《唐律》作"诸七品以上之官及官爵")得请者之祖父母、父母(《唐律》有"兄弟姊妹"文句)、妻、子孙，犯流罪以下，各从减一等之例(《唐律》同)。〔115〕

减轻之第二条件为"官当"。前书云：

凡犯私罪以官当徒者，一品以下，三位以上，以一官当徒三年；五位以上，以一官当徒二年(《唐律》"位"作"品")；八位以上，以一官当徒一年(《唐律》"九品以上")。若犯公罪者，各加一年当；以官当流者，三流同，比徒四年。(同《唐律》)……〔116〕

减轻之第三条件为"自首"。石原正明氏《律逸·名例律》引《律》云:

> 凡犯罪未发而自首者,原其罪。正赃,犹征如法。其轻罪虽发,囚首重(《唐律》有"罪"字)者,免其重罪。即因问所劾之事,而别言余罪亦如之。即遣人代首,若于法得相容隐者为首,及相告言,各听如罪分身自首法。(原注:据《法曹至要抄》补。)[117]

按全同《唐律》卷第五《名例律》。

减轻之第四条件为"老弱废疾……"。《律疏残篇·名例律》云:

> 凡年七十以上,十六以下,及废疾犯流罪以下,又八十以上,十岁以下,及笃疾……盗及伤人收赎。

与《唐律》卷第四《名例律》文字上虽小有不同,如"十六"之为"十五",但大体则相同。[118]

减轻之第五条件为"赎罪"。《律疏残篇》(一)"五刑"条规定如下:

> 笞罪五:笞十,赎铜一斤。笞二十,赎铜二斤。笞三十,赎铜三斤。笞四十,赎铜四斤。笞五十,赎铜五斤。
>
> 杖罪五:杖六十,赎铜六斤。杖七十,赎铜七斤。杖八十,赎铜八斤。杖九十,赎铜九斤。杖一百,赎铜十斤。
>
> 徒罪五:徒一年,赎铜二十斤。徒一年半,赎铜三十斤。徒二年,赎铜四十斤。徒二年半,赎铜五十斤。徒三年,赎铜六十斤。(以上均同《唐律》卷第一《名例》之规定。)

流罪三：近流，赎铜一百斤(《唐律》："八十斤")。中流，赎铜一百二十斤(《唐律》："九十斤")。远流，赎铜一百四十斤(《唐律》："一百斤")。

死罪二：绞、斩二死，赎铜各二百斤(《唐律》："一百二十斤")。[119]

另据《法曹至要抄》引《刑部式》云：

远流：一千五百里以下，七百里以上；中流：五百六十里；近流：三百里以上，四百里以下；死罪二：绞、斩二死，赎铜各二百斤。[120]（按《唐六典》云：……流二千里，铜八十斤；至流三千里，则百斤；绞与斩，铜止一百二十斤。……）[121]

日本于流罪改唐赎铜"八十斤"、"百斤"，死罪改唐"赎铜百二十斤"均为"二百斤"，似稍加重。故《日本大典》有云："盖徒以下因唐制，流以上其制稍重。"[122]

〔身体刑之执行〕

《日本大典》及《刑法志》、《金玉掌中抄》、《狱令义解》等所述之"杖"、"讯囚杖"云："凡杖皆削云节目，长三尺五寸。讯囚及常行杖，大头径四分，小头三分。笞杖大头三分。小头二分。"与《唐六典》、《唐书》、《文献通考·刑考》五所述者，大同而小异，惟稍为粗大耳。

〔徒刑之执行〕

《日本大典》有云："凡妇人在禁皆与男夫别处。（余略）"[123] 小原重哉氏所撰《大日本国狱制沿革史》第一篇所引《律》并略同《唐律》。

〔流刑执行之规定〕

《日本大典》有云："流罪三：配所路程，从京为计，越前、安艺等国为近流，信浓、伊豫等国为中流，伊豆、安房、常陆、佐渡、隐岐、土佐等国为远流,三流俱役一年。其称加役流者,配远所役三年。……"[124]

〔死刑执行之规定〕

《日本大典》云:"凡决大辟罪在京者行决之司三复奏:决前一日一复奏,决日再复奏。在外者符下日三复奏:初日一复奏,后日再复奏……"[125]又《政事要略》、《式目抄》、《贞永式目抄》所引《律》文有云:"立春以后秋分以前,决死刑者,徒一年……"[126]此则与《唐律》卷三十《断狱》并同。

又依(日本)《狱令》:"从立春至秋分不得奏决死刑,违者徒一年。准令犯恶逆以上及家人奴婢杀主者,不待时。其大祀日及斋日、朔、望、晦、上下弦、二十四气、假日,并不得奏决死刑。虽不待时,于此日亦不得决死刑;违而决者,杖六十;待时违者,加二等。(原注:谓秋分以后,立春以前,于禁杀者而故决者,加二等,合杖八十。)"

此亦摹仿唐之执行死刑多在秋冬之后,但恶逆及奴婢、部曲杀主之刑,不由此规定。又于大祭祀、致斋及朔、望、上下弦诸时皆不执行。[127]

〔行刑权之时效规定〕

《律疏残篇·名例律》云:"凡犯罪时虽未老疾,而事发时老疾者,依老疾论。若在徒限内,老疾亦如之犯罪时幼少,事发时长大,依幼少论。"[128]按同《唐律》卷第六《名例》。

〔刑律之文例〕

《仪制令集解》、《公式令集解》、《政事要略》、《法曹至要抄》引《律》:"称乘舆车驾及御者太皇太后并同"[129]《唐律》卷第六《名例》。此外,如"称期亲及称祖父母者,曾高同"[130]条,"称孙者"条,"称反坐及罪之坐之与同罪者止坐其罪"[131]条,"称年者"[132]、"称众者"条等均全同于《唐律》,惟"称道士女冠"因道教之于日本不加李唐之盛,故只有"僧尼"而无"道士女冠"。又《唐律》中之"部曲"亦改称"家人",是所异耳。

229

【刑法分则】

《日本大典》及《大日本史·刑法志》所述之重罪"八虐"[133]同《唐律》卷第一《名例》"十恶",但删去"不睦"与"内乱",盖因前朝"十恶"之科而除其二也。[按持统天皇六年(唐武后天授时)及文武天皇三年四年大赦,并云十恶盗人不在赦限,是则当初律条有十恶之科及庆云二年(文武天皇年号)八月赦令云:"八虐常赦所不免者,不在赦限。"无明帝祀以下皆云"八虐",而不云"十恶",盖大宝制律时改十恶为八虐也。]

桑原骘藏博士《王朝之律令与唐之律令》曾作一表[134]如下:

《唐律》之"十恶"	《大宝律》之"八虐"
(一)谋反 谋危社稷	(一)谋反 同左
(二)谋大逆 谋毁宗庙山陵及宫阙	(二)谋大逆 同左
(三)谋叛 背国从伪	(三)谋叛 同左
(四)恶逆 (1)殴及谋杀祖父母,父母 (2)杀伯叔父母、姑、兄姊、外祖父母、夫、夫之祖父母、父母	(四)恶逆 (1)同左 (2)同左
(五)不道 (1)杀一家非死罪三人 (2)支解人 (3)造畜蛊毒厌魅	(五)不道 (1)同左 (2)同左 (3)同左 《大宝律》将《唐律》"十恶"中之第八恶"不睦"合并于此,故除以上三项而外尚有二项: (4)杀四等以上尊长及妻 (5)殴告及谋杀伯叔父母、姑、兄姊、外祖父母、夫、夫之父母

(续表)

(六)大不敬 (1)盗大祀神御之物 (2)乘舆服御物(余条从略省)	(六)大不敬 (1)同左 (2)同左
(七)不孝 (1)告言诅詈祖父母及父母 (2)父母在,别籍异财 (3)供养有阙 (4)居父母丧,身自嫁娶,若作乐释服从吉;闻祖父母父母丧匿不举哀;诈称祖父母父母死	(七)不孝 (1)不孝 (2)同左 (3)省略,无 (4)同左 (5)加入奸父祖之妾一条
(八)不睦 (1)谋杀及卖缌麻以上亲 (2)殴告夫及大功以上尊长	(八)省,并入"不道"
(九)不义 (1)杀本属府主刺使县令,见受业师,吏卒…… (2)闻夫丧匿不举哀,若作乐释服从吉及改嫁	(九)不义 (1)同左 (2)同左
(十)内乱 (1)奸小功以上亲 (2)奸父祖妾	省 日本近亲结婚甚多,而奸父祖妾又可并于"不孝"中,故本条删除

现分别详述《日本法律》与《唐律》同异之点于后:

〔侵犯帝室罪〕

不敬

阑入大社门 《师守纪》、《法曹至要抄》、《式目抄》、《令集解》等书引《律》:"阑入大社门者,徒一年;越垣者,徒二年;中社小社者,递减三等;神部不觉,减二等;监神又减一等。"[135]按"大社门"即相当于《唐律》卷第七《卫禁律》之"太庙"。《法曹至要抄》上云:"称大社者,伊势大神宫八番宫也。中社者,贺茂、住吉社之类也,自余小社也。……"[136]

阑入山陵兆域门　《政事要略》及《刑法沿革志》引《律》:"阑入山陵兆域门者,笞五十;越垣者,杖一百。……"[137]

以上二条系将《唐律》"诸阑入太庙门及山陵兆域门者"一条剖分而成,强处分较轻,而立法之精神则无二致。

阑入宫殿　《律逸》及《刑法沿革志》引《卫禁律》云:

〔凡〕阑入宫门,徒一年(《唐律》:"徒二年");殿门,徒一年半(《唐律》:"徒二年半");阁门,徒三年(《唐律》无);持杖者,各加二等(《唐律》同);至御在所者,绞(《唐律》"御在所"作"上阁内");持杖者,斩(《唐律》同)……[138]

《法曹至要抄》、《宫卫令集解》及《刑法沿革志》引《律》:"……其越阁垣者,绞(《唐律》同)。殿垣,远流(《唐律》作'宫垣流三千里')。宫垣,近流(《唐律》无)。宫城垣,徒三年,京城垣,徒一年。(《唐律》作'皇城减宫垣一等,京城又减一等'。)"[139]

《真俗交谈记》、《明文抄》又引《律》:"凡登高临禁中,杖一百;御在所,徒一年半。……"《唐律》则为:"诸登高临宫中者,徒一年;殿中,加二等。……"[140]余并同。

犯跸　《律疏残篇·卫禁律》云:

凡车驾行冲队者,杖一百(《唐律》卷第七《卫禁律上》作"徒一年");若冲兵卫及内舍人仗者(《唐律》作"冲三卫仗者"),徒一年(《唐律》:"徒二年")。误者各减二等(《唐律》同)。若畜产唐突,守卫不备入宫门者,杖七十(《唐律》:"杖一百")。冲仗卫者,笞五十(《唐律》作"杖八十")。[141]

借服御物　前书《职制律》云:

凡主司私借乘与服御物,若借人,及借之者,徒二年(《唐律》卷第九《职制律上》作"徒三年")。非服而御之物,杖一百(《唐律》作"徒一年")。在司服用者,各减一等(《唐律》同)。[142]

指斥乘舆　《大日本史·刑法志》及《律疏残篇》:

凡指斥乘舆,情理切害者,斩。非切害者,徒二年。对捍诏使,而无人臣之礼者,绞。

与《唐律》卷第十《职制律中》所规定者完全相同。[143]

宫内忿争　《法曹至要抄上》及《刑法沿革志》引:《斗讼律》云:

于宫内忿争者,笞五十(《唐律》卷第二十一《斗讼一》并同)。声彻御在所,及相殴者,杖一百(《唐律》作"徒一年")。以刃相向者,徒二年;殿内加一等。伤重者,各加斩伤二等。(《唐律》同)[144]

危害

向宫殿射　《金玉掌中抄》、《法曹至要抄》及《刑法沿革志》诸

233

书引《卫禁律》云：

向宫殿内射者，宫垣，徒一年（《唐律》卷第七《卫禁上》："徒二年"）；殿垣，加一等；箭入者，各加一等（《唐律》同）；即箭入阁内者，徒三年（《唐律》："绞"）；入御在所，绞（《唐律》："斩"）。放弹及投瓦石者，各加二等（《唐律》作"各减一等"）；杀伤人者，以故杀论（《唐律》同）。[145]

合和御药及造御膳犯食禁 《大日本史·刑法志》及《律疏残篇·职制律》云：

凡合和御药，误不如本方，及封题误者，医徒三年（《唐律》卷第九《职制律上》作"绞"）。料理简择不精者，杖六十（《唐律》："徒一年"）。未进御者，各减一年；监当官司，各减医一等（《唐律》同）。[146]

另条云：

凡造御膳，误犯食禁者，典膳徒三年（《唐律》："绞"）。若秽恶之物在食饮中，杖一百（《唐律》："徒二年"）。简择不精，减二等（《唐律》同）；不品尝者，杖六十（《唐律》："杖一百"）。[147]

御用物不牢固整饰 《律疏残篇》云：

凡御幸舟船，误不牢固者，工匠徒三年（《唐律》作"绞"）。

若不整饰及阙少者,徒一年(《唐律》:"徒二年")。[148]

另条云:

凡乘舆服御物,持护修整不如法者,笞五十(《唐律》作"杖八十")。其车马之属不调习,驾驭之具不完牢,徒一年(《唐律》:"徒二年")。未进御,减三等(《唐律》同)。[149]

〔内乱罪〕

谋反大逆 《大日本史·刑法志》、《律疏残篇》及《刑法沿革志》云:

凡谋反及大逆者,皆斩;父子若家人资财田宅,并没官。年八十及笃疾者并免(《唐律》卷第十七《贼盗律一》全同)。祖孙兄弟皆配远流(《唐律》作"流三千里"),不限籍之同异。
即虽谋反,词理不能动众,威力不足率人者,亦皆斩(《唐律》同)。父子并配远流(《唐律》作"流三千里"),资财不在没限。其谋大逆者,绞(《唐律》同)。[150]

另条:

凡口陈欲反之言,心无真实之计,而无状可寻者,徒三年(《唐律》作"流三千里")。[151]其"缘坐"之规定如云:"凡缘坐,非同居者,资财田宅不在没限;虽同居非缘坐,及缘坐人子应免流者,各准分法留远。……"(《唐律》同)[152]

背国投伪 《律疏残篇》云：

凡谋叛者，绞；已上道者，皆斩（《唐律》同），子中流（《唐律》："流二千里"）。若率部众十人以上（《唐律》作"百人以上"），父子配远流（《唐律》："流三千里"）；所率虽不满十人（《唐律》作"百人"），以故为害者以十人以上论（《唐律》："百人"）。

即亡命山泽，不从追唤者，以谋叛论。其抗拒将吏者，以已上道论。（《唐律》同）[153]

漏泄罪 《大日本史·刑法志·律疏残篇》及《刑法沿革志》云：

凡漏泄大事应密者，绞（《唐律》卷第九《职制上》同）。非大事应密者，徒一年（《唐律》："一年半"）；漏泄于蕃国使者，加一等，仍以初传者为首，传至者为从（《唐律》同）；即转传大事者，杖六十（《唐律》："杖八十"）；非大事者，勿论（《唐律》同）。[154]

度关罪 《律疏残篇·刑法沿革志》云：

凡私度关者，徒一年。（原注："谓三关者"——《唐律》卷第八《卫禁下》亦"徒一年"）摄津长门减一等，余关又减二等（《唐律》无）。越度者各加一等（《唐律》同）。已至越所未度者，减五等（《唐律》同）。

凡不应度关而给过所，若冒名请过所而度者，各徒一年（《唐律》同）。……[155]

〔渎职罪〕

贿赂 《律疏残篇》云：

> 凡受人财,而为请求者,坐赃论加二等;监临势要,准枉法论;与财者,坐赃论减三等。若官人以所受之财,分求余官,元受者并赃论,余各依已分法。(《唐律》卷第十一《职制下》同)[156]
>
> 凡有事以财行求,得枉法者坐赃论,不枉法者减二等;即同事共与者,首则并赃论,从者依已分法。(《唐律》同)[157]
>
> 凡监临之官,受财而枉法者,一尺杖八十(《唐律》:"杖一百"),二端加一等(《唐律》:"一匹加一等"),三十端绞(《唐律》:"十五匹,绞")。不枉法者,一尺杖七十(《唐律》:"杖九十"),三端加一等(《唐律》:"二匹加一等"),四十端加役流(《唐律》:"三十匹加役流")。[158]
>
> 凡有事先不许财,事过之后而受财者,事若枉,准枉法论;事不枉者,以受所监临财物论。(《唐律》同)[159]
>
> 凡监临之官,受所监临财物者,一尺笞二十(《唐律》:"笞四十"),一端加一等(《唐律》:"端"作"匹"),十端徒一年(《唐律》:"八匹徒一年"),十端加一等(《唐律》:"八匹加一等"),七十端近流(《唐律》:"五十匹流二千里"),与者减五等,罪止杖一百,强乞取者准枉法论(《唐律》同)。[160]
>
> 凡官人因使,于使所受送遗,及乞取者与监临同;经过处取者,减一等(原注:"纠弹之官不减。"——《唐律》同)。[161]
>
> 凡监临之官,强取猪鹿(《唐律》:"鹿"作"羊")之类者,依强取监临财物法(《唐律》同)。……[162]

凡率敛所监临财物馈遗人者,虽不入己,以受所监临财物论。(《唐律》同)[163]

凡监临家,家口于所部,有受乞借贷,役使卖买,有乘利之属,各减官人罪二等;官人知情与同罪,不知情者,各减家口罪五等。其在官非监临,及家口有犯者,各减监临及监临家口一等。(《唐律》同)[164]

凡去官而受旧官属士庶馈与,若乞取借贷之属,各减在官时三等(《唐律》同)。[165]

凡因官挟势,及豪强之人乞索者,坐赃论减一等,将以送者为从(《唐律》同)。[166]

《法曹至要抄·刑法沿革志》引《杂律》云:

坐赃致罪者,一尺笞十(《唐律》卷第二十六《杂律上》作"笞二十"),一端加一等(《唐律》:"端"作"匹"),十二端徒一年,十二端加一等(《唐律》:"十二端"作"十四"),罪止徒三年,与者减五等(《唐律》同)。[167]

越权
司法方面 《律逸》及《刑法沿革志》引《断狱律》云:

〔凡〕囚应请给衣食医药而不请给,及应听家人入视而不听,应脱去枷等而不脱者,笞五十(《唐律》卷第二十九《断狱上》作"杖六十");以故致死者,杖一百(《唐律》:"徒一年");即减窃囚食,笞四十(《唐律》:"笞五十");以故致死者加役流(《唐律》:"绞")。[168]

《明文抄》引《律》：

凡决罚不如法者，笞二十（《唐律》作"笞三十"）；以故致死者，杖八十（《唐律》"徒一年"）。[169]

《公式令义解》引《律》：

〔凡〕鞫狱官停囚待对问者，虽职不相管，皆听直牒追摄，虽下司亦听，假如刑部诸国应追官省人，牒至不即遣者。

其处分亦如《唐律》之"笞五十，三日以上杖一百"。[170]

《律逸》及《刑法沿革志》引《律》云：

〔凡〕邻里被强盗，及杀人告而不救助者，杖一百（《唐律》卷第二十八《捕亡》作"徒一年"）。……窃盗者各减二等（《唐律》同）。[171]

《律逸》及《刑法沿革志》引《律》云：

〔凡〕囚应禁而不禁，应枷杻肱禁桎禁而不枷杻肱禁、桎禁及脱巾者，杖罪笞三十，徒罪以上加一等。若不应禁而禁及不应枷杻肱禁，而枷杻桎禁者，杖六十。（《唐律》卷第二十九《断狱上》同）[172]

行政方面 《大日本史·刑法志·律疏残篇》及《刑法沿革志》云：

凡稽缓诏书者，一日笞二十（《唐律》卷第九《职制上》作

"笞五十"),二日加一等(《唐律》:"一日加一等"),罪止杖一百(《唐律》无)。其官文书稽程者,一日笞十,三日加一等,罪止杖八十(《唐律》同)。[173]

另条云:

凡被诏书,有所施行而违者,徒二年(《唐律》同);失错者,杖八十(《唐律》:"杖一百")。[174]

另条云:

凡受诏忘误,及写诏书误者,事若未失,笞三十(《唐律》:"笞五十");已失,笞五十(《唐律》:"杖七十");转受者,减一等(《唐律》同)。[175]

另条云:

凡贷所监临财物者,坐赃论。若百日不还,以受所监临财物论,强者各加二等。若卖买有剩利者,计利以乞取监临财物论;强市者,笞五十;有剩利者,计利准枉法论。即断契有数,违负不还,过五十日,以受所监临财物论,即借衣服器玩之属,经三十日不还者,坐赃论,罪止徒一年。(《唐律》卷第十一《职制下》同)[176]

另条云:

凡监临之官,私役使所监临,及借奴婢牛马车船碾磑邸店之类,各计庸赁,以受所监临财物论。即役使非供己者,计庸坐赃论,罪止杖一百;其应供己驱使,而收庸直者,罪亦如之。(《唐律》同)若有吉凶,借使所监临者,不得过四十人(《唐律》作"二十人"),每人不得过五日;其于亲属虽过限及受馈乞贷,皆勿论(《唐律》同)。[177]

另条云:

凡增乘驿马者,一匹杖八十(《唐律》卷十《职制中》作"徒一年"),一匹加一等,主司知情与同罪,不知者勿论(《唐律》同)。[178]

〔逮捕监禁者脱逃罪〕
《法曹至要抄》引《捕亡律》云:

捕罪人而罪人持杖拒捍其捕者格杀之,及走逐而杀,若迫窘而自杀者,皆勿论。(《唐律》卷第二十八《捕亡》同)[179]

《西宫记》引《捕亡律》云:

流徒囚役限内而亡者,一日笞三十(《唐律》:"笞四十"),三日可加一等;过杖一百,五日加一等(《唐律》同)。[180]

《律疏残篇》及《刑法沿革志》云:

凡劫囚者,远流(《唐律》卷第十七《贼盗》作"流三千

里");伤人及劫死囚者,绞;杀人者,皆斩。(《唐律》同)〔181〕

《法曹至要抄》引《捕亡律》云:

> 主守不觉失囚者,减囚罪二等;若囚拒捍走者,又减二等,皆听一百日追捕;限内自捕得,除其罪;即外捕得及囚已死,若自首者,各又追减一等。监当之官,各减主守三等。故纵者不给捕限,即以其罪罪之;未断决间,能自捕得,及他人捕得,若囚已死及自首,各减一等。(《唐律》同)〔182〕

前书又引《断狱律》云:

> 纵死罪囚,令其逃亡,后还捕得,及囚已身死,若自首应减死罪者,其获囚及死自首之处,即须遣使速报应减之所,有驿处共发驿报之,若稽留使人,令不得减者,以入人罪故失论减一等。(《唐律》同)〔183〕

〔藏匿犯人罪〕

《律逸》云:

> 凡知情藏匿罪人,若过致资给,令得隐避者,各减罪人罪一等。藏匿无日限,过致资给亦同。……(《唐律》卷第二十八《捕亡》同)〔184〕

《律疏残篇》及《刑法沿革志》云:

凡部内有一人为盗,及容止盗者,里长笞四十(原注:"坊令坊长亦同"——《唐律》卷第二十《贼盗》四作"笞五十"),三人加一等;郡(《唐律》作"县")内一人笞二十(《唐律》:"三十"),四人加一等(《唐律》同)。国(《唐律》作"州")随所管郡多少,通计为罪,各罪止徒二年半(《唐律》"二年"),强盗者各加一等。即盗用盗发杀人,后三十日捕获,主司各勿论(《唐律》同)。……〔185〕

〔诬告罪〕

《律逸》云:

〔凡〕诬告人者,反坐。即纠弹之官,挟私弹事不实者,亦如之。……若告二罪以上,重事实及数事等,但一事实除其罪,重事虚及其所剩,即罪至所止者,所诬虽多,不反坐……告二人以上,虽实者多犹以虚者反坐。若上表告人,已经闻奏,事有不实,反坐;罪轻者,从上书诈不实论。

凡告小事虚,而狱官因其告,检得重事及事等者,若类其事则除其事,离其事则依诬论。

凡诬告人流罪以下,前人未加拷掠,而告人引虚者,减一等(《唐律》卷第二十三《斗讼三》同);诬告二等尊长(《唐律》:"期亲尊长"),外祖父母,夫,夫之祖父母,及家人(《唐律》:"部曲")奴婢诬告主之一等亲外祖父母者,虽引虚,各不减(《唐律》同)。

凡为人作辞牒,加增其状,不如所告者,笞四十(《唐律》卷第二十四《斗讼四》作"笞五十");若加增罪重,减诬告一等。即受雇诬告人罪者,与自诬告同。赃重者坐赃论加二等;雇者

从教令法。(《唐律》同)

凡投匿名书告人罪者,徒二年(《唐律》:"流二千里")。得书者,即焚之,若将送官司者,杖一百(《唐律》:"徒一年");官司受即为理者,加二等,被告者不坐(《唐律》同)。辄上闻者,徒二年半(《唐律》:"徒三年")。

〔凡〕教令人告事虚,应反坐,得实应赏者,皆以告者为首,教令为从(《唐律》同)。即教令人告五等以上亲(《唐律》作"缌麻以上亲"),及家人(《唐律》:"部曲")、奴婢告主者,各减告者罪一等,虽诬亦同(《唐律》同)。[186]

前书另条云:

〔凡〕囚在禁,妄引人为徒侣者,以诬告罪论;即本犯虽死,仍准流徒加杖及赎法。(《唐律》卷第二十九《断狱上》规定并同)[187]

〔失火放火罪〕
《律逸》云:

〔凡〕失火及非时烧田野者笞五十(《唐律》卷第二十七《杂律下》同)。[188]

另条云:

〔凡〕于官府廨院及仓库内失火者,徒二年;在宫内加二等。延烧阁内宫阙及大社者,远流(《唐律》作"绞";社"减一等")。[189]

预防失火亦有规定,如《明文抄》律云:

  凡库藏及仓内,皆不得燃火,违者杖一百(《唐律》"徒一年")。[190]

以上为"失火"之规定,其关于"放火"者如《大日本史·刑法志》及《律逸·杂律》与《刑法沿革志》云:

  故烧官府廨舍及私家舍宅若财物者,徒三年(《唐律》同);赃满五端,近流(《唐律》:"流二千里");十五端(《唐律》:"十四"),绞;伤人者,以故杀伤论(《唐律》同)。[191]

〔决水罪〕
《律逸》云:

  〔凡〕盗决堤防者,杖八十(《唐律》:"杖一百")。[192]

另条云:

  〔凡〕水火有所损败,故犯者征偿,误失者不坐不偿(《唐律》同)。[193]

〔私有禁兵器罪〕
《大日本史·刑法志》及《律逸》与《刑法沿革志》云:

  〔凡〕私有禁兵器者,徒一年(《唐律》卷第十六《擅兴》:"徒一年半")。[194]

〔危险行为罪〕
《律逸》与《刑法沿革志》云:

〔凡〕向官私宅若道径射者,笞五十(《唐律》卷第二十六《杂律上》作"杖六十");放弹及投瓦石者,笞三十(《唐律》:"笞四十");因而杀伤人者,各减斗杀伤一等;若故令入宅中杀伤人者,各以斗杀伤论,至死者加役流。(《唐律》同)[195]

《律疏残篇》及《刑法沿革志》云:

凡造畜蛊及教令者,绞(《唐律》卷第十八《贼盗》同)。造畜者同居家口虽不知情者,远流;若里长(原注:"坊令坊长亦同")知而不纠者,徒三年(唐律:"皆流三千里")。造畜者虽会赦,并同居家口及教令人亦远流(《唐律》:"亦流三千里")。(原注:"八十以上,十岁以下及笃疾,无家口同流者放免。"——《唐律》同)即以蛊毒毒同居者,被毒之人父母妻妾子孙,不知造蛊情者,不坐(《唐律》同)。[196]

〔妨害秩序罪〕
《律疏残篇》及《刑法沿革志》云:

凡玄象器物,天文图书、谶书、兵书、七曜历、太一雷公式,私家不得有,违者,徒一年(《唐律》卷第九《职制上》:"徒二年")。其纬候及论语谶,不在禁限(《唐律》同)。[197]

另条又云：

凡造妖书及妖言,远流(《唐律》卷第十八《贼盗二》作"绞");传用以惑众者,亦如之(《唐律》同);其不满众者,减一等(《唐律》："流三千里");言理无害者,杖六十(《唐律》："杖一百");即私有妖书虽不行用,杖八十(《唐律》："徒二年");言理无害者,笞四十(《唐律》："杖六十")。[198]

又云：

凡夜无故入人家者,笞三十(《唐律》："笞四十");主人登时格杀者,勿论;若知非侵犯而杀伤者,减斗杀伤二等。其已就拘执而杀伤者,各以斗杀而伤论(《唐律》同),至死者远流(《唐律》："加役流")。[199]

〔伪造文书印文罪〕
《大日本史·刑法志》及《律逸》与《刑法沿革志》引《律》云：

〔凡〕伪造神玺者,斩(《唐律》卷第二十五《诈伪》作"诸伪造皇帝八宝者,斩");造内印者,绞(《唐律》："太皇太后、皇太后、皇后、皇太子宝者,绞")。[200]

《政事要略》云：

谨检《诈伪律》云："诈为诏书及增减者,远流(《唐律》作

'绞')。"[201]

泷川博士又辑诸书律文成为如下之一条云：

凡诈为官私文书及增减……以求财赏及避没入备偿者，准盗论（与《唐律》并同）。[202]

《律疏残篇》及《刑法沿革志》云：

凡诏书有误，不即奏闻，辄改定者，笞五十（《唐律》卷第十《职制中》："杖八十"）；官文书误，不请官司，而改定者，笞三十（《唐律》："笞四十"）；知误不奏请，而行者，亦如之（《唐律》同）。[203]

〔亵渎祀典罪〕
《年中行事秘抄》引《律》云：

国忌日作乐者，"杖八十。"（按《唐律》卷第二十六《杂律上》作"杖一百"。）[204]

《律疏残篇》及《刑法沿革志》云：

凡大祀不预申期，及不颁告所司者，笞五十（《唐律》卷第九《职制上》："杖六十"）；以故废事者，徒一年（《唐律》："徒二年"）。币帛之属不如法，杖六十（《唐律》："杖七

十")；阙数者,杖八十(《唐律》:"杖一百")；全阙者,杖一百(《唐律》:"徒一年")。……[205]

另条又云：

> 凡大祀在散斋,而吊丧问疾,判署刑杀文书,及决罚食宍者,笞五十(《唐律》同)；奏闻者,杖七十(《唐律》:"杖六十")；致斋者,各加二等(《唐律》:"各加一等")。[206]

又云：

> 凡祭祀及朝会,侍卫行事失错,及违失仪式者,笞三十(《唐律》:"笞四十")；应集而主司不告,及告而不至者,各笞五十(《唐律》同)。[207]

按中日二国均崇拜祖先,故极端提倡孝道,于生存时尽力奉养,死亡时种种之祭典尤不能苟简,桑原骘藏博士所著《中国之孝道——尤其自法律上观之中国孝道》有父母丧中犯罪处分之表如下[208]：

	《唐律》	《大宝律》
匿不举哀	流二千里	徒二年
释服从吉,忘哀作乐	徒三年	徒一年半
杂戏	徒一年	杖八十
嫁娶	徒三年	徒二年
生子	徒一年	律文已逸,不详
父母犯死罪在狱中子孙独作乐者	徒一年半	徒一年

又日本因崇信佛教,故有散斋食肉之罪,此或据《隋律》及《唐六典》"膳部""若大斋日皆进素食"一款而有若是之规定也。

〔残尸掘墓罪〕

《律疏残篇》云:

> 凡残害死尸及弃尸水中者,各减斩杀罪五等;(原注:"五等以上尊长减三等"。——《唐律》卷第十八《贼盗二》作"各减斗杀罪一等,缌麻以上尊长不减"。)弃而不失及髡发若伤者,各又减二等(《唐律》:"各又减一等");即子孙于祖父母父母,家人(《唐律》:"部曲")奴婢于主者,各不减(《唐律》同)。[209]

前书及《刑法沿革志》又云:

> 凡穿地得死人不更埋,及于冢墓熏狐貉,而烧棺椁者,杖一百(《唐律》:"徒二年");烧尸者,徒一年(《唐律》:"徒三年");五等以上尊长,加二等(《唐律》:"缌麻以上尊长,各递加一等");卑幼,依凡人减二等(《唐律》:"递减一等");若子孙于祖父母父母,家人奴婢于主,熏狐貉者,徒一年(《唐律》:"徒二年");烧棺椁者,徒二年(《唐律》:"流三千里");烧尸者,徒三年(《唐律》:"绞")。[210]

另条又云:

> 凡发冢者,徒三年(《唐律》卷第十九《贼盗三》:"加役流");已开棺椁者,远流(《唐律》:"绞");发而未彻者,徒二年

(《唐律》:"徒三年");其冢先穿,及未殡而盗尸柩者,徒一年半(《唐律》:"徒二年半");减(《唐律》作"盗")衣服者,减一等;器物者以盗论(《唐律》同)。[211]

〔赌博罪〕
《金玉掌中抄》、《明文抄》及《刑法沿革志》引《杂律》云:

博戏赌财物者,杖一百,赃重者各依己分准盗论(《唐律》卷第二十六《杂律上》同)。[212]

〔奸非罪〕
《律逸》及《刑法沿革志》云:

凡奸者,徒一年(《唐律》卷第二十六《杂律上》:"徒一年半");有夫者,徒二年;强者各加一等(《唐律》同);奸官私婢者,杖六十(《唐律》:"杖九十");奸他人及官户陵户(《唐律》作"部曲妻杂户官户")妇女者,杖七十(《唐律》:"杖一百")。

另条云:

〔凡〕奸父祖妾者,徒三年(《唐律》"绞"),妾减一等。

另条云:

凡〔奴〕奸良人者,徒二年半(《唐律》同);其家人及奴婢奸主者,绞;妾减一等。(《唐律》作"其部曲及奴奸主及主之期亲若期亲之妻者,绞;妇女减一等"。)

另条云:

〔凡〕和奸本条无妇女罪名者,与男子同;强者妇女不坐(《唐律》同)。[213]

〔重婚罪〕
《律逸》引《万叶集》云:

〔凡〕有妻更娶者,徒一年(《唐律》卷第十三《户婚中》并同);女家杖一百(《唐律》:"减一等")。……[214]

〔妨害卫生罪〕
《律疏残篇》及《刑法沿革志》云:

凡以毒药药人及卖者,绞(《唐律》卷第十八《贼盗》二同);即卖买而未用者,近流(《唐律》:"流二千里")。

鱼肉(《唐律》:"脯肉")有毒,曾经病人,余者速焚之,违者杖九十;故与人食,并出卖,令人病者,徒一年;以故致死者,绞;即人自食致死者,从过失杀人法。(《唐律》同)[215]

〔杀人罪〕
故杀 《三代实录》、《法曹至要抄》、九条家《延喜式》纸背《养老律断简》引律:

凡斗殴杀人者,绞;以刃及故杀人者,斩。虽因斗而用兵刃杀者,与故杀同。(《唐律》卷第二十一《斗讼一》并同)[216]

《律疏残篇》及《刑法沿革志》云:

凡杀一家非死罪三人及支解人者,皆斩(《唐律》卷第十七《贼盗一》同);子徒三年(《唐律》作"妻子流二千里")。[217]

泷川博士《律令之研究》会辑诸书佚文为如下一条云:

凡奴婢有罪,其主不请官司而杀者,杖八十(《唐律》卷第二十二《斗讼二》:"杖一百");无罪而杀者,杖一百(《唐律》:"徒一年")。[218]

《律逸》有条云:

〔凡〕医为人合药……其故不如本方,杀伤人者,以故杀伤人减一等。(《唐律》卷第二十六《杂律上》作"以故杀伤论",并不减等。)……即卖药不如本方,杀伤人者,亦如之(《唐律》同)。[219]

谋杀 《律疏残篇》及《刑法沿革志》云:

凡谋杀诏使若本主本国守(《唐律》卷第十七《贼盗一》作"诸谋杀制使,若本属府主刺史县令"),及吏卒谋杀本部五位(《唐律》作"品")以上官长者,徒三年(《唐律》:"流二千里");

253

已伤者,远流(《唐律》:"绞");杀者,皆斩(《唐律》同)。[220]

另条又云:

凡谋杀祖父母父母、外祖父母、夫、夫之祖父母、父母者皆斩(《唐律》同)。……五等以上尊长者,徒三年(《唐律》:"流二千里");已伤者,中流(《唐律》:"绞");已杀者,皆斩(《唐律》同)。即尊长谋杀卑幼者,各依故杀罪减四等(《唐律》:"减二等");已伤者,减二等(《唐律》:"减一等");已杀者,依故杀法(《唐律》同)。[221]

又云:

凡家人奴婢谋杀主者皆斩;杀主之二等亲(《唐律》:"期亲")及外祖父母者,绞;已伤者,皆斩(《唐律》并同)。[222]

又云:

凡妻妾谋杀故夫之祖父母,父母者,徒三年(《唐律》:"流二千里");已伤者,远流(《唐律》:"绞");已杀者,皆斩(《唐律》同)。家人奴婢谋杀旧主者,罪亦同(《唐律》同)。[223]

又云:

凡谋杀人者,徒二年(《唐律》:"徒三年");已伤者,近流(《唐律》:"绞");已杀者,斩(《唐律》同)。从而加功者,加役流

(《唐律》:"绞");不加功者,近流(《唐律》:"流三千里");造意者,虽不行,仍为首;即从者不行,减行者一等(《唐律》同)。[224]

过失杀 《金玉掌中抄》引《斗讼律》:

家人奴婢过失杀主者,绞(《唐律》卷第二十二《斗讼二》同)。[225]

《律逸》云:

〔凡〕过失杀人者,各依其状以赎论。(原注:"谓耳目所不及,思虑所不到;共举重物,力之所不制;若乘高足跌,及因声禽犬以致杀伤之属皆是。"——《唐律》同)[226]

前书又云:

〔凡〕医为人合药,及题疏针刺误不如本方杀人者,徒一年(《唐律》卷第二十六《杂律上》:"徒二年半")。[227]

〔殴伤罪〕
伤害致死 《律逸》云:

〔凡〕殴伤妻者,减凡人二等,死者以凡人论(《唐律》卷第二十一《斗讼》同)。[228]

致笃疾或废疾 《法曹至要抄》引《斗讼律》云:

> 斗殴人者,笞三十(《唐律》:"笞四十");……伤及拔发以上,杖八十;若血从耳目出,及内损吐血者,各加二等(《唐律》同)。[229]

九条公爵家《延喜式》纸背《养老律断简》云:

> ……折人肋,眇其两目,堕人胎,徒二年(《唐律》同)。

另条云:

> 凡斗殴折跌人支体及瞎其一目者,徒三年。折支者折骨,跌体者骨差跌失其常处,辜内平复者各减二等(《唐律》同)。即损二事以上,及因旧患令至笃疾,若断舌,及毁败人阴阳者,远流(《唐律》:"流三千里")。[230]

保辜之规定,《法曹至要抄》引《斗讼律》云:

> 保辜者,手足殴伤人,限十日;以他物殴伤者,二十日;以刃及汤火伤者,三十日;折跌支体及破骨者,五十日;限内死者,各依杀人论;其在限外,及虽在限内,以他故死者,依本殴伤法。(《唐律》同)[231]

又除前于"总则"列举殴伤犯罪因身分不同而科刑有轻重外,兹复补充数则于下:

《律逸》云:

〔凡〕殴伤家人减凡人一等,奴婢又减一等(《唐律》同)。[232]

《令集解》引《斗讼律》云:

凡家人殴伤良人者,加凡人一等,奴婢又加一等(《唐律》同)。[233]

《政事要略》及《小野宫年·中行事》引《律》云:

家人奴婢殴主之二等亲者,绞。(《唐律》作"主之期亲及外祖父母者,绞"。)[234]

《明文抄》律云:

凡家人奴婢殴旧主者,徒三年(《唐律》:"流二千里")。[235]

《政事要略》又引《斗讼律》云:

殴兄之妾,及殴夫之弟妹,各加凡人一等(《唐律》同)。[236]

《令集解》又引《斗讼律》云:

祖父母父母为人所殴击,子孙即殴击之,非折伤者,勿论(《唐律》同)。[237]

《律逸》云:

殴伤见受业师加凡人二等;死者,斩。(《唐律》同)[238]

《式目抄》引律云

殴本部官长,徒二年半(《唐律》:"徒三年")。[239]

加功伤害 《师守记》引《斗讼律》云:

若乱殴伤,不知前后轻重,以谋首及初斗者为重罪(《唐律》同)。[240]

戏杀伤 《法曹至要抄》引《斗讼律》云:

戏杀伤人者,减斗杀伤二等(《唐律》卷第二十三《斗讼三》同)。

《律疏残篇》又有云:

若恐迫人使畏惧,致死伤者各随其状,以故斗戏杀伤论(《唐律》卷第十八《贼盗二》同)。[241]

过失伤 《律疏残篇》云:

凡因盗而过失杀伤人者,以斗杀伤论,至死者加役流。其共盗临时有杀伤者,以强盗论;同行而不知杀伤情者,止依窃盗法。(《唐律》卷第二十《贼盗四》同)[242]

《律逸》及《刑法沿革志》云：

〔凡〕畜产及噬犬有触踏啮人，而标帜羁绊不如法者，狂犬不杀者，笞三十（《唐律》卷第十五《厩库》："笞四十"）；以故杀伤人者，以过失论。若故放令杀伤人者，减斗杀伤一等。即被雇疗畜产，被倩者同过失法，及无故触之，而被杀伤者，畜主不坐（《唐律》同）。[243]

除以上诸种罪名外，又以杀伤时之器物及其他方法定罪，如：《律疏残篇》及《刑法沿革志》云：

凡以物置人耳鼻及孔窍中有所妨者，杖六十（《唐律》卷第十八《盗贼二》："杖八十"）。其故屏去人服用饮食之物，以故杀伤人者，各以斗杀伤论（《唐律》同）。[244]

《律逸》云：

〔凡〕以兵刃斫射人不着者，杖一百（《唐律》卷第二十一《斗讼一》同）。[245]

〔骂詈罪〕
桑原骘藏博士《王朝之律令与唐之律令》作有一表如下[246]：

	《唐律》	《大宝律》
骂兄姊	杖一百	律文已逸
骂伯叔母，姑，外祖父母	徒一年	不详
骂祖父母，父母	绞	徒三年

〔遗弃罪〕

《律疏残篇》云：

> 七曰不孝……祖父母父母在，别籍异财。……

《裁判至要抄》引《户婚律》云：

> 祖父母父母在，而子孙别籍异财者徒二年(《唐律》卷第十二《户婚》："徒三年")。[247]

《律逸》及《刑法沿革志》云：

> 〔凡〕妻无七出及义绝之状而出之者，徒一年(《唐律》卷十四《户婚》："徒一年半")；虽犯七出，有三不去而出之者，杖八十(《唐律》："杖一百")，追还合；若犯恶疾及奸者，不用此律(《唐律》同)。[248]

〔逮捕监禁人罪〕

《律逸》及《刑法沿革志》引《诈伪律》云：

> 诈为官及称官所遣而捕人者，徒二年(《唐律》卷第二十五《诈伪》："流二千里")。

《律疏残篇》及《刑法沿革志》云：

> 凡有所规避，而执持人为质者，皆斩(《唐律》卷第十七《贼

盗一》同）。部司及邻伍知见避质不格者,徒一年半(《唐律》:"徒二年")。[249]

[略诱及和诱罪]
《律疏残篇》及《刑法沿革志》云：

　　凡略人,略卖人(原注:不和为略,年十岁以下,虽和亦同略法)为奴婢者,远流(《唐律》卷第二十《贼盗四》作"绞")。为家人(《唐律》:"部曲")者,徒三年(《唐律》:"流三千里");为妻妾子孙者,徒二年半(《唐律》:"徒三年");未得,各减四等。和诱者,各减一等(《唐律》同)。若和同相卖为奴婢者,皆徒三年(《唐律》:"流二千里")。卖未售者,减一等;即略和诱及和同相卖他人家人者,各减良人一等。(《唐律》同)[250]

另条又云：

　　凡略奴婢者,以强盗论,和诱盗以窃盗论,各罪止中流(《唐律》:"流三千里");即奴婢别卖财物者,自从强窃法,不得累而科。若得逃亡奴婢,不送官而卖者,以和诱论;藏隐者,减一等坐之;即私从奴婢买子孙,及乞取者准盗论;乞卖者,与同罪。(《唐律》同)[251]

又云：

　　凡卖二等卑幼(《唐律》:"期亲以下卑幼")及兄弟孙,外孙,为奴婢者,徒二年半(《唐律》:"并同斗殴杀法"——《疏义》云:"若略卖弟妹为奴婢,同斗杀法徒三年。");子孙者,徒一年;即和卖者,各减一等;其卖余亲者,各从凡人和卖法。(《唐律》同)〔252〕

又云:

凡知略和诱和同相卖,及略和诱奴婢而买之者,各减卖者罪一等。知祖父母父母卖子孙,买者,各加卖者罪一等。(原注:"展转各情而买,各与初买者同。虽买时不知,买后知而不言,亦以知情论。")(《唐律》同)

又云:

凡知略和诱及强盗窃盗而受分者,各计所受赃准窃盗论减一等(《唐律》同)。〔253〕

〔窃盗及强盗罪〕

《律疏残篇》云:"凡盗公取窃取皆为盗(《唐律》卷第二十《盗贼四》同)。"〔254〕现分为"窃盗"、"强盗"及"亲属相盗"三项说明于次:

窃盗　前书及《刑法沿革志》云:

凡窃盗不得财,笞五十;一尺杖六十,一端(《唐律》卷第十九《贼盗三》作"匹")加一等,五端徒一年;五端加一等,五十端加役流(《唐律》同)。〔255〕

另条又云:

凡盗大祀神御之物者,中流(《唐律》:"流二千五百里");其拟供神御(原注:"谓营造未成者")若飨荐之具已馔呈者,徒二年(《唐律》同);未馔呈者,徒一年半若盗斧甑刀匕之属,并从常盗之法(《唐律》同)。[256]

又云:

凡盗神玺(《唐律》:"御宝")者,绞(《唐律》同)。关契,内印,钥铃者,远流(《唐律》所无);乘舆服御物者,中流(《唐律》:"流二千五百里");其拟供服御及供而废阙,若食将御者,徒二年(《唐律》同);拟供食御,及非服而御之物者,徒一年半(《唐律》同)。[257]

又云:

凡盗外印及传符者,徒二年。(《唐律》作"诸盗宫殿门符,发兵符,传符者,流二千里"。)余印者,杖一百。(《唐律》作"余符,徒一年"。)畜产印,杖八十。(《唐律》作"盗州镇及仓厨厩库关门等钥,杖一百"。)[258]

又云:

凡盗诏书者,徒二年(《唐律》同)。官文书,杖一百;重害文书,加一等(《唐律》同)。若盗随身符者,加官文书一等(《唐律》无)。即盗应除文案者,依凡盗法(《唐律》同)。[259]

又云：

凡盗节刀者，徒三年。（原注："谓皇华出使，黜陟幽明，将军奉诏，宣威殊俗，皆执节刀，取信天下。"——《唐律》所无）官殿门库藏及仓廪，筑紫城等钥，徒一年；宫城京城及官厨钥，杖一百；公廨及国厨等钥，杖六十；诸门钥，笞五十。（本条自《唐律》"徒一年，门钥各减三等，州镇仓厨等钥杖一百；县戍等门钥，杖六十"脱胎而来，惟当时立法者斟酌实际情形，故律文显有不同。）[260]

又云：

凡盗禁兵器者，徒一年半（《唐律》："徒二年"）；弩具装者，徒二年（《唐律》："甲弩者，流二千里"）；若盗罪轻，同私造法（《唐律》："同私有法"）；盗余兵器及幡帜仪仗者，加凡盗一等（《唐律》："杖九十"）；若盗守卫官殿兵器者，又各加一等；即在军及宿卫相盗，远宛（《唐律》作"充"）官用者，各减二等（《唐律》同）。[261]

又云：

凡盗毁佛像者，徒三年（《唐律》同）；即僧尼（《唐律》作"道士女冠"）盗毁佛像者，徒流（《唐律》："加役流"）；菩萨减一等（《唐律》同）；盗而供养者，杖八十（《唐律》："杖一百"）。[262]

又云：

凡盗山陵内木者，杖一百；草者，减三等。（《唐律》作"诸盗园陵内草木者。徒二年半",是草木不分,而窃者处分相同,实欠公允。)若盗他人墓茔内树者,杖七十(《唐律》:"杖一百")。[263]

又云:

凡盗官私马牛而杀者,徒二年半(《唐律》同)。[264]

又云:

凡山野之物,已加功力,刈伐积聚而辄取者,各以盗论(《唐律》同)。[265]

窃盗罪之共犯处分,《律疏残篇》云:

凡共盗者,并赃论,造意及从行而不受分,即受分而不行,各依本首从法。若造意者不行,又不受分,即以行人专进止者为首,造意为从,至死减一等;从者不行,又不受分,笞四十。……若本不同谋,相遇共盗,以临时专进止者为首,余为从。……主遣家人(《唐律》作"部曲")奴婢盗者,虽不取物,仍为首。若行盗之后,知情受财,强盗窃盗并为窃盗从(《唐律》同)。[266]

强盗 前书及《刑法沿革志》云:

强盗不得财,徒二年;一尺,徒三年;二端(《唐律》:"四")加一等(《唐律》同),十五端(《唐律》:"十四")及伤人者,绞;杀人者,斩(《唐律》同)。其持杖者,虽不得财,远流(《唐律》:"流三千里");十端(《唐律》:"五匹"),绞;伤人者,斩(《唐律》同)。[267]

又云:

凡故烧人舍屋及积聚之物而盗者,计所烧减价,并赃以强盗论。[268]

又云:

凡本以他故殴击人,因而夺其财物者,计赃以强盗论,至死者加役流(《唐律》同)。[269]

强盗罪之共犯处分,前书云:

共强盗者,罪无首从(《唐律》同)。

又云:

凡共谋强盗,临时不行,而行者窃盗,共谋者分,造意者为窃盗首;余并为窃盗从;若不受分,造意者为窃盗从,余并笞五十。(《唐律》同)[270]

亲属相盗　前书云:

凡盗五等亲(《唐律》:"缌麻小功亲")财物者,减凡人一等;四等以上递减一等(《唐律》:"大功减二等,期亲减三等"）；杀伤者各依本杀伤论（《唐律》同）。

又云：

　　凡同居卑幼将人盗己家财物者，以私辄用财物论加二等，他人减常盗罪一等；若有杀伤者，各依本法。（《唐律》同）[271]

其平赃规定，如前书云：

　　凡盗不计赃而立罪名。及言减罪而轻于凡盗者，计赃重以凡盗论加一等。（《唐律》同）[272]

〔诈欺取财罪〕
欺罔取财　《律逸》云：

　　〔凡〕诈欺官私，以取财物者，准盗论（《唐律》卷第二十五《诈伪》同）。[273]

恐吓取财　《律疏残篇》及《刑法沿革志》云：

　　凡恐吓取人财物者（原注："口恐吓亦同"），准盗论加一等；虽不足畏忌财主惧而自与亦同。……若财未入者，杖六十；即五等以上亲（《唐律》："缌麻以上"）自相恐吓者，犯尊长以凡人论，犯卑幼各依本法（《唐律》同）。[274]

〔侵占罪〕
假借官物不还　泷川博士《律令之研究》辑诸书佚文增补为以

下一则云：

> 凡假请官物，事讫过十日不还者，笞三十，十日加一等，罪止杖一百，私服用者加一等。〔275〕

受寄物费用 《律逸》云：

> 〔凡〕受寄财物而辄费用者，坐赃论减一等；诈言死失者，以诈欺取财物论减一等。(《唐律》卷二十六《杂律上》同)〔276〕

负债强牵财物过本契 前书云：

> 〔凡〕负债不告官司而强牵财物过本契者，坐赃论(《唐律》同)。

得阑遗物 前书云：

> 〔凡〕得阑遗物，满五日不送官者，各以亡失罪论；私物坐赃论减二等。(《唐律》同)

妄认盗卖公私田 《法曹至要抄》、《古文零聚》、《续左丞抄》引《律》：

> 妄认公私田，若盗贸易赁租者，一段以下，笞五十；二段，加一等；过杖一百；五段加一等，罪止徒二年半。〔277〕

按日本之"段"即《唐律》之"亩","资赁租"即"盗卖"。以《唐律》卷第十三《户婚中》之条文相较,则《唐律》之口分田在某种条件之下尚许买卖,日本则绝对不许买卖,盖以口分田只许享用一年故也。[278]《日律》之全部本较《唐律》之处分减轻,但本条则反较《唐律》为重,是可注意之事也。

妄认良人为奴婢 《律逸》云:

〔凡〕妄认良人为奴婢家人妻妾子孙者。以略人论减一等;妄认家人又减一等;妄认奴婢及财物者,准盗论减一等。(《唐律》卷第二十五《诈伪》同)[279]

〔赃物罪〕
《律疏残篇》云:"知盗赃而故买者,坐赃论减一等;知而为藏者,又减一等。(《唐律》卷第二十《贼盗四》同)"[280]

〔毁弃损坏罪〕
弃毁大社 《大日本史·刑法志》引《律》"远流"[281]与《唐律·杂律下》"诸大祀……而毁者,流二千里……"略同,而规定则较为简单。

弃毁诏书官文书 《明文抄》引《律》云:

凡弃毁诏书及官文书者,准盗论(《唐律》卷第二十七《杂律下》同)。[282]

弃毁官私物 《法曹至要抄》引《杂律》云:

弃毁亡失及误毁官私物者,各备偿(《唐律》同)。[283]

财物安置不如法　《贞观交替式》及《政事要略》"交替杂事"引《厩库律》云：

> 仓库及积聚财物，安置不如法，若曝凉不以时，致损败者，计所损败，坐赃论（《唐律》卷第十五《厩库》同），减二等（《唐律》无）。[284]

乘驾官马牛　《律逸》及《刑法沿革志》云：

> 凡乘驾官马牛，而脊破领穿，创三寸，笞二十；五寸以上，笞五十。若放饲瘦者，计一分为坐，一分笞二十，一分加一等；即不满十者，一笞三十，一加一等，各罪止杖一百。（《唐律》同）[285]

故杀官私马牛　《律逸》又云：

> 凡故杀官私马牛，徒一年（《唐律》："徒一年半"）；赃重及杀余畜产若伤者计减价，准盗论，各偿所减价，不减者，笞三十（同《唐律》；《刑法沿革志》卷之一作"笞二十"）。若伤重，五日内致死者，从杀罪论。其误杀伤者，不坐，但偿其减价；主自杀马牛，杖一百（《唐律》："徒一年"）。[286]

毁食官私物　前书云：

> 凡官私畜产，毁食官私之物登时杀伤者，各减故杀伤三等，

偿所减价,畜主备所毁(《唐律》同)。……[287]

【军法】
〔擅权罪〕
《律逸》及《刑法沿革志》云:

> 〔凡〕擅发兵,二十人(《唐律》卷第十六《擅兴》作"十人")以上,杖一百(《唐律》:"徒一年");五十人(《唐律》作"百人"),徒一年(《唐律》:"徒一年半");五十人(《唐律》"百人"),加一等。[288]

〔辱职罪〕
《令集解》及《刑法沿革志》引《擅兴律》云:

> 若连接寇贼,被遣斥候,不觉贼来者,徒二年(《唐律》:"徒三年")。[289]

《律逸》云:

> 〔凡〕乏军兴者,斩(《唐律》同)。[290]

《律疏残篇》及《刑法沿革志》云:

> 凡宿卫者,兵杖不得远身,违者,笞五十(《唐律》卷第八《卫禁下》:"杖六十");若辄离职掌,加一等;别处宿者,又加

一等;(《唐律》同)主司各加二等(《唐律》作"主帅以上各加二等")。〔291〕

《律疏残篇》云:

凡官城内外行夜,若有犯法,行夜主司不觉,减守卫者罪二等(《唐律》同)。〔292〕

前书及《刑法沿革志》云:

凡缘边之城戍,有外奸内入,内奸外出,而候望者不觉,徒一年半;主司徒一年。其有奸人入出,力所不敌者,传告比近城戍国郡(《唐律》无此二字),若不速告,及告而稽留,不即共捕,致失奸寇者,罪亦如之(《唐律》同)。

另条又云:

凡烽候不警,令寇贼犯边,及应举烽遂而不举,应放多烽而放少烽者,各徒二年(《唐律》:"三年")。若放烽已讫,而前烽不举,不即往告者,亦如之(《唐律》同);使烽各减三等(《唐律》无);以故陷败户口军人城戍者,绞。即不应举烽遂而举,若应放少烽而放多烽,及远烽二里内,辄放烟火者,各徒一年。(《唐律》同)〔293〕

〔诈伪罪〕

《律疏残篇》及《刑法沿革志》云:

凡于宫门外若宫城门守卫,以非应守卫人冒名自代,若代之者,徒一年(《唐律》同)。京城门,减二等(《唐律》:"减一等")。其在诸处守当,又减一等;余犯应坐者,各减宿卫罪三等。(《唐律》同)〔294〕

《律逸》及《刑法沿革志》云:

凡诈疾病者所避,杖一百。(《唐律》卷第二十五《诈伪》同)若自伤残者,徒一年(《唐律》:"徒一年半")。〔295〕

〔逃亡罪〕
《律逸》及《刑法沿革志》云:

〔凡〕□若主司役防人卫士(《唐律擅兴》无此二字),不以理致逃走者,一人笞三十(《唐律》:"杖六十"),三人(《唐律》:"五人")加一等。〔296〕

【民法】
〔行为能力〕
摹仿唐制之《大宝令》之《户令》分人之年龄为六级,即男女三岁以下为"绿儿",十六岁以下为"少子",二十以下为"少丁";男子二十一岁以上为"正丁",至此始为成年。男女六十岁以上为"老",六十六岁以上为"耆"。《养老令》沿之,惟改"绿儿"为"黄儿",改"少丁"为"中男"。〔297〕

今以《通典》及《旧唐书》所引《武德令》"大唐武德七年定令：男女始生为黄，四岁为小，十六岁为中，二十一为丁，六十为老相较"盖完全相同。[298]

〔身分〕

《大宝令》亦如唐制之区分人民身分为"良民"与"贱民"二阶级，"良民"包括昔日"氏族阶级"及"品部之后身"与公民，"贱民"包括"私奴婢"、"官奴"、"家人"、"陵户"、"官户"等，《大宝养老律令》中"私奴婢"之地位亦如《唐律》所规定之"奴比畜产"，可买卖交易也。

〔婚姻〕

婚姻之成立，如《法曹至要抄》及《刑法沿革志》引《户婚律》云：

> 许嫁女，已受聘财，而辄悔者，笞五十（《唐律》卷第十三《户婚中》作"杖六十"）。[299]

又其限制之条件，如：

《律逸》引《户令御抄》：

> 〔凡〕娶逃亡妇女为妻妾，知情者与同罪（《唐律》卷第十四《户婚下》作"至死者减一等，离之"）。[300]

《法曹至要抄》及《刑法沿革志》引《户婚律》云：

> 监临之官，娶所监临女为妻者，杖八十（《唐律》："杖一百"）。[301]

《政事要略》引：

《户婚律》"奴娶良人女"条，疏曰："人各有偶，色类须同，良贱既殊，何宜配合？"（《唐律疏议》卷十四并同）[302]

《明文抄》、《式目抄》、《法曹至要抄》引《律》云：

居父母及夫丧而嫁娶者，徒二年；妾减三等，各离之。（《唐律》卷十三《户婚中》同）[303]

《仪制令集解》及《刑法沿革志》引《律》云：

祖父母父母被囚禁而嫁娶者，死罪，徒一年（《唐律》："徒一年半"）；流罪减一等（《唐律》同）；徒罪又减一等（《唐律》："杖一百"）。[304]

离婚之条件，如《户令》所云："弃妻须有七出之状：一、无子；二、淫佚；三、不事舅姑；四、口舌；五、盗窃；六、妒忌；七、恶疾。"[305]按此规定与开元二十五年《户令》完全相同[306]。穗积陈重博士所著英文本《祖先崇拜与日本法律》（Ancestor-worship and Japanese Law）曾征引此"七出"之条文，[307]不言出自中国，然亦可知中、日旧律相同之多，实占大多数也。

除"七出"为解除婚姻之条件外，尚有"义绝"，《法曹至要抄》引《户婚律》云："犯义绝者，离之；违者，杖一百（《唐律》：'徒一年'）。"[308]又引《户令》云：

殴妻之祖父母、父母,及杀妻外祖父母、伯叔父、姑、兄弟、姊妹,若夫妻、祖父母、父母、外祖父母、伯叔父、姑、兄弟、姊妹自相殴,及妻殴言夫之祖父母、父母,殴伤夫外祖父母、伯叔父、姑、兄弟、姊妹,及欲害夫者,虽会赦,皆为义绝(《唐律疏议》同)。[309]

前书及《刑法沿革志》引《户婚律》云:

私娶人妻及嫁之者,徒一年半(《唐律》:"徒二年");妾减一等(《唐律》:"减二等"),各离之。即夫自嫁者亦同,仍两离之(《唐律》同)。[310]

〔承继〕

《大宝》及《养老令》中之《继嗣令》盖摹仿唐之《封爵令》,其承继之顺位为:(1)嫡长子;(2)嫡(长)孙;(3)嫡长子同母弟;(4)庶子;(5)嫡长孙同母弟;(6)庶孙。[311]今《唐律》卷第十二《户婚上》注所引《令文》如下:"无嫡子及有罪时,立嫡孙;以次立嫡子同母弟;无母弟,立庶子;无同母弟,立庶孙。"盖完全相同也。仁井田升氏《唐令拾遗·封爵令》第十二考证此令为开元七年及二十五年之令。[312]

《法曹类林》引《户婚律》云:"立嫡违法者,徒一年(《唐律》同)。"[313]

〔养子〕

《大宝》及《养老令》之《户令》第十二条有"养子"之规定云:

无子者听养四等以上亲,于昭穆合者,即经本属除附。[314]

此亦摹仿《唐令》,惟改"同宗"为"四等以上亲"。

养子亦有以下诸项禁制,《律逸》及《刑法沿革志》云:

〔凡〕□即养异姓男者,徒一年;与者,笞五十。其遗弃小儿,年三岁以下,虽异姓听收养,即从其姓。(《唐律》同)[315]

《律逸》又云:

〔凡〕杂户养良人为子孙(按《唐律》作"诸养杂户男为子孙者"),徒一年半(《唐律》同);……养家人(《唐律》:"部曲")奴为子孙,徒一年(《唐律》:"杖一百")。[316]

〔所有权〕

孝德天皇大化改新之时鉴于前代土地兼并之弊,遂将全国之大部分土地收为公有,并仿唐之土地制度分配于个人(横井时冬博士所著《日本不动产法沿革史》第二编可参看)。又前引中田薰博士论文谓日本只给人民与口分田,而无永业田,其异一;日本《田令》规定自一品至四品自正从一位至正从五位有位田,唐则与有爵者以永业田,而无位田,其异二;日本"功田大功世世不绝,上功传三代,中功传二世……"为唐所无,其异三;诸田地之出租及典质,除有特别情形者外,原则上盖完全禁止,其异四;日本"凡田六年一班",《唐令》"每年县令总集应退应受之人,对共给授",其异五;日本"凡官户奴婢口分田与良人同,家人奴婢随乡宽狭并给三分之一",《唐令》则"诸以工商为业者,永业口分田各减半给之,在狭乡者并不给",其异六。[317]

其属于动产所有权取得之一,例如《杂令》云:"凡于官地得宿藏物者(注略)皆人得入;于他人私地得,与地主中分……"[318] 此与《唐律》卷第二十七《杂律》之《疏律》之《疏议》并相同也。

〔借贷〕

《律逸》及《刑法沿革志》云:

> 负债违契不偿,一端以上违二十日,笞二十;二十日,加一等;罪止杖六十。卅端,加二等;百端,又加三等,各令备偿。[319]

此与《唐律》卷第二十六《杂律》"诸负债违契不偿,一匹以上,违二十日,笞二十;二日,加一等,罪止杖六十;三十匹,加二等;百匹,又加三等,各令备偿"之规定盖完全相同,惟易"匹"字为"端"字耳。

日本之《杂令》又云:

> 凡公私以财物出举者,任依私契,官不为理。每六十日取利,不得过八分之一;虽过四百八十日,不得过一倍;家资尽者役身折酬,不得回利为本。若违法责利,契外掣夺,及非出息之债者官为利……[320]

此与唐开元二十五年之《杂令》[321]大体均相同。

金泽理康氏所作《中国法律在日本利息法上之影响》一文[322]

谓《养老律令》虽非全体抄袭《永徽律令》，但采用之处实属甚多，惜《永徽律令》关于上条规定之条文已散逸不传，然《宋刑统》所引之《杂令》必自《唐令》脱胎而出，盖无可疑。金泽氏谓《养老令》、《杂令》之规定即为"一本一利"制之起源，其论文内容如下：

  绪论　一本一利之意义
  （一）与利息有关之立法例
  （二）《杂令》中与消费贷借有关之规定
  （三）公家时代之经过
  （四）武家时代之经过及一本一利制度之消灭
  （五）一本一利思想之影响

氏之结论有曰：

  一本一利于制度或思想方面，我国（日本）亘一千一百七十余年之久，实发生甚大之作用，中国思想如何影响我（日本）文化之深切永久，此盖为一好例。[323]

〔买卖〕

关于土地方面，《养老令》之《田令》有规定云："凡赁租田者各限一年园任赁租及卖皆须经所部官司申牒而后听……"[324] 此则袭自开元二十五年之《唐令》"诸卖买田皆须经所部官司申牒……"之一条。[325]

关于奴婢马牛买卖如《法曹至要抄》、《金玉掌中抄》引《律》云：

279

买奴婢马牛已过价,不立市券。过三日,笞三十;卖者,减一等。立券之后,有旧病者,三日内听悔(《唐律》卷第二十六《杂律》同);无病欺者,市如法,违者笞三十(《唐律》:"笞四十")。[326]

《法曹至要抄》及《刑法沿革志》引《杂律》云:

造器用之物,及绢布之属,有行滥短狭而卖者,各杖六十(《唐律》同)。[327]

《律逸》又云:

[凡]卖买不和而较固取者,规有人者,杖八十;已得赃重,计利准盗论。(《唐律》同)[328]

凡以上所述者,皆为《唐律》于日本所发生之巨大影响也。此外日本当时法学者之思想与中国之关系又为如何?泷川博士《日本法律思想之特质》有言曰:

《(令)义解》、《(令)集解》所有片鳞之法律思想即为故《唐律疏议》之法律思想……据《三代实录》嵯峨朝之明法博士额田今足曾随"遣唐使"质疑日本刑律之难问题数十事项于唐之法律学者,即以此一事而论,可推测(日本)王朝之法律思想殆不能越出唐之法律思想一步也。[329]

据《三代实录》卷第六云：

尝大判事兴原敏久，明法博士额田今足等，抄出刑法难义数十事，欲遣问大唐，（赞岐公）永直闻之，自请详解其义累年疑滞，一时冰释，遣唐之问，因斯止矣……

是额田诸人虽欲赴唐而卒未成行，前书又云：

永直者，右京人也，本姓赞岐公……幼齿大学，好读律令。……文德天皇……齐衡二年（唐宣宗大中九年）为明法博士。……天安二年（大中十二年）文德天皇敕曰："明法博士是律令之宗师也，惜其齿在耆耇，不传正说，宜令好事诸生，就其里第，受读善说。"永直闲卧私第，授律令于生徒，式部省就门庭行讲竟之礼，法家荣之，以寿终焉。[按卒于清和天皇贞观四年（唐懿宗咸通三年——八月），时年八十。]……〔330〕

由上可知当时日本法学家浸染中国思想深厚之一斑焉。

《令义解》（稿本），《国史大系》本　全书十卷淳和天皇天长年间（唐敬宗宝历及文宗太和年间——9世纪初叶）左大臣清原夏野总裁，小野篁等诸学者所编辑。德川幕府时后光明天皇庆安三年（明永明王永历四年，1650年）始刊行，然脱误甚多，光格天皇宽政十二年（清仁宗嘉庆五年，1880年）墒保已一更为校刻。

附　　　　日本皇室历朝世系表（一）

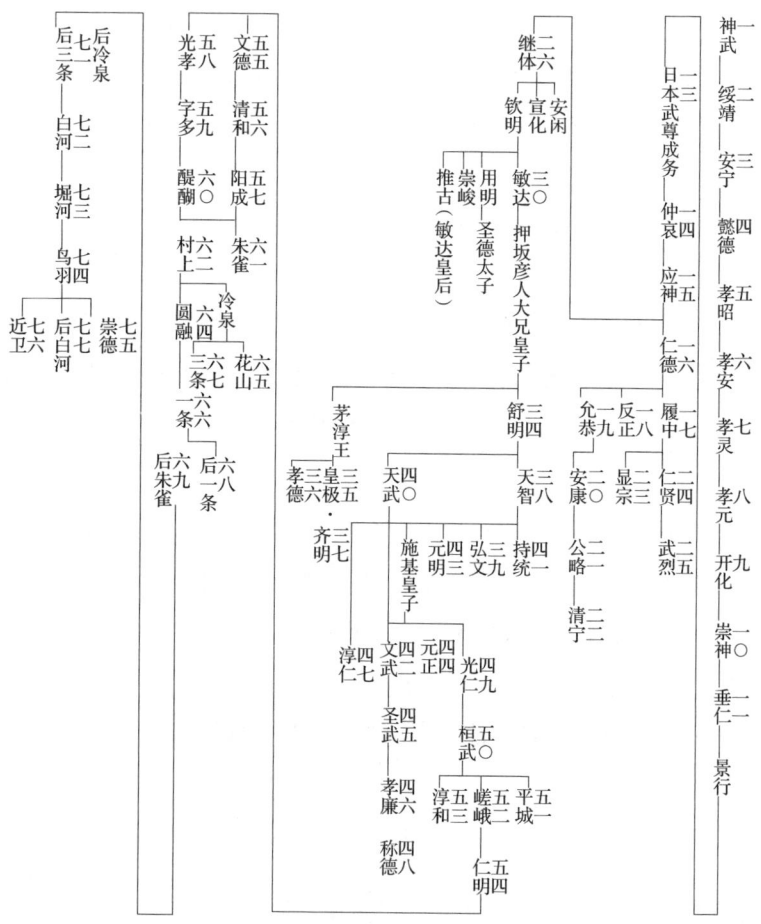

（附注）自此以后即为"幕府专政时代"。

日本"王朝时代"法制史资料之参考书目

《令集解》《本朝书籍目录》(一名《仁和寺书目》)作三十卷,直本撰。直本即延喜时之惟宗氏,今传本缺《军防》、《仓库》、《医疾》、《关市》、《捕亡》、《狱》、《杂》,八篇。

现有:《令集解》宫岐博士旧藏古写本(东京帝国大学法学部藏),国书刊行会本,三浦泷川两氏定本。《令集解逸文》国书刊行会本,三浦泷川两氏定本。

《令抄》 计二卷,《群书类从律令部》收入印行,为足利幕府时(约当元顺宗至元至明朝初年)博识一条禅阁兼良所撰现有《新校群书类从本》。

《令闻书》 计一卷,《续群书类从》所收,为兼良之子冬良所撰,系记述其父讲《令》时之语录。

《令私考》 计五卷,为中御门天皇宝永正德年间(清圣祖康熙四十至五十年间)壶井义知所著,小中村清矩博士收藏。(见《法制论纂》,第915页)

《讲令备考》 计二十四卷,为后樱町天皇(女帝)明和及后桃园天皇安永年间(清高宗乾隆二三十年间)尾张人河村秀颖所撰,有传写本。

《军防令讲义》 计八卷,为德川幕府时之栗原信充所撰,孝明天皇庆应二年(清穆宗同治五年,1866年)于萨摩府学刊行。

《标注令义解校本》 计三卷六本,为长门人近藤芳树所撰,明治二年(同治七年,1869年)于大阪刊行。

《令义解讲义》 计洋装一册,小中村清矩博士所撰,明治三十六年(清德宗光绪二十九年,1903年)出版。

《金玉掌中抄》 计一卷,为镰仓幕府北条执政时(约在元朝），中原章任所撰，《群书类从律令部》收入。

《类聚三代格》 此为《弘仁格》、《贞观格》、《延喜格》之合刻本，《本朝书籍目录》有三十卷，现存十五卷，其九卷为仁孝天皇弘化二年（清宣宗道光二十五年，1844年）于尾张印行，其六卷为明治十七年（清德宗光绪十年，1884年）前田家之藏本，东京川田刚补刻。现有《国史大系》本。

《延喜式》 计五十卷，其刊本有后光明天皇庆安元年（明永历二年，1648年）之旧板及仁孝天皇文政十一年（道光八年，1828年）松平齐贵之校刊本二种，以后者较佳。

《法曹类林》 《本朝书籍目录》有二百三十卷，今所存者缘三卷，为藤原通宪所撰。

《法曹至要抄》 计三卷，崇德天皇（宋高宗时）时大判事坂上明兼撰，分《罪科》、《禁制》、《卖买》、《负债》、《出举》、《借物》、《质物》、《预物》、《荒地》、《杂事》、《处分》、《丧服》、《服暇》、《杂岁》等类，灵元天皇宽文二年（清康熙元年，1662年）刊本颇多错误，《群书类从律令部》所收较好，现又有小中村清矩博士等之《日本古代法典》本。

《裁判至要抄》 计一卷，土御门天皇建永元年（宋宁宗开禧二年，1108年）明法博士坂上明基撰，《群书类从律令部》收入。

《政事要略》 《本朝书籍目录》有百三十卷，一条天皇时（宋太宗淳化年间）惟宗允亮所撰，后仅存写本二十七卷，计有《年中行事》、《交替杂事》、《礼弹杂事》诸类，现有《改定史籍集览》本。

《小野宫年中行事》，《新校群书类从》本

《倭名类聚抄》那波道圆古活字本（东方文化学院东京研究所藏）

《弘决外典抄》金泽称名寺藏弘安本

《古事类苑》 计五十部一千卷,小中村清矩、佐藤诚实两博士所编纂,与法制有关系之部分为《法律部》、《政治部》、《官位部》、《帝王部》等,颇如吾国之《图书集成》。

《日本古代法典》 计洋装一册,明治二十五年(光绪十八年,1892年)小中村清矩博士监修,小中村义象、荻野由之、增田于信三氏纂辑,所收者有《律疏残篇》、《律逸》、《法曹至要抄》、《贞永式目》、《新编追加》、《建武式目》、《建武以来追加》、《公家法度》、《武家法度》、《高札》、《御定书百个条》等。

《日本古代法释义》 计洋装一册,有贺长雄博士所撰。系《圣德太子宪法》、《大宝令》、《贞永式目》、《科条类典》等书之注释。

《日本法制史书目解题》 计洋版二册,池边义象撰,大正七年(民国七年,1918年)出版,分为《主要法令书目》、《一般参考书目》、《部分参考书目》三篇,惟间有错误。

《日本大典》,安藤知冬撰,帝国图书馆藏抄本

《三代实录》,《国史大系》本

《类聚国史》,《国史大系》本

《大日本史》 德川光国修,七代孙齐昭补,八代孙庆笃校刊。光国于宽文十二年(康熙十一年,1672年)设彰考馆史局,计有《职官志》五卷、《刑法志》二卷、《食货志》十六卷,但皆至南北朝时(约当元亡明初)而止。

《刑法沿革志》(不全)其总目录如下(早稻田大学图书馆藏司法省手抄本):

首卷(缺)《序》《例言》

《引用书目》《律图总论》《大宝律图》

《文治律图》《元和律图》《明治律图》

《历世刑法沿革表》

第一卷　笞罪之部　笞罪五　附轻敲

第二卷　杖罪之部　杖罪五　附重敲

第三卷　徒罪之部　徒罪五

第四卷上、下　流罪之部　流罪三　近中远　加役流　附远岛　重追放……

第五卷上、中、下　死罪之部　死罪二　绞斩　附自尽　切腹　格杀……

第六卷(缺)　属罪之部　议请减赎　官当……

第七卷　同　　　免官……　免所居官……

第八卷　同　　　除名

第九卷　同　　　追位记……　夺禄……

第十卷　同　　　违敕……谴责……　着枷……

第十一卷　同　　　髡……　禁狱……

第十二卷　同　　　杂……　滥刑……　拷问

第十三卷　同　　　僧尼处刑上下　还俗　苦使……

第十四卷　同　　　神职　伶人　修验……

附录(缺)《宪法十七条》《养老律补遗》《法曹至要抄》《金玉掌中抄》《裁判至要抄》《贞永式目同追加》……

二、"武家时代"末期暨明治维新时摹仿明律之制法事业

日本自幕府专政,武人得势,数百年以来,其司法制度所施行者乃属幕府所制定之特别法,盖渊源于习惯者也。其法令之名称如《建长式目》、《弘安式目》、《建武式目》等,而以《贞永式目》为

最重要。[331]现就诸法典内容略作提要如下：

《贞永式目》 一名《御成败式目》，系后堀河天皇贞永元年（宋理宗绍定五年，1232年）执权北条武藏守泰时等根据镰仓幕府创立以来之判例，并参酌前此法律而制成五十一条之简易武家法，其文字不似前此之为纯粹汉文，如："于先先成败事者，不论理非，不能改沙汰，至自今以后者，可守此状也。"此即"法律不溯既往"之规定，说者谓其时所以不如王朝时代律令格式之用纯粹汉文者，因一般缺乏教养者不易了解汉文，而明法家对律令解释之意见又欠一致故也。然其法条内容以物权、债权、亲族、继承为主要部分，其立法精神仍为道德主义，具体言之，即仆役对主须尽忠忱，子对父母须尽孝道，妻对夫须绝对服从，皆不能不谓其所受儒家影响实甚巨大。[332]

《建武式目》 自《贞永式目》公布之后，尚屡有修正，称为《式目追加》。迨镰仓幕府为足利幕府所覆灭，后醍醐天皇建武三年（元顺宗至元二年，1335年）足利尊氏命二阶堂道昭等作成《式目》十七条，仍不过戒饬部下勿得狼藉，禁止贿赂，重礼节，赏廉义而已，实亦贞《永式目之》补充追加，非别自成一独立法典也。

自有此诸种为幕府所制定之特别法律，于是前代自中国所输入之律、令、格、式，其实用之价值乃完全陷于低下，惟供朝廷及检非违使与诸家裁判时之参考而已。其实证则如"镰仓时初期"坂上明基氏之《裁判至要抄》，自《律令格》及《令义解》中摘选关于财产权取得及丧失之法律三十三条，同时代末期中原章任氏之《金玉掌中抄》亦即刑事法律之辑要。迨"武家时代"之末期则各藩中尚有少数摹仿中国而编纂法典者，故理特（Sir Edward J. Reed）有言曰：

"幕府时代日本刑法陷入一混乱状态,因其时既有一根据中国'明清律'之普通制度,而各地亲王及'大名'(即藩主)于施行时又加以种种甚多之地域限制。(Under the government of the shogung the criminal laws of the country were in a very complicated state, because while there was a general system based upon the Chinese Codes of Ming and Tsing, there were also many local modifications of these in operation in different parts of the country under the authority of the princes and Daimios.)"[333]

现列举诸藩中摹仿《大明律》体系编纂而成之数部地方法典并对其内容略加说明于下:

《纪州藩国律》 此为和歌山德川氏御三家之一藩侯吉宗时参照"唐明律"而制定者,自《名例律》以下凡十八律六十五项目,其分类甚有异彩,其后追加之条文,则曰《国律补助》。按吉宗颇奖励研究中国之法制,曾命其臣深见新右卫门玄岱及其子新兵卫有邻译解清律《会典》,并就质于往来长崎之中国商人。又名荻生徂徕训译《唐律疏义》,[334]可见其醉心于中国律书之一斑也。

《纪州藩国律》之内容究为如何?据南纪德川史刊行会出版之堀内信氏所编《南纪德川史》云:"(明治)维新以前所施行之刑律皆总称为《国律》,凡十八目,即:《名例》、《公式》、《卫禁》、《仪制》、《仓库》、《祭祀》、《关津》、《盗贼》、《人命》、《斗殴》、《诉讼》、《诈伪》、《犯奸》、《杂犯》、《捕亡》、《断狱》、《寺社》、《连及》。每律分为细目,通计为六十五目。《国律》制定之年次不详,惟正德享保年间儒官鸟居源之丞高濑学山辈奉命注释谚解唐、明等律书数部,《国律》之修撰或即在此时。另据和歌山厅县所编纂《和歌山县史》云《国律》为山本为进之所撰。"[335] 按《和歌山藩史》云："纪伊藩之《刑法》为享和文化年间儒臣山本为之进奉命以德川幕府之《公裁录》及《明律》等为蓝本而撰成者也。"[336] 但此《藩史》所记甚为疏略,非即其原来面目。又《国律》施行后追加之条文曰《国律补助》,其《目录》亦如《国律》,[337] 惟附细目多则而已。惟据小早川欣吾先生与著者之函,则京都帝国大学法理法制研究室所藏本与《南纪德川史》刊本复有若干出入之处云。

《新发田藩在中御条目》 新发田藩沟口氏之新律,共有《户役》、《田宅》、《婚姻》、《诈伪》、《犯奸》、《诉讼》、《盗贼》、《斗殴》、《人命》、《杂犯》十律。

按京都帝大收藏之《旧新发田藩在中御条目》七册中即有《新发田藩在中御条目》。

《熊本藩御刑法草书》 熊本藩细川氏之法典,系参照《明律》而制定者,其《名例篇》占全体三分之一,其余则为《盗贼》、《诈伪》、《奔亡》、《犯奸》、《斗殴》、《命令》、《杂犯》七篇,此书最能保存"律"之形式。

京都帝大收藏之《旧熊本藩御刑法草书》共有三册,其篇目如下:

上卷

一、名刑(笞刑、徒刑、死刑),有二十一例。

一、妇女犯事,有三例。

一、老人幼少者犯事,有条文三例五。

一、自诉状,有条文一例六。(余从略省)

中卷

一、盗贼,条一例一。

一、强盗,条二例一。

一、窃盗,条二例二十一。

一、付火,条一。(余从略省)

下卷

一、斗殴,条一例三。

一、人命。(余从略省)

《弘前藩御刑法牒》 弘前藩津轻氏系以《明律》及《御定书》为准据而参酌先例以制定者。

京都帝大收藏之《弘前藩御刑法牒》,其篇目如下:

户(闭户也)	(《明律》笞刑)	共五条
鞭刑	(《明律》杖刑)	共五条
鞭刑追放	(《明律》徒刑)	共五条
徒刑	(《明律》流刑)	共三条
死刑	(《明律》死刑)	共四条

《名古屋御定书》 其刑法规定之配列殆无定则,但属于《明律》系统者,则其分类甚为整然。

京都帝大收藏之《宽政盗贼御仕置御定》附录《旧名古屋藩》四册,共二百八十条,其内容大致如下:

盗贼之外御仕置御定

火付御仕置御定

隐卖女咎品

背杀生咎品御定

杀生罪

金银横取致者御仕置御定（余从略省）

日本又自武家政治施行以来，刑法遂趋于残酷，所谓"《德川百个条》"者殆已登峰造极。[338]即以生命刑而论，即有所谓"锯挽"（锯两肩、磔尸）、"磔刑"（以长枪贯穿两胁及喉）、"狱门"（即枭首）、"火罪"（即焚杀）、"斩罪"、"解死人"（割首弃尸）六种，[339]盖不啻人间之地狱也。彼时法律既不公布，而在今日所视为轻微犯罪者，恒皆被处死刑（如"窃盗十两以上即处斩"之类），[340]故人民惴惴，不得安息。天野御民氏所著《日本法律沿革略》会列举当日处分所谓大罪凡二十余条，并以参与幕府行政之荻生徂徕氏曾著《明律国字解》，故当时之惨酷刑名如"敲人墨"、"引回"系蒙朱明之影响，尤以连坐族诛最为凄惨云。[341]故谓武家刑法为"中国法系"之变本加厉则可，独立自成为一"日本法系"则不可，美国学者韦格穆尔氏之误谬固无论矣，即在中国如明薛俊之《日本国考略制度略》亦仿佛以日本法制为自始即独立自存者，如云：

……法，杀人强盗及奸皆死，窃盗计财酬物，无财则没其妻奴。每讯冤狱，不承引者，以木压膝；或张强弓，以弦锯其项；或置小石于沸汤中，令所竞者，探之，云理曲者手辄烂；或置蛇瓮中，令取之，云理曲者手辄螫……[342]

大日本伟大学者如前引之穗积陈重博士尚谓日本法律属于中国法族者凡一千六百年,则在明治十三年(光绪六年)颁布《旧刑法》以前根本无"日本法系"之存在盖无可疑,清浦奎吾氏所撰《明治法制史》有云:

……德川氏自(日本纪元)二千二百六年(按即明神宗万历二十八年)起至三十年前止(按即明治初年,此书作于明治三十二年,光绪二十五年),幕府之法制惟适应实际,并参酌中国之法制,盖中国之成文法在斯时虽未尽行,而日本之法律思想则至近世尚受其支配……[343]

诚哉是言也！宇田尚氏《日本文化与儒教之影响》亦有云:

……通观德川时代三百年之法规,抽出其全体之道德要素厥为儒教……[344]

夫即以《德川百个条》而论,中田万之助氏《德川氏刑法》一书盖曾以科学方法整理之,究其内容及立法精神则固独为"中国法系"也。现略述其法院组织,德川时代法院之近似中国者如:"评定所"相当于刑部,掌理立法及司法。"目付"相当于御史台,掌畅运枉屈,为将军之耳目。"奉行所"为法院,最高为勘定奉行所,其次寺社奉行所,其次町奉行所。[345]

水上浩躬氏所撰《王朝及武家司法制度考》[346]谓前此摹仿唐制者为成文法,武家收揽人心,改从简易,为不文法;旧制规定,以刑事为主,武家以民事为主;旧制与武家虽外形大差,而精神则同一;氏所研究极为详尽,此处惜不能多得详述,实则不特法院组织仍沿袭中国,即法律条文之内容与精神亦仍不能越出中国法系之范围,以《德川氏刑法》而言,可列举说明之于下:

第一编　总则

第一章　法例

第一条　凡法律上可以处罚之罪别为三种:

一、重罪;

二、轻罪;

三、咎。

第二章　刑例

第一节　刑名

重罪之正刑为:

一、死刑;

二、流刑(同明清律)。

轻罪之正刑为:

一、放(为流刑);

二、笞(同明清律);

三、黥(明《大诰》有"墨面文身"之刑,清有"刺字"之刑);

四、追放(亦为流刑)。

死刑有六种如下:

一、锯挽;

二、磔;

三、枭首(明《大诰》有"枭令",《大清律》有"斩决枭示");

四、焙烙；

五、斩（同明清律）；

六、解死人。

笞刑有二种：

一、轻笞（五十）；

二、重笞（一百）

（以上同明清律之"笞"、"杖"。）

第二编　与公益有关之重罪轻罪

第一章　仪仗及殿中所犯之罪

侵犯将军之卤簿仪仗及士民故意闯入殿中者，放江户十方里（此项规定沿袭中国历代之《卫禁律》）。于殿中谋杀或故杀伤人者，处以屠腹（即于藩侯邸使人监视自裁）之刑。

于城内或殿中忿争若数十人以上其造意者重追放。（即没收财产，流处相摸、上野、安房、上总、常陆、下总六国。——以上规定相当于《人命律》、《斗殴律》。）

第二章　犯关门之罪

不问男女，若私自脱越关门，或为之向导者处磔。

私自通过关门者，男则重追放，女为奴婢（与《兵律·关津》相当）。

第三章　（原第七及第十节）私带刀之罪及私有铳炮之罪

平民（百姓町人）私带刀者，其刀没收，并处以轻追放。（即没收其田地并听于江户十方里及武藏、京大坂、东海道筋、日光街道筋居住。——此与《兵律·军政》"私藏应禁军罪"相当。）

第四章　（原第八节）囚徒逃走及藏匿犯人罪

已决未决之囚若逃走者,加本刑一等(按《大明律》卷二十七《刑律捕亡》作"于本罪上加二等")。

看守者不觉失囚,处以中追放。(即没收其田宅,听于武藏、山城、摄津、和泉、大和、肥前等地居住。——按《唐律·捕亡》作"减囚罪二等"。)

知为放火强盗杀人而藏匿之者,或诱导隐避者,处斩(《大明律·捕亡》作"减罪人罪一等")。

第五章 (原第十一节)伪造货币罪

伪造货币不问其行使与否牵回[347]之上处磔。

伪造封金一两以上,处斩。(按与《大明律·刑律·诈伪》相当。)

第六章 (原第十二节)伪造度量衡罪

伪造度量衡牵回之上,处枭首(狱门)(《大明律》卷十《户律市廛》仅处"笞"、"杖")。

第七章 (原第十三节)伪造私印私书罪

伪造私印私书得财者,牵回之上处枭首之刑(《大明律》卷二十四《刑律·诈伪》之《条例》作"发边卫,永远充军")。

第八章 (原第十四节)诬告及谮毁主人之刑

诬告人死罪者,处以重追放或流刑。其情状重者,处死刑。(《大明律》卷二十二《刑律·诉讼》:"至死罪所诬人已决者,反坐以死;未决者杖一百,流三千里,加役三年。"规定颇相仿佛。)

仆婢奉公人申告谮毁其主人之私事,虽得实,处流刑。

仆婢奉公人诬告其主者,处磔刑。

子孙告发其祖父母、父母者,亦依前二条之例处断(《大明律·刑律·诉讼》作"杖一百,徒三年")。

第九章 (原第十七节)赌博罪

赌博者,处重笞,其房主同罪。(《大明律》卷二十六《刑律·杂犯》:"杖八十,开张赌房之人同罪。")

第三编 对私益之犯罪

第一章 谋杀罪

谋杀人造意者,枭首(狱门);辅助者,处流刑……(《大明律》卷十九《刑律·人命》作"造意者,斩;从而加功者,绞……")

奴婢奉公人谋杀主人者,二日暴市,一日牵回之上处锯挽之刑。

子孙谋杀祖父母父母者,牵回之上处磔刑(《大明律》:"斩")。

妻妾因奸同谋杀本夫者,各牵回之上处磔刑。(《大明律》:"妻妾凌迟处死,奸夫处斩。")

第二章 故杀及特别之不论罪

故杀人者,处以"解死人"之刑(《大明律》:"斩")。

知妻妾与人奸通,于奸所杀伤奸妇者,不论罪。

第三章 殴打创伤之罪

殴人创伤至死者,处以"解死人"之刑。

仆婢奉公人殴主者,处斩(《大明律》卷二十《刑律·斗殴》同)。

第四章 过失杀伤之罪

疏虞懈怠过失致人于死者,处流刑。(《大明律》:"准斗杀伤罪依律收赎。")

第五章 (原第六节)私和人命罪

祖父母、父母为人杀死而子孙私和者,处流刑(《大明律·

刑律·人命》："杖一百,徒三年")。

子孙为人杀死而祖父母、父母私和者,处"逐籍"之刑(《大明律》:"各减一等")。

第六章　（原第九节）奸淫重婚罪

奸通有夫之妻妾者,处斩,其相奸者同罪。(《大明律》卷二十五《刑律·犯奸》："有夫,杖九十。")

仆婢奉公人奸通主人妻妾者,奸夫牵回之上枭首,奸妇处斩(《大明律》:"各斩")。

第七章　（原第十节）窃盗罪

于田野窃取谷类菜果,计赃十两以上者,处斩(《大明律》卷十八《刑律·贼盗》最高至"一百二十贯罪,止杖一百,流三千里";《大清律》卷二十四《刑律·贼盗中》最高"一百二十两以上,绞监候")。

同居子孙擅费用父祖财物者,处"轻追放"。(《大明律》:"期亲减,凡人五等。")

第八章　（原第十二节）强盗罪

于途中劫掠衣类财物者,各处枭首。(《大明律》:"得财者,不分首从,皆斩。")

第九章　（原第十四节）诈欺取财罪

诈称门阀之家臣骗取财物者,处斩。(《大明律》:"计赃准窃盗论,免刺。")

第十章　（原第十七节）放火失火罪

放火烧毁官衙及仓库民舍者,处以"火烙"之刑(《大明律》卷二十六《刑律·杂犯》："皆斩")。

观上所引诸律文,其处分均较明清律为加重。按德川时代日本注释翻译《大明律》者颇不乏人,据浅井虎夫氏所列举者有以下诸家:

《明律例释义》十四卷	高濑忠敦撰
《明律译》三十卷	荻生观撰
《明律译注》九卷	冈白驹撰
《明律国字解》十六卷	荻生徂徕撰
《明律译解同补译》	榊原玄辅撰
《明律谚解大成》三十卷	榊原玄辅撰
《明律详解》二十一卷同补	高濑忠敦撰
《明律疑义》	荻生道济撰
《详说明律释义》	三浦义质撰
《明律详义》	涩井孝室撰
《明律汇纂》	管野洁撰[348]

此诸书多系写本,东洋文库收藏之高赖喜朴之《大明律例释义》即属手抄者,其"跋"有云:

《大明律例释义》十三卷恭奉　钧命,始笔于二月初旬,毕工于十二月仲旬于时　享保五年(中御门天皇年号,即清康熙五十九年,1720年)庚子岁也。

其书为日文,凡十三卷,篇目如下:

首卷　　　　《律大意》《译义凡例》

卷之一、二	《名例律》之一、二
卷之三	《吏律·职制》《公式》
卷之四、五	《户律·户役》《田宅》《婚姻》《仓库》《课程》
卷之六	《钱债》《市廛》《礼律·祭祀》《仪制》《兵律·宫卫》
卷之七、八	《军政》《关津》《厩牧》《邮驿》《刑律》《贼盗》
卷之九、十、十一	《人命》《斗殴》《骂詈》《诉讼》《受赃》《诈伪》《犯奸》《杂犯》《捕亡》《断狱》
卷之十二	《工律》《营造》《河防》

至于刻本，则为数极少。仅荻生徂徕氏所撰《明律国字解》十六卷有刊本行世，其书篇目如下：

卷之一至卷之三	《名例律一》至《名例律三》
卷之四	《职制》《吏律一》《公式》《吏律二》
卷之五	《户役》《户律一》《田宅》《户律二》《婚姻》《户律三》《仓库》《户律四》
卷之六	《课程》《户律五》《钱债》《户律六》《市廛》《户律七》《祭祀》《礼律一》《仪制》《礼律二》《宫卫》《兵律一》
卷之七	《军政》《兵律二》《关津》《兵律三》《厩牧》《兵律四》《邮驿》《兵律五》

卷之八　《贼盗》《刑律一》　《人命》《刑律二》
　　　　《斗殴》《刑律三》　《骂詈》《刑律四》
卷之九　《诉讼》《刑律五》　《受赃》《刑律六》
卷之十　《诈伪》《刑律七》　《犯奸》《刑律八》
　　　　《杂犯》《刑律九》　《捕亡》《刑律十》
　　　　《断狱》《刑律十一》《营造》《工律一》
　　　　《河防》《工律二》

以上篇目同于洪武三十年之《更定大明律》，惟未引条文，但解释"法律之名词"而已，又删去"《大明律》"之"大"字，其"《明律》"条云：

……加一"大"字为尊重当代之辞，譬如汉代称为"大汉"，但后世则只称为"汉"；唐代称为"大唐"，后世亦仅谓之为"唐"；日本自称为"大日本国"，但外国亦只呼之为"日本国"；……日本今日非服从明朝之国，而明朝现又为清朝所代替……故此刊行本删除"大明"之"大"字即根据此种理由也……〔349〕

自此以下，其篇目为：

卷之十一　《问刑条例》《名例律一》　《五刑条附》《应议者犯罪条附》《职官有犯条附》
卷之十二　《军官有犯条附》《名例律二》　《文武官犯私罪条附》《应议者之父祖有犯条附》《军官军人犯罪免从流条附》《无官犯罪条附》《工乐户及妇人犯罪条附》《从

流人又犯罪条附》《老小废疾收赎条附》《给没赃物条附》
《犯罪自首条附》《杀害军人条附》《加减罪例条附》《称
与同罪条附》《从流迁徙地方条附》

卷之十三　《职制》《问刑条例吏律一》《选用军职条附》
《官员袭荫条附》《滥设官吏条附》《贡举非其人条附》
《举用有过官吏条附》《擅离职役条附》《官员赴任过限条
附》《官吏给由条附》《交结近侍官员条附》《公式》《问刑
条例·吏律二》《事应奏不奏条例》《漏泄军情大事条附》

卷之十四

《户役》《问刑条例·户律一》《人户以籍为定条附》《私并
庵院及私度僧道条附》《立嫡子违法条附》《赋役不均条
附》《逃避差役条附》

《田宅》《问刑条例户律二》《欺隐田粮条附》《盗卖田宅
条附》《典买田宅条附》《盗耕种官民田条附》

《婚姻》《问刑条例·户律三》《典雇妻女条附》《尊卑为婚
条附》《强占良家妻女条附》

《仓库》《问刑条例·户律四》《钞法条附》《收粮违限条
附》《多收税粮斛面条附》《揽纳税粮条附》《虚出通关
珠钞条附》《仓库不觉被盗条附》《出纳官物有违条附》
《收支留难条附》《转解官物条附》《守掌在官财物条附》

《课程》《问刑条例·户律五》《盐法条附》《私茶条附》
《匿税条附》

《钱债》《问刑条例·户律六》《违禁取利条附》《费用受寄
财产条附》

《市廛》《问刑条例·户律七》《把持市行条附》

卷之十五 《祭礼》《问刑条例礼律一》《毁大祀丘坛条附》《禁止师巫邪术条附》

《仪制》《问刑条例·礼律二》《服舍违式条附》《匿父母夫丧条附》

《宫卫》《问刑条例·兵律一》《宿卫守卫人私自代替条附》《冲突仪仗条附》《悬带关防牌面条附》

《军政》《问刑条例·兵律二》《申报军务条附》《军人替役条附》《主将不固守条附》《纵军掳掠条附》《不操练军士条附》《纵放军人歇役条附》《从征守御官军逃条附》

《关津》《问刑条例·兵律三》《私越冒渡关津条附》《盘诘奸细条附》《私出外境及违禁下海条附》

《厩牧》《问刑条例·兵律四》《验畜牲不以实条附》《乘官畜背破颔穿条附》《宰杀马牛条附》《私借官畜产条附》《邮驿》《问刑条例·兵律五》《递送公文条附》《驿使稽程条附》《多乘驿马条附》《多支廪给条附》《乘官畜产车舡附私物条附》

卷之十六 《盗贼》《问刑条例·刑律一》《盗内府财物条附》《盗园陵树木条附》《监守自盗仓库钱粮条附》《强盗条附》《劫囚条附》《白昼抢夺条附》《窃盗条附》《盗马牛畜产条附》《盗田野谷麦条附》《恐吓取财条附》《诈欺官私取财条附》《略人略卖人条附》《发冢条附》《盗贼窝主条附》

《人命》《问刑条例·刑律二》《杀一家三人条附》《斗殴及故杀人条附》《戏杀误杀过失杀伤人条附》《威逼人致死条附》

《斗殴》《问刑条例·刑律三》《斗殴条附》《保辜限期条

附》《殴制使及本管长官条附》《威力制缚人条附》《殴期亲尊长条附》《殴祖父母父母条附》

《骂詈》《问刑条例·刑律四》《骂制使及本管长官条附》《骂祖父母父母条附》

《诉讼》《问刑条例·刑律五》《越讼条附》《诬告条附》《教唆词讼条附》《军民约会词讼条附》

《受赃》《问刑条例·刑律六》《官吏受财条附》《在官求索借贷人财物条附》《因公擅科敛条附》

《诈伪》《问刑条例·刑律七》《伪造印信历日等条例》《私铸铜钱条附》《诈假官条附》《诈称内使等官条附》

《犯奸》《问刑条例·刑律八》《奸部民妻女条附》《居丧及僧道犯奸条附》《买良为娼条附》

《杂犯》《问刑条例·刑律九》《赌博条附》《阉割火者条附》《放火故烧人房屋条附》

《捕亡》《问刑条例·刑律十》《狱囚脱监及反狱在逃条附》《徒流人逃条附》《盗贼捕限条附》

《断狱》《问刑条例·刑律十一》《故禁故勘平人条附》《凌虐罪囚条附》《鞫狱停囚待对条附》《辨明冤枉条附》《有司决囚等第条附》

《营造》《问刑条例·工律一》《造作不如法条附》《冒破物料条附》

《河防》《问刑条例·工律二》《盗决河防条附》《失时不修堤防条附》《侵占街道条附》《修理桥梁道路条附》

以上篇目为《问刑条例》之解释,据前书"《问刑条例》(《名例律一》)"云：

> ……《大明会典》二百二十八卷皆为条例，其内关于刑罚之例，谓之《问刑条例》，刑律所载有限，执行犹感不足，故各代帝王均斟酌损益，敕定条例……[350]

按朱明一代，孝宗弘治十三年二月三法司奉诏看详历年《问刑条例》，议上二百七十九条；[351]武宗正德间新增《问刑条例》四十四款；[352]世宗嘉靖二十八年诏尚书顾应祥等定议，增至二百四十九条；[353]神宗万历十三年四月，《问刑条例》书成，凡三百八十二条；刊布中外。[354]荻生徂徕氏合《大明律》及《问刑条例》而为《明律国字解》一书，颇能了解朱明一代主要法条之所在，其所诠释亦极博洽渊通，此外尚有值吾人注意之一事，即幕府时代复有一能发扬光大中国数千年来儒家法律思想之伟大学者芦野德林氏生于东山天皇贞亨八年，卒于后桃园天皇安永五年，(即生于康熙三十四年，卒于乾隆四十年，1695年至1775年)据斋藤馨氏所作《芦东山传》云：

> 芦东山本姓岩渊氏……后太郎左卫门仕奥之葛西氏，天正中葛西氏国除，太郎奉其遗孽移居野州芦野，因氏芦野。其后流离住奥之东山涩民村，及越后者，养佐藤茂左卫门子为嗣，亦称茂左卫门胤广，家愈贫，业农，生作左卫门荣胤，薙发号白荣；白荣生卯左卫门德芳，号一桂；一桂娶须藤氏生四子，长作兵卫袭家，次即东山，东山幼颖悟，好读稗史。……东山在京，与桑名松云论当世人物，谓经术文章当以室鸠巢为第一，于是执谒鸠巢就受业，鸠巢亦称其才学，托以其子，且曰："皇国律令之书残阙不存，我尝欲采汉土诸儒论及刑律者辑为

一书,今老矣,无能为也,子继而成之。"东山遂以此自任。(中略)著刑律之书十八卷,既成,号《无刑录》。……东山名德林,字世辅,一字仲垌,又茂仲……[355]

永本成美氏于明治十年八月撰《无刑录序》盛誉其书,如云:

(上略)抑支那收录历代律例用刑之沿革论议者,元马端临《文献通考》内《刑考》采摭宏富,典核精密,为大备矣,而论者曰卷帙浩繁,示免取彼失此,况断自赵宋嘉定以前,宝庆以后则缺而不录。至明王圻续而补之,历世始备,然论者曰王书体例糅杂,颠舛业出,终属一部疏陋著作而不能为马氏之续。明丘浚学问赅博,尤熟于明代掌故,其所著《大学衍义补·慎刑宪》篇可以接踵马书,然论者曰,明代律例详载之,其他则止采于《通考》,不的照于原书故事,或不能无差谬,则亦未可谓完全之书也。东山此书采收博而精,密而精,密而不冗,而各条案语亦能贯穿和汉古今,折衷至当,可以补马、丘二书之所不及,而其益于本邦执法者较于二书更切实矣……[356]

此书诚较马端临、王圻、丘浚所著者为完备优良,然其体裁实脱胎于邱濬,试以两书"目录"及"内容"比较说明之于下:

《无刑录》目录
第一卷　《刑本上》　相当于丘浚《大学衍义补》卷之一百《治国平天下之要·慎刑宪·总论制刑之义上》
第二卷　《刑本下》　相当于卷之一百一"总论制刑之义下"
第三卷　第四卷　《刑官》(上、下)　相当于卷之一百十一"简典狱之官"

第五卷 《刑法上》 相当于卷之一百二"定律令之制上"

第六卷 《刑法下》 相当于卷之一百三"定律令之制下"

第七卷 《刑具》 相当于卷之一百四"制刑狱之具"

第八卷 《流赎》 相当于卷之一百五"明流赎之意"

第九卷 《赦宥》 相当于卷之一百九"慎眚灾之赦"

第十卷 《听断》 相当于卷之一百六"详听断之法"

第十一卷 《详谳》 相当于卷之一百八"谨详谳之议"

第十二卷 《议刑》 相当于卷之一百七"议当原之辟"

第十三卷 第十四卷 《和难》(上、下) 相当于卷之一百十"明复仇之义"

第十五卷 《伸理》 相当于卷之一百九"伸冤抑之情"

第十六卷 《感召》 相当于卷之一百七"顺天时之令"

第十七卷 《钦恤》 相当于卷之一百十二"存钦恤之心"

第十八卷 《滥纵》 相当于卷之一百十三"戒滥纵之失"

按丘浚为明广东琼山县人，字仲深，景泰进士，孝宗时屡官文渊阁大学士，所著《大学衍义补》，有万历帝《序》云：

……自仲尼《大学》一经，曾子分释其义，以为十传。……宋儒真德秀因为《大学衍义》，摄取经传子史之言以实之，顾所衍者止于格致诚正修齐，而治平犹阙；逮我孝宗敬皇帝时，大学士丘浚乃继续引伸，广取未备，为《大学衍义补》，揭治国平天下新民之要，以收明德之功；采古今嘉言善行之遗，以发经传之指，而后体用具备，成真氏之完书，为孔曾之羽翼，有功于《大学》不浅，是以孝庙嘉其考据精详，论述赅博，有补政治，特

命刊而播之(下略)。〔357〕

以视芦野德林氏之被幽囚二十四年始完成《无刑录》,而又因私著律令之书致遭幕府之禁忌者,其穷达诚不可以道里计,吾人今日对此艰苦卓绝之学者,尤应一洒同情之泪,而同时对丘浚《大学衍义补》于日本所发生之影响。亦不能不谓之为甚深长也。

德川幕府至德川庆喜袭父职而为将军之时已成强弩之末,外则美、英、法、荷威迫通商,内则萨、土强藩抗不奉命,迫不得已,将军德川庆喜乃于明治元年(前清同治六年,1867年)奉还大政,于是日本国运发生一大转机,而司法遂亦有空前之革新。同年闰四月即设置刑法官,参酌《德川百个条》与《大宝养老律令》及唐明清律等编成《暂行刑律》(日文为《假刑律》,"假"即"暂行"之意)。明治二年九月二日天皇诏集议院有曰:"我大八洲之国体创立于邃古,自神武以降凡二千年,行宽恕之政,奖忠厚之俗,大宝时折衷于《唐令》以定法律,且较为宽大。……乃自保元(后白河天皇年号,宋高宗绍兴二十六年丙子,1156年)以降,乾坤解纽,武士专权,为政惟行苛法,刀锯之下宽恕忠厚之风遂扫地以尽,今大政更始,宜稽古以明今,政治惟求宽恕,风俗亟宜复返忠厚。……顷者刑部撰定《新律》,宜体兹旨,除八虐故杀强盗放火等罪而外,皆从宽外'流以下'之刑,刑期无刑,其妥善商议奏闻。"〔385〕至明治三年庚午十月遂废止《暂行刑律》,于十二月公布《新律纲领》,其编纂之蓝本则中国之《大明律》也。此《新律纲领》颁行之时,且以之分赠各外国公使,并许民间发卖,盖较《德川百个条》之藏于秘府,坚守"民可使由之,不可使知之"之主义为有进步矣。且在此律公布前即同年正月刑部省即上奏废除财产籍没之法,谓:"财产籍没之法,《大宝律》只限于谋反大逆之犯罪者,明清律亦只限于谋反、大逆、谋叛、奸党诸罪名,强盗以下则免,盖罚止其身,戮不及孥,实良法善政也。乃战乱之后,霸府既开,以武断严法治天下,籍没之法盛行一时,轻微犯罪,即尽没其财产,一人犯罪则父母妻子皆无所仰恃,或沿路乞食,或流落他方。……今王政一新,百事复古,值此将家之弊政亟将扫除之际,伏祈将此籍没之法革除。万一果有反逆奸党,则当另订处置之严法……"[359]

此实为当时之一大改革。

《新律纳要》者其体裁亦如《大明律》,惟不完备及欠妥善之处尚属不少,故明治六年又颁行《改定律例》,此法典之形式已如欧西法典之顺数目次序列举条款,自首至尾,凡三百十八条,又废止笞、杖、徒、流等刑名,一概易为"惩役"[360],然其法律名词则犹沿《大明律》而未改也。现就当时法典、法院、诉讼手续、刑法、民法诸项,分述于后:

【法典】

〔《假刑律》〕(《暂行刑律》)

此律为刑法官所拟定而未曾公布,直至《新律纲领》奏进时始行废止;此律盖以矫正幕府时代之残酷陋习,如窃盗未满百两处死刑等之严厉规定概加删削;又死刑须待敕裁,追放刑以"徒刑"代替,皆其特色。据高桥治俊、小谷二郎两氏合编之《刑法沿革综览》所载之《假刑律》[361],其篇目如下:

《名例》《贼盗》《斗殴》《人命》
《诉讼》《捕亡》《犯奸》《诈伪》
《断狱》《婚姻》《杂犯》

〔《新律纲领》〕

此律为刑部省所设新律编修局之昌平学校一等教授水本保太

郎、津田真一郎、长野卓之允、鹤田弥太郎、村田虎之助诸氏所编纂,明治三年庚午(清同治九年,1870年)十月十二日刑部省指令施行但各府藩县仍用旧律,迨十二月上谕:"朕敕部改撰律书,乃奏进《纲领》六卷,朕与廷臣商议妥当,即允颁布内外有司尚其遵守焉。"〔362〕始颁布于日本全国。

《总目录》

  首卷图 计八卷
  卷一、二 《名例律》(上、下)
  卷三 《职制律》《户婚律》《贼盗律》《人命律上》
  卷四 《人命律下》《斗殴律》《骂詈律》《诉讼律》《受赃律》
  卷五 《诈伪律》《犯奸律》《杂犯律》《捕亡律》《断狱律》

  穗积博士之《日本新民法》有云,"此法典系以中国之唐明清律为蓝本而一如日本旧律之稍加改变"〔363〕,据著者比较研究之结果,则取材于《明律》者实占全书之大部分也。

〔《改定律例》〕

  此律为江藤新平任司法卿时所奏进,据明治六年(同治十二年,1873年)五月上谕云:"朕曩敕司法省,就国家之成宪,参酌各国之定律,修撰《改定律例》,今编纂告成,朕乃与内阁诸臣辩论裁定,颁行中外,尔臣僚等尚其遵守焉。"〔364〕

  首卷图 计十二卷
  卷一 《名例律》《职制律》《户婚律》《贼盗律》
  卷二 《人命律》《斗殴律》《骂詈律》《诉讼律》《受赃律》《诈伪律》《犯奸律》《杂犯律》《捕亡律》《断狱律》

据手塚丰氏所撰《明治初期刑法注释书志》一文[365]
关于《新律纲领改定律例》之注释书有：

一、《新律纲领改定律例合卷注释》，近藤圭造著，明治七年刊行，为最早之注释本。

二、《人民心得律例要条》，尾崎班臣、横田国民合著，明治七年刊行。

三、《新律附例解补正》，高桥秀好辑，明治十一年刊行。

四、《大日本律例注疏》，山本光之助编，明治十一年十月刊行。

然除上所举者而外，著者于上野帝国图书馆犹得见近藤圭造氏编辑之《增补皇朝律例》六卷及《增补》与《附录》，此外尚有须原铁二氏所编之《新律纲领改定律例正条例沿革摘要》及横山成教诸氏所辑之《续拟律必携》十一卷，均足资吾人参考者也。

又此二律所代表其时代性之价值究竟如何？穗积博士有言曰："此二部法典者皆代表日本法律史之过渡时代者也。前者为中国法系最后之结束，次者为加入欧洲法系之开端。日本法律自是时始由中国法族急转而加入欧洲法族。（These two codes mark the transition period in the history of Japanese law. The former was the last in the Chinese, and the latter the first in the European system of legislation. The Japanese law was at that time rapidly passing from the Family of Chinese law to the Family of European laws）"[366]诚哉是言也。

【法院】

日本明治初年虽一意维新，而受中国之影响又复根深蒂固，故当时甚为徘徊踌躇，折衷于中西之间，制度时时更改，研究者如坠五里雾中，

颇有摸捉不着之感。今引永田虚氏所辑《制度沿革便览》于下:

"庆应四戊辰年(即明治元年,前清同治六年,1867年)二月置八局、总裁局、神祇、内国、外国、军防、会计、刑法、制度等事务局":

〔刑法事务局〕

督、辅、权辅、判事、权判事。

职掌监察纠弹、捕亡断狱诸刑律之事。

同月,置兵库裁判所。

四月,置箱馆、笠松、新潟、佐渡、三河之裁判所。

五月,置七官:议政、行政、神祇、会计、军务、外国、刑法等官。

〔刑法官〕

知官事、副知官事、判官事、权判官事、书记、笔生。

监察司、知司事、判司事。

鞫狱司、知司事、判司事。

"明治二年七月置二官六省":

神祇官、太政官、民部、大藏、兵部、刑部、宫内、外务等省。

刑部省掌鞫狱、定刑名、决疑谳。

大辅一人、少辅一人。(余略)

大判事二人、中判事三人、少判事四人掌案复鞫状、断定刑名及判诸争讼。

大解部、中解部、少解部,掌问穷争讼。

逮部长、同助长、逮部,掌捕亡。

〔弹正台〕

尹一人,掌执法守律,纠弹内外非违。

大弼一人、少弼一人,掌同尹。

大忠三人、权大忠,少忠三人、权少忠,掌巡察官中府中,纠弹非违。

大疏、少疏,掌同余大少录、大少主典。

大巡察、少巡察、巡察属,掌巡察府藩县,纠弹非违。

卷之三:"明治四辛未年六月,废刑部省及弹正台,置司法省。卿,掌总判、执法申律、折狱、断讼、捕亡。大少辅,掌同卿。"[367]

又天野御民氏所著《国制沿革略史》亦有数表可资参考,现节录于下*:

(明治元年)

太政官	议政官				
	行政官				
	神祇官				
	会计官				
	军务官				
	外国官				
	刑法官	知官事	副知官事	判官事	权判官事
	监察司				知司事
	鞫狱司				知司事
	捕亡司				知司事
	府		知府事	判府事	
	藩				
	县			一等知县事	二等知县事	三等知县事

---

* "明治元年"表存疑。根据武寅所著《近代日本政治体制研究》一书,元年政体书中的制度是太政官制,它是三权分立的制度专门的立法机构,称为"议政官"(这里的"官"是机构的意思)。它不但与其他六个机构即"行政官"、"神祇官"、"会计官"、"军务官"、"外国官"、"刑法官"一同构成明治时期国家最高权力系统——"太政官",而且被列为太政官中的七官之首。

另"明治四年"表亦存疑。当时的太政官制分为正院、左院和右院。正院是行政机构,包括各省厅;左院是立法机构;右院是协调机构。所以从理论上讲,当时不应该还存在"太政官"这一称谓。——编者注

（明治二年）

	敕		任		奏任	
神祇官						
太政官						
民部省						
大藏省						
兵部省						
刑部省	卿	大辅	少辅	大丞 大判事	权大丞 中判事	少丞 少判事
宫内省						
外务省						
弹正台	尹	大弼	少弼	大忠	权大忠	少忠
府						
藩						
县						

（明治四年）

太政官						
神祇省						
外务省						
大藏省						
兵部省						
文部省						
工部省						
司法省	卿	大辅 权大判事	少辅 权大判事	中判事	权中判事	少判事
一等明法寮			头	权头	助	权助
宫内省						
府						
县	〔368〕					

盖明治维新之初,立法、行政、裁判三者实混而为一,由同一机关——太政官执行之。元年正月始定刑法事务为七课,其所管辖为监察、纠弹、捕亡、断狱诸事。同年二月三日刑法事务由"刑法事务官"移至"刑法事务局"管辖之;同年闰四月再改官制,设"刑法官"以管辖监察、纠弹、捕亡、断狱诸事。明治二年五月设"弹正台",掌理监察纠弹之事。"刑法官"中之监察司遂裁撤焉。同年七月又变更官制,设"刑部省"仿大宝之古制,专管辖捕亡断狱之事务,而"弹正台"则向来即不属于任何机关,乃独立之官厅,其监察纠弹之权限颇为广大,且"弹正台"为天子之耳目,故有直接上奏之特权。至明治四年七月九日官制改革之结果,设立"司法省",此自中国输入垂千余年之"刑部省"及"弹正台"遂成为日本历史上之名词。〔369〕

明治初年因官职之未能明确划分权限,故除刑事审判属于上述机关而外,民事案件则最先属于"大藏省"之"会计事务官"等,二年四月八日始设置"民部官",其后"民部官"改为"民部省",至四年七月废止,至九月"司法省"成立,而后民刑事务始隶属于同一机关。其在各地方则由府藩县之长官兼理司法,其状态恰如中国未设置正式法院之州县。〔370〕

法院职员之回避办法,《新律纲领》卷四《诉讼律》"听讼回避"条云:"凡官吏若为诉讼人之亲族或师弟,及有仇隙者,并听回避,违者虽于罪无增减,笞三十,若有增减者,以故出入人罪论。"此种规定,盖同《大明律》卷二十二《刑律·诉讼》,惟对不回避者,从轻处"笞三十",《明律》则为"违者笞四十"耳。又"亲族"《明律》作"服亲及婚姻之家","师弟"《明律》作"受业师","仇隙"作"仇嫌",复加入"虽于罪无增减"一语,以本条而论,较《明律》实为"青出于蓝而青于蓝也"。

法院传唤及拘提被告,《大明律》卷一《名例》"八议"之规定,《假刑例》(《暂行刑律》)名例改为"凡六议者犯罪奏闻请旨,不许官司擅自勾问断罪",除六议不包含"议勤"、"议宾"而外,盖与《大明律》相同。至《新律纲领》卷一《名例律上》"敕奏官位犯罪"条及《改定律例名例》第十一条则均改为"凡敕奏官位及华族犯罪者,须将其事由奏闻请旨……"此即将《明律》"凡八议者"改为"敕奏官位及华族"。

讯问被告之规定《假刑律断狱》:"凡带刀士分以上(原注:僧尼有阶位者准之)并年七十以上,十五以下若废疾及患病者不许拷问,皆据众证定罪,违者议处。"按《大明律》卷二十八《刑律·断狱》作"凡应八议之人",此改为"带刀士分以上",但所规定则并相同《新律纲领》卷五《断狱律》"老幼不拷讯"条:

> 凡年七十以上、十五以下若废疾者,并不可拷讯,皆据众证定罪,违者以故失入人罪论。

此则并将《假刑律》之"凡带刀士分以上"及《大明律》之"凡应八议之人"皆加以删削,或即时代稍晚特权阶级思想潜退消沉之故欤?

羁押被告之规定对妇女特予优待,《新律纲领》卷五《断狱律》"妇人犯罪"条:

> 凡妇人犯轻罪者,责付本夫保管;如无夫者责付亲属邻保保管……

按《大明律·断狱》规定"凡妇人犯奸及死罪收禁"为《新律纲领》所无,又"轻罪"明律作"杂犯","保管"作"收管",亦有小异,然大体规定则并相同也。

诉讼行为,如"尊长卑幼为人杀死,不告官私和"所受之处分,《假刑律·人命》"人命内济"条云:

> 凡祖父母、父母及夫为人所杀,忘仇不告官而内济(即私和)者,笞六十,徒一年。外祖父母、伯叔父、姑、兄、姊,笞八十。若卑幼被杀,尊长内济者,笞五十。常人人命内济者,笞三十。……

《大明律》卷十九《刑律·人命》之规定则较此条加重。《新律纲领》卷四《人命律》"私和人命"条:

> 凡祖父母、父母及夫,若家长为人所杀,子孙、妻妾、奴婢私和者,徒三年(《明律》除"徒三年"外,尚"杖一百")。

又改《明律》"期亲尊长"为"二等亲之尊长","大功以下"为"三等亲以下"。《改定律例》卷二《人命律》"私和人命条例":

> 第二百条　凡家长为人所杀,雇人私和者,惩役百日。若雇人为人所杀,家长私和者,惩役七十日。

不应起诉之规定,《假刑律·名例》"亲属相互容隐"条:

凡祖父母、父母、夫妇、兄弟、子孙、伯叔父、姑侄、从兄弟，及夫之祖父母、父母、外祖父母、外孙、妻之父母、女婿、子孙之妇、夫之兄弟及兄弟之妇有罪相为隐；奴仆为其家长隐，皆不加刑；其官司之追捕漏泄其事及与罪人通消息，共隐匿逃避者亦不论罪。

与《唐律》卷第六《名例》"同居相为隐"及《大明律》卷一《名例》"亲属相为容隐"均大致相同。

《新律纲领》卷二"亲属相为容隐"条：

凡同居亲属若别居三等以上亲属（唐明律："大功以上亲"）及外祖父母、外孙、妻之父母、女婿，若孙之妇，夫之兄弟及兄弟之妻并犯罪相容隐。奴婢雇人为家长容隐者皆勿论。

若官事追捕侦知，漏泄其事情或通报消息，罪人得隐避者，亦不坐。其别居四等以下亲属（唐明律："小功以下"）相容隐及漏泄者，各减凡人三等。

此种规定并同唐明律、《改定律例》、《名例律》。《亲属相为容隐条例》另有规定：

第八十一条　凡称祖父母者，曾高同。称孙者，曾玄同。嫡孙承祖者，父母同。称子者，男女同。

第八十二条　凡异籍亲属，共居同爨，若破产寄食受恩养者，俱以同居亲属论。

此外,《假刑律·诉讼》"干名犯义"条:

> 凡子孙妻出诉祖父母、父母、夫,夫之祖父母、父母之恶事者,笞百,徒三年。

同《大明律》卷二十二《刑律·诉讼》,惟"笞百"为"杖百"耳。

另条:

> 若出诉伯叔父、姑兄、姊(《明律》作"期亲尊长")及外祖父母者,笞一百(《明律》作"虽得实,杖一百"),继父母准之(《明律·名例·服制》:"齐衰不杖期,齐衰三月均有继父;斩衰三年有继母")。出诉妻之父母者,笞五十。(《明律·名例·服制》:"缌麻三月——为妻之父母";《诉讼》"告缌麻,杖七十"。)……

《新律纲领》卷四《诉讼律》"干名犯义"条:

> 凡子孙告祖父母父母,妻妾告夫及夫之祖父母、父母者,虽得实(《明律》无),徒二年半(《明律》:"杖一百,徒三年")。……若告二等亲尊长(《明律》:"期亲尊长")及外祖父母者,虽得实,杖九十(《明律》:"杖一百")。告三等亲尊长(《明律》:"大功"),杖八十(《明律》:"杖九十");四等亲尊长(《明律》:"小功"),杖七十(《明律》:"杖八十")。妻之父母(《明律》:"缌麻"),杖六十(《明律》:"杖七十")。其被告二等、三

等亲之尊长及外祖父母并同自首免罪;四等亲尊长得减本罪三等(《明律》同)。

若告卑幼得实,二等三等亲之卑幼及女婿亦同自首免罪,四等五等亲之卑幼,减本罪三等(《明律》同)。

若奴婢告家长,虽得实,杖九十。(《明律》:"与子孙卑幼罪同。"即"杖一百,徒三年"。)

法院籍没赃物,《假刑律·名例》"给没赃物"条规定云:

> 凡授受俱有罪之赃(原注:"谓枉法不枉法之赃"——按《大明律》卷一《名例》作"凡彼此俱罪之赃")及犯罪之物皆没官(同《大明律》)。
> 若取与不和之物及恐吓诈欺求索科敛等之赃并还主。若以赃入罪,正赃见在者,官物还官,私物还主。
> 既费用者,本犯身死,勿征。……(同《大明律》)

《新律纲领》卷二《名例律下》"给没赃物"条除与以上规定相同者而外,又有条云:

> 估计赃物之价钱皆据犯处当时中等之物价以定罪名(同《大明律》)。夫匠等之工钱,以一人一日若干钱为定数(《大明律》作"一人一日为铜元六十文"),牛马车船等照依犯时之雇工赁值计算日数。赁钱虽多,不得过其本物之价(同《大明律》)。

【刑法总则】

〔法例〕

《新律纲领》卷二《名例律下》"断罪依新颁律"条:"凡律自颁降日为始。若犯在已前者并依新律拟断,不得援引旧律。"此种规定,全同《大明律》卷一《名例》。按《大明律》之"从新主义"为中国法系传统之"从轻主义"之一大革命,后此之《大清律例》、《新刑律》均沿袭《明律》,今日世界实行"从新主义"者仅有英国,但日本,《改定律例·名例律·断罪依新颁律条例》另有规定云:

> 第百条　凡例自颁降日为始,若犯在颁例以前者,原律罪名轻者,仍依原律定拟。

本条又采取如《唐六典》卷六所规定之"从轻主义",其后日本《现行刑法》第三条第二项,《日本改正刑法》第六条亦仍沿袭《唐律》之"从轻"处断而未有改变,此外世界各国如《法国刑法》第四条、《比国刑法》第二条、《德国刑法》第二条、《匈牙利刑法》第二条、《荷兰刑法》第一条第二项、《意国刑法》第二条第三项、《挪威刑法》第三条均采取"从轻主义"。

《假刑律·名例》"本条有罪名"条:"凡本条有罪名,其有所规避,罪重者自从重论……"同《大明律·名例》。《新律纲领》卷二《名例律下》"断罪无正条"条:"凡律令该载不尽事理,若断罪而无正条者,援引比附他律,可加可减定拟罪名申上司,议定奏闻……"虽亦同《明律》,但文字加详,又易"刑部"为"上司"。此种立法原理沿袭中国,已千有余年,直至明治十三年(光绪六年,1880年)公布之《旧刑法》,其第一编总则之第一章《法例》第二条云:

法律无正条者,不论何种行为,不得科罚。[371]

此律大部分模仿1810年(嘉庆十四年)之法国《刑法》,于是自《大宝律》以来绵延不绝之规定始完全推翻。

〔不为罪〕

《假刑律·贼盗》"夜中无故入人家"条:"凡夜中无故潜入他人之家……主家即时殴打者,勿论。因而至死者,笞八十。"此与《大明律》卷十八刑律《贼盗》"夜无故入人家内……主家登时杀死者,勿论……"之规定稍有不同,而又较合理者也。至《新律纲领》卷三《贼盗律》"夜无故入人家"条"家主即时杀死者,勿论",则又与《大明律》完全相同。卷四《人命律下》"殴死有罪妻妾","若夫殴骂有罪妻妾,妻妾因而自死者,勿论",同《大明律》卷十九《刑律·人命》,惟无"有罪"二字。

《假刑律·斗殴》"夫妻相殴"条:"其夫殴妻,非折伤,勿论。……过失杀者,勿论。……""殴祖父母、父母"条:"……(子孙)违背教令而依法决罚邂逅致死及过失杀者,勿论。""父祖被殴"条:"……祖父母、父母被殴至死,而(子孙)杀死行凶人者,勿论。"均同《大明律》卷十《刑律·斗殴》,惟文字稍有出入,如"祖父母……被殴至死",《明律》为"为人所杀"等是也。

《新律纲领》卷四《斗殴律》"若尊长殴卑幼,非折伤,勿论",同《大明律》卷二十《斗殴》,惟改"缌麻小功"为"卑幼"。

〔公罪〕

《新律纲领》卷一《名例律上》"官吏犯公罪"条:"凡内外官吏犯公罪及过误失错,应笞一十者,谨慎(即不许接见外人及通信)五日;笞二十,谨慎一十日……杖六十者,闭门三十日。……犯徒一年以上者,降官一等。……"此与《大明律》卷一《名例》"凡内外大小军民衙门官吏犯公罪该笞者,官收赎,吏每季类决……杖罪以上明立文案,每年一考纪录罪名,九年一次通考所犯次数重轻,以凭黜陟"之规定盖略有不同者也。至如《改定律例》卷一《名例律·官吏犯公罪条例》所规定:

第二十二条　凡官吏犯公罪及过误失错之罪者,应笞杖处谨慎闭门之律改照《官吏公罪赎例图》敕奏分判各听赎。等外之吏则依《平民赎罪例》。其犯徒以上者处降官之律改照《官吏公罪罚俸例图》追其俸禄。其官十四等以下者,亦依《平民赎罪例》科处。

则虽改变甚多,而仍未越出《明律》"官收赎"之立法原义也。
〔私罪〕
《新律纲领》"官吏犯私罪"条:"凡内外官吏犯私罪及有心故造应笞者,如士族犯罪之法处以'谨慎',期满不许还复原任。犯杖刑者,官降一等。犯徒刑者,止免职。……"此与《大明律》"凡文官犯私罪笞四十以下,附过还职五十解见在别叙;杖六十降一等,七十降二等……"之规定大致相同,但亦仍有小异。《改定律例·官吏犯私罪条例》又有规定:

第二十三条　凡官吏犯私罪及有心故造应笞杖者处谨慎降官之律改照《官吏私罪赎例图》听赎。其犯徒刑者处免职之律改如《士族犯罪法》处闰刑。(解释详下)
第二十四条　凡平民在官时一切私罪照《官吏私罪赎例

图》科断。其系破廉耻甚者,虽惩役百日以下者,亦应实断,限满附本籍。其系敕奏官位须奏闻请旨者仍尽如本法。

第二十五条　凡平民在官者,其父母兄弟子孙一切犯罪并准士族论……

此种规定仍以《明律》"官收赎"为着眼之要点。

〔累犯罪〕

《假刑律·名例》"徒流人又犯"条:"凡徒流人既徒既流而又犯罪,再科后犯之罪;其重犯流罪者,三流并笞一百,于配所拘役四年。若重犯徒罪者依所犯笞数该徒年限科断,总徒亦不过四年。……"与《大明律·名例》"凡犯罪已发又犯罪者,从重科断:已徒已流而又犯罪者,依律再科后犯之罪;其重犯流者依留住法三流并决杖一百。于配所拘役四年……"之规定相较,仅删去"凡犯罪已发又犯罪者,从重科断"及"依律"诸语,并易"杖一百"为"笞一百",但余则完全相同。

《新律纲领》卷二《名例律下》"徒流人又犯罪"条:"凡先犯罪已发觉而尚未经论决又犯别罪者,以先后二罪之重者科断。若徒已役,流已配,又犯别罪者,依律再科后犯之罪。其重犯流者,三流并拘役四年。若犯徒者,依后犯之徒限应役,亦不得过四年。其杖罪以下,各依数科之。"此虽同《明律》,但文字尤较为明晰。

《改定律例·惩役人又犯罪条例》共四条:

第四十一条　凡惩役百日以下之囚,在役限内又犯百日以下之罪者,通算前犯之日数科处之。若后犯应处一年以上者,则全科后犯之罪。

第四十二条　凡惩役一年以上之囚在役限内又犯罪者,虽加役后犯之日数,但犯一年以上之罪,通算其已役过之日数,前后不得过四年。(此规定与《明律》"若犯徒者依所犯杖数该徒年限决讫,应役亦总不得过四年"盖相同。)若犯五年以上之罪者,不问已役过之日数,但后犯之罪则须全科。

第四十三条　凡惩一年以上之囚重犯五年以上之罪者,加拘役四年。若犯三年以下之罪者,加役后犯年限之折半。犯百日以下之罪者,亦照日数加役。

第四十四条　凡惩役限内重犯罪者,得将后犯推问旷役之日数算入原役限内。若经推问无罪者,仍算入限内。

以上两条为《明律》之所无。

〔俱发罪〕

《假刑律·名例》"二罪俱发"条:"凡二罪以上俱发,以重者论决;各相等者,从一科断。若一罪先发,既经论决后,余罪犹发,较前为轻或相等,无论;其重者,更论之,通计前罪,以充后数。"《新律纲领》卷二《名例律下》"二罪俱发以重论"条及《改定律例·二罪俱发以重论条例》第七十一条皆同《大明律》,惟文字较加详。又《改定律例》另有规定:

第七十条　凡犯罪、实断、赎罪,并发罪各等者以一实断。若赎罪实较断为重者,从重处赎罪。士族破廉耻甚者,不用此例。

第七十一条　凡二罪以上俱发觉者,以一重者论断;各等者从一科断,其赃物追征入官给主……

第七十二条　凡二次以上为盗。首从之赃并发者,并赃减一等论罪……

第七十三、七十四、七十五诸条从略省。

〔共犯罪〕
《假刑律·名例》"犯罪首从"条:

凡俱犯罪,以造意主谋之名为首,随从与党为从减罪一等(全同《唐律》、《大明律·名例》,惟增数字)。若家人俱犯,惟以罪坐家长(唐明律),卑幼免科(《明律》无);若尊长系年八十及笃疾免罪,独归罪于俱犯罪以次之尊长;若妇人尊长与男夫卑幼同犯,虽妇人为首,独坐男夫。(同《明律》)其杀伤斗殴强窃盗类,并依凡人首从之法科断(同《唐律疏议》及《大明律注》)。若俱犯罪而首从之本罪各别者,各依本罪首从论。若本条内云"皆"者,罪无首从之别。不云"皆"者,依首从之法。破关奔亡及犯奸者,罪无首从。(同唐明律)

又"罪人逃走见获"条:

凡二人俱犯罪而逃走见获之一人称亡者为首更无证佐,决其从罪。后获逃者,称前人为首,鞫问得实,后显之重及前决通计,以充不足之数(唐明律作"通计前罪以充后数")。

前书《贼盗》"俱谋为盗"条:

凡俱谋为强盗,临时不行而行者为窃盗,共谋者分赃,原系造意者为窃盗首,从者以窃盗从罪科断。若造意者分赃,笞五十,随从者分赃,笞二十。(《大明律》卷十八《刑律·贼盗》作"若不分赃,造意者窃盗从,余人并笞五十"。)若俱谋为窃盗临时不行而行者为强盗,其不行之人分赃犹以窃盗首论(同《明律》)。……

《新律纲领》卷二"共犯罪分首从"条、"犯罪事发逃亡"条大体与《假刑律》相同,而规定较详。又卷三《贼盗律》"共谋为盗"条同《大明律》,惟改"笞五十"为"笞四十"。《改定律例》"共犯罪分首从"条:

第七十九条 凡本条虽言"皆"者,其以身自犯脱籍、越狱、犯奸或惩役人逃等,不分首从各科以本刑。

第八十条 凡一家人共伪造宝货者,依照一家共犯律,止坐尊长,不论卑幼。

〔刑名〕

徒刑 《假刑律·名例》:

徒刑五:一年,笞六十;赎铜钱二十贯文。一年半,笞七十;赎铜钱二十三贯文。二年,笞八十;赎铜钱二十六贯文。二年半,笞九十;赎铜钱二十九贯文。三年,笞一百;赎铜钱三十二贯文。

此节虽同《大明律》卷一《名例》,但改"杖"为"笞",又赎铜钱数目亦增加,如"一年二十贯文",《明律》原只"十二贯";"一年半二十三贯",《明律》原只"一十五贯"。

另据《付笺》又将以上五种改为"一年、一年半、二年"三种。

《新律纲领》卷一《名例律上》"五刑""徒刑五：一年、一年半、二年、二年半、三年"，同《大明律》卷一《名例》，惟无"杖六十、七十、八十、九十、一百"之附带规定。

《改定律例·名例律·五刑条例》：

第一条　凡笞杖徒流之刑名一体改换为惩役，照例服役。

其关于徒刑之规定如下：

一年　　　　　原徒一年
一年半　　　　一年半
二年　　　　　二年
二年半　　　　二年半
三年　　　　　三年

按中国光绪末年沈家本等所修之《大清现行刑律》亦改"笞杖"为"罚金刑"，与日本之《改定律例》有同样情形，凡此皆中国法系一部分受天演淘汰应有之现象也。

身体刑　《假刑律·名例》：

笞刑十：

一十 赎铜钱一贯文　　二十 赎铜钱二贯文
三十 赎铜钱三贯文　　四十 赎铜钱四贯文

五十 赎铜钱　　　　六十 赎铜钱
　　　五贯文　　　　　　　六贯文

七十 赎铜钱　　　　八十 赎铜钱
　　　七贯文　　　　　　　八贯文

九十 赎铜钱　　　　一百 赎铜钱
　　　九贯文　　　　　　　十贯文

以上并同《大明律》，惟改"杖刑"为笞。故笞有十等，又赎铜钱数目亦增加，如"笞一十一贯文"，《明律》原只"六百文"；"笞二十，二贯文"，《明律》原只"一贯二百文"。

另据《付笺》又将以上十种改为"二十、赎金二分二。五十、赎金十两一分。百。赎金十二两二分。"三种。

《新律纲领·名例律》上"五刑"："笞刑五：一十、二十、三十、四十、五十。杖刑五：六十、七十、八十、九十、一百。"同《大明律·名例》，《改定律例·名例律·五刑条例》：

惩役十日（原笞一十）
　二十日（原笞二十）
　三十日（原笞三十）
　四十日　　四十
　五十日　　五十
　六十日（原杖六十）
　七十日　　七十
　八十日　　八十
　九十日　　九十
　百日　　　一百

流刑 《假刑律·名例》：

流刑三：

近流，笞一百。^{赎铜钱三十八贯文。}

中流，笞一百。^{赎铜钱四十一贯文。}

远流，笞一百。^{赎铜钱四十四贯文。}

按"近流"、"中流"、"远流"相当于《大明律》之"二千里"、"二千五百里"、"三千里"，又改"杖"为"笞"，其赎铜钱数目亦较增加，如"近流三十八贯文"，《明律》原只"三十贯"；"中流四十一贯文"，《明律》原只"三十三贯"；"远流四十四贯文"，明律原只"三十六贯"。

《新律纲领·名例律上》"五刑"：

流刑三：

一等	役一年
二等	一年半
三等	二年

此与《大明律》"三流"之项目虽同，而规定则不同也。《改定律例·名例律·五刑条例》：

惩役五年	原流一等
七年	二等
十年	三等

死刑 《假刑律·名例》:"死刑二:刎斩。赎铜钱五十贯文。"此与《大明律》较,则有"斩"无"绞",盖"刎"之义为"身首异处",故亦斩也。另据《付笺》:"绞首,赎金六十二两二分。(按《明律》为"四十二贯"。)刎首,枭首,即决。是并有"绞"矣。"

《新律纲领·名例律上》"五刑":"死刑二:绞,斩。"全同《大明律》。《改定律例》、《名例律》、《五刑条例》第七条死刑有"绞"、"斩",然两律均以"枭示"为极刑(并参看司法省《刑法沿革志》,附录《古今行刑宽严比较表》)。

按明治十三年采用法国法典之《旧刑法》,为日本脱离"中国法系"转入"大陆法系"之起始。其第一编《总则》,第二章《刑例》第一节《刑名》:

> 第七条　下所记载者为重罪之主刑:
> 一、死刑
> 二、无期徒刑
> 三、有期徒刑
> 四、无期流刑
> 五、有期流刑
> 六、重惩役
> 七、轻惩役
> 八、重禁狱
> 九、轻禁狱
> 第八条　下所记载者为轻罪之主刑:
> 一、重禁锢
> 二、轻禁锢
> 三、罚金[372]

小中村清矩博士所作《古代法律与现行法律》一文,有:

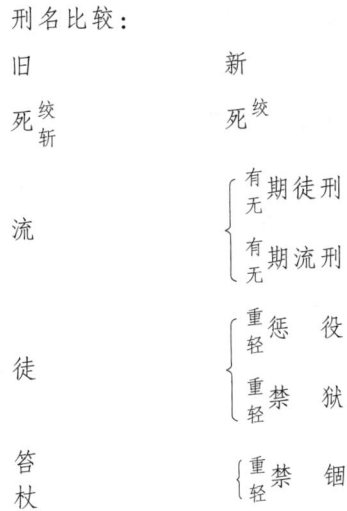

刑名比较:

又云:

古死罪有"斩"、"绞"二种,现今惟有"绞",古之"斩"与"绞",其差别不仅在"身首异处"而已,盖"绞罪"尚须待秋期决定,若遇大赦则免死罪,故"斩""绞"虽同为死罪而犹有如斯之不同也。

古之流罪今之徒刑流刑也。……古之犯流罪者,妻子伴随至其地,一年之苦役终了,即得编入其地之户籍,经营家业,即为极重罪者,经六年后亦许出仕朝廷,如今之所谓回复公权者……

古之徒刑,今之惩役也。……最长不过三年,与今之有期徒刑十五年比较,相去实太远也。又重禁锢五年者,亦较古之徒刑为长……[373]

是博士认为大陆法系不尽善,中国法系亦非完全恶劣者也。

〔刑之适用〕

因人民身分不同而异其刑之适用者,《假刑律·斗殴》有条云:

> 凡以手足殴踏人不成伤者,笞二十。

《新律纲领》卷四《斗殴律》亦云:

> 凡斗殴以手足殴人,不成伤者,笞二十。

按均同《大明律》卷二十《刑律·斗殴》之规定。《假刑律》另条云:

> 凡家人殴当主者,不分首从皆斩即决。(《大明律》作"奴婢斗主者,斩"。)

《新律纲领》另条云:"凡奴婢殴家长者皆流一等",比《大明律》处"斩"者减轻。

《改定律例·殴家长条例》:

> 第二百二十条　凡雇人殴家长至笃疾及死者处绞斩之律俱改为惩役终身。

此外,如《假刑律》云:

> 凡妻殴夫者笞一百(《大明律》:"杖一百")。

《新律纲领》云：

　　凡妻殴夫者，杖一百（同《大明律》）。

《改定律例·殴夫条例》：

　　第二百二十二条　凡妻妾殴夫至（残）废笃疾者处绞之律俱改为惩役终身……

又如《假刑律》云：

　　凡殴……夫之祖父母、父母者，不分首从，皆斩（同《大明律》）。

《新律纲领》云：

　　殴夫之祖父母、父母者斩（同《大明律》）。

《改定律例·殴祖父母·父母条例》：

　　第二百二十八条　凡……妻妾殴夫之祖父母、父母法律改为殴者惩役十年……

〔刑之加重及减轻〕
《假刑律·名例》"再犯同罪"条云：

凡再犯同罪者,加初犯之罪三等……

按《唐律》仅卷第二十《贼盗律》"盗经断后三犯"条规定"三犯加重"此则"再犯即加三等",又自初犯起至四犯止通算加一等并列为图表如下：

初犯	再犯	三犯	四犯
笞一十	笞四十	笞九十	笞九十徒二年半
笞二十	笞五十	笞百	笞百徒三年
笞三十	笞六十	笞六十徒一年	笞百近流
笞四十	笞七十	笞七十徒一年半	笞百中流
笞五十	笞八十	笞八十徒二年	斩前刑当罪
余条从略			

以上一表则为唐明律之所无。《新律纲领》卷二《名例律下》《再犯加等罪例》云：

凡犯窃盗及赌博已经官司断决而再犯者,并后犯本罪加一等……

按《唐律·贼盗律》云："诸盗经断后仍更行盗,前后三犯徒者,流二千里。"此则只限于"窃盗"而又包括"赌博",其处分又均与唐明律不同也。《新律纲领》"加减罪例"条又云：

凡称加者,就本罪上加重(原注从略)。杖一百者,坐徒一年。……称减者,就本罪上减轻(原注从略)。假令犯笞五十减一等,则坐笞四十……

此与《唐律》卷第六《名例》"诸称加者就重次,称减者就轻次"相同,而又将《疏议》之原文改为法律之正条也。又云:

> 惟二死三流各同为一减(原注从略)假令犯死罪减一等,不分绞斩,坐流三等;犯流罪减一等,坐徒三年……

此亦同《唐律》及《疏议》,惟改"流三千里"为"流三等"耳。其有就"罪之减轻"规定为普遍法则者,如《假刑律·名例》"犯罪累减"条云:

> 凡一人犯罪应减者:为从,减;故失,减;公罪递减等,并得累减。

此与《大明律·名例》之条文完全相同。《新律纲领》卷一《名例律上》"犯罪得累减"条云:

> 凡二人以上共犯罪,随从者减一等。(犯法)知人欲告而自首者,又减一等,通(算共)减二等。若为(裁)判官故出人罪放而还获者止减一等;次官不知情以失出论,减五等,判官减一等……

此则将《大明律》之原文。及《注释》并分列为条文。而较《假刑律》尤为详明,惟将《大明律》之"吏典"改为"判官","首领官"改为"次官",此外减轻之条件尚有如第一,为特殊之身分者,《假刑律·名例》"藩臣处分"条云:

凡官家及藩臣士分以上犯死罪处以刎首自尽之二等隐刑,流罪以下系失士道或缺廉耻者,处以夺刀、夺禄、贬席、禁锢。(原注:半年、一年、一年半、二年、三年或永远。)其余一应之犯事,皆处以逼塞、远虑、差控。(原注:笞十,以十日作抵。笞六十以上,每笞二十以十日作抵,罪止百日。)

《图》:

	笞一十,十日	同百 同六十,徒一年	八十日
量情或 逼塞 或远虑 或差控	笞二十,二十日		
	笞三十,三十日	同七十,徒一年半 同八十,徒二年	九十日
	同四十 四十日 同五十 五十日	同九十,徒二年半 同百,徒三年	百日 罪止
	同六十 同七十 六十日	同百,近流 同百,中流	三流 百日
	同八十 同九十 七十日	同百,远流	

(余条从略)

凡此规定盖脱胎于《唐律》卷第二《名例律》"诸八议者犯死罪……议定奏裁,流罪以下减一等……"。而《新律纲领》卷一《名例律上》"闰刑五"云:

凡士族犯罪本罪该笞刑者,科处"谨慎";该"杖刑"者,科处"闭门";该"徒刑"者,科处"禁锢";该"流刑"者,科处"边戍";该"死刑"者,处"自裁"。若犯盗贼及赌博等罪,破廉耻甚该笞杖者,止废为庶人……

《改定律例·敕奏官位犯罪条例》：

第十二条　凡华族犯过误失错之罪者,照《华族赎罪例图》听赎。其犯私罪者同《士族法》。

又《改正闰刑律》：

第十三条　凡士族犯罪处谨慎、闭门、禁锢、边戍,自裁之律一体改处禁锢;若犯奸盗等罪破廉耻甚该惩役百日以下者,罪止除族……

凡此皆以特殊身分,而得减轻刑之处分者也。
第二,自首亦得减轻,《假刑律·名例》"罪人自首"条云：

凡罪状未发,而自己出诉者,免其罪。有赃者征赃（同《大明律》,惟文字小异）。若以人代首或可相容隐之亲属为首告及讦告者,亦同罪人自罪之法免罪。其轻罪已露显及因首重罪,免其重罪。(同《唐律》)若自首之罪不吐实及不尽者,坐以不实不尽之罪;因罪至死者,减一等。(同《大明律》)……若犯强窃盗诈欺等自身悔悟将赃还主者,与经官司自首同,免罪(同《唐律》)。

《新律纲领·名例律》"犯罪自首"条云：

> 凡犯罪事未发觉自出首者，免其罪，有赃者仍追征（同《大明律》）。官物入官，私物给主（《大明律》本条无）。其本犯遣人代首，若得相容隐者为代首及告言者，如各罪人自自首法免罪（同《唐律》）。……

《改定律例·犯罪自首条例》：

> 第五十九条　凡犯罪知人欲陈告官而自首者减本罪一等之律改为减二等。闻官将欲捕获而自首者，减本罪一等。
> （余条从略）

第三，老小废疾亦得减轻，《假刑律·名例》"老小废疾犯罪"条云：

> 凡年七十以上十五以下及废疾犯流罪以下，以赎宥之；……若八十以上十岁以下及笃疾杀人应死者，议拟奏闻上裁，其余犯罪皆不坐。九十以上七岁以下虽犯死罪，不加刑……

按同《唐律》卷第四《名例律》，惟改"收赎"为"以赎宥之"，至《新律纲领》卷二云：

> 凡年七十以上十五以下及废疾者，除死罪之外（此句为《唐律》所无），犯流罪以下者，收赎（同《唐律》）。

> 八十以上十岁以下及笃疾者,杀人该当死罪者,议拟奏闻请上裁;若犯盗罪及伤人者亦准收赎,其余之罪皆勿论。(同《唐律》)……

此则较《假刑律》尤为全引《唐律》规定之原文也。《改定律例·老小废疾收赎条例》:

> 第四十五条　凡人瞎一目,依律为废疾,一目之人犯罪以废疾得收赎。……
> (余条从略)

第四,条件即为"收赎",《假刑律·名例》赎铜钱数目较《大明律》加多已如前述,《新律纲领·赎罪收赎例图》及《改定律例·改正赎罪收赎例图》已不摹拟《大明律》而径以《大清律》为蓝本矣。如:

新律纲领			改定律例		
	赎罪	收赎		赎罪	收赎
笞一十	三分	一分	惩役十日	七十五钱	二十五钱
笞二十	一两二分	二分	惩役二十日	一圆五十钱	五十钱
笞三十	二两一分	三分	惩役三十日	二圆二十五钱	七十五钱

余条从略。

按《大清律》卷二有《纳赎诸例图》,《大清会典》卷五十六"刑部"又有记载云:

> 收赎

> 笞一十,赎银七厘五毫,每等照数递加,至杖一百,赎银七分五厘(《新律纲领》:"二两二分")。……
>
> 赎罪
>
> 笞一十,赎银一钱,每一等加一钱;至杖一百,赎银一两(《新律纲领》:"七两二分")。……

是《日律》所定赎金数目均较《清律》增加数倍,从可知同治初年制律之时生活程度已高而币价亦随之而不同矣。

〔刑之赦免〕

《假刑律·名例》"常赦特赦"条云:

> 凡十恶杀人、强窃盗、放火、发冢、受赃枉法、诈伪、犯奸、略卖和诱人,若奸党谗言,左使杀人,故出入人罪及故纵藏匿等实犯,虽逢赦并不共免。若系过误犯罪且因人连累取罪及因公事得罪并从赦免……

按同《大明律·名例》:

〔行刑权之时效〕

《假刑律》"犯罪时不老疾"条云:

> 凡犯罪时虽未老疾,事发时老疾者,依老疾论。若至徒役年限内老疾,亦如之。
>
> 犯罪时幼小,事发时长大,仍依幼小论。

《新律纲领》卷二"犯罪时未老疾"沿之,均同《大明律·名例》。又"无官犯罪"条云:

> 凡无官时犯罪,有官后事发觉者,拟定犯时之罪名依《官吏犯公私罪律》处断(《大明律》作"公罪亦得收赎记录")。有官时犯罪,免官后事发觉者,亦拟定犯时之罪名,士卒用闰刑,庶人赎罪(《大明律》:"犯公罪笞以下勿论")……

凡此与《大明律》之规定又略有不同。

〔刑期之时例〕

《新律纲领》卷二"称日者以十二时"条云:

> 凡称一日者以十二时计(《唐律》、《大明律》、《大清律》均作"诸称日者以百刻计");计工(资)者从朝至暮(同《唐律》);称年者以三百六十日(同《唐律》)。……

《定律例称日者以二十四时条例》:

> 第九十一条　凡称一日者以十二时计之律改为二十四时。称一年者三百六十日之律改为三百六十五日,闰年加算一日。……

此为东洋法系受欧西钟表及太阳历制度输入最早影响之表现,日本于近世东亚诸国中最能得风气之先,此其一端。

〔刑律之文例〕

《新律纲领》卷二"称乘舆车驾"条云:

> 凡称乘舆车驾及御者,太皇太后、皇太后、皇后并同(同

《唐律》、《大明律》)。

"称监临主守"条云：

　　凡称监临者,内外诸司统摄其所属,监察临莅(《大明律》无此四字)。一切文案相关涉及虽非所管民庶(《大明律》："百姓"),带管其公务(《大明律》无),事权在手,专制由己者(《大明律》无此五字)并为"监临"。称"主守"者,内外诸司之吏典及库子狱卒等专主掌看守其事者并为主守。其职虽非统摄临时差遣管领提调者,亦为主守(同《大明律》,惟文字稍有详略)。即专掌其事者,亦为主守(《大明律》无)。

"称同罪"条云：

　　凡称同罪者(《大明律》作"凡称与同罪者"),止坐其罪；至死者,同罪者(《大明律》无此三字),减一等罪,止流三等,(《大明律》："杖一百,流三千里")；惟正犯受财故纵同罪者,正犯至死,同罪者处绞(虽同《大明律》,但文字加详)。……

《改定律例·称同罪条例》：

　　第八十八条　凡正犯受财故纵同罪者,正犯至死,同罪者处绞之律改为惩役终身。

《新律纲领》前条云：

称"准枉法论""准盗论"之类,但准其罪,亦罪止流三等(《大明律》:"杖一百,流三千里")。

《改定律例》:

第八十九条　凡准盗论之罪,计数罪止惩役十年。

《新律纲领》前条云:

称"以枉法论"、"以盗论"等,皆与正犯同(《大明律》有"刺字"二字)。绞斩依本律科断(同《大明律》)。

【刑法分则】
〔侵犯帝室罪〕
冲突仪仗　《新律纲领》卷三《职制律》云:

凡车驾行幸之处,除近侍及护驾官军外,其余军民并须回避,敢冲入仪仗内者,杖一百(《大明律》卷十三《兵律宫卫》作"绞")。

至下马牌不下　前书云:

凡至下马牌不下而过者,笞四十;行宫减一等。(按《大清律》卷二十三《刑律·贼盗下》有《条例》云:"车马过陵者及守陵官民入陵者,百步外下马,违者以大不敬论,杖一百。"是范围仅限于皇陵而处分则较严重。)

擅入皇城门 《改定律例·宫殿内忿争条例》:

　　第二百十五条　凡擅入皇城门者,惩役五十日。(《大明律》卷十三《兵律宫卫》:"凡擅入皇城……者,各杖一百。")擅入宫殿者,惩役百日。(《大明律》:"擅入宫殿门,杖六十,徒一年。")

宫殿内忿争　《假刑律·斗殴》云:

　　凡于宫殿内无忌惮忿争者,笞四十(《大明律》卷二十《刑律·斗殴》:"笞五十");太政官准之。若忿争之声迄御座所及相殴者,各笞八十(《大明律》:"杖一百");若取及刀属者,笞一百;伤成者,加斗殴条三等。(《大明律》:"折伤以上加凡斗伤二等。")

《新律纲领》卷四《斗律》:

　　凡于宫殿内忿争者,笞五十。相殴者,杖一百;折伤以上加凡斗伤二等(全同《大明律》),罪止流三等。以刀相向者,流一等(《大明律》无)。

〔内乱罪〕
《假刑律·贼盗》"谋反大逆"条云:

凡谋反及谋大逆者,不分已行未行及首从,皆磔,其财产没官。(《大明律》卷十八《刑律·贼盗》作"皆凌迟处死,祖父、父、子孙、兄弟……年十六以上不论笃疾废疾皆斩……")

"谋叛"条云:

凡谋叛既行,不分首从,皆斩,其财产没官(同《大明律》)。

〔渎职罪〕

贿赂 《假刑律》"受赃"条云:

凡官吏受枉法之赃者,依"常人盗官物"条科断。(《大明律》卷二十三《刑律受赃》作"枉法,赃各主者,通算全科——谓如受十人财,一时事发,通算作一处,全科其罪"。)受不枉法之赃,依"窃盗"条赃数减半论罪,止笞百远流。(《大明律》:"不枉法赃各主者通算,折半科罪。")……

"有事贿赂人"条云:

凡有事赠官吏贿赂求枉法者,计其与之数坐赃论。(《唐律》卷第十一《职制下》作"诸有事以财行求得枉法者坐赃论"。)……

"坐赃致罪"条云:

凡官吏坐赃致罪者,依《窃盗》条赃数减半定罪,止笞百徒二年。(《唐律》卷第二十六《杂律上》作"诸坐赃致罪者,一尺笞二十,一匹加一等。十匹加徒一年,十匹加一等,罪止徒三年"。)……

是诸所规定均大同而小异。

《新律纲领》卷四《受赃律》:

凡官吏"因枉法不枉法之事"(《大明律》无此一句)受财者,计赃科罪(同《大明律》);等外人(《大明律》作"无禄人")各减一等(同《大明律》)。若说事过钱者,等内人(《大明律》作"有禄人")减受钱人一等,等外人减二等(同《大明律》),罪止徒一年半(《大明律》作"杖一百,各迁徒")。若别受财者,计枉法不枉法赃从重论(《大明律》只作"有赃者计赃从重论")。枉法赃各主者,通算全科(同《大明律》)。

一两(《大明律》作"贯",此同《大清律》卷三十一《刑律·受赃》)以下,杖六十(明清律均作"杖七十")。

一两以上,杖七十(明清律:"杖八十")。

一十两以上,杖八十(明清律:"杖九十")。

二十两以上,杖九十。(《大明律》:"二十贯,杖六十徒一年。")

三十两以上,杖一百。(《大明律》:"三十贯,杖八十,徒二年。")

四十两以上,徒一年。(《大明律》:"四十贯,杖一百,徒三年。")

五十两以上,徒一年半。(《大明律》:"五十贯,杖一百,流二千五百里。")

六十两以上,徒二年。(《大明律》:"五十五贯,杖一百,流三千里。")

七十两以上,徒二年半。

八十两以上,徒三年。[《大明律》:"八十贯,绞。"《大清律》:"八十两,(实)绞。"]

第三章 中国法律在日本之影响

九十两以上,流一等。

一百两以上,流二等。

一百一十两以上,流三等。

二百五十两以上,绞。

等外人,三百两以上,绞。(《大明律》:"无禄人,一百二十贯,绞。")

不枉法赃各主者,通算全科:

一两以下,笞五十(《大明律》:"杖六十")。

一两以上,杖六十。(《大明律》:"一贯之上至一十贯,杖七十。")

一十两以上,杖七十。

二十两以上,杖八十。(《大明律》:"二十贯,杖八十。")

三十两以上,杖九十。(《大明律》:"三十贯,杖九十。")

四十两以上,杖一百。(《大明律》:"四十贯,杖一百。")

五十两以上,徒一年。(《大明律》:"五十贯,杖六十,徒一年。")

六十两以上,徒一年半。(《大明律》:"六十贯,杖七十,徒一年半。")

七十两以上,徒二年。(《大明律》:"七十贯,杖八十,徒二年。")

八十两以上,徒二年半。(《大明律》:"八十贯,杖九十,徒二年半。")

九十两以上,徒三年。(《大明律》:"九十贯,杖一百,徒三年。")

一百两以上,流一等。(《大明律》:"一百贯,杖一百,流二千里。")

一百一十两以上,流二等。(《大明律》:"一百一十贯,杖一百,流二千五百里。")

一百二十两以上,流三等。[《大明律》:"一百二十贯,罪

止三百两以上,绞。"(《大明律》*无)]

等外人至三百两以上,罪止流三等。(《大明律》:"无禄人,一百二十贯之上,罪止杖一百,流三千里。")

小中村清矩博士《古代法律与现行法律》一文有云:

……官吏收贿之事,古昔依赃数之多寡定罪之重轻,举其最高者言之,如《新律纲领》对收受三百两以上者即处绞罪,但《限行法律》则不然,赃数多寡在所不计,只处以一月以上一年以下之重禁锢及罚金;若因不正之处分(按即枉法),则加一等。(按即《旧刑法》第九章《官吏渎职之罪》第二节《官吏对人民之罪》第二百八十四条之规定。)……若与古昔比较则轻微已甚,是古昔以道德为重,收受贿赂认为破廉耻之甚,故赃重者则处死罪也。(参看《阳春庐杂考》卷二第28页及高桥治俊等合编《刑法沿革总览》第41至42页。)

《新律纲领·受赃律》"坐赃致罪"条云:

凡非因枉法不枉法之事受财坐赃致罪者,通算科罪,与者,减五等(同《唐律》)。

五两以下,笞一十。
五两以上,笞二十。(《唐律》:"一尺,笞二十。")
二十两以上,笞三十。(《唐律》:"一匹,加一等。")
四十两以上,笞四十。

---

* 原文如此,疑误。——编者注

六十两以上,笞五十。

八十两以上,杖六十。

一百两以上,杖七十。

一百二十两以上,杖八十。

一百四十两以上,杖九十。

一百六十两以上,杖一百。

二百两以上,徒一年。(《唐律》:"十四,徒一年。")

四百两以上,徒一年半。

六百两以上,徒二年。

八百两以上,徒二年半。

一千两以上,徒三年。(同《唐律》"罪止,徒三年"之规定。)

"事后受财"条云:

凡官吏承行之事有先不听许送财,事过后受财,事若枉断者,准枉法论(同《唐律》卷第十一《职制下》)。事不枉断者,准不枉法论,并罪止流三等。(《唐律》作"事不枉者,以受所监临财物论";又"受所监临财物者,五十匹流二千里"。)出钱及过手者并杖七十(《唐律》无)。

"以财请求"条云:

凡诸人有事以财请求官吏本法者,计所与财坐赃论(同《唐律》)。……

《改定律例·官吏受财条例》:

第二百四十二条　凡官吏受枉法赃者,等内人二百五十圆以上、等外人三百圆以上处绞,及不枉法赃等内人三百圆以上处绞之律,并改为惩役终身。

前书《事后受财条例》：

第二百四十三条　凡官吏事后受财者,虽依本条科罪,其出钱及过手之人并处杖七十之律改依坐赃论减一等,并罪止惩役七十日。

越权

陵虐罪囚　《假刑律·断狱》云：

凡牢狱番人等非理陵虐殴伤罪囚者,依斗殴条科罪。(《大明律》卷二十八《刑律·断狱》"依凡斗伤论"律文略有不同。)……

《新律纲领》卷五《断狱律》云：

凡狱卒非理陵虐殴伤在狱罪囚者,依凡斗伤论。克减罪囚之衣食者,计赃以监守自盗论；因而致死者,绞。(同《大明律》)司狱官吏知而不举者,同罪,罪止流三等(《大明律》作"至死者减一等")。

笞杖不如法　前书云：

凡官吏用笞杖故不如法者,笞三十(《大明律》:"笞四十")。因而致死者,杖一百,追征埋葬金二十五两。(《大明律》仅为"一十两"。是日本较重视人命,故增加一倍半之埋葬金。)

承告不理 前书卷四《诉讼律》云:

凡告人命及强盗等官司不即时受理者杖七十(《大明律》卷二十二《刑律·诉讼》:"杖八十")。(告)斗殴婚姻田宅等事(不即时受理),各减犯人罪二等,并罪止杖七十。(《大明律》:"各减犯人罪二等并罪止,杖八十。")(按本条删去《大明律》"凡告谋反叛逆官司不即受理掩捕者,杖一百,徒三年……"等等之规定。)

诏书有违 《假刑律·杂犯》"违制旨及令"条云:

凡故违制旨者,笞一百;(《大明律》卷三《吏律·公式》作"凡奉制书有所施行而违者,杖一百"。)违令(原注:"奏准定法")者,笞五十;(《大明律》作"违皇太子令旨者,同罪;违亲王令旨者,杖九十"。)系临时沙汰之旨者,笞三十。(《大明律》作"失错旨意者,各减三等"。)

《新律纲领》卷三《职制律》云:

凡官吏奉诏书有所施行故违者,徒二年(《大明律》:"杖一百");失错者,杖八十(《大明律》:"各减三等")。……

〔逮捕监禁者脱逃罪〕

罪人拒捕　《假刑律·捕亡》云：

> 凡罪人事发逃走及拒捕者，各于本罪加二等，罪止笞百，远流(《大明律》卷二十七《刑律·捕亡》作"罪止杖一百，流三千里")。若拒捕殴人成伤，笞百，徒三年(《大明律》无)；折伤以上及刃伤者，刿首(《大明律》："殴人至折伤以上者，绞")；杀人者，斩(同《大明律》)。……

《新律纲领》卷五《捕亡律》云：

> 凡犯罪逃走拒追捕者，各于本罪加二等，罪止流三等(《大明律》："杖一百，流三千里")。本罪应死者，依常律(《大明律》无)。殴捕吏至折伤以上者，绞。杀者，斩(同《大明律》)。

狱囚逃走　《假刑律·捕亡》云：

> 凡罪人被囚禁破牢逃去者，皆斩。<small>即决枭首。</small>(《大明律》："若罪囚反狱在逃者，皆斩。")……

《新律纲领·捕亡律》云：

> 凡犯罪被囚禁而脱监及越狱逃走者(《大明律》作"脱监及解脱自带枷锁越狱在逃者")，各于本罪上加二等(同《大明律》)，罪止流三等。(《大明律》作"因而窃放他囚罪重者与囚同

罪,止杖一百,流三千里"。)本罪应死者,依常律(同《大明律》)。

若罪囚反狱逃走者,皆斩。同牢之囚人不知反情者,不坐(同《大明律》)。

《改定律例·狱囚脱监及反狱逃走条例》:

第二百九十三条　凡脱监及越狱逃走者各于本罪上加二等,罪止流三等之律改为惩役终身。

第二百九十四条　凡反狱逃走者皆斩之律改为首处斩,随从惩役终身。

(余条从略)

与囚金刃　《假刑律·断狱》云:

凡罪人入牢狱……衣类之外故与金刃及他应禁之物者,笞一百(《唐律》卷第二十九《断狱上》:"杖一百");因而囚人破牢逃去者,笞六十,徒一年。(《唐律》作"若囚以故逃亡及自伤伤人者,徒一年";《大明律》:"并杖六十,徒一年。")

《新律纲领》卷五《断狱律》云:

凡狱囚以金刃及他物可以自杀及解脱之具而与囚者,杖一百;因而囚得逃走及自伤伤人者,徒一年。(同《唐律》)……

失囚　《假刑律·捕亡》云:

……若番人巡见等因怠失囚者,笞一百;巡见等因怠不觉失囚者,减一等;(《唐律》卷第二十八《捕亡》作"诸主守不觉失囚者,减囚罪二等"。)皆给捕限三十日(《唐律》:"皆听一百日追捕")。限内自捕得者,免罪。(《唐律》:"限内能自捕得及他人捕得,若囚已死及自首,除其罪。")

《新律纲领》卷五《捕亡律》云:

凡主守不觉罪囚逃走者,笞四十(唐律:"减囚罪二等");若罪囚反狱逃走者,减一等。(《唐律》:"若因拒捍而走者,又减二等。")故纵者与各囚同罪,(《唐律》:"故纵者不给捕限,即以其罪罪之。")罪止流三等(《唐律》无)。

《改定律例·主守不觉失囚条例》:

第三百九条　凡主守不觉囚之逃走者,给捕限三十日追捕;限内捕得者,减二等(《唐律》:"除其罪");故纵者,不给捕限(同《唐律》)。

(余条从略)

劫囚　《假刑律·贼盗》云:

凡劫夺官吏追捕之罪囚,不论已否得囚,不分首从,皆斩。(《大明律》卷十八《刑律·贼盗》:"凡劫囚者,皆斩。——原注:但劫即坐,不须得囚。")……

《新律纲领》卷三《贼盗律》云：

　　凡劫囚者不分亲属他人，不论成否，皆流二等。(《唐律》卷第十七《贼盗》："诸劫囚者，流三千里。")伤人及劫死囚者，皆绞(同《唐律》)。若窃囚逃走者，与囚同罪；窃而未得者，减二等。(同《唐律》)

《改定律例·劫囚条例》：

　　第百三十四条　凡劫囚者皆流二等改为惩役十年。伤人及劫死囚者皆绞，改为惩役终身。

〔藏匿罪人罪〕
《假刑律·捕亡》云：

　　凡知系官司捕唤之罪人而藏匿家内，或资给衣粮，指引道路，送令藏匿者，各减罪人罪一等(同《唐律》及《大明律》)。其知情辗转相送而藏匿者，罪同(《大明律》："皆坐")。

《新律纲领·捕亡律》云：

　　凡他人犯罪事发，官司差人追唤而藏匿在家，不行捕告及指引道路，资给衣粮送他所隐避者，各减罪人罪一等(同《大明律》)；其辗转相送而隐匿罪人知情者，皆坐；不知者，勿论。(同《大明律》)

《改定律例·藏匿罪人条例》：

第三百十一条　凡知官司差人追唤之罪人而藏匿指引隐避者，减罪人罪一等之律改从减二等。……

〔诬告罪〕
《假刑律·诉讼》云：

凡诉人之无实恶事流罪以下者，依其所诬各罪罪之。（《唐律》卷第二十三《斗讼三》作"诸诬告人者，各反坐"。）若所诬人既处刑，后显知受诬，加所诬罪二等，罪止笞百远流。（与《大明律》卷二十二《刑律·诉讼》所规定"若所诬徒罪人已役，流罪人已配虽经改正放回，验日于犯人名下追征用过路费给还……"及"诬告人笞罪者，加所诬罪二等，流徒杖罪加所诬罪三等，各罪止杖一百，流三千里"等稍有不同。）若诬死罪，未决者，笞百远流，加役三年；（《大明律》："未决者，杖一百，流三千里，加役三年。"）既决者，斩。即决。（《大明律》："至死罪所诬之人已决者，反坐以死。"）……

《新律纲领》卷四《诉讼律》云：

凡诬告人者从罪之轻重及已未决配反坐（《唐律》："各反坐"）。

诬告死罪未处决者，减一等（《大明律》："杖一百，流三千里，加役三年"）。

若告二事以上,重事,实(同《唐律》);轻事,虚(《唐律》无);及告数事罪相等,一事,实者,并免除诬告之罪。(《唐律》作"但一事实除其罪重,事虚及其所剩;即罪至所止者,所诬虽多,不反坐"。)

其告二人以上,但一个不实者,虽罪轻犹反坐其罪。(《唐律》作"其告二人以上。虽实者多,犹以虚者反坐"。——原注:"谓告二人以上,但一人不实,罪虽轻犹反其坐。")

若上书(《唐律》作"表")告人,已经奏闻,事有不实,反坐(同《唐律》);徒罪二年及他(轻罪)者,依《上书诈不实律》论罪。(《唐律》作"罪轻者,从上书诈不实论"。)……

《改定律例·诬告条例》

第二百三十九条　凡以收赎或应收赎之罪诬告人者,即以收赎罪反坐。……

〔失火放火罪〕

《假刑律·杂犯》云:

凡故意放火烧人之房屋者,焚杀。即决。(《大明律》卷二十六《刑律·杂犯》:"若放火故烧官民房屋及公廨仓库系官积聚之物者,皆斩。")若火未燃扬及放火之情轻者,各斩(《大明律》无)。

《新律纲领》卷五《杂犯律》云:

凡失火烧自己之宅舍(《大明律》:"房屋")者,笞二十(《大明律》:"笞四十");延烧人之宅舍(《大明律》:"官民房屋")者,笞四十(《大明律》:"笞五十"),罪止坐失火者(《大明律》无)。若于太庙及宫阙内失火者,流三等。于山陵兆域内(失火)者,徒一年(《唐律》卷第二十七《杂律下》:"徒二年")。于公廨及仓库内者,杖百(《唐律》:"徒二年,在宫内加二等");主守之人因而侵欺财物者,计赃以监守自盗论。(《唐律》:"损害赃重者,坐赃论。")……

其守卫宫殿仓库及掌囚者,见火起时,不得离所守,违者杖七十(《唐律》:"杖一百")。

凡放火故烧公廨仓库及民舍者,皆斩(同《大明律》)。……

《改定律例·失火条例》:

第二百七十三条　凡于太庙及山陵内失火者,依律科罪外,官币国币大社与山陵同论。中社,惩役百日;小社,惩役九十日;府县社,惩役七十日;乡社,惩役六十日。延烧者,各减本罪三等。……

(余条从略)

前书《放火条例》:

第二百七十九条　凡放火故烧自己房屋者,惩役九十日(《大明律》:"杖一百");未烧毁者,减一等(《大明律》无);若不期延烧公廨仓库及民舍者,惩役二年半;(《大明律》作"若延烧官民房屋及积聚之物者，杖一百，徒三年。") 因而盗财者，惩役终身 (《大明律》作"斩")。

（余条从略）

〔伪造货币罪〕
《假刑律·诈伪》云：

凡伪铸金银并钱者，斩。枭首。(《大明律》卷二十四《刑律·诈伪》："凡私铸铜钱者，绞。"另条："若伪造金银者，杖一百，徒三年。") "随"从及知情买取使用者各笞百，远流(《大明律》："各减一等")。匠人受雇而铸者，与首犯同罪(同《大明律》)。……

《新律纲领》卷五《诈伪律》云：

凡伪造宝货已行使者，不论银数之多寡，为首者，枭(《大明律》："绞")；从者及匠人若知情买使者，并斩。(《大明律》匠人"与主犯同罪，为从及知情买使者各减一等"是处分较《新律纲领》为轻。)……

《改定律列·改正伪造宝货罪》：

第二百四十九条　凡伪造宝货已行使者，(为)首，斩(《大明律》："绞")；从及匠人若知情买使者，惩役终身。……

（余条从略）

〔伪造文书印文罪〕
《假刑律·诈伪》云：

凡伪造官府之印……者，斩。枭首。(《大明律·刑律·诈伪》："凡伪造诸衙门印信……者，斩。")为从及知情行用者，笞百远流(《大明律》："各减一等")；其伪造未成者，各减一等(同《大明律》)。……

凡伪书公事者，笞一百；情重者，临时判决。若系机密之重事，刎首。(《大明律》："诈为将军总兵官……文书套画押字……者，皆绞。")伪书私事，笞五十；因而掠取财物者，计数依窃盗条从重论。

《新律纲领·诈伪律》云：

凡诈为官文书及增减者，皆徒三年。(《大明律》："诈伪将军总兵官……文书……者，皆绞。")省、台、察、司、府、藩、县之文书，减二等。(《大明律》："察院布政司按察司府州县衙门者，杖一百，流三千里。")余文书，减五等。(《大明律》："其余衙门者，杖一百，徒三年。")未施行者，各减一等(同《大明律》)。关重事之文书者，各加一等(《大明律》无)。若有规避者，各从重论(同《大明律》)。

其当该官司知而听行者，各同罪(同《大明律》)，罪止流三等(《大明律》无)；不知者，不坐(同《大明律》)。

凡伪造官印者，绞。(《大明律》："凡伪造诸衙门印信……

者,斩。")省、台、寮、司、府、藩、县之印者,流一等;余印,徒一年。(《大明律》:"伪造关防印记者,杖一百,徒三年。")……

《改定律例·伪造官印条例》:

第二百四十八条　凡伪造官印者处绞之律改为惩役终身。

〔私作斛斗秤度罪〕
《假刑律·诈伪》云:

凡私造斛斗秤尺者,笞一百。(《大明律》卷十《户律·市廛》:"凡私造斛斗秤尺不平在市行使……者,杖六十。")匠人受雇而造者,与同罪(同《大明律》)。官降之斛斗添作二重底者,笞八十。(《大明律》:"……将官降斛斗作弊增减者,杖六十。")

《新律纲领·诈伪律》云:

凡伪造斛斗秤尺者,流一等(《大明律》:"杖六十");(随)从者(《大明律》无)及匠人,徒三年(《大明律》:"工匠同罪")。

〔赌博罪〕
《假刑律·杂犯》云:

凡博弈者,皆笞五十。(《大明律》卷二十六《刑律·杂犯》:"凡赌博财物者,皆杖八十。")当场之财物,没官(《大明律》:"摊场钱物入官")。……

《新律纲领》卷五《杂犯律》云:

凡赌财物为博戏者,皆杖八十,赌场之财物入官。其开张赌房之人,虽未与其列,并同罪。(同《大明律》)赌饮食者,勿论(同《唐律》卷第二十六《杂律上》)。……

《改定律例·赌博条例》:

第二百七十条　凡赌场现在之财物虽入官,其田宅不动产还付原主,不在入官之限。

（余条从略）

〔奸非罪〕

《假刑律·犯奸》云:

凡和奸,男女共笞五十(《大明律》卷二十五《刑律·犯奸》:"杖八十");有夫,加一等(《大明律》:"杖九十");将女诳出他所奸通者,不分有夫无夫及男女,各笞七十(《大明律》:"刁奸,杖一百")。奸生之子责付奸夫(同《大明律》),奸妇之去留任本夫之意(《大明律》:"奸妇从夫嫁卖,其夫愿留者,听")。……媒合奸事者,减犯人罪一等(同《大明律》)。

凡强奸,笞一百(《大明律》:"绞");未遂者,笞八十(《大明律》:"杖一百");妇女无论。奸十二岁以下之幼女者,虽和奸，以强奸论(同《大明律》)。……

凡纵妻妾及子孙之妇与人奸通者，父母本夫、奸夫、奸妇各笞六十。(《大明律》："凡纵容妻妾与人通奸者，本夫、奸夫、奸妇各杖九十。"另条："若纵容……亲女及子孙之妇妾与人通奸者，罪亦如之。")若强逼奸通者，父母、本夫笞七十，(《大明律》："抑勒妻妾及乞养女与人通奸者，本夫、义父各杖一百。")妇女不坐(同《大明律》)。奸夫依和奸之本条(《大明律》："奸夫杖八十")。……

凡奸养母、嫡母、继母者，斩。枭首。强奸者，磔。即决。奸伯叔母、姊者，刎首(《大明律》："斩")。强奸者，斩枭首。即决。女附杂户。秽多手下。奸妹侄并子孙之妇者，笞百，远流；女，笞百，附杂户；强奸者，刎首。奸兄弟之妇者，男女各加凡奸罪三等(《大明律》："各绞")；强奸者，刎首(《大明律》："斩")。

但本条系强奸者，妇女皆无论。

凡奸主人之母妻女者，斩枭首(《大明律》："斩")；强奸者，磔。即决。若农商家之奉公者奸其主之妻女或母者，刎首；强奸者，刎首，枭。妇女和奸就本条论，系强奸者，无论。

凡于父母及夫丧中犯奸者。加本罪二等，僧尼准之(同《大明律》，惟削去"道士女冠"字样)。相奸之人……以凡奸论(同《大明律》)。

凡良民奸贱者之妇女，减凡奸罪一等。(《大明律》："良人奸他人婢者，减一等。")贱者奸良民之妇女，加一等。(《大明律》："凡奴奸良人妇女者，加凡奸罪一等。")

凡官吏奸其官下之妇女者,加本罪二等。(《大明律》:"凡军民官吏奸所部妻女者,加凡奸罪二等,各罢职役不叙。")妇女以凡奸论(同《大明律》)。

(余条从略)

《新律纲领》卷五《犯奸律》云:

凡和奸,各杖七十(《大明律》:"杖八十")。有夫者,各徒三年(《大明律》:"杖九十")。

若媒合及容止通奸者,减犯人罪一等(同《大明律》)。

强奸者,流三等(《大明律》:"绞");未成者,减一等(《大明律》:"杖一百,流三千里");因而折伤者,绞;妇女不坐。奸十二岁以下之幼女者,虽和同强论。(同《大明律》)

凡奸父祖之妾、姊妹,及子孙之妇兄弟之女者,各流三等(《大明律》:"各斩");强奸者,斩。

若奸母之姊妹及兄弟之妻,侄之妻者,各流一等(《大明律》:"各绞");强奸者,绞(《大明律》:"斩")。奸妾者,各减一等;强奸者,绞。(同《大明律》)

若奸前夫之女,同母异父姊妹者,各徒三年(《大明律》:"杖一百,徒三年");强奸者,绞(《大明律》:"斩")。

凡奴仆雇人奸家长之妻者,流三等(《大明律》:"各斩");奸妇,徒三年。强奸者,斩。

若奸家长之女(《大明律》:"奸家长妻女,各斩")、姊妹及姑,若兄弟之妻者,流一等。(《大明律》:"若奸家长之缌麻以上亲及缌麻以上亲之妻者,各杖一百,流二千里。")妇女,以凡奸论。强奸者,绞(《大明律》:"斩")。奸妾者,各减一等(同《大明律》);强奸者,绞(《大明律》:"强者亦斩")。

凡官吏奸所部内之妻女者,加凡奸罪二等;妇女以凡奸论。(同《大明律》)

凡居父母、舅姑及夫之丧,若僧尼犯奸者,各加凡奸罪二等;相奸之人以凡奸论。(同《大明律》)

《改定律例·改正犯奸律》:

第二百六十条　凡和奸:有夫者,各惩役一年(《大明律》:"杖九十");妾减一等(同《大明律》)。若媒合及容止通奸者,减犯人罪三等(《大明律》:"各减犯人罪一等")。

强奸者,惩役十年(《大明律》:"绞");未成者,减一等(《大明律》:"杖一百,流三千里");因而折伤者,惩役终身,妇女不坐。奸十二岁以下之幼女者,虽和同强论。(同《大明律》)

第二百六十一条　凡奸父祖之妾,伯叔、姑、姊妹及子孙之妇者,各惩役三年(《大明律》:"各斩")。强奸者,惩役终身。若奸母之姊妹及兄弟之妻、侄之妻者,惩役二年(《大明律》:"各绞")。奸妾者,各减一等(同《大明律》);强奸者,并惩役终身(《大明律》:"斩")。

若奸兄弟、姊妹之女及前夫之女,同母异父姊妹者,各惩役一年(《大明律》:"各杖一百,徒三年")。强奸者,惩役终身(《大明律》:"斩")。

第二百六十二条　凡雇人奸家长之妻者,各惩役一年半(《大明律》:"各斩")。强奸者,惩役终身。

第二百六十三条　凡官吏奸部民之妻者,惩役一年半(《大明律》:"加凡奸罪二等");相奸之妻,惩役一年(《大明律》:"妇女以凡奸论")。

第二百六十四条　凡居父母、舅姑及夫之丧犯奸者,各加凡奸一等(《大明律》:"各加凡奸罪二等");相奸之人以凡奸论(同《大明律》)。

（余条从略）

按以上三律关于"奸非罪"之规定虽完全以《大明律》为立法之准绳,然其处分则殊不一致,《假刑律》之严重盖与《大明律》在伯仲之间有时且较为尤甚或乃武家之积习一时难于改正之故欤?《新律纲领》虽小部分仍沿袭《大明律》,但大部分则均较《大明律》减轻;至《改定律例》则处刑尤为减轻,此亦当时日本之社会背景,逐渐由封建制度及承受中国之片面礼教思想解脱而倾向于欧洲之个人主义思想之明征,故阶级尊卑之意识乃不似前此之固执而不可移也。

〔重婚罪〕

《假刑律·婚姻》云:

凡有妻重娶妻者,笞五十(《大明律》卷六《户律·婚姻》:"杖九十");后娶之妇,离别(同《大明律》:"离异")。……

《新律纲领》卷三《户婚律》云:

凡逐无罪之婿嫁女或再招婿者,杖九十(《大明律》:"杖一百"),其女不坐(同《大明律》)。男家之娶者及后赘之婿(《大明律》无此四字),知情者同罪;不知者,不坐(同《大明律》)。

〔杀人罪〕

《假刑律·人命》云:

凡谋杀人者,造意者,斩。即决。(同《大明律》卷十九《刑律·人命》:"斩")从而加功者,刎首。即决。(《大明律》:"绞")不加功者,笞百,徒三年(《大明律》:"杖一百,流三千里,杀讫乃坐")。

若伤而未死,造意者刎首(《大明律》:"绞");从而加功者,笞百,徒三年(《大明律》:"杖一百,流三千里");不加功者,笞一百(《大明律》:"杖一百,徒三年")。若巧之筋既行(即"谋而已行")未伤者,笞百,徒三年(《大明律》:"杖一百,徒三年");为从者,各笞八十(《大明律》:"杖一百")。造意者其身虽不行,总以首论;从者不行,以减下手者一等论断。(同《大明律》之规定,但文字则有差异)……

凡谋杀祖父母、父母及夫之祖父母、父母,巧之筋既行者,不分伤之有无及首从,皆斩。即决枭首。(《大明律》:"皆斩")既杀,皆磔。即决。(《大明律》:"皆凌迟处死")

若祖父母父母非理谋杀子孙者,笞八十,徒二年。(《唐律》卷第十七《贼盗一》作"尊长谋杀卑幼者,各依故杀罪减二等"。)……

凡谋杀伯叔父姑、兄姊、外祖父母、夫者,既行者皆刎首。即决。(《大明律》:"谋杀缌麻以上尊长,已行者,杖一百,流二千里。")既杀者,皆斩。即决枭首。(《大明律》:"斩")……

凡谋杀主人,巧之筋既行,不分伤之有无及首从,皆斩。即决枭首。(《唐律》:"皆斩")……

若妻妾因奸与奸夫谋杀本夫者奸夫奸妇并斩。即决。(《大明律》:"妻妾……凌迟处死,奸夫处斩。")……

若奸夫自杀其本夫,奸妇虽不预知其情,并刎首(《大明律》:"绞")。……

凡杀一家三人及惨毒残害人者,磔。即决。(《大明律》:"凌迟处死")从而加功者,斩。即决。(《大明律》:"为从者,斩。")……

凡用妖术毒药杀人者,各以谋杀论。(《唐律》卷第十八《贼盗二》作"诸有所憎恶而造厌魅及造符书咒诅欲以杀人者,各以谋杀论减二等"。)……

凡故杀人者,斩(同《大明律》)。……

若过失致杀伤人者,准《斗殴》条之罪收赎,给死伤之家(同《大明律》,惟文字稍有歧异)。

凡虽因事故以威势谴责人,因逼其人自死者,笞八十(《大明律》:"杖一百");收埋葬料十贯文(《大明律》:"银一十两")给死者之家。威逼伯叔父、姑、兄姊致死者,刎首。(《大明律》:"若威逼期亲尊长致死者,绞;大功以下,递减一等。")若因奸事窘辱人致死者,斩。(《大明律》作"若因奸盗。而威逼人致死者,斩"。)……

《新律纲领》卷三《人命律上》云:

凡谋杀人,造意者,斩;从而加功者绞(同《大明律》);不加功者,流三等(《大明律》:"杖一百,流三千里")。……若伤而不死,造意者,绞(同《大明律》);从而加功者,流三等(《大明律》:"杖一百,流三千里");不加功者,徒三年(《大明律》:"杖一百,徒三年")。若虽谋而已行未伤人,造意者,徒三年(《大明律》:"杖一百,徒三年");为从,虽不同行者杖一百。(《大明律》作"为从者各杖一百,但同谋者皆坐"。)其造意者身虽不行,仍为首论(同《大明律》);为从不行,各减行而不加功者一等(《大明律》"减行者一等",无"不加功"字句)。……

凡吏卒军民谋杀本属之敕任长官。(《大明律》原文作"凡奉制命出使而官吏谋杀及部民谋杀本属知府、知州、知县,军士谋杀本管指挥、千户、百户,若吏卒谋杀本部五品以上长官",较《唐律》尤冗烦,惟《日律》又分析为数则,详下。)已行者,流三等(《大明律》"杖一百,流二千里");已伤者,斩(《大明律》:"绞");已杀者,皆枭(《大明律》:"皆斩")。

若谋杀奏任长官已行者,流二等;已伤者,绞;已杀者,皆斩。

若谋杀判任长官已行者,流一等;已伤者,绞;已杀者,皆斩。……

凡谋杀祖父母、父母及伯叔父、姑、兄姊若外祖父母、夫、夫之祖父母、父母,已行者,皆斩(同《大明律》);已杀者,皆枭(《大明律》:"皆凌迟处死")。谋杀三等亲以上之尊长(《大明律》:"缌麻以上尊长"),已行者,首,流一等;从,徒三年。(《大明律》:无首从之分,皆"杖一百,流二千里。")已伤者,首,绞;从而加功者,或不加功者,并同凡人论罪(《大明律》只规定"已伤者,绞");已杀者,皆斩(同《大明律》)。

若五等亲以上之尊长(《唐律》卷第十七《贼盗一》只规定

"尊长"而无等别)谋杀卑幼,已行者各依《斗殴律》内《尊长故杀卑幼律》,减二等;已伤者,减一等;已杀者,依《故杀律》。(同《唐律》,惟文字小有出入)

凡奴婢谋杀家长,已行者,流三等(《唐律》作"诸部曲奴婢谋杀主者,皆斩",处分较重);已伤者,斩;已杀者,皆枭……

……其妻妾因奸同谋杀本夫者,枭(《大明律》:"凌迟处死");奸夫,斩(同《大明律》)。若奸夫自杀本夫者,奸妇虽不知情,绞(同《大明律》)。

凡谋杀、故杀、放火、行盗(《大明律》无此区别之规定)、杀一定非死罪三人以上,若支解人者,皆枭。(《大明律》:"凌迟处死,财产断付死者之家,妻子流二千里。")

凡行厌魅、造符书咒诅欲以盗人者,各以谋杀论(《唐律》卷第十八《贼盗二》作"各以谋杀论减二等",是处分较轻)。止欲以疾苦人者,减谋杀已行未伤二等(同《唐律》)。

凡用毒药杀人及用药而不死者,各依《谋杀律》论罪(《唐律》无)。买而未用者,徒二年半;知情卖毒药者,同罪,罪止流三等;不知者,不坐。(《唐律》作"卖买而未用者,流二千里";"卖者不知情,不坐"。)

故杀人者,斩(同《大明律》)。……

前书卷四《人命律下》云：

凡过失杀伤人者,各准依《斗杀伤》法收赎给付其家(同《大明律》)。

凡奴婢犯死罪(《唐律》卷第二十二《斗讼二》作"奴婢有

罪"),家长(《唐律》:"其主")不告官而擅杀者,杖七十(《唐律》:"杖一百");若无罪而殴杀者,徒三年(《唐律》:"徒一年"。是本条对于奴婢之生命较《唐律》尤为重视,亦时势为之也)。……

凡庸医……故不如本方……杀人者,斩(《唐律》:"以故杀论")。

凡因户婚、田宅、钱债等事(《大明律》卷二十八《刑律·断狱》无此区别规定),威逼人致自死者,杖一百(同《大明律》)。

若官吏公使人等非因公务而威逼平民致自死者,罪同,并追给埋葬金二十五两(《大明律》:"一十两")。若因行奸为盗,威逼人致自死者,不问奸之成否,财之得否(《大明律》无此二语),并斩(同《大明律》)。

《改定律例·人命律·谋杀条例》:

第百六十条　凡谋杀人虽未行,而谋状显迹者,首惩役百日,从惩役五十日。……

《谋杀官吏律》:

第百六十五条　凡谋杀刺任官已行者,首,惩役十年;从,惩役七年。已伤者,首,斩;从而加功者,惩役终身;不加功者,惩役十年;已杀者,皆斩。……

《谋杀祖父母父母条例》:

第百六十八条　凡谋杀祖父母、父母及伯叔父姑、兄、姊,若外祖父母、夫、夫之祖父母、父母,已行者皆斩之律改处皆绞。

《杀死奸夫条例》:

第百六十九条　凡奸夫自杀本夫者,奸妇虽不知情,处绞之律改惩役终身。……

《改正杀雇人律》:

第百八十四条　凡雇人犯死罪,家长不告官而擅杀者,惩役八十日。

〔殴伤罪〕

《假刑律·斗殴》云:

凡以手足殴人不成(踏)伤者,笞二十(同《大明律》卷二十《刑律·斗殴》惟"踏"字为《假刑律》所增入);成伤及以他物殴人,不成伤者,笞三十;成伤,笞四十。拔发(事)方(一)寸以上,笞五十(同《大明律》,惟增"事"及"一"字)。……若血从耳目中出及内损吐血,且以秽物污头及灌入九窍内者,笞八十(同《大明律》,而文字小有出入)。折一指一齿,眇一目,若破伤骨、破裂耳鼻及以刃伤(此二字为《大明律》所无)与汤火铜铁汁烂人者,笞一百(《大明律》:"杖一百")。折二指二齿以上,刃伤甚重,汤火铜铁伤甚敷者,笞六十,徒一年。(《唐律》卷第二十一《斗讼一》作"折二齿二指以上及髡发者,徒一年半"。)折肋骨,眇两目,堕胎,因刃伤人成残疾者,笞八十,徒二年(《唐律》只"徒二年")。手足之内折(跌)其腰项之一,及瞎其一目使人至废疾之类者,笞百,徒三年(《唐律》只"徒三年",文字亦差异)。手足之内折其二,又瞎二目使人至笃疾,若断人之舌,毁败人之阴阳者,笞百,远流,加役三年(《唐律》只"流三千里")。……

凡俱谋殴人,各以其殴处之物并伤之轻重定罪,原谋减下手伤重者罪一等(同《唐律》之规定,惟文字有改变)。

凡贱者殴良人,加"凡斗"条一等;至笃疾者,刎首;死者,斩。(《大明律》:"凡奴婢殴良人……至死者,斩。")……

凡殴受业师者,笞一百,折伤以上加《斗殴》条一等(《大明律》:"加凡人二等"),死者,斩。枭首。(《大明律》只作"斩")

凡殴伯叔父、姑,外祖父母、兄、姊,各笞六十,徒一年;成伤,笞百,徒三年;刃伤且成废疾,刎首;至死及故杀者,不分首从,皆斩。(《大明律》:"弟妹、殴兄、姊……致死者,斩。")……若非理殴甥侄、外孙、弟妹,成伤,减凡斗伤罪三等;因而至死者,笞百,徒三年(《大明律》:"杖一百,徒三年")。……

凡殴祖父母、父母及夫之祖父母、父母,不分首从,皆斩。即决枭首。(《大明律》:"斩")……若祖父母、父母非理殴子孙因成废疾且刃伤者,笞五十;至笃疾,笞八十;至死……笞六十,徒一年(《唐律》:"徒一年半";《大明律》:"杖一百")。……若非理殴子孙之妇者,加殴伤子孙之罪二等,因而杀死者,笞百,徒三年。(《唐律》:"徒三年",及《大明律》作"若尊长殴伤卑幼之妇,减凡人一等,至死者,绞"。是本条实折衷于唐明律之间也。)……

凡妻殴夫,笞一百(《大明律》:"杖一百");至折伤以上。

加凡斗伤三等；至笃疾，刎首即决。至死……斩。即决枭首。（《大明律》："斩"）……

若殴妻之父母，笞一百；折伤以上，加凡斗伤罪二等；至笃疾，刎首；死者，斩。（同《大明律》）……

《新律纲领》卷四《斗殴律》：

凡斗殴，以手足殴人不成伤者，笞二十（同《大明律》）。及以瓦石槌棒等殴人不成伤者，笞三十；成伤者，笞四十。血从耳目中出及内损吐血者，杖八十。（同《大明律》）

折人一指一齿，眇一目，抉毁耳鼻，若破骨及以汤火伤人者，杖一百（同《大明律》）；以秽物灌入口鼻内者，罪亦同（同《大明律》）。折二指二齿以上及髡发者，徒一年（《唐律》："徒一年半"）。

折人肋眇两目，及刃伤者，徒二年（同《唐律》）。

折跌人肢体及瞎一目致废疾者，徒三年（同《唐律》）。

瞎两目，折两肢，及殴打旧患因至笃疾（《唐律》作"即损二事以上及因旧患……"），若断舌及毁败阴阳者，流三等（《唐律》："流三千里"），仍追给金二十两养赡（《唐律》无）。

其同谋共殴伤人者，各以下手成重伤者坐重罪。原谋者虽不下手，伤轻减一等（虽同《唐律》，而文字有改变）。若因斗互相殴伤者，各验其伤之轻重定罪。后下手理直者，减本罪二等（同《唐律》）。至笃疾者，仍追征金二十两养赡（《唐律》无）。至死者，流三等。（《唐律》："至死者，不减。"）

凡吏卒军民，殴本属敕任长官者，流一等；伤者，流三等；

折伤以上,绞。

凡官司差遣所属人追征钱粮,勾摄公事,抗拒不服者,杖六十(同《唐律》);殴者,杖八十(《唐律》:"加二等",处分并同);内损以上,各加凡斗伤二等(《唐律》:"加斗伤一等"),罪止流三等;至死者,斩。

凡文武百工技艺之人(《大明律》无此区别之规定)殴受业师者,加凡斗伤二等(同《大明律》),罪止流三等(《大明律》无);至死者,斩(同《大明律》)。

凡奴婢殴家长者,皆流一等;(《大明律》:"奴婢斗主者,斩。"《唐律》:"绞",处分均嫌过重,此尚能减轻。)伤者,皆流三等;折伤者,皆绞;至死者,皆斩。……

凡妻殴夫者,杖一百(同《大明律》);折伤以上,加凡斗伤三等;……至笃疾者,绞;至死者,斩。(同《大明律》)……

凡夫殴妻……折伤以上减凡人二等;……至死者,绞。(同《大明律》)殴妾折伤以上,减殴妻二等;至死者,流一等(《大明律》:"杖一百,徒三年",处分过轻,不如本条之较能重视人命也)。

若夫殴妻之父母者杖九十;折伤以上,各加凡斗伤一等;笃疾者,绞;至死者,斩。(同《大明律》)……

凡卑幼殴三等亲之尊长者,徒一年;四等亲之尊长者,杖一百;折伤以上,递加凡斗伤一等;笃疾,绞;至死者,斩。(《大明律》作"凡卑幼殴本宗及外姻缌麻兄姊……至死者,斩"。)……

凡弟妹殴兄姊者,徒二年;伤者,徒二年半;折伤者,流二等;至废疾者,流三等;至笃疾者,绞;至死者,皆斩。(同《大明律》)……

若兄姊殴杀弟妹,伯叔父、姑殴杀侄,外祖父母殴杀外孙者,徒三年(《大明律》:"杖一百,徒三年")。……

凡子孙殴祖父母、父母及妻妾殴夫之祖父母、父母者,皆斩(同《大明律》)。……

凡妻妾殴夫之"二等亲以下"、"四等亲以上之尊长"者,与夫殴同罪,罪止流三等;至死者,各斩。(《大明律》作"凡妻妾殴夫之"、"期亲以下"、"缌麻以上尊长"与夫殴同罪,至死者,"斩",而无"罪止流三等"之规定。)……

若妻殴伤夫之三等亲以下之卑属(《大明律》只作"卑属"),与夫殴同(同《大明律》)。……

《改定律例·斗殴律》:

第二百九条　凡斗殴拔发方寸以上者,惩役四十日。……

第二百十条　凡二人共殴人,各瞎一目至盲,先殴者依废疾律惩役三年;后殴者,依笃疾律惩役十年……

第二百十一　凡殴妇女致堕胎者,惩役二年。……

第二百十二条　凡斗殴杀人,后下手理直者,照律科惩役十年。……

《殴官吏律》:

第二百十六条　凡殴敕任官者,惩役五年;伤者,惩役十年;折伤以上,绞。……

《殴受业师条例》：

　　第二百十九条　凡殴受业师至死者，斩，改为惩役终身。

《殴家长条例》：

　　第二百二十条　凡雇人殴家长至笃疾及死者处绞斩之律，俱改惩役终身。……

《殴夫条例》：

　　第二百二十二条　凡妻妾殴夫至废笃疾者处绞之律俱改惩役终身。……

《殴伤妻妾条例》：

　　第二百二十三条　凡夫殴妻至死者绞改惩役终身。……若夫殴妻之父母至笃疾及死者处绞斩之律改惩役终身。……

《殴三等亲以下尊长条例》：

　　第二百二十四条　凡卑幼殴三等亲之尊长至笃疾，绞，改惩役终身；至死者，斩，改处绞。……

《殴二等亲尊长条例》：

第二百二十七条　凡弟妹殴兄姊至笃疾者,绞,改惩役终身;至死者皆斩,改为皆绞。……

《殴祖父母父母条例》:

第二百二十八条　凡子孙殴祖父母、父母,及妻妾殴夫之祖父母、父母之律改为殴者惩役十年;伤者,惩役终身;至死者,皆斩。……

《妻妾与夫亲属相殴条例》

第二百三十一条　凡妻妾殴夫之二等亲以下四等亲以上之尊长至死者,各斩改处绞。……

〔骂詈罪〕
《新律纲领》卷四《骂詈律》。

凡骂人者,笞一十;互相骂者,各笞一十。(同《大明律·刑律·骂詈》)

凡吏卒军民骂本属之敕任长官者(《大明律》作"凡奉制命出使而官吏骂詈及部民詈本属知府、知州、知县,军士骂本管指挥、千户、百户,若吏卒骂本部五品以上长官"),徒一年(《大明律》:"杖一百")。骂奏任长官(《大明律》:"六品以下长官")者,杖九十(《大明律》:"各减三等");骂判任长官(《大明律》:"佐贰官首领官")者,杖六十(《大明律》:"又各递减一等")。其长官非本属者,各减二等,并亲闻乃坐(同《大明律》)。

凡奴婢骂家长者,徒一年(《大明律》:"绞")。……

凡卑幼骂四等亲之尊长(《大明律》:"缌麻兄姊")及妻之父母者,笞五十(同《大明律》);骂三等亲之尊长(《大明律》:"小功"),杖六十(同《大明律》)。……

《改定律例·骂詈律·骂官吏律》:

第二百三十四条　凡骂敕任官者,惩役一年;骂奏任官者,惩役九十日;骂判任官者,惩役六十日。……

〔逮捕监禁人罪〕
私擅逮捕监禁　《假刑律·斗殴》云:

凡争论事理,决非违,应出诉官吏待其裁决,若擅以威力搦捕人或于私家拷问且囚禁者,笞四十(《大明律》卷二十《刑律·斗殴》作"并杖八十",文字较此简洁)。……

前书《诈伪》又云:

……诈称追捕役人而捕人者,笞一百(《大明律》卷二十四《刑律·诈伪》:"杖一百,徒三年")……

《新律纲领》卷四《斗殴律》云:

凡以威力制缚人及于私家拷打监禁者,不问有伤无伤(《大明律》无此一语),并杖一百(《大明律》:"并杖八十")。……

前书卷五《诈伪律》云:

凡无官诈称有官,或诈称官司差遣捕人……者,徒二年半(《大明律》:"杖一百,徒三年")。……

滥权逮捕监禁 《假刑律·断狱》云:

若捕役兵私仇捕平人入狱及拷问者,笞六十。(《大明律》卷二十八《刑律·断狱》作"凡官吏怀挟私仇,故禁平人者,杖八十"。)……因而致死者,斩(《大明律》:"绞")。

《新律纲领》卷五《断狱律》云:

凡官吏怀挟私仇故禁狱无罪人者,徒一年(《大明律》:"杖八十");因而致死者,绞(同《大明律》)。司狱官狱卒知而不举首者,与同罪,罪止流三等(《大明律》作"至死者减一等");不知者,不坐(同《大明律》)。……

〔略诱及和诱罪〕
《假刑律·贼盗人商》云:

凡以方略勾引人至他所卖渡者,刎首。(《大明律》卷十八

《刑律·贼盗》作"凡设方略而诱取良人及略卖良人为奴婢者,皆杖一百,流三千里。为妻妾子孙者,杖一百,徒三年……"于被略卖之中,尚有"为奴婢"、"为妻妾子孙"之别。)……若虽勾引未卖渡及和卖者,减略卖罪一等。(《大明律》:"若和同相诱及相卖良人为奴婢者,杖一百,徒三年。""未卖者各减一等。")……其被和诱者,减犯人罪三等(《大明律》:"被诱之人减一等");若勾引十岁以下者,虽相和以略诱论。(《大明律》:"十岁以下虽和,亦同略法。")……若欺子孙卖渡他所者,笞八十。(《唐律》卷二十《贼盗四》作"诸略卖期亲以下卑幼为奴婢者,并同斗殴杀法"。)……知情买者,与犯人同罪。(《唐律》作"各加卖者,罪一等"。)……

《新律纲领》卷三《贼盗律·略卖人》条云:

> 凡略卖人为娼妓(《大明律》:"为奴婢")者,不论成否,皆流二等(《大明律》:"杖一百,流三千里");为妻妾奴婢(《大明律》:"为妻妾子孙")者,徒二年半(《大明律》:"杖一百,徒三年")。……和诱者,各减一等(《大明律》:"杖一百,徒三年");其被诱之人各减三等(《大明律》:"减一等");十岁以下虽和以略论(同大明律)。……

《改定律例·贼盗律·略卖人条例》:

> 第百四十五条　凡略卖人为雇人者,惩役二年半。……
> (余条从略)

〔窃盗及强盗罪〕

窃盗 《假刑律·贼盗》云：

凡窃盗既行虽未盗得(财)，笞二十(《大明律》卷十八《刑律·贼盗》："笞五十")，其盗得(财)者，各计入已之数科罪。(《大明律》："以一主为重，并赃论罪。")

一贯文以下　　　笞三十(《大明律》："杖六十")

五贯文以下　　　笞四十

十一贯文以下　　笞五十(《大明律》："一贯之上，至十一贯，杖七十。")

十七贯文以下　　笞六十

二十三贯文以下　笞七十(《大明律》："二十贯，杖八十。")

二十九贯文以下　笞八十(《大明律》："三十贯，杖九十。")

三十五贯文以下　笞九十

四十一贯文以下　笞一百(《大明律》："四十贯，杖一百。")

四十七贯文以下　笞六十，徒一年

五十三贯文以下　笞七十，徒一年半(《大明律》："五十贯，杖六十，徒一年。")

五十九贯文以下　笞八十，徒二年(《大明律》："六十贯，杖七十，徒一年半。")

六十五贯文以下　笞九十，徒二年半

七十一贯文以下　笞百，徒三年(《大明律》："七十贯，杖八十，徒二年。")

七十七贯文以下	笞百,近流(《大明律》:"八十贯,杖九十,徒二年半。")
八十三贯文以下	笞百,中流
八十九贯文以下	笞百,远流(《大明律》:"九十贯,杖一百,徒三年。")……

凡盗大祀神御之祭器帷帐并飨荐之器等,不分首从皆斩(同《大明律》)。若未进神御及营造未成若祭讫之品及其余之官物者,笞百,徒三年(《大明律》:"笞"为"杖")。若计赃重于本罪者,加盗罪一等(同《大明律》惟无"并刺字"之规定)……

凡盗制书,不分首从,皆斩(同《大明律》)。盗官文书者笞一百(《大明律》"笞"作"杖",并刺字);若有所规避者,从重论(同《大明律》)。其事干军机者,刎首(《大明律》:"皆绞")。

凡盗内府及隐匿各处公廨官库(《大明律》只有"内府")盗物者,虽不得财,不分首从,皆斩(同《大明律》)。……

凡盗山陵内树木者,笞百,徒三年(《大明律》"笞"作"杖")。……

凡常人盗官物,既行,未盗得(财)者,带刀以上夺职禄,废为庶人(《大明律》无);带刀以下者,笞四十(《大明律》:"杖六十,免刺");既盗得财者:

一贯文以下	笞五十(《大明律》:"杖七十")
五贯文以下	笞六十(《大明律》:"一贯之上至五贯,杖八十。")
九贯文以下	笞七十(《大明律》:"一十贯,杖九十。")
十三贯文以下	笞八十(《大明律》:"一十五贯,杖一百。")

十七贯文以下	笞九十
二十一贯文以下	笞一百(《大明律》:"二十贯,杖六十,徒一年。")
二十五贯文以下	笞六十,徒一年(《大明律》:"二十五贯,杖七十,徒一年半。")
二十九贯文以下	笞七十,徒一年半(《大明律》:"三十贯,杖八十,徒二年。")
三十三贯文以下	笞八十,徒二年
三十七贯文以下	笞九十,徒二年半(《大明律》:"三十五贯,杖九十,徒二年半。")
四十一贯文以下	笞百,徒三年(《大明律》:"四十贯,杖一百,徒三年。")
四十五贯文以下	笞百,近流(《大明律》:"四十五贯,杖一百,流二千里。")
四十九贯文以下	笞百,中流
五十三贯文以下	笞百,远流(《大明律》:"五十贯,杖一百,流二千五百里。")

凡盗牛马,假令在原野放牧者,不拘守者之有无,计赃以窃盗论加二等(《大明律》只"计赃以窃盗论");其盗系官(物)者,以常人盗官物论加二等(《大明律》不加等)。盗而杀者,笞百,徒三年(《大明律》"笞"作"杖");若计赃重于本罪者,加盗罪二等(《大明律》:"各加盗罪一等")。……

凡盗田野之谷麦者,不拘守者之有无,计赃准窃盗论加一等(《大明律》不加等)。其盗菜果及山野木石之类他人已用工力之物者,亦准窃盗论(同《大明律》)。

《新律纲领》卷三《贼盗律》云:

凡窃盗不得财者,笞四十(《大明律》:"笞五十");得财者并赃科罪,从者各减一等(同《大明律》)。掏摸者,罪同(同《大明律》)。……

一两以下　　笞五十(《大明律》:"一贯以下,杖六十。"《大清律》卷二十四《刑律·贼盗》改"贯"为"两"。)

一两以上　　杖六十

一十两以上　　杖七十(《大明律》:"一贯之上至一十贯,杖七十"。《大清律》"一两以上至十两,杖七十。")

二十两以上　　杖八十

三十两以上　　杖九十

四十两以上　　杖一百

五十两以上　　徒一年

六十两以上　　徒一年半

七十两以上　　徒二年

八十两以上　　徒二年半

九十两以上　　徒三年

一百两以上　　流一等

一百一十两以上　　流二等

一百二十两以上　　流三等(《大明律》:"一百二十贯,罪止杖一百,流三千里。"《大清律》:

"一百二十两以上,绞。")

三百两以上　　绞

三犯,五十两以下,流三等;五十两以上,绞。(《大清律》作"三犯,不论赃数,绞"。是《新律纲领》之规定实折衷于明清两律也。)

凡盗大祀之神御物及大社之神宝(《大明律》作"响荐玉帛……")者,皆绞(《大明律》:"皆斩")。其未供神御及营造未成与供祭已讫之物者,皆徒二年。(《大明律》:"皆杖一百,徒三年。")……

凡盗乘舆服御物者皆绞(《大明律》:"皆斩")。……

凡盗官文书者,皆杖一百(同《大明律》,但不刺字)。……有所规避者,从重论(同《大明律》)。

凡盗官印者,皆流三等(《大明律》作"凡盗各衙门印信……皆斩")。……

凡盗兵器者,计赃以窃盗论(《大明律》"窃"作"凡")。……

凡盗园陵内之草木者,皆杖一百(《大明律》尚"徒三年")。……若计赃重于本罪者,各加盗罪一等(同《大明律》)。

凡常人盗官之财物者,不得财者,笞五十(《大明律》:"杖六十");得财者,不分首从,并赃论罪(同《大明律》),加窃盗一等。

一两以下　　杖六十(《大明律》:"一贯以下,杖七十。")

一两以上　　杖七十(《大明律》:"一贯之上至五贯,杖八十。")

一十两以上　　杖八十(《大明律》:"一十贯,杖九十。")

二十两以下　　杖九十(《大明律》:"二十贯,杖六十,徒一年。")

三十两以上　　杖一百(《大明律》:"三十贯,杖八十,徒二年。")

四十两以上　　徒一年(《大明律》:"四十贯,杖一百,徒三年。")

五十两以上　　徒一年半(《大明律》:"五十贯,杖一百,流二千五百里。")

六十两以上　　徒二年

七十两以上　　徒二年半

八十两以上　　徒三年(《大明律》:"八十贯,绞。")

九十两以上　　流一等

一百两以上　　流二等

一百一十两以上　　流三等

二百五十两以上　　绞

凡常人盗官之厩栏牧场之牛马者,计赃准常人盗论(《大明律》:"以常人盗官物论")。……盗民间之牛马者,准窃盗论,并罪止流三等(《大明律》无"罪止……"之规定)。

凡盗田野之谷麦菜果及无人看守之器物者,并计赃准窃盗论(同《大明律》),罪止流三等(《大明律》无)。山野柴草木石之类他人已用工力砍伐积聚而擅取去者,罪亦同(同《大明律》)。

《改定律例·贼盗律·盗大祀神御物条例》:

第百二十二条　凡盗大祀大社之神御神宝者,皆绞,改征役终身。

《盗乘舆服御物条例》：

第百二十四条　凡盗乘舆服御物者皆绞,改惩役终身。

《常人盗条例》：

第百二十六条　凡常人盗官之财物者,二百五十两以上处绞之律改为惩役终身,三百圆以上,绞。

《窃盗条例》：

第百三十五条　凡窃盗三百圆以上,及三犯五十圆以上处绞之律并改为惩役终身。

（余条从略）

强盗　《假刑律·贼盗·强盗》云：

凡强盗既行虽不得财,不分首从,皆笞百,远流（《大明律》："杖一百,流三千里"）。既得财者,皆斩首。枭首。(《大明律》只"斩"）因而杀人者,皆斩枭。即决。(《大明律》无)……

第三章　中国法律在日本之影响

前书《抢夺》条云：

……若乘失火船(遇)难时夺取财物者,罪亦准之(同《大明律》)。……

《新律纲领》卷三《贼盗律》云：

凡强盗持凶器以威力劫人不得财(《唐律》卷第十九《贼盗三》无"持凶器以威力劫人"一语)者,皆徒二年。(《唐律》云："诸强盗不得财,徒二年。"又云："其持杖者,虽不得财,流三千里。")得财者,并赃不分首从,科罪。杀人者,皆斩。(同《唐律》)……

不持凶器：

五两以下,徒二年半。(《唐律》："一尺,徒三年。")

五两以下,徒三年。(《唐律》："二匹,加一等。")

……持凶器：

五两以上,流三等。(《唐律》："五匹,绞。")

两五以下,绞。

一十两以上,斩。……

《改正律例·贼盗律·改正强盗律》：

第百二十七条　凡强盗持凶器以威力劫人不得财者,皆惩役二年。得财者不分首从并赃科罪。杀人者,皆斩。伤人者,皆绞。……

亲属相盗 《假刑律·贼盗·亲属相盗》条云：

凡别居叔侄、兄弟相盗者,各减凡盗罪五等(《大明律》作"期亲减,凡人五等");从兄弟,减三等(《大明律》:"大功减四等");再从兄弟无服之亲,减一等。(《大明律》:"小功减三等";"无服之亲减一等"。)若子孙、弟侄语(《大明律》:"引")他人盗己家之财物者,加擅费用家长财条二等,罪止笞一百(《大明律》"笞"作"杖"),他人减凡盗罪一等(同《大明律》)。……

《新律纲领》卷三《贼盗律》云：

凡各居五等之亲(《大明律》:"缌麻亲")相盗财物者,减凡人一等(《大明律》:"减二等");四等、三等、二等之亲各递减一等。若行强盗者尊长犯卑幼各依上减罪。卑幼犯尊长者,以凡人论。(同《大明律》)……若同居卑幼,将他人盗己家之财物者,依《卑幼私擅用财物律论》加二等,罪止杖一百,他人减凡盗罪一等。(同《大明律》)……

共盗 《假刑律·贼盗》云：

凡俱谋强盗不行,临时行者为窃盗;共谋者分赃,原系造意者,以窃盗首论;若系随从,以窃盗从罪科断。(同《唐律》卷第二十《贼盗四》)……

《新律纲领》卷三《贼盗律》云：

> 凡共谋为强盗,其一人临时不行,余人行者却为窃盗,共谋之造意者虽未行犹分赃,为窃盗之首;余人并为窃盗之从。(同《唐律》)若造意者不行,又不分赃,则为窃盗从(同《唐律》);余人既行而又分赃,并笞四十(《唐律》:"笞五十")。……

〔诈欺取罪〕

欺罔取财 《假刑律·贼盗》云：

> 凡诈欺人取财……计赃准窃盗论(同《大明律》卷十八《刑律·贼盗》)。

《新律纲领》卷三《贼盗律》云：

> 凡诈欺官私取财物者,并计赃准窃盗论(同《大明律》),罪止流三等(《大明律》无);二等亲以下(《大明律》:"期亲以下")自相诈欺者,亦依《亲属相盗律》递减科罪(同《大明律》)。……

恐吓取财 《假刑律·贼盗》云：

> 若恐吓无罪之人迫取财物者,加(窃盗)一等(同《大明

律》);卑幼犯尊长,加凡人一等(《大明律》不加等);尊长犯卑幼,依《亲属相盗律》减科(同《大明律》)。

《新律纲领》卷三《贼盗律》云:

凡恐吓取人之财物者,计赃准窃盗论加一等(同《大明律》),罪止流三等(《大明律》无)。若二等亲以下(《大明律》:"期亲以下")自相恐吓者,卑幼犯尊长以下凡人论;尊长犯卑幼依《新属相盗律》递减科罪(同《大明律》)。

〔侵占罪〕

《假刑律·贼盗》云:

凡官吏于其监临主守之处盗官物,手段既行,未得财者,带刀以上者,夺其职禄,废为庶人;带刀以下者,笞五十。既得财者:

一贯文以下	笞六十(《大明律》:"杖八十")
四贯文以下	笞七十(《大明律》:"一贯之上至二贯五百文,杖九十。")
七贯文以下	笞八十(《大明律》:"五贯,杖一百。""七贯五百文,杖六十,徒一年。")
十贯文以下	笞九十(《大明律》:"一十贯,杖七十,徒一年半。")
十三贯文以下	笞一百(《大明律》:"一十二贯五百文,杖

八十,徒二年。")

十六贯文以下　答六十,徒一年(《大明律》:"一十五贯,杖九十,徒二年半。")

十九贯文以下　答七十,徒一年半(《大明律》:"一十七贯五百文,杖一百,徒三年。")

二十二贯文以下　答八十,徒二年(《大明律》:"二十二贯五百文,杖一百,流二千里五百里。")

二十五贯文以下　答九十,徒二年(《大明律》:"二十五贯,杖一百,流三千里。")

二十八贯文以下　答百,徒三年

三十一贯文以下　答百,近流

三十四贯文以下　答百,中流

三十七贯文以下　答百,远流(《大明律》:"四十贯,斩。")……

《新律纲领》卷三《贼盗律》云:

凡监临主守盗自所监临财物者,不分首从,并赃论罪,加窃盗二等。

一两以下　杖七十(《大清律》卷二十三《刑律·贼盗上》:"一两以下,杖八十。")

一两以上　杖八十(《大清律》:"一两以上至二两五钱,杖九十。")

一十两以上	杖九十
二十两以上	杖一百
三十两以上	徒一年
四十两以上	徒一年半
五十两以上	徒二年
六十两以上	徒二年半
七十两以上	徒三年
八十两以上	流一等
九十两以上	流二等
一百两以上	流三等
二百两以上	绞

〔赃物罪〕

前书"盗贼窝主"条云：

……知盗赃而故买者，计所买之物以坐赃论（《唐律》作"坐赃论一等"）。知而为寄藏者，减故买者一等（同《唐律》）。……

〔毁弃损坏罪〕

前书《职制律》云：

凡故（意）弃毁官文书者，杖一百（同《大明律》卷三《吏律·公式》）；有关重事之文书者，加一等（《大明律》作"事关军机钱粮者，绞"）。有所规避者，从重论（同《大明律》）。误毁者，杖七十（《大明律》："各减三等"）。……其因水火盗贼毁失者,不坐(同《大明律》)。

《改定律例·职制律·弃毁官文书条例》云:

> 第百三条　凡弃毁官印者,惩役二年。……

此外,如"弃毁器物稼穑",《新律纲领》卷三《户婚律》云:

> 凡弃毁人器物及毁伐树木稼穑者,计赃准窃盗论(同《大明律》卷五《户律·田宅》);官物,加一等(《大明律》:"加二等")。若遗失及误毁官物者,各减三等,并验数追偿;遗失误毁私物者,但偿而不坐罪。(同《大明律》)

《改定律例·户婚律·弃毁器物稼穑条例》从略省。
又"拆毁揭榜场",《新律纲领》卷五《杂犯律》云:

> 凡拆毁揭榜场(《大明律》卷二十六《刑律·杂犯》作"申明亭房屋")及毁板榜者,徒三年(《大明律》:"杖一百,流三千里")。

【民法】

按《假刑律》、《新律纲领》、《改定律例》三法典关于民法之规定。实甚少已极,此或因自中古武家时代以来日本之家族制度渐渐与中国歧异之故欤?然法律条文虽少,亦未尝不足以资比较者,因论列之于下:

〔婚姻〕

《假刑律·婚姻》"定婚"条云：

> 凡男女定婚约之初，双方年龄等两家(务)要明白通知，或诈以年龄不相应，及相应而有残疾，及期以余人代冒致诉讼者，女家犯者，笞三十，男家加一等。(《大明律》卷六《户律·婚姻》作"凡男女定婚之初，若有残疾老幼庶出过房乞养者，务要两家明白通知……"另条又云："若为婚而女家妄冒者，杖八十；……男家妄冒者，加一等。"《假刑律》本条盖合并《大明律》两条而为一也。)……

〔承继〕

《新律纲领》卷三《户婚律》云：

> 凡嫡长子孙无亡没疾病等事，故立庶子者，杖七十，仍改立嫡子(《大明律》卷四《户律·户役》作"凡立嫡子违法者，杖八十")。

〔所有权〕

动产所有权之取得，前书卷五《杂犯律》云：

> 凡得遗失物，必送官；官物全入官，私物一半给其主，一半给得物人。(同《大明律》卷九《户律·钱债》)……若于官私地内掘得埋藏物者，并送官(《大明律》作"并听收用"，是所作定根本不同)。

《改定律例·杂犯律·得遗失物条例》从略省。

〔典权〕

《新律纲领》卷三《户婚律》云：

> ……其所典田宅园林等年限已满,本主备价取赎,若典买主托事故不肯(放赎)者,笞三十(《大明律》卷五《户律·田宅》:"笞四十");于限外递年所得花利,追征给本主,依原价取赎。其年限虽满,本主无力取赎者,不拘此律。(同《大明律》)

以上所述为《大明律》在日本所发生之影响。犹忆京都帝大教授小早川欣吾氏在评拙作《中国法律发达史》一论文[374]有云：

> ……著者曾论及日、唐成文法典即《大宝律令》以后之法制及中国法制之关系,鄙人前曾介绍泷川政次郎氏《律令之研究》,故从本书可以考察中日两国法形之关系。中国法律在日本法意识之深刻影响,自远久之过去以讫现在,尚未完全停止,故中国法意识之研究,实有必要……

诚哉是言也！小早川氏为精读拙作之一人,故其批评之论文虽甚长,且涉及法律哲学,非普通读者所易了解,然其列举诸要点皆极中肯,彼所以不惮繁言者,为引起日本学者研究中国法律之兴趣。惟惜日本大多数之法制史家仅致力于李唐一代中、日法典之考据方面,于法条内容之分析工作恒未之及,至于明治维新时两度摹仿《明律》之制法事业,则遍阅诸大家所撰之《日本法制史》皆付阙如,不知此为日本由中国法系一跃而入于欧洲法系这过渡期间之一大事件,苟不加以记录,夫尚能谓尽史家之职乎？

附　　　　日本皇室历朝世系表（二）

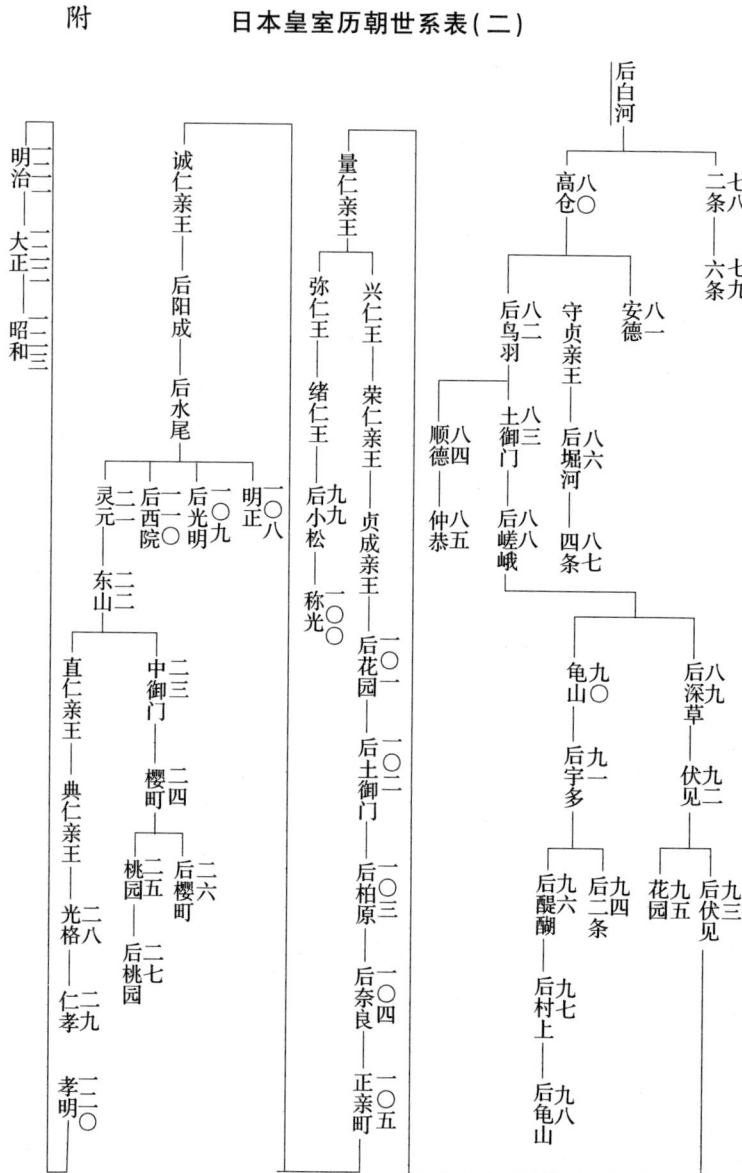

日本法律属于"中国法系"时期之内容比较表

第一：法典篇目之比较表

《大宝律》	纪州藩《国律》	新发田藩《在中御条目》	熊本藩《御刑法草书》	《假刑律》	《新律纲领》	《改定律例》
《名例》	同		同	同	同	同
《卫禁》	《公式》					同
《职制》	同				同	同
《户婚》	《仪制》	《户役》			《户婚》	
《厩库》	《仓库》					
《擅兴》						
《贼盗》	《盗贼》	同	同	《贼盗》	同	同
《斗讼》	《斗殴》	同	同	同	同	同
《诈伪》	同	同	同	同	同	同
《杂》	《杂犯》				同	同
《捕亡》	同	同	《奔亡》	《捕亡》	同	同
《断狱》	《祭祀》《关津》《人命》	同		同	同	同

399

（续表）

《诉讼》《犯奸》《寺社》《连及》	同 同 《田宅》《婚姻》	同 《命令》	同 同	同 同 《骂詈》《受赃》	同 同

第二：刑名比较表

	《大宝律》	《北条律·贞永式目》时代	《德川律》	《假刑律》	《新律纲领》	《改定律例》
笞	自一十至五十		轻敲 五十 重敲 一百	自一十至一百	自一十至五十	惩役 自一十日至一百日
杖	自六十至一百	禁狱		无杖	自六十至一百	
徒	自一年至三年			自一年至三年	自一年至三年	惩役 同
流 近流 中流 远流		流 同 同 追放	追放（即放逐乡里） 远岛	流 近流 中流 远流	流 一等 二等 三等	惩役 五年 七年 十年
死 绞 斩		死 无 同 枭首 磔	无 同 火罪 狱门 磔	死 绞 刎 斩 枭首 焚	死 绞 斩 枭首 官吏公罪谨慎 自十日至五十日	惩役 终身 绞 斩 枭 禁锢 自十日至五十日

（续表）

三族之罪	锯挽	闭门	禁锢
以上为四罪		自六十日至一百日	自六十日至一百日
文官闲罪	土族闲罪	降官 一等,二等	
召笼（即拘留于官衙）	逼塞（即锁闭门扉）		
召总状（即屏居家内）	闭门五十日一百日	官吏私罪	
敕勘（门扉加锁,不听人出入）	蛰居	谨慎	
解官	改易（除土族之籍,食邑没官）	降官	禁锢
除籍	切腹（自杀）	免职	五年
武臣闲罪	僧侣闲罪	边戍	七年
过怠（修理祠寺及桥梁等）	晒（拘缚市上三日）	自裁	十年
召禁（拘系于衙门）	追院（解职）	僧徒	
改易所职（即解官）	构（除名）	有官同官吏法	
永不召仕（即除籍）	妇女闲罪	无官同土族法	
召放所领（追夺封邑）	剃发	妇女	
庶人闲罪	奴	禁狱	
剃半发			
剃去发鬓之半			

（续表）

搭火印阙所（田宅财产没官）	庶人闰罪		自一十日至一百日 死罪不孝、奸盗人命、放火，徒罪以上依律断决
	呵责		
	过料（罚金）	经则自三贯文至五贯文 重十贯文	
	户闭	二十日，三十日，一百日	
	手锁三十日，五十日，一百日		

第三：刑法处罪轻重比较表

		《大宝律》	《北条律》	《德川律》	《假刑律》	《新律纲领》	《改定律例》
侵犯帝室罪		车驾行冲队者，杖一百……		重役登城之节拔刀及骚扰者，永牢。文久度例。		冲入仪仗内者，杖一百。	
		于宫殿内忿争者，笞五十。		于御城内口论及敲合致候者，重追放。	宫殿内忿争者，笞四十，太政官准之。	于宫殿内忿争者，笞五十。	
		声彻御所在及相殴者，杖一百。			声迄御座所及相殴者，各笞八十。	相殴者，杖一百；折伤以上，加凡斗伤二等，罪止流三等。	
		以刃相向者，徒二年。			若取扱刀属者，笞一百；伤成者加斗殴条三等。	以刃相向者，流一等。	
		殿内加一等，伤重者，各加斗伤二等。	宿直之间斗乱者，配流。	于殿中打掷，致人手疵为负相果候者，切腹。			
		阑入山陵兆域门者，笞五十。		法外致御门番所者，大小取上，中追放。			擅入皇城门者，惩役五十日。

（续表）

侵犯帝室罪	越垣者,杖一百。……大社门者,徒一年,中社小社各减三等。对捍诏使而无人臣之礼者,绞。	对使节致合战,死罪				擅入宫殿者,惩役百日。
内乱罪	谋反及大逆者,皆斩。……谋叛者,绞。已上道者皆斩。	谋叛人事右式条之趣兼日难定欤,且任先例,且依时仪可被行之 谋叛者诛戮,或斩首悬于狱门之树,又磔。（先例）	企图重谋计者,引回之上,磔	凡谋反及谋大逆者,不分已行未行及首从,皆磔,财产没官。凡谋叛既行不分首从,皆斩,其财产没官。	逆罪者,枭示。	
渎职	监临之官受财而枉法者,一尺杖八十,二端加一等,三十端,绞。不枉法者,一尺杖七十,三端加一等,三十端加役流。	赃财百文,若二百文以下之轻罪,以一倍令弁偿。三百文以上之科,虽行一身之科,更莫及三族之罪者,亲类妻子并所从等亦同。	取谢礼金者,重追放。宽政九年例。	凡官吏受枉法之赃者,依常人盗官物条科断。受不枉法之赃,依窃盗条赃数减半论罪。	官吏因枉法不枉法之事受财者,计赃科罪。	官吏枉法受赃者,等内人二百五十元以上,等外人三百元以上,处绞。不枉法赃等内人三百圆以上处绞之律改为惩役终身。

405

（续表）

类别							
渎职罪	坐赃致罪者,一尺笞十,一端加一等,十二端徒一年。与者减五等。			凡官吏坐赃致罪者,依窃盗条赃数减半定罪,止笞百徒二年。	非因枉法不枉法之事受财坐赃致罪者,通算科罪,与者减五等。	
	有事先不许财,事过之后而受财者,事若枉法,准枉法论。事不枉者,以受所监临论。				官吏有事先不许财,事过受财,若枉断者,准枉法论。事不枉者,准不枉法论,并罪止流三等。出钱及过手者并杖七十。	出钱及过手者并杖七十之律改依坐赃论减一等,并罪止惩役七十日。
	有事以财行求得枉法者,坐赃论。不枉法者减二等。		自身有恶事于奉行所……送呈谢礼金者,轻追放。宽政五年公事诉讼赠奉行役人礼物者处罪。	凡事赠官吏贿赂枉法者,计所与赃数论罪……	诸有人事以财请求官吏枉法者,计所与财坐赃论罪。	非枉法以财请求官吏,计所与财依坐赃论减一等。
	因官挟势及豪强之人乞索者坐赃论,减一等,将以送者为从。	号兵粮并借用责取士民财产事……可处远远流之刑矣。	村役人取贿赂,中追于宽政八年。		监临官吏挟势求索借贷所部内财物者,计赃准不枉法论。……	

（续表）

渎职罪	因应请给衣食医药而不请给,及应听家人入视而不听,应脱去枷杻等而不脱者,笞五十;以故致死者,杖一百;即减窃囚食,笞三十,以故致死者加役流。		牢役人并下男共押取囚人之金子衣类又或减少用物者依罪之轻重,或死罪,或远岛。	凡牢狱番人等非理陵虐殴伤罪囚者,依斗殴条科罪……	狱卒非理陵虐殴伤在狱罪囚者,依凡斗伤论。克减罪囚之衣食者计赃以监守自盗论。	
	被诏书有所施行而违者,徒二年;失错者,杖八十。			凡故违制旨者,笞一百;违令者,笞五十;系临时沙汰之旨者,笞三十。	官吏奉诏书有所施行故违者,徒二年;失错者,杖八十。	
逮捕监禁者脱逃罪	捕罪人而罪人持杖拒捍,其捕者格杀之;逃走逐而杀,若迫窘而自杀者,皆勿论。即空手拒捍而杀者,徒二年。			凡罪人事发逃走拒捕者,各于本罪加二等,罪止笞百,远流。若拒捕殴人成伤,笞百徒三年。折伤以上及刃伤者,刎首。杀人者,斩。	犯罪逃走拒捕者,各于本罪加二等,罪止流三等。本罪应死者,依常律。殴捕吏至折伤以上者,绞。杀者斩。……	

(续表)

逮捕监禁者 脱逃罪	主守不觉失囚者,减囚罪二等。	随重轻可被行过怠也。	不寻出(囚犯)者过料。	若番人巡见等因怠失囚者,笞一百。巡见等因怠不觉失囚者,减一等,皆给捕限三十日。	主守不觉罪囚逃走者,笞四十。	主守不觉囚之逃走者,给捕限三十日。
	故纵者不给捕限,即以其罪罪之。		遣囚外出牢屋表门者,死罪。安永度例。	受财故纵者,计枉法赃从重论。	故纵者与各囚同罪,罪止流三等。	故纵者,不给捕限。
藏匿犯人罪	部内容止他罪逃亡浮浪者,一人,里长笞三十。知情藏匿罪人,若过致资给,令得隐匿者,各减罪人罪一等。	地头等隐置贼徒者,可为同罪。	火附盗贼以上杀人者徒党隐匿之于住所者死罪。	凡知官司捕唤之罪人而藏匿家内,或资给衣粮指引道路,送令隐匿者各减罪人罪一等。其知情辗转相送而藏匿者罪同。	他人犯罪事发,官司差人追唤而藏匿在家,不行捕告及指引道路资给衣粮送他所隐避者,各减罪人罪一等。其辗转相送而隐匿罪人知情者皆坐;不知者,勿论。	以上条文并同,惟改为各减罪人罪二等。……

（续表）

诬告罪	诬告人者，各反坐，即纠弹之官挟私弹事不实者亦如之。……	为望所领构虚言企诬诉者，以谗者之所领可宛给他人无所带者，可处远流。	因遗恨而诬人之恶事者，中追放。……	凡诉人之无实恶事流罪以下者，依其所诬各罪罪之。若所诬人既处刑，后显知受诬，加所诬罪二等，罪止笞百远流。……	诬告人者从罪之轻重及已未决配反坐。	诬告人罪应收赎者即以收赎罪反坐。……
失火放火罪	失火及非时烧田野者，笞五十。 故烧官府廨舍宅若财物者，徒三年。	 放火者准强盗论。	出火之节，烧小间十间以上，三十日二十日十日押送。三町以上，五十日手锁。…… 放火者，火罪。……	 凡故放火烧人之房屋者，焚杀即决。……	失火烧自己宅舍者，笞二十。……于太庙及宫关失火者，流三等。山陵兆域内，徒一年。 放火故烧公廨仓库及民舍者皆斩。……	除依上律科断外，官币国币大社与山陵同论。中社，惩役百日；小社，惩役九十日。…… 放火烧人之空间房屋及田场积聚物者惩役七年。……
伪造货币罪	私铸钱者，斩；从者没官，家口皆流。……		伪造金银者，引回之上，磔。	凡伪铸金银并钱者，斩（枭首）；从及知情买取使用者，各笞百远流。……	凡伪铸宝货已行使者，不论银数多寡，为首者，枭；从者及匠人若知情买使者，并斩。	伪造宝货已行使者斩。从及匠人若知情买使者，惩役终身。……

409

（续表）

伪造文书印文罪	诈伪诏书者远流,太上天皇亦同。诈伪官文书者,杖一百。……	谋书罪科事于侍者,可被没收所领,若无所带者,可被处远流。至凡下辈者,可被捺火印于其面也,执笔者又与同罪。	谋书或谋判者引回之上狱门,加判人死罪。……	凡伪书公事者,笞一百;情重者,临时判决。若系机密之重事,刎首。……	诈为官文书及增减者,皆徒三年。省台寮司府藩县之文书,减二等,余文书,减五等。……	
	伪造神玺者,斩。造内印者,绞。……		谋判,狱门。享保度例。	凡伪造官府之印……者,斩;从及知情行用者,笞百远流。……	伪造官印者,绞;省台寮司府藩县之印者,流一等。……	伪造官印者,改"绞"为"惩役终身"。
私作斛斗秤度罪			伪造秤者,引回之上狱门。……	凡私造斛斗秤尺者,笞一百;匠人受雇而造者,与同罪。……	伪造斛斗秤尺者流一等。从者及匠人,徒三年。	
赌博罪	博戏赌财物者,各杖一百,赃重者各依已分准盗论。	以田地所领赌双六者,可处重科,其赌物可没收。……	于武士屋赌博者,远岛。……	凡博弈者,皆笞五十;当场之财物,没官。……	赌博财物者,皆杖八十;赌场之财物没官。	其系田宅不动产者,不在入官之限。

（续表）

奸非罪	奸者徒一年。		诱引无夫之女而奸者，女归原家，男手锁。	凡男女和奸，共笞五十。	和奸，各杖七十。	
	有夫者，徒二年。	对他人之妻不论强和奸，处远流，女同罪。	密通之妻，死罪，男同断。	有夫加一等。	有夫者各徒三年。	和奸，有夫之妻者，各惩役一年，妾减一等。
	强者，各加一等。……	于歧路间捕女者，御家人罪止百日出仕，郎从以下剃除片发。	对有夫之女不义者，死罪。	凡强奸者，笞一百。……	强奸者，流三等。……	强奸者，惩役十年。……
	奸父母妾者，徒三年。		密通伯母侄者，男女共流远国非人手下。	凡奸养母嫡母继母者，斩枭首。强奸者，磔即决。奸伯叔母姊者，刎首，强者斩，枭首即决。……	奸父祖之妾姑姊妹及子孙之妇，兄弟之女者，各流三等；强者，斩。……	奸父祖之妾伯叔姑妹及子孙之妇者，各惩役三年；强奸者，惩役终身。
	家人及奴奸主者，绞。		密通主人之妻者，引回之上狱门，女死罪。……	凡奸主人之妻女者，斩枭首。强者，磔即决。	奴仆雇人奸家长之妻者，流三等，奸妇徒三年，强者斩。……	雇人奸家长妻者各惩役一年半，强者惩役终身。
	僧尼犯奸同凡人。	先例多流罪。	尼，流远岛；享保以前，磔。奸夫，狱门。		僧尼各加凡奸罪二等。	同上。

（续表）

杀人罪	谋杀人者,徒二年;已伤者,近流。已杀者,斩。从而加功者加役流。不加功者近流。……	谋杀人者,刎首,或自害。杀害人者,斩罪。刃伤者,流罪。	因遗恨纠结徒党十人以上杀人者,为首狱门,余处中追放。	凡谋杀人者,造意者斩即决,从而加功者刎首即决。不加功者,笞百徒三年。	谋杀人造意者,斩;从而加功者,绞;不加功者,流三等。……	谋杀人虽未行,而谋状显著者,为首惩役百日,为从惩役五十日。
	谋杀诏使若本国守及吏卒谋杀本部五位以上官长者,徒三年。已伤者,远流;杀者,斩。		谋杀诸侯名主者,引回之上狱门。		谋杀吏卒军民本属勅任长官,已行者,流三等;已伤者,斩;已杀者,皆枭。	谋杀敕任官已行者,为首惩役十年,为从惩役七年;伤者,为首斩,从而加功者,惩役终身;不加功者,惩役十年;已杀者,皆斩。……
	谋杀祖父母父母及外祖父母,夫,夫之祖父母父母者,斩。……		杀亲者,引回之上磔。……	凡谋杀祖父母父母及夫之祖父母父母,既行者,皆斩;既杀,皆磔。	谋杀祖父母父母及伯叔父姑兄姊及外祖父母,夫,夫之祖父母父母,已行者皆斩;已杀者,皆枭。	已行者改为皆绞。
	家人奴婢谋杀主者皆斩。……	杀主人者,家人处斩罪。嘉禄三年例。	杀主者,二日引回锯挽之上,磔。……	凡谋杀主人既行者,皆斩;既杀者皆磔……	奴婢谋杀家长,已行者,流三等;已伤者,斩;已杀者,皆枭。……	

412

（续表）

杀人罪	杀一家非死罪三人及支解人者,皆斩。……			凡杀一家三人及惨毒残害人皆磔。	谋杀,故杀,放火,行盗而杀一家非死罪三人以上及支解者,皆枭。	
	戏杀伤人者,各减斗杀伤二等。			凡戏杀伤人者……依斗殴条论。……	因戏杀伤人者,减斗杀伤二等。……	
	过失杀伤人,各依其状以赎论。		过失伤人未死,中追放。		过失杀伤人者,依斗殴伤法收赎给付其家。	过失杀伤收赎,官吏华士族一体照本图给付其家。
殴伤罪	斗殴杀人者,绞。……	争论及醉狂杀人者死罪。		凡人因斗致死,不分手足他物金刃……斩。	斗殴杀人者,不分手足他物金刃,并绞。……	改为惩役终身。……
	斗殴人者,笞三十;伤及以他物殴人者,杖六十。	殴人者,于侍者没收所领;无所领者,流罪。			斗殴以手足殴人不成伤者,笞二十。……	
	殴见受业师者,加凡人二等。死者,斩。			杀师匠者磔。……	凡殴受业师者,笞一百;折伤以上加斗殴条一等。死者,斩。	文武百工技艺之人殴受业师者加凡斗伤一等,罪止流三等;至死者,斩。	改为惩役终身。

（续表）

殴伤罪	殴祖父母父母者,皆斩。妻殴夫之父母者,徒三年。			凡殴祖父母父母及夫之祖父母父母者,不分首从,皆斩。	子孙殴祖父母父母及妻妾殴夫之祖父母父母者,皆斩。……	改为惩役十年;伤者,惩役终身;至死者皆斩。……
略诱及和诱罪	略人略卖人为奴婢者,远流;为家人者,徒三年;为妻妾子孙者,徒二年半。	勾引人为奴婢者,远流;为家人者,徒三年;为妻妾子孙者,徒二年半。……	勾引人者,死罪。	凡以方略勾引人至他所卖渡者,刎首。……	略卖人为娼妓者,无论成否,皆流二等。为妻妾奴婢者,徒二年半。……	
	和诱者,各减一等。……			和诱者,减一等。……	和诱者,各减一等。……	
窃盗及强盗罪	窃盗不得财,笞五十;一尺杖六十,一端加一等。……	窃盗初行,可捺火印于其身面。……	小盗,敲。	凡窃盗既行虽未得财,笞二十;得财者计数科罪。……	窃盗不得财者,笞四十。得财者并赃论罪,从者各减一等。……	
	盗大祀神御之物者中流。……			凡盗大祀神御之祭器帷帐及飨荐之品等,不分首从,皆斩。……	盗大祀之神御物及大社之神宝者,皆绞。	改为"惩役终身"。

414

（续表）

窃盗及强盗罪	盗诏书者,徒二年;官文书,杖一百。……			凡盗制书不分首从,皆斩;盗官文书,笞一百。……	盗官文书者,皆杖一百。……	
	盗官私牛马而杀者,徒二年半。	盗牛马者,召禁其身。……盗乘马者,斩首。先例。	盗马,死罪。……	凡盗牛马者,不拘在原野有无看守者,计赃准窃盗论加二等。……	盗常人及官之厩栏牧场牛马者,计赃准常人盗论。	盗官私牧场之牛马者照律科罪,止惩役十年。……
	盗五等亲财物者,减凡人一等,四等以上递减一等。			凡别居叔侄兄弟相盗,各减凡盗者罪五等。从兄弟减三等,再从兄弟无服之亲减一等。……	各居五等亲相盗者,减凡人一等;四等三等二等亲,各递减一等。	
	强盗不得财,徒二年;一尺,徒三年,二端加一等,十五端,绞。	强盗,山贼,海贼,首者斩;从者,流夷岛。	首者,狱门;同类,死罪。	凡强盗既行,虽不得财,不分首从,皆笞百远流。得财不拘赃数多寡,皆斩。	强盗持凶器以威力劫人不得财者,皆徒二年;得财者并赃不分首从科罪。	改为"惩役二年"。

（续表）

诈欺取财罪	诈欺官司以取财物者,准盗论。	……踪迹分明者则可召上彼所领;无所带者,可处远流之刑矣。	重者,死罪。轻者,入墨或敲。	凡诈欺人取财物者……计赃准窃盗论。	诈欺官私取财物者,计赃准窃盗论,罪止流三等。……	
	恐吓取人财物者,准盗论加一等。	同名。	死罪。	若恐吓追取者,加一等。……	恐吓人取财物者,计赃准窃盗论加一等,罪止流三等。……	
毁弃损坏罪	毁伐树木稼穑者,准盗论。	刈田狼藉者召放所领三分之一。建武度例。	摘盗稻作者,……十石以上死罪。		弃毁人之器物及毁伐树木稼穑者,计赃准窃盗论,官物加一等。	弃毁官印者,惩役二年。

附:民法数则

许嫁女已聘财而辄悔者,笞五十。		不取离婚书而嫁者,女剃发,仍归家。	既定婚约,又定其他婚约者笞五十……		
得阑遗物满五日不送官各以亡失罪论,私物坐赃论,减二等。	阑遗物须悬门外还主,无主者于五日内送官司,否则有罪。	拾物不诉出,处过料。		得遗失物必送官,官物入官,私物一半给主,一半给得遗失物之人。	得水中沉没之物以遗失物论。

注　释

〔1〕 *The First Book of the History of the Oriental System of Law*, pp. 11-16.
〔2〕 *The New Japanese Civil Code as Material for the Study of Comparative Jurisprudence*, chap. Ⅵ, p. 36.
〔3〕 参看 *The Early Institutional Life of Japan*, chap. Ⅳ, Ⅰ, pp. 269-322。
〔4〕 参看 *A Panorama of The World's Legal System*, vol. Ⅱ, chap. Ⅷ, p. 520。
〔5〕 参看《增订日本文化史研究》第277至282页。
〔6〕 参看《历史与地理》第6卷第5号及《中国法制史论丛》第354至375页。

按博士谓《大宝律》将《唐律》有关国讳家讳之条文删除，据《律疏残篇》、《职制律》第三观之，诚不见有类此之规定。然据三浦周行、泷川政次郎两博士共编之《定本令集解释义》卷四《职员令》"治部省"条即云："治部省，卿一人，掌讳……""谓讳避也，言皇祖以下名号，讳而避之也。释云'皇祖以下御名避，《古记》同之'；伴案'假令名有春日王者，东日山者称东山耳'。迹云'讳者不限死生时有可讳之者，此司申发令讳耳'。穴云：'讳，避也，隐也，忌也。'"《日本书纪·孝德纪》大化二年（唐太宗贞观二十年，646年）八月之诏云："以王名轻挂川野，呼名百姓，诚可畏惧。"《类聚三代格》亦载天平胜宝九年（教谦天皇年号——唐肃宗至德二年，757年）五月之诏云："敕，顷日百姓之间，曾不知礼，以御宇天皇及后等御名，有著姓名者，自今以后，不得更然，所司或不改正，依法科罪，主者施行。"此"依法科罪"一语，或即当时《律令》已仿唐制有避讳之规定，为今之《律疏残篇》所不载耳。此外如《续日本纪》之《称德纪》、《桓武纪》均有厉行避讳之诏敕，博士所云《大宝律》删除避讳条文，恐近于臆测。

〔7〕《法制史之研究》，第2页。
〔8〕 参看《日本法律思想之特质》第9至13页。
〔9〕 参看《增订日本文化史研究》第6、7两页，中山久四郎博士所著《中国史籍上之日本史》（见《大日本史讲座》第十七卷）根据《史记·五帝本纪》及《尚书·禹贡·帝王世纪》诸书谓中日交通远在虞舜时代，按诸书多系后人伪作，故不可信，仍以战国时较近事实。
〔10〕 参看《隋书·倭国传》及内藤虎次郎博士所著《飞鸟朝中国文化输入论》，见《增订日本文化史研究》第243至252页。
〔11〕 见汉文本《开国五十年史》，第276、277两页。

〔12〕见《宫崎先生法制史论集》,第 2 至第 8 页。
〔13〕见《日本法制史概论》,第二编第一章,第 50 至 52 页。
〔14〕见《日本法制史》第 85、86 两页;又《岩波讲座》有博士所著《律令制度》,其书第 678 页并可参看。
〔15〕按《十七条宪法》原文见《日本纪·推古天皇纪》,又《群书类从·杂部》亦收入。
〔16〕《大日本史》卷之二百《刑法志》。
〔17〕A Panorama of The World's Legal System, vol. II, chap. XIII, p. 463. 小中村清矩博士《本朝法律起源沿革》亦谓此宪法为教诫之类,其第二条"笃敬三宝"乃政教一致之古风(《阳春庐杂考》卷之二,第 5 页)。
〔18〕《日本国志》卷二十七《刑法一》。
〔19〕《小方壶斋舆地丛钞》收入。
〔20〕见明治三十二年(光绪二十五年)十一月《国学院杂志》第 5 卷第 13 号,第 1350 页。
〔21〕见大正八年(民国十年)《法制史讲义案》。
〔22〕《续法制史之研究》,第 32 页。
〔23〕见大正十年(民国八年)《公法法制史讲义案》。
〔24〕见《国学院杂志》第 28 卷第 3 号。
〔25〕见《律令之研究》,第 69 至 74 页。
〔26〕见《本朝文粹》卷八《序》,国书刊行会本第 129 页。
〔27〕见《大织冠传》,《群书类从》本,第 317 页。
〔28〕见《皇年代略记》,《群书类从》本,第 227 页。
〔29〕参看《法制史论集》第一卷,附录第二,第 643 页。
〔30〕参看《律令之研究》第 58、59 两页。
〔31〕《日本私法法制史讲义》,第 28 页。
〔32〕《法制史之研究》,第 7 页。
〔33〕见《日本书纪》卷二十九,第 522 页。
〔34〕见《类聚国史》卷百四十七《文部下·律令格式》,第 921 页。
〔35〕《律令之研究》,第 90 页。
〔36〕参看 A Panorama of the World's Legal System, vol. II, p. 446。
〔37〕参看《续日本纪》卷一第 10、11 两页及卷三第 18 页。
〔38〕有贺长雄博士所著《日本古代法释义》第二章《大宝令》及第十章《大宝律总说》皆可参看。

［39］《法制史论集》第一卷，附录第二。
［40］《国学院杂志》第 5 卷第 14 号，第 1666 页。
［41］*The Early Institutional Life of Japan*, p. 12. 小中村清矩博士亦谓自《近江令》以下皆以《永徽律令》为范本（《阳春庐杂考》卷之二，第 8 页。）
［42］《律令之研究》，第 142 页。
［43］前书第二编，第 290 页。
［44］*The Economic Aspects of the History of the Civilization of Japan*, vol. Ⅰ, chap. Ⅱ, p. 11.
［45］《本朝文粹》卷八《书序》，第 129 页。
［46］《国学院杂志》第 5 卷第 13 号，第 1354 至 1356 页。
［47］《东方学报》（东京）第一、二两册。
［48］《律令之研究》，第 221 页。
［49］参看《法学论丛》第 20 卷及《史学杂志》第三十九编。
［50］《日本后纪》卷二十二，第 135 页。
［51］《类聚国史》卷百四十七《文部下·律令格式》，第 924 页。
［52］《日本后纪》卷二十二，第 135 页，"延历十年三月丙寅"条。
［53］《国学院杂志》第 6 卷第 10、11、12、13 等号。
［54］前书第 7 卷第 1 号。
［55］前书第 9 卷第 7、8 两号。
［56］前书第 9 卷第 10、11 两号。
［57］前书第 7 卷第 2、3 两号。
［58］见亨保九年（清世宗雍正二年，1724 年）《制度通叙》。
［59］《日本国志》卷十三《职官志》一。
［60］参看《历史与地理》第 6 卷第 5 号及《中国法制史论丛》第 358 至 363 页；又小中村清矩博士《阳春庐杂考》卷之五第 3 至 9 页并可参看。
［61］《日本大典》卷之一日本东京上野帝国图书馆所藏手写本。
［62］《日本大典》卷之六"刑部省"条及《大日本史》卷之二百《职官志三》并可参看。
［63］参看有贺长雄博士《日本古代法释义》第四章《地方官厅》。
［64］《日本大典》卷之九。
［65］同上。
［66］同上。
［67］《律逸》卷八《断狱律》第十三。

〔68〕见《令义解十》"狱"条。

〔69〕《唐六典》卷六"刑部"门。

〔70〕参看三浦周行、泷川政次郎两博士共编《定本令集解》卷二十八《仪制令》，第650至652页。

〔71〕参看前书卷四十《丧葬令》第877至879页，及小中村清矩博士《阳春庐杂考》卷五第17至19页。

〔72〕《东洋法制史本论》第一卷，第四章第五节，第105至107页。

〔73〕《律疏残篇·职制律》第三。

〔74〕《法曹至要抄上》第五十九"拷讯事"条。

〔75〕同上。

〔76〕《文献通考·刑考》五。

〔77〕《律逸》卷之八《断狱律》第十三。

〔78〕前书卷之五《斗讼律》第九。

〔79〕《律疏残篇·贼盗律》第七，第十四则。

〔80〕《政事要略》第八十一，《纠弹杂事史籍集览》本，第683页。

〔81〕《律逸》卷之一《斗讼律》第九。

〔82〕参看《历史与地理》第6卷第5号及《中国法制史论丛》第371、372两页。

〔83〕《政事要略》第八十四，《纠弹杂事史籍集览》本，第742页。

〔84〕《律逸》卷之五《斗讼律》第九。

〔85〕前书卷之一《名例律下》第二。

〔86〕前书卷之五《斗讼律》第九。

〔87〕《令抄》、《僧尼令》第七，经济杂志社《群书类从》本第四辑，第837页。

〔88〕《律逸》卷之八《断狱律》第十三。

〔89〕《令义解》卷十《狱令》。

〔90〕《律疏残篇·卫禁律》第二，第八则。

〔91〕《日本大典》卷之六"刑部省""复审"条。

〔92〕《类聚国史》卷八十七"刑法部一"，《断罪国史大系》本，第522至523页。

〔93〕押小路师成氏藏《师守记》第十五册贞治三年（元顺宗至正二十四年，1364年）五月十三日条。

〔94〕《朝野群载》卷十一《着钛勘文》，《史籍集览》本，第222页。《法曹类林》卷百九十七，古典保存会本，第29页。

〔95〕《法曹至要抄》上卷"罪科"条第五十二"化外事"。

〔96〕《律逸》卷之八《捕亡律》第十二。

〔97〕《律疏残篇·名例律》第一，第十则。

〔98〕《朝野群载》卷一《着钛勘文》，《史籍集览》本，第223页。《政事要略》第八十一《纠弹杂事》，《史籍集览》本，第692页。

《西宫记》卷二十三《临时十一·成勘文事》，《史籍集览》本，第572页。

〔99〕《政事要略》第五十九《交替杂事蠲除事》，《史籍集览》本，第494页。

《类聚三代格》卷二十。

《令集解》卷九《户令一》；三浦、泷川两博士合编《定本令集解释义》，第233页。

《续日本后纪》卷十六，《国史大系》本，第376页。

〔100〕《日本大典》卷之六"刑部省""五罪"条。

《大日本史》卷之二百《刑法志》。

〔101〕《刑法沿革志》卷之一《笞罪之部》，东京早稻田大学图书馆藏司法省手写本。

《律疏列篇》（一）"五刑"条。

〔102〕《刑法沿革志》卷之二《杖罪之部》。

《律疏残篇》（一）"五刑"条。

〔103〕《刑法沿革志》卷之三《徒罪之部》。

《律疏残篇》（一）"五刑"条。

〔104〕《刑法沿革志》卷之四上《流罪之部》。

《律疏残篇》（一）"五刑"条。

〔105〕《刑法沿革志》卷之五上《死罪之部》。

《律疏残篇》（一）"五刑"条。

〔106〕《历史与地理》第6卷第5号。

〔107〕《式目抄》（坤），《续史籍集览》本，第34页。

〔108〕《律逸》卷之五《斗讼律》第九。

〔109〕《法学协会杂志》第41卷，第1298页。

〔110〕《大日本史》卷之二百《刑法志》。

〔111〕《历史与地理》第6卷第5号及《中国法制史论丛》第369页。

〔112〕《类聚三代格》卷二十。

《西宫记》卷二十三《临时十一·成勘文事》，《史籍集览》本，第571页。又卷二十三《临时十一·里书·于市行事里书》，《史籍集览》

本，第602页。

〔113〕《律疏残篇·贼盗律》第七，第五十一则。

〔114〕《大日本史》卷之二百《刑法志》。

〔115〕《律疏残篇·名例律》第一，第一则。

〔116〕前书《名例律》第一，第十五则。

〔117〕《律逸》卷一《名例律下》第二。

〔118〕《律疏残篇·名例律》第一，第二十三则。

〔119〕前书（一）《五刑》。

〔120〕《法曹至要抄》上卷"罪科"条第四"减赎事"。

〔121〕《唐六典》卷六。

〔122〕《日本大典》卷之六"刑部省"。

〔123〕同上"囚狱司"条。

〔124〕同上"五罪"条。

〔125〕同上"大辟罪"条。

〔126〕《政事要略》第二十五《年中行事》，《史籍集览》本，第95页。《式目抄》（坤），《续史集籍览》本，第27页。

〔127〕三浦、泷川两博士合编《定本令集解释义·令集解逸文·狱令里书》第886页并可参看。

〔128〕《律疏残篇·名例律》第一，第二十四则。

〔129〕《定本令集解释义》卷二十八《仪制令》，第623页；又卷三十四《公式令》，第760页。《政事要略》第七十，《纠弹杂事史籍集览》本，第658页。

〔130〕《定本令集解释义》卷四十《假宁令》，第855页。

〔131〕《政事要略》第五十九《交替杂事》，《史料集览》本，第506页。

〔132〕《文保记》"无服丧"，经济杂志社《群书类从》本第十九辑《杂部》，第1032页。

《定本令集解释义》卷二十三《禄令》，第589页。

〔133〕《日本大典》卷之六"刑部省""八虐"条。《大日本史》卷之二百《刑法志》。

〔134〕《历史与地理》第6卷第5号及《中国法制史论丛》第364至368页。

〔135〕《师守记》，押小路师成藏本第十五册"贞治三年五月十三日"条；《法曹至要抄》上卷"罪科"条第十三"阑入神社事"。

《式目抄》（乾），《续史籍集览》本，第23页。

《定本令集解释义》卷二《职员令》，第25页。《刑法沿革志》卷之三

《徒罪之部·卫禁》。
〔136〕《法曹至要抄》上卷"罪科"条第十三"阑入神社事。"
〔137〕《政事要略》第二十九《年中行事》,《史籍集览》本,第210页。
《刑法沿革志》卷之一《笞罪之部·卫禁》;又卷之二《杖罪之部·卫禁》。
〔138〕《律逸》卷之二《卫禁律》第二。
《刑法沿革志》卷之三《徒罪之部》;又卷之五上《死罪之部·绞罪》及卷之五中《死罪之部·斩罪》所引《卫禁律》。
〔139〕《法曹至要抄》上卷"罪科"条第十七。《令集解》卷二十四《宫卫令》,国书刊行会本第二册,第155页。
《刑法沿革志》卷之五上《死罪之部·绞罪·卫禁》;又卷之四上《流罪之部·卫禁》,及卷之三《徒罪之部·卫禁》。
〔140〕《明文抄》第一《帝道部》,《续群书类从》本,第97页。
〔141〕《律疏残篇·卫禁律》第二。
《刑法沿革志》卷之二《杖罪之部》;又卷之三《徒罪之部》;卷之一《笞罪之部·卫禁》。
〔142〕《律疏残篇·职制律》第三,第十四则。
《刑法沿革志》卷之三《徒罪之部》;又卷之二《杖罪之部·职制》。
〔143〕《大日本史》卷之二百《刑法志》。
《律疏残篇·职制律》第三,第二十九则。
《刑法沿革志》卷之五中《死罪之部·斩罪》;又卷之五上《死罪之部·绞罪·职制》。
〔144〕《法曹至要抄》上卷"罪科"条第十八"禁中斗乱事"。
《刑法沿革志》卷之一《笞罪之部》;又卷之三《徒罪之部·斗讼》。
〔145〕《法曹至要抄》上卷"罪科"条第十九"射放弹投瓦石等事"。
《法曹至要抄解》,《史籍集览》本第二十七册,第119页。
《刑法沿革志》卷之三《徒罪之部》;又卷之五上《死罪之部·绞罪·卫禁》。
〔146〕《大日本史》卷之二百《刑法志》。
《律疏残篇·职制律》第三,第十则。
《刑法沿革志》卷之三《徒罪之部》;又卷之二《杖罪之部·职制》。
〔147〕《律疏残篇·职制律》第三,第十一则。
《刑法沿革志》卷之二《杖罪之部·职制》。

［148］《律疏残篇·职制律》第三,第十二则。
《刑法沿革志》卷之三《徒罪之部·职制》。
［149］《律疏残篇·职制律》第三,第十三则。
《刑法沿革志》卷之一《笞罪之部·职制》。
［150］《大日本史》卷之二百《刑法志》。
《律疏残篇·贼盗律》第七,第一则。
《刑法沿革志》卷之五中《死罪之部·斩罪》;又卷之五上《绞罪·贼盗》。
［151］《律疏残篇·贼盗律》第七,第三则。
《刑法沿革志》卷之三《徒罪之部·贼盗》。
［152］《律疏残篇·贼盗律》第七,第二则。
《刑法沿革志》卷之八《属罪之部·缘坐》。
［153］《律疏残篇·贼盗律》第七,第四则。《刑法沿革志》卷之五上《死罪之部·绞罪》;又卷之五中《斩罪·贼盗》。
［154］《大日本史》卷之二百《刑法志》。《律疏残篇·职制律》第三,第十七则。《刑法沿革志》卷之五上《死罪之部·绞罪》;又卷之三《徒罪之部·职制》。
［155］《律疏残篇·卫禁律》第二。《刑法沿革志》卷之三《徒罪之部·卫禁》。
［156］《律疏残篇·职制律》第三,第四十三则。
［157］前书第四十四则。
［158］前书第四十五则。《刑法沿革志》卷之二《杖罪之部》;又卷之四《流罪之部·职制》。
［159］《律疏残篇·职制律》第三,第四十六则。
［160］前书第四十七则。《刑法沿革志》卷之一《笞罪之部》。
［161］《律疏残篇·职制律》第三,第四十八则。
［162］前书第五十一则。
［163］前书第五十二则。
［164］前书第五十三则。
［165］前书第五十四则。
［166］前书第五十五则。
［167］《法曹至要抄》上卷"罪科"条第三十八。《刑法沿革志》卷之一《笞罪之部·杂律》。

[168]《律逸》卷之八《断狱律》第十三引《考课令集解》。《刑法沿革志》卷之一《笞罪之部·断狱》。

[169]《明文抄》第二《帝道部》下,《继群书类从》本,第142页。

[170]《令集解》卷三十二《公式令》,国书刊行会本第二册,第298页。又泷川博士《律令之研究》第681、682页并可参看。

[171]《律逸》卷之八。《捕亡律》第十二。《刑法沿革志》卷之二《杖罪之部·捕亡》。

[172]《律逸》卷之八《断狱律》第十三引《法曹至要抄》。《刑法沿革志》卷之一《笞罪之部·断狱》。

[173]《大日本史》卷之二百《刑法志》。《律疏残篇·职制律》第三,第十九则。《刑法沿革志》卷之一《笞罪之部·职制》。

[174]《律疏残篇·职制律》第三,第二十则。《刑法沿革志》卷之三《徒罪之部·职制》。

[175]《律疏残篇·职制律》第三,第二十一则。《刑法沿革志》卷之一《笞罪之部·职制》。

[176]《律疏残篇·职制律》第三,第四十九则。《刑法沿革志》卷之三《徒罪之部·职制》。

[177]《律疏残篇·职制律》第三,第五十则。《刑法沿革志》卷之二《杖罪之部·职制》。

[178]《律疏残篇·职制律》第三,第三十四则。《刑法沿革志》卷之二《杖罪之部·职制》。

[179]《法曹至要抄》上卷"罪科"条五十八"追捕事"。

[180]《西宫记》卷二十三《临时十一·里书·于市行事里书》,《史籍集览》本,第602页。

[181]《律疏残篇·贼盗律》第七,第十则。《刑法沿革志》卷之四上"流罪之部"上;又卷之五上《死罪之部·绞罪》;卷之五中《斩罪·贼盗》。

[182]《法曹至要抄》上卷"罪科"条五十七"失囚故纵事"。

[183]前书引《断狱律》。

[184]《律逸》卷之八《捕亡律》第十二。

[185]《律疏残篇·贼盗律》第七,第五十三则。《刑法沿革志》卷之一《笞罪之部·贼盗》。

[186]《律逸》卷之五《斗讼律》第九。

[187]前书卷之八《断狱律》第十三。

［188］前书卷之七《杂律》第十一引《政事要略》。
［189］前书引《法曹至要抄》。
［190］《明文抄》第一，《地仪部续群书类从》本，第92页。
［191］《大日本史》卷之二百《刑法志》。《律逸》卷之七《杂律》第十一。《刑法沿革志》卷之三《徒罪之部·杂律》。
［192］《律逸》卷之七《杂律》引《考课令集解》。
［193］前书引《法曹至要抄》。
［194］《大日本史》卷之二百《刑法志》。《律逸》卷之四《擅兴律》第七引《法曹至要抄》。《刑法沿革志》卷之三《徒罪之部·擅兴》作"私有蓄兵器者，徒一年"。
［195］《律逸》卷之七《杂律》。《刑法沿革志》卷之一《笞罪之部·杂律》。
［196］《律疏残篇·贼盗律》第七，第十五则。《刑法沿革志》卷之五上《死罪之部·绞罪·贼盗》。
［197］《律疏残篇·职制律》第三，第十八则。《刑法沿革志》卷之三《徒罪之部·职制》。
［198］《律疏残篇·贼盗律》第七，第二十一则。《刑法沿革志》卷之四《流罪之部上·贼盗》。
［199］《律疏残篇·贼盗律》第七，第二十二则。《刑法沿革志》卷之一《笞罪之部·贼盗》。
［200］《大日本史》卷之二百《刑法志》。《律逸》卷之六《诈伪律》第十引《法曹至要抄》、《金玉掌中抄》。《刑法沿革志》卷之五下《斩罪·诈伪》。
［201］《政事要略》第三十《年中行事》，《史籍集览》本，第264页。
［202］《律令之研究》第四编卷六《诈伪律》第十，第654页。
［203］《律疏残篇·职制律》第三，第二十二则。《刑法沿革志》卷之一《笞罪之部·职制》。
［204］《年中行事秘抄》"三月十七日"条，经济杂志社《群书类从》本，第329页。
［205］《律疏残篇·职制律》第三，第七则。《刑法沿革志》卷之一《笞罪之部》卷之二《杖罪之部·职制》。
［206］《律疏残篇·职制律》第三，第八则。《刑法沿革志》卷之一"笞罪之部"；卷之二《杖罪之部·职制》。
［207］《律疏残篇·职制律》第三，第九则。《刑法沿革志》卷之一《笞罪之

部·职制》。
[208]《狩野教授还历纪念支那学论丛》,第304至315页。
[209]《律疏残篇·贼盗律》第七,第十九则。
[210]前书第二十则。《刑法沿革志》卷之二《杖罪之部》;卷之三《徒罪之部·贼盗》。
[211]《律疏残篇·贼盗律》第七,第三十则。《刑法沿革志》卷之三"徒罪之部";卷之四上《流罪之部上·贼盗》。
[212]《金玉掌中抄》,经济杂志社《群书类丛》本第四辑,第154页。《明文抄》第五"诸道部",《续群书类丛》本,第197页。《刑法沿革志》卷之二《杖罪之部·杂律》。
[213]《律逸》卷之七《杂律》第十一。《刑法沿革志》卷之三《徒罪之部·杂律》。
[214]《律逸》卷之三《户婚律》第五引《万叶集》十八。
[215]《律疏残篇·贼盗律》第七,第十六则。《刑法沿革志》卷之五上《死罪之部·绞罪》;又卷之四上《流罪之部》;卷之二《杖罪之部》;卷之三《徒罪之部·贼盗》。
[216]《三代实录》"贞观八年"条。九条公爵家《延喜式》纸背《养老律》断简,《法学协会杂志》第41卷,第1299页。
[217]《律疏残篇·贼盗律》第七,第十二则。《刑法沿革志》卷之五中《死罪之部·斩罪》;又卷之三《徒罪之部·贼盗》。
[218]《律令之研究》第四编《斗讼律》第九,第641页。
[219]《律逸》卷之七《杂律》第十一。
[220]《律疏残篇·贼盗律》第七,第五则。《刑法沿革志》卷之三《徒罪之部》;又卷之四上《流罪之部·贼盗》。
[221]《律疏残篇·贼盗律》第七,第六则。《刑法沿革志》卷之五中《死罪之部·斩罪》;又卷之三《徒罪之部·贼盗》。
[222]《律疏残篇·贼盗律》第七,第七则。《刑法沿革志》卷之五中《死罪之部·斩罪》;又卷之五上《死罪之部·绞罪·贼盗》。
[223]《律疏残篇·贼盗律》第七,第八则。《刑法沿革志》卷之三《徒罪之部》;又卷之五中《死罪之部·斩罪·贼盗》。
[224]《律疏残篇·贼盗律》第七,第九则。《刑法沿革志》卷之三《徒罪之部》;又卷之四上《流罪之部·贼盗》。
[225]《金玉掌中抄》,经济杂志社《群书类丛》本第四辑。

［226］《律逸》卷之五《斗讼律》第九。
［227］前书卷之七《杂律》第十一。
［228］前书卷之五《斗讼律》第九。
［229］《法曹至要抄》上卷"罪科"条第二十二"斗乱斗杀事"。
［230］《法学协会杂志》第41卷,第1298页。
［231］《法曹至要抄》上卷第二十三"保辜事"。
［232］《律逸》卷之五《斗讼律》第九。
［233］《令集解》卷七下《僧尼令》,国书刊行会本第一册,第229页。
［234］《政事要略》第八十二《纠弹杂事》,《史籍集览》本,第734页。《小野宫年中行事》"十二月二十三日"条,经济杂志社《群书类从》本,第238页。
［235］《明文抄》第三《人伦部》,《续群书类从》本,第155页。
［236］《政事要略》第八十二《纠弹杂事》,《史籍集览》本,第753页。
［237］《令集解》卷七下《僧尼令》,国书刊行会本第一册,第244页。
［238］《律逸》卷之五《斗讼律》第九。
［239］《式目抄》(坤),《续史籍集览》本,第32页。
［240］《师守记》"贞治三年五月十三日"条,押小路师成藏本第十五册。
［241］《法曹至要抄》上卷第二十四"戏杀人事"。《律疏残篇·贼盗律》第七,第十四则。
［242］前书第四十一则。
［243］《律逸》卷之四《厩库律》第六。《刑法沿革志》卷之一《笞罪之部·厩库》。
［244］《律疏残篇·贼盗律》第十四则。《刑法沿革志》卷之二《杖罪之部·贼盗》。
［245］《律逸》卷之五《斗讼律》第九。《刑法沿革志》卷之二《杖罪之部·斗讼》。
［246］《历史与地理》第6卷第5号,《中国法制史论丛》,第369页。
［247］《律疏残篇》"八虐"条;《裁判至要抄》,经济杂志社《群书类从》本,第四辑第765页。
［248］《律逸》卷之三《户婚律》第五。《刑法沿革志》卷之三《徒罪之部》;又卷之二《杖罪之部·户婚》。
［249］《律逸》卷之六《诈伪律》第十引《法曹至要抄》上卷"罪科"条第五十"诈称官所遣捐人事"。《刑法沿革志》卷之三《徒罪之部·诈伪》;又

卷之五中《死罪之部·斩罪·贼盗》。《律疏残篇·贼盗律》第七,第十一则。

［250］前书第四十四则。《刑法沿革志》卷之四上《流罪之部》;卷之三《徒罪之部·贼盗》。

［251］《律疏残篇·贼盗律》第四十五则。《刑法沿革志》卷之四上《流罪之部·贼盗》。

［252］《律疏残篇·贼盗律》第四十六则。《刑法沿革志》卷之三《徒罪之部·贼盗》。

［253］《律疏残篇·贼盗律》第四十七则及第四十八则。

［254］前书第五十二则。

［255］前书第三十五则。《刑法沿革志》卷之一《笞罪之部》;又卷之二《杖罪之部》;卷之四上《流罪之部·贼盗》。

［256］《律疏残篇·贼盗律》第二十三则。《刑法沿革志》卷之四上《流罪之部》;又卷之三《徒罪之部·贼盗》。

［257］《律疏残篇·贼盗律》第二十四则。《刑法沿革志》卷之五上《死罪之部·绞罪》;又卷之四上《流罪之部》;卷之三《徒罪之部·贼盗》。

［258］《律疏残篇·贼盗律》第二十五则。《刑法沿革志》卷之三《徒罪之部》;又卷之二《杖罪之部·贼盗》。

［259］《律疏残篇·贼盗律》第二十六则。《刑法沿革志》卷之三《徒罪之部》;又卷之二《杖罪之部·贼盗》。

［260］《律疏残篇·贼盗律》第二十七则。《刑法沿革志》卷之三《徒罪之部》;又卷之二《杖罪之部》;卷之一《笞罪之部·贼盗》。

［261］《律疏残篇·贼盗律》第二十八则。《刑法沿革志》卷之三《徒罪之部·贼盗》。

［262］《律疏残篇·贼盗律》第二十九则。《刑法沿革志》卷之三《徒罪之部》;又卷之二《杖罪之部·贼盗》。

［263］《律疏残篇·贼盗律》第三十一则。《刑法沿革志》卷之二《杖罪之部·贼盗》。

［264］《律疏残篇·贼盗律》第三十二则。《刑法沿革志》卷之三《徒罪之部·贼盗》。

［265］《律疏残篇·贼盗律》第三十三则。

［266］前书,第四十九则。

［267］前书,第三十四则。《刑法沿革志》卷之三《徒罪之部》;又卷之五中

〔268〕《律疏残篇·贼盗律》第三十六则。
〔269〕前书,第三十八则。
〔270〕前书,第四十九则原注及第五十则。
〔271〕前书,第三十九则及第四十则。
〔272〕前书,第三十三则。
〔273〕《律逸》卷之六《诈伪律》第十。
〔274〕《律疏残篇·贼盗律》第三十七则。《刑法沿革志》卷之二《杖罪之部·贼盗》。
〔275〕《律令之研究》第四编卷四《厩库律》第六,第617页。
〔276〕《律逸》卷之七《杂律》第十一。
〔277〕《古文零聚一》,《古事类苑政治部》三十七,第627页。《续左丞抄》第三,《国史大系》本,第1511页。
〔278〕参看中田薰博士所撰《法制史论集》第一卷附录第二《唐令与日本令之比较研究》,第676、677两页。
〔279〕《律逸》卷之六《诈伪律》第十。
〔280〕《律疏残篇·贼盗律》第四十八则。
〔281〕《大日本史》卷之二百《刑法志》。
〔282〕《明文抄》第二"帝道部",《续群书类从》本,第143页。
〔283〕《法曹至要抄》卷中"卖买"条十九"渡直半分财物烧亡事"。
〔284〕《贞观交替式》,《国史大系》本,第34页。《政事要略》第五十九《交替杂事》,《史籍集览》本,第503页。
〔285〕《律逸》卷之四《厩库律》第六。《刑法沿革志》卷之一《笞罪之部·厩库》。
〔286〕《律逸》卷之四《厩库律》第六。《刑法沿革志》卷之三《徒罪之部》;又卷之一《笞罪之部·厩库》所规定略有不同。
〔287〕《律逸》卷之四《厩库律》第六。
〔288〕《律逸》卷之四《擅兴律》第七。《刑法沿革志》卷之二《杖罪之部》;又卷之三《徒罪之部·擅兴》。
〔289〕《令集解》卷三十三《公式令》,国书刊行会本第二册,第318页。《刑法沿革志》卷之三《徒罪之部·擅兴》。
〔290〕《律逸》卷之四《擅兴律》第七。
〔291〕《律疏残篇·卫禁律》第二。《刑法沿革志》卷之一《笞罪之部·

第三章　中国法律在日本之影响

〔292〕《律疏残篇·卫禁律》第二。

〔293〕见同上。《刑法沿革志》卷之三《徒罪之部·卫禁》。

〔294〕《律疏残篇·卫禁律》第二。《刑法沿革志》卷之三《徒罪之部·卫禁》。

〔295〕《律逸》卷之六《诈伪律》第十。《刑法沿革志》卷之二《杖罪之部·诈伪》。

〔296〕《律逸》卷之四《擅兴律》第七。《刑法沿革志》卷之一《笞罪之部·擅兴》。

〔297〕参看中田薰博士所著《日本私法法制史》，大正十二年（民国十二年）度东京帝国大学讲义，第43、44两页。又三浦、泷川两博士合编《定本令集解释义》卷九《户令》，其原文如下："凡男女三岁以下为黄，（释云：'三岁以下其色黄也，所以为黄也。'）十六以下为小，廿以下为中，其男廿一为丁。……"（第235页）

〔298〕杜佑《通典》卷七《食货七丁中》。《旧唐书》卷四十八《食货志》。

〔299〕《法曹至要抄》卷中"杂事"条五十"婚嫁并弃妻事"。《刑法沿革志》卷之一《笞罪之部·户婚》。

〔300〕《律逸》卷之三《户婚律》第五引《户令御抄》。

〔301〕《法曹至要抄》卷中。《刑法沿革志》卷之二《杖罪之部·户婚》。

〔302〕《政事要略》第六十九《纠弹杂事》，《史籍集览》本，第630页。

〔303〕《明文抄》第三《人伦部》，《续群书类从》本，第154页。《式目抄》（坤），《续史籍集览》本，第15页。

〔304〕《令集解》卷二十八《仪制令》，国书刊行会本第二册，第201、202页。《刑法沿革志》卷之三《徒罪之部·户婚》。

〔305〕三浦、泷川两博士合编《定本令集解释义》卷十《户令》，第269、270两页。

〔306〕参看仁井田升氏《唐令拾遗·户令》第九，第253至255页。

〔307〕*Ancestor-Worship and Japanese Law*, part Ⅲ, chap. Ⅶ, p. 144.

〔308〕《法曹至要抄》卷中。

〔309〕《定本令集解释义》卷十《户令》第273至275页并可参看。

〔310〕《法曹至要抄》卷中。《刑法沿革志》卷之三《徒罪之部·户婚》"私娶人妻"作"和娶人妻"，是否抄写讹误。

〔311〕《定本令集解释义》卷十七《继嗣令》之原文如下："凡三位以上继嗣

者,皆嫡相承;若无嫡子,及有罪疾者,立嫡孙;无嫡孙,以次立嫡子同母弟;无母弟,立庶子;无庶子,立嫡孙同母弟;无母弟;立庶孙。……"(第463至465页)。

〔312〕《唐令拾遗·封爵令》第十二,第305至307页。

〔313〕《法曹类林》,《史籍集览》本第十七册,第15页。

〔314〕中田薰博士《日本私法法制史》第150页所引,按穗积陈重博士《祖先崇拜与日本法律》之第三编第八章第151至152页并可参看。

〔315〕《律逸》卷之三《户婚律》第五。《刑法沿革志》卷之三《徒罪之部》;又卷之一《笞罪之部·户婚》。

〔316〕《律逸》卷之三《户婚律》第五。

〔317〕《法制史论集》第一卷附录第二《唐令与日本令之比较研究》。

〔318〕《令义解》卷十《杂令》,《国史大系》本,第311页。

〔319〕《律逸》卷之七《杂律》第十一。《刑法沿革志》卷之一《笞罪之部·杂律》。

〔320〕《令义解》卷十《杂令》第十九条。

〔321〕参看《唐令拾遗·杂令》第三十三,第853、854两页。

〔322〕早稻田大学《早稻田法学》第十一卷。

〔323〕同上书,第53页。

〔324〕《日本私法法制史》第89页所引,另据《定本令集解释义》卷十二《田令》云:"凡卖买宅地,皆经所部官司,申牒然后听之。"(第316页)

〔325〕参看《通典》卷二《食货二·田制下》。《唐令拾遗·田令》第二十二,第631页。

〔326〕参看《令集解》卷三十五《公式令》,国书刊行会本第二册,第373页。《刑法沿革志》卷之一《笞罪之部·杂律》。

〔327〕《法曹至要抄》卷中"卖买"条二十二"行滥短狭物事"。《刑法沿革志》卷之二《杖罪之部·杂律》。

〔328〕《律逸》卷之七《杂律》第十一,黑川真赖氏所撰《商法篇》并可参看(见《黑川真赖全集》第五《日本制度篇》,第98至132页)。

〔329〕《日本法律思想之特质》,第4页。

〔330〕《三代实录》,《国史大系》本第95页。

〔331〕参看《群书类从》"武家部",及小中村清矩诸氏所校《日本古代法典》卷三《贞永式目》、卷四《建武式目》等,与有贺长雄博士所著《日本古代法释义》第二十三章《贞永式目总说》、第二十四章《贞永式目》。

〔332〕宇田尚氏《日本文化与儒教之影响》第六章第五节《〈贞永式目〉之儒教的要素》(四)"《贞永式目》制定之精神与儒教"第807至811页并可参看。按宇田尚氏所列举《贞永式目》之儒教思想有三特点：(1)忠孝贞顺思想之涵养与劝善思想；(2)不教而加刑为网民之思想(即"不教而杀，虐也"之思想)；(3)据义推理之思想；氏举"凡评定之间，于理非者，不可有亲疏，不可有好恶，惟道理所推，心中之知，不惮傍辈，不恐权门，可出词也"一段，以为合于《论语·里仁》篇"君子于天下也，无适也，无莫也，义之与比"之精神。

〔333〕Sir Edward J. Reed's *Japan*: *Its History*, *Tradings and Religion*, vol. Ⅰ, p. 323.

〔334〕参看三浦周行博士《法制史之研究》第21页及《有德院实纪附录》三与迁善之助博士《海外交通史话》第673、674两页。

〔335〕《南纪德川史》第十七册卷之百七十《刑法》"刑法略言"条。

〔336〕前书《和歌山藩史》，第1033页。

〔337〕前书，第1050页。

〔338〕参看小中村清矩诸氏所校《日本古代法典》卷五，第843至986页。

〔339〕其详细之解释可参看前书第969至971页，中田万之助氏《德川氏刑法》第8至10页，泽田抚松氏《变态刑罚史》第40至63页，布施弥平治氏《日本死刑史》第165至202页。

〔340〕参看《德川氏刑法》，第74页及其他。

〔341〕参看天野御民氏《日本法律沿革略》第11至13页，及其所著《国制沿革史》卷之下第14至19页，村冈良弼氏《明治刑制因革》第1页。

〔342〕《日本国考略》，东京帝国大学史料编纂所藏手抄本第6页；又同校东洋史研究室所藏手抄本严从简《殊域周咨录》卷之二"东夷日本国"条并同。

〔343〕《明治法制史绪论》，第8页。

〔344〕参看《日本文化与儒教之影响》，第840至849页。

〔345〕参看《明治法制史》，第366页。

〔346〕《法学协会杂志》第44卷第12号。

〔347〕按为斩罪以上之附加刑，亦作引回，即死罪犯人于执行前乘马旅行町中(即街市)。参看木村正辞氏《刑法》一文，见国学院出版之《法制论纂》，第611页。

〔348〕《中国法典编纂沿革史》，第324至326页。

〔349〕《明律国字解》卷之一"《明律》"条,第 1 页。
〔350〕前书卷之十一"《问刑条例·名例律一》",第 1 页。
〔351〕《明典汇》第一百八十一卷。
〔352〕《明史·刑法志》。
〔353〕见同上。
〔354〕王圻:《续文献通考·刑考》。
〔355〕佐伯复堂氏:《译注无刑录》本上卷。
〔356〕见同上。
〔357〕《大学衍义补》日本刻本卷首。
〔358〕参看近藤圭造氏编纂之《增补皇朝律例汇纂》卷之一,高桥治俊、小谷二郎二氏合编之《刑法沿革综览绪言》及清浦奎吾氏《明治法制史》第三编《司法》第二章第 483、484 两页。
〔359〕参看村冈良弼氏《明治刑制因革略》第 14 页,清浦奎吾氏《明治法制史》第 484 页,泉二新熊氏《旧刑律与新刑法》一文,见《法学协会杂志》第 27 卷第 4 号。
〔360〕参看村冈良弼氏《明治刑制因革略》第 37、38 两页,清浦奎吾氏《明治法制史》第 486 页,泉二新熊氏《旧刑律与新刑法》一文及池田寅二郎氏《法典编纂》第 11 页。
〔361〕参看《刑法沿革综览》,第 2217 至 2262 页。
〔362〕参看近藤圭造氏《增补皇朝律例汇纂》卷一,及司法省刻《新律纲领改定律例合卷注释》卷首。
〔363〕Nobushige Hozumi's *The New Japanese Civil Code*, chap. Ⅵ, p. 37.
〔364〕参看近藤圭造氏《增补皇朝律例汇纂》卷一及司法省刻《新律纲领改定律例合卷注释》卷首,与《帝国法曹大观·司法省沿革略志》第 6 页及《司法省有关之法律制定沿革略志》第 39 页。
〔365〕参看庆应义塾大学出版之《法学会志》第 9 号。
〔366〕*The New Japanese Civil Code*, chap. Ⅵ, p. 37.
〔367〕参看《制度沿革便览》卷之上。
〔368〕参看《国制沿革略史》卷之上。
〔369〕参看《帝国法曹大观·司法省沿革略志》第 1、2、3、4 诸页。
〔370〕参看池田寅二郎氏《新日本史法制篇司法》第二章《司法省之沿革》第 290 至 302 页及泉二新熊氏《旧刑律与新刑法》一文。
〔371〕《刑法沿革总览旧刑法》,第 1 页。

〔372〕前书《旧刑法》,第 2 至 5 页。
〔373〕参看《阳春庐杂考》卷之二,第 23 至 26 页。
〔374〕《法学论丛》第 27 卷第 6 号。

第四章　中国法律在琉球之影响

琉球之入贡中国,自明太祖洪武五年(1372年)始,《明史》云:

琉球居东南大海中,自古不通中国,元世祖遣官招谕之,不能达。洪武初,其国有三王:曰中山、曰山南、曰山北,皆以"尚"为姓,而中山最强。五年正月命行人杨载以即位建元诏告其国,其中山王察度遣弟泰期等随载入朝,贡方物。帝喜,赐《大统历》及文绮纱罗有差。……[1]

至于《隋书·四夷传》虽有云:

琉求国居海岛中,当建安郡东,王姓欢斯,不知所由来及其世数,风土气候与岭南类。大业三年,遣使朱宽入海访异俗,至琉求,言语不通,掠一人而返;明年复往慰抚之,不从,遂使郎将陈稜等率兵击之,自义安浮海至高华岛,又东行二日至鼋鼊岛,又一日至其国,遣使传谕仍不从,逆拒官军,稜击走之,进至其都,数战皆破,焚其宫室而还,后遂绝。[2]

丁谦氏《〈隋书·四夷传〉地理考证》云:

流求之名,始见于此,隋建安郡今福建福州府,义安今广东潮州府,考由潮州往流求,当先经八重山,次经宫古岛乃至那坝,那坝彼国所都地也。高华、鼍鼊殆即八重山与宫古岛之古名欤?[3]

按《隋书》云"自义安浮海至高华岛,又东行二日至鼍鼊岛,又一日至其国",则当指今之台湾。向象贤撰《琉球国中山世鉴》《琉球国中山王世继总论》亦有云:

……当初未琉球之名,数万岁之后,隋炀帝令羽骑尉朱宽,访求异俗,始至此国,地界万涛间,远而望之,蟠旋蜿延,若虬浮水中,故因以名"流虬"也。语言不通,掠一人以返,后遣武贲郎将陈稜率兵又至,国人不从,虏男女数百人还。尔来数百年至唐宋,尝朝贡矣。……[4]

则亦沿袭中国旧史之误,盖琉球之有文字为时不久,徐葆光《中山传信录》有云:

中山开辟以来至舜天始有国字。[5]

其地至最近世,僻陬之乡犹保存象形之文字,行结绳纪事之遗俗,[6]故远古历史多凭传说,如《中山世谱》竟谓自天孙氏起,苗裔相承,凡二十五代,一万七千二百年,[7]其荒唐无稽,殆可不必置论。至吾国史籍之记载除《隋书》外,如《宋史·外国传》云:

流求国在泉州东,有海岛曰彭湖,烟火相望其国堑栅三

重,环以流水。植棘为藩,无他奇货,商贾不通。……[8]

《元史·外夷传》亦云:

> 琉求在南海之东漳、泉、兴、福四州界,彭湖诸岛与之相对,天晴望之如烟雾,远不知其几千里也。海水至彭湖渐低,近琉求谓之落漈,漈者,水下趋而不回也,凡渔舟遇风,漂流落漈,回者百一。琉求在外夷最小而险,汉、唐以来史所不载,至元二十八年副万户杨祥请以六千人往降之;继有吴志斗者,熟知海道,谓当先往谕,相水势地理,然后兴师,乃命二人充宣抚使往琉求,未至而还。成宗元贞三年,福建行省高兴遣兵至其国,禽生口一百三十余人。[9]

观以上所引二节,知元以前犹指台湾为琉球也。实则琉球尚在台湾东北,包括冲绳及其他诸岛,明太祖以后始通中国,受我册封。自是厥后,盛行输入中国之文物制度。向象贤撰《琉球国中山世鉴》云:

> 大明洪武初,太祖皇帝遣使谕诸邦,于时中山王察度、山南王承察度、山北王帕尼芝皆遣使奉笺,贡马及方物,大明太祖皇帝嘉其款诚,洪武十六年,更"流求"曰"琉球",赐以金符印,宠以章服。洪武二十五年中山王察度始遣子侄学于国子监。又洪永间,大明皇帝赐闽人三十六姓,为纪纲之后,琉球用大明之礼乐,是始矣。是以太祖皇帝称琉球于守礼之邦矣。其三十六姓,凋谢今所存者,仅蔡、郑、林、梁、金五家而已。……[10]

《明史》亦云：

> （明太祖）二十五年夏，中山贡使以其王从子及寨官子偕来，请肄业国学，从之，赐衣巾靴袜并夏衣一袭。其冬山南王亦遣从子及寨官子入国学，赐赉如之，自是岁赐冬夏衣以为常。明年中山两入贡，又遣寨官子肄业国学。……
>
> 二十九年春遣使来贡，令山南生肄国学者归省，其冬复来。中山亦遣寨官子二人及女官生姑鲁妹二人先后来肄业，其感慕华风如此！中山又遣使请赐冠带，命礼部绘图，令自制，其王固以请，乃赐之，并赐其臣下冠服。又嘉其修职勤，赐闽中舟工三十六户，以便贡使往来。……

自太祖至明亡，琉球始终不渝，其忠诚至可感人，《明史》云：

> ……自是迄崇祯末，并修贡如仪，后两京继没，唐王立于福建，犹遣使奉贡，其虔事天朝，为外藩最云。[11]

乃张学礼之《使琉球纪》竟有云：

> 琉球东海小国也，唐宋以来，世奉正朔。……[12]

不知琉球入贡实自明代始然。明亡清兴，琉球一仍旧例，入贡不失时，伊地知贞馨氏所著《冲绳志》之《贡献志》有云：

> ……琉球（于清朝亦）递年发遣进贡接贡二船以通中国，

藩王嗣立受册封时又遣谢恩使至中国。[13]

又据伊波普猷氏《琉球之五伟人》所述清世祖顺治三年(1646年)明之皇族隆武于福建即位,琉球派遣王舅丰见城亲方、毛泰久等往贺,一行公事已竣,于其年秋间归国,方经过闽之安镇外琅崎地方,清之大将贝勒率兵南下,覆亡隆武,天下事已大定,琉球因又命长史金正春、都通事郑思善、伙长陈源三人改衣剃发学清人之俗而赶至福建,虽遭遇海盗战死二十八人(一行共六十一人)而卒得贝勒之助,北上至京拜谒清帝云云,[14]考之吾国记载,如《大清一统志》云:

……本朝顺治六年(1649年)琉球国遣使奉表纳款。十一年,其国王世子尚质遣使进贡方物,诏册封尚质为中山王,赐镀金银印。令二年一贡,著为定例。二十年,中山王世子尚贞奏请袭封。二十一年遣官册封琉球国王并御书"中山世土"四字赐之。五十七年琉球国王世曾孙尚敬奏称"自四十八年中山王尚贞薨逝,世子尚纯早逝,世孙尚益权署国事未及请封亦薨,今遣耳目官正议大夫等,奉表恭进方物,并请封袭王爵",奉旨琉球国世守臣节,忠诚可嘉,准该国王世曾孙尚敬所请承袭琉球国中山王。雍正元年琉球国王尚敬遣王舅翁国柱及曾信入贡,复遣官生郑秉哲等入监。二年,召见王舅翁国柱于乾清宫,御书"辑瑞球阳"四字赐之。乾隆元年、二年、三年琉球国王俱遣使入贡。四年,皇上以王遣使庆贺,忠荩可嘉,降敕将谕,并御书"永祚瀛壖"四字赐之。十九年琉球国王世子尚穆奏称"臣父敬于乾隆十六年薨逝,念臣小子穆,恭循典例,以嫡继统,谨遣耳目官正议大夫等虔齐方物奏请循例封袭王爵"。二十年,遣官敕封尚穆为琉球国中山王,自后二年一贡如常例。[15]

可见琉球与中国关系密切之一斑。说者谓琉球自明迄清每有贡船,多以载货,自华归来即获资巨万,故有"唐一倍"之俚谚,而自福州琉球馆起程北上,沿途又备蒙招待,琉球人原甚柔弱,但不畏风尘波涛及海贼之袭来者以此也。[16]斯言诚得其真相。然琉球与中国之往来频繁,则所蒙之影响尤属深巨,故清初潘相恭所著《琉球入学见闻录》即有云:

> ……自明初始通朝贡,遣子入学,渐染华风,稍变旧习,至于圣清受命,威灵辰叠,文教诞敷,皇纶三锡,宸翰叠颁,定两年一贡之令,沛三次入监之恩,百有二十余年,其国之政俗,沐浴圣化,蒸蒸然日进于雅,视朝鲜国殆弗让焉。……[17]

惟其地与日本亦甚有远长之关系,伊波普猷氏所著《古琉球》云:

> ……据历史家之研究,琉球人之祖先系居于日本九州东南岸海人部之子孙,上古尚与日本保持连络之关系,至十四世纪顷因战乱之故,遂与日本隔绝,派遣使臣入贡明朝并盛行输入其制度文物。十五世纪又复通日本,迨明亡清兴,德川施行平和政策,琉球遂又奉清朝之正朔。……[18]

长野勋、波多野乾一两氏编译之《日华外交六十年史》亦有云:

> 琉球群岛介于中、日之间,在历史上均有相当之关系。……据日本《古史》,谓"推古天皇二十四年有掖玖人三名归化",及琉球舜天王为日父琉母之子,然多晦而难考。……明万历间日将军丰臣秀吉用兵朝鲜,派岛津家征征韩费用于琉球,琉王拒之。以后再三劝琉球朝日,琉王不从,岛津家遂率兵三千渡琉球,大胜之,战四十日,捕琉王尚宁及大臣而还,于是岛津家强定琉球税额,清查户口,检查土地,设立机关,又迫琉王不得与明通好,然琉球依然与明交往,奉中国正朔,而受册封。当时日政府亦欲假琉球而与中国交通,故对琉球之臣事明朝,未加阻难,此种状态一直保持至晚清。[19]

迨清同治十一年(明治五年)明治天皇亲政,使琉球王子及三司官至东京朝贺,同时下诏以琉球为藩,封尚泰为藩王;十二年,以琉球与日本府县同列,受内务省管辖,租税缴纳于大藏省。光绪元年(明治八年)派熊本镇台之兵驻屯琉球,命琉球奉明治年号;至光绪五年(明治十二年)遂废藩为县,改琉球为冲绳县。[20]溯琉球自明初入贡至清光绪而脱离中国之关系,其间经过盖凡五百余年,其所受中国之影响前略已言及,兹惟述其法制如下:

【法典】

琉球法典,厥名《科律》,现庋藏于冲绳县立图书馆,[21]惜著者尚未得一读原书也,惟据《冲绳法制史》云,此法典系乾隆五十一年所编纂者,卷首载三司官之《序文》述其由来云(按原文恐系汉文,兹从日译):

> ……本邦原无刑书,凡犯罪拟议之时,虽准先例而行,然

彼轻此重,遇难决之案甚属误事,主上深以为忧,摄政向姓读谷山王子朝宪三司官马姓官平亲方良廷、向姓涌川亲方朝乔马姓与那原亲方良矩因请编《科律》,主上欣然谕允,乃于乾隆四十年乙未腊月六日命向姓伊江亲方庆、马姓幸地亲方良笃编集《科律》,于是竭精殚虑,参酌唐、大和每朝代之刑书及本邦之例,律意专本经书,又不背时宜人情,今既编纂竣事,乃逐一加以评阅,以备进奉主上照览。……

于时

乾隆五十一岁丙午子夏日　　三司官[22]

按此法典之产生,经十载之星霜,虽云参酌华、日之刑典及从来之惯例,然按其实际则大部分皆摹仿《大清律》,故当时之起草者于律目之下说明科律之内容,其第一则即云:

《大清律》四百三十六年之中所采用之科律凡一百三条。……[23]

此法典之篇目,计有:

第一　《名例上》
第二　《名例中》
第三　《名例下》
第四　《户役》
第五　《田宅》
第六　《仓库》

第七 《钱债》

第八 《市廛》

第九 《厩牧》

第十 《贼盗》

第十一 《人命》

第十二 《斗殴》

第十三 《骂詈》

第十四 《诉讼》

第十五 《受赃》

第十六 《犯奸》

第十七 《杂犯》

第十八 《捕亡》

第十九 （《原阙》）

第二十 《断狱》

第二十一 《营造》[24]

全书凡十三章，一百三条，若以乾隆五年之《大清律例》相较，则琉球《科律》所省略之篇目为《吏律》之《职制》、《公式》，《户律》之《婚姻》、《课程》，《礼律》之《祭祀》、《仪制》，《兵律》之《宫卫》、《军政》、《关津》、《邮驿》，《工律》之《河防》，是亦因境地狭小，官制简单，不足邯郸学步，然亦善于因时制宜也已。故《冲绳法制史》云：

  《科律》毕竟不过为《大清律》之拔萃缩写而已，惟各法条间均加精细之注释，足见起草者用意颇属周到，律学之造诣不浅,表明其能咀嚼承受《大清律》,遂以十年苦心完成琉球《科律》之编纂事业,在南岛一般文物之程度观察,实有大足叹赏之价值。[25]

《科律》颁行后七十五年至清咸丰十年(1860年)琉球又公布一法典,厥名《法条》,据《冲绳法制史》云:

> 《法条》所规定者为:(一)杀伤;(二)骂詈尊长;(三)伪造公文书;(四)强窃盗;(五)收贿;(六)讥诽;(七)奸淫;(八)伪造货币;(九)赌博;(十)押买押卖;(十一)制限高利贷等数条。其大部分则拔抄《科律》而已,体裁甚不完备,条理尤极支离灭裂,不足与《科律》相提并论。……[26]

【法院组织】

琉球官制。亦来自中国,观清雍正十年壬子十一月十八日评定所发布之《御教条》,全部均有摄政三司官蔡温之考案,其开宗第一即阐明琉球自天孙氏建国,所谓政治制度等类事物即根本不存在,其时惟为海中之一小国,内乱频繁,生民涂炭,自通中国,始有制度,然琉球制度自昔即难言之,徐葆光《中山传信录》有云:

> 官制品级略仿中国,分为正从九等。……
> 耳目官四员,正三品。……一员司刑耳目官(土名平等侧)。……
> 首里三平等,各乡分巡察官　真平等左大尹郡侯一员。……
> 审理所　大使三员,掌笔帖三员。……[27]

现冲绳县立图书馆犹有康熙四十五年蔡应顺、蔡铎、程顺则所编之《琉球国中山王府官制》一书,徐氏之说似足征矣,然另据在徐氏之后,清廷派遣册封尚穆王之副使周煌所著《琉球国志略》则有云:

> 前使臣徐葆光《传信录》有《官制》一篇,云从其臣紫金大夫蔡温得其大概;紫金大夫程顺则又以所辑《官制》进,臣观其体制,亦颇典重,乃徐察其实,十不符二三,始知蔡、程二书系奉其王命初定品秩,尚未举行,嗣以三法司耻居正二品班寝之。阅十余年,更定大改前规,臣叩之日所晋接诸人,率多不谙故典,无能言之郯子,最后于饯别之次,前所称蔡温者尚在,通谒求见,臣亟问其略,奈已龙钟昏眊,语焉不详。……[28]

是琉球官制虽亲履其地者犹不能完全明了,故汪楫《使琉球录》竟以琉球无法院,云:

> 国中不设官廨,无听讼之所,民有犯罪,当死者辄自杀,重者剖其腹,轻者徙置马齿、硫磺诸山;又轻则令自闭室中,不得出户,或三年、二年乃纵之。近亦设榜掠之具,然不甚施用。国有大庆则赦,凡远徙者皆放还。[29]

黄景福《中山见闻辨异》驳之云:

> 汪录国中不设官廨,诚然,至云"无听讼之所,民犯罪至轻者令自闭室中,不得出户,或三年、二年乃纵之",今考首里府有"平等

所",专司诉讼,民间轻罪即拘禁其中,限满乃释之,非自室也。[30]

按伊地知贞馨所著《冲绳志·官职志》云:

"平等方"掌理处分刑罚,裁决诉讼。有犯罪者,派遣筑佐事逮捕之。
"总横目方"掌纠察风俗及非违。
平等之侧一人,吟味役二人。[31]

盖琉球于明代即有法官,明夏子阳《万历丙午使录》有云:

法司紫巾官,极称贵倨,有犯亦抵。法止令坐地,不绑缚,轻则流徙太山,锢之终身。[32]

明治六年六月刊行之大槻文彦氏所著《琉球新志》亦云:

从一品法司官,除授刑法一员,紫绫帕、金簪、绿袍、锦带。[33]

此法官服盖保存中国之古制,而甚类今日戏园之装扮也。

【诉讼手续】

此项记载,原极简略,清张学礼《使琉球纪》有云:

……有犯罪者,大夫闻之法司,法司察其曲直,令曲者死,亦不敢迟留也。有犯法重者,竟自刎投缳,不敢妄辨求生。

又云：

> 执法甚严，不徇情面，即官长父子兄弟犯法，轻则徒、流，重则处死，不曲庇丝毫也。[34]

另据《冲绳法制史》所引之《科律》第一《名例上》则琉球法庭传唤及拘提被告在"八议"之列者皆须奏启琉王，其所谓之"八议"者为：

（一）御亲山（按《唐律》云："一曰议亲"）；
（二）故旧之御近侍（《唐律》云："二曰议故"）；
（三）功臣（《唐律》云："五曰议功"）；
（四）贤德（《唐律》云："三曰议贤"）；
（五）才能（《唐律》云："四曰议能"）；
（六）勤劳（《唐律》云："七曰议勤"）；
（七）贵官（《唐律》云："六曰议贵"）；
（八）国宾（《唐律》云："八曰议宾"）。[35]

是《科律》"八议"将《唐律》"八议"之次序略为变更，又《科律》第二十《断狱》据云有十二条，[36]原书未见，实无从比较其关于讯问、羁押被告等之规定究为如何也。又第十四《诉讼》据云有"干名犯义"之条，对告诉尊属尊长之罪恶者处罚，[37]然所科处者为"杖刑"，抑为"徒刑"，亦语焉不详。

【刑法总则】

〔法例〕

《科律》第三《名例下》据云断罪无正条者许裁判官类推解

释[38],此并摹仿明清律之断罪无正条者,得援引他律比附应加应减也。

〔公罪〕

《科律》第一《名例上》据云有犯公罪者减刑之规定。

〔私罪〕

《名例》上又有关于私罪之规定。

〔累犯罪〕

《名例上》有在刑之执行中再犯罪从重科断之规定,[39]此并同明清律之"凡犯罪已发又犯罪者,从重科断"之原理。

〔俱发罪〕

《科律》第二《名例中》"二罪共露显"条,据云有数罪俱发之规定,数罪同时俱发,依重者处断;一罪发先,余罪后发时,其轻若等者,不处罚;其重者,更论之,加算前发之刑以充后数。[40]按与明清律并同。

〔共犯罪〕

《科律》第三《名例下》"首从差分"条:"从犯减正犯之罪一等;一家之尊卑共犯罪;独坐尊属,卑属无罪;尊属年八十以上或老疾者,卑属论罪;妇人为尊属者,仍独坐男子。"[41]按同《大明律》。

〔刑名〕

吾国学者所述琉球之刑名盖人各不同,兹举数例,如周煌《琉球国志略》有云:

> 其国刑法有"死刑"三:一、凌迟;一、斩首;一、枪刺。用木桩作十字架捆手足,以枪刺其心令死,即枭于其处,桩倒乃止。

轻刑五：一、流。

流有三等：有配定流至某岛安置，不准放还。有为恶不悛，族人共禀法司，请加流罪者，则限以年数配遣所流之岛，头目等申其改过，许遣还，否则至期复流远岛，仍前法申遣；若再不悛，颠转流于三十六岛外之别岛矣。有犯罪重者，则缚其手足，以独木小舟配遣西马齿山巅，转递至外岛，然多有漂没者。

一、曝日。

身体刑："一、夹；一、枷（有轻重二等，轻者数十斤，重者数百斤）；一、笞（窃盗最严，初犯笞若干，夹一次，曝日一次；再犯、三犯以）"[42] 次递加，亦有时竟立斩者，立配流外岛者。

黄景福《中山见闻辨异》又有云：

国有死刑三：一、凌迟；一、斩决；一、枪刺。轻刑五：一、流；一、曝日；一、夹；一、枷；一、笞。志略所载已无遗误，谢（按即谢杰）《录》开腹之刑，汪《录》民犯罪当死者辄自杀，皆无考。近新增《刑律》十八条。[43]

另据《冲绳法制史》所述琉球《科律》之正刑共分五种：

（一）入近所寺（按即拘禁于附近之遍照寺、神应寺等处）自五日以上至四十日以下（相当于《大清律》之"笞刑"）。

（二）入中途寺（按即拘禁于神宫寺、观音寺等处）自六十日以上至九十日以下（相当于《大清律》"杖刑"）。

(三)入远所寺(按即拘禁于照泰寺)自百日以上至五百日以下(相当于《大清律》之"徒刑")。

(四)流刑　共分三种：

近流久米岛,四年或六年；

中流宫古岛,八年。

远流八重山岛,十年或终身。

(五)死刑　死罪(如《大清律》之"绞刑")及斩。……[44]

〔刑之加重及减轻〕

《冲绳法制史》所述《科律》第三《名例下》"罪科增减"条据云系刑罚加减例之规定,[45]此外如第二《名例中》"老幼废疾犯罪"条据云规定老幼废疾者犯罪酌量减刑,[46]又"犯罪自讼"条云"犯罪人于犯罪未发时自身或其亲属自首者减刑,然不得免除私法上之赔偿义务"[47],按均同明清律。

〔刑之赦免〕

伊地知贞馨氏所著《冲绳志》有云：

一、处流刑者于配所品行端正且属贫贱者,给与物品。又能于配所为有益之事者则放赦之。

一、流罪者痛悔前非,改心务正,并在配所为有益之事,或于近海有难船时抛弃生命扶助遇难者,则放赦之。[48]

〔行刑权之时效〕

《冲绳法制史》引《科律》第二《名例中》"老病以前之犯罪"条,据云系规定幼少并无病之时犯罪,老病以后露显,酌量减刑,[49]按与《大明律》之所谓"凡犯罪时虽未老疾,而事发时老疾者,依老疾论"并同。

〔刑期之时例〕

据前书引《科律》第三《名例下》"年月差引"条,云系规定计算刑期之法,[50] 想亦与明清律之"称日者以百刻计"等规定相同。

【刑法分则】

伊地知贞馨氏《冲绳志刑罚部》有云:

> 律罚系由萨藩及中国法律斟酌参订而成者,其间有过于苛酷者,但施时又多失之于宽慢。[51]

按据《冲绳法制史》所引《科律》第一《名例上》,则琉球最重大之犯罪仍为"十恶",即:

一、谋反,"谋危社稷"(按同《唐律》)。

二、谋大逆,"谋毁御宗庙并山陵宫阙"(同《唐律》)。

三、谋叛,"谋叛本国,窃从他国"(《唐律》作"谋叛国从伪")。

四、恶逆,"殴或谋杀祖父母、父母并夫之祖父母、父母;或谋杀、故杀、殴杀伯叔父并其妻伯叔母、兄姊、外祖父母、夫"(同《唐律》)。

五、不道,"杀一家三人。"(《唐律》作"杀一家非死罪三人,及支解人,造畜蛊毒厌魅"。)

六、大不敬,盗取天地社稷之御祭祀及御宗庙御饬物。(原注下略)(同《唐律》)

七、不孝,恶口咒骂尊属或反其意,不服丧等(同《唐律》)。

八、不睦,谋杀五日以上有服之亲属,殴告夫及二十日以上有服之尊长及十日有服之尊属。(按《唐律》作"谋杀及卖缌麻以上亲,殴告夫及大功以上尊长,小功尊严"。)

九、不义,人民杀本属长官,诸卫署役员共杀主管长官,或杀受业师,及隐夫丧不哀且好游乐者。(《唐律》作"杀本属府主、刺史、县令、见受业师,吏卒(杀)本部五品以上官长,及闻夫丧匿不举哀,若作乐释服从吉及改嫁"。)

十、内乱,奸本家外戚十日以上有服之亲属及父祖之妻(?恐系"妾"之误)并彼此相共和奸者。(按《唐律》作"奸小功以上亲、父祖妾及与和者"。)[52]

现就各书所述条文加以分析如下:

〔伪传君命罪〕

《冲绳志·刑罚部》云:"伪传君命者,斩。"

〔度关越海罪〕

前书云:

一、逾越城堞,擅将城门关闭者,终身流罪。
一、舟船无鉴札而航海者,量罪科处。

〔渎职罪〕

前书云:"收受贿赂至八千贯文而曲法者终身流罪。"《冲绳法制史》引《科律》第十五《受赃》只言其为关于收贿罪之规定,及预约收贿者处罚,条文不详。[53]

〔逮捕监禁者脱逃及藏匿犯人罪〕

前书引《科律》第十八《捕亡》,只云为罪人逃走罪及隐匿罪人罪之规定,条文不详。[54]

〔诬告罪〕

前书引科律第十四《诉讼》"落书"之条云,以落书(即随便胡写之意)诽谤人为目的或以落书控诉公务人者处罚,然条文不详。[55]

〔放火罪〕

前书引《科律》第十七《杂犯》云有放火之条。另据《冲绳志·刑罚部》云:"放火者,斩罪。"

〔邪术惑人罪〕

前书云:"一、以邪术惑人者,终身流罪。"

〔伪造文书印文罪〕

前书云:

一、伪作官令或增减君意施行者,斩罪。
一、伪造政府诸局之官印者,斩罪。

〔掘墓残尸罪〕

《冲绳法制史》引《科律》第十《贼盗》云有发掘坟墓罪之规定,然科条不详。[56]另据《冲绳志·刑罚部》云:

一、发掘人之坟墓并盗其衣类器物者,斩罪。
一、不收敛祖父母、父母、夫等之死骸者,斩罪。即将祖先之牌位舍弃者亦同罪。

〔赌博罪〕

前书云:"博弈之类初犯者追放,再犯者重流。"

〔奸非罪〕

《冲绳法制史》引《科律》第十六《犯奸》云"和奸"条规定私通及奸通共论罪,更有强奸及奸淫二条,然科条不详。[57]另据《冲绳志·刑罚部》云:

一、奸通家长之妻女者,终身流罪。
一、轮奸妇女者,无人岛流罪。
一、强奸妇女者,终身流罪。但女子十二岁以下,虽和以强论。

另据张学礼《使琉球纪》云:

如有夫之妇,有妻之夫犯淫,男女俱死;鳏旷未减。[58]

〔杀人罪〕

《冲绳法制史》引《科律》第十一《人命》云:

先规定宿意隐谋诡设伪讦谋杀人,次为愤争杀人及故杀人与殴打致死,凡故杀处斩罪,殴打致死处死罪,或处终身流罪。又次之规定为戏杀伤,处十年之流刑。过失杀只赎钱及赔偿;最后有"驰马杀伤人"及"以弓箭杀伤人"二目。[59]

另据《冲绳志·刑罚部》云:

一、谋杀祖父母、父母、伯叔父母、兄、姊、外祖父母、夫及夫之祖父母、父母者,磔罪。

一、祖父母、父母及夫家之尊长为人杀害而与其仇人私和者,重流。

一、妻妾谋杀其夫,或妻妾与他人奸通与奸夫谋杀其夫者,磔刑。

〔殴伤罪〕

《冲绳法制史》引《科律》第十二《斗殴》云为殴打创伤之规定,其殴打尊长及凭威力殴打人者,加重治罪,犹设疗治日限一项;又就创伤之轻重处罚,被害者于期间内痊愈者,则宥免加害者之罪云云。[60]另据《冲绳志·刑罚部》云:

一、殴祖父母、父母、夫之祖父母、父母者,斩罪。
一、争斗时将人之手足折废者,重流,并须出赡养费。

夏子阳《万历丙午使录》另有记载云:

悠争持刀剸人者,辄引刀自剖腹而死,否则下于理,决抵偿,而无系狱。[61]

〔骂詈罪〕

《冲绳法制史》引《科律》第十三《骂詈》云分恶口及骂尊长二节,[62]按《冲绳志·刑罚部》云:

一、骂詈祖父母、父母及夫之祖父母、父母为其祖父母等出诉者,死罪。

〔窃盗及强盗罪〕

《冲绳法制史》引《科律》第十《贼盗》云："盗罪依其情状而有差别,如:(一)盗御内原御物及盗取宫庭之物品者;(二)盗御墓所树木者;(三)监守自盗(原文为'役人盗');(四)盗御物;(五)强盗;(六)股方盗(意义不明);(七)盗牛马畜类;(八)盗野原作毛(按即盗田野谷麦菜果等);(九)亲属盗;(十)恐吓取财;(十一)掠取公私之财物;(十二)同谋盗。"[63]然科条不详。另据《冲绳志·刑罚部》云:

一、抢夺财物并杀害其人者,斩罪。
一、闯入人家既盗财物复侵犯其妻女者,斩罪。
一、盗人之财物计赃钱至一万贯文者,终身流罪。
一、盗官物计赃钱至七千贯文者,终身流罪。

明谢杰《己卯使录·撮要补遗》又有云:

民患剽掠,无轻重,辄加开腹之刑。(按黄景福谓为无考。)[64]

〔诈欺取财罪〕

《冲绳法制史》引《科律》第十《贼盗》有"恐吓取财"一条,律文不详。另据《冲绳志·刑罚部》云:

一、骗人之财货而鬻与他人且私用其财者,终身流罪。

〔侵占罪〕

《冲绳法制史》引《科律》第十《贼盗》有"监守自盗"条,律文不详。又第七《钱债》有"费消受寄物"条,律文亦不详。[65]

〔毁弃损坏罪〕

前书引《科律》第五《田宅》"破坏器物作毛"条云犯人则科刑罚并命赔偿损害,[66]又第六《仓库》"损坏御物"条云:"损坏官物者,处罚,且命赔偿,但遭遇水难风火,则不在此限。"[67]另据《冲绳志·刑罚部》又有云:

> 故杀牛马而卖买者,追放。

【民法】

〔土地所有权〕

黄景福《中山见闻辨异》有云:

> 《志略》田有公私之别:公田有二:一为王府公田,民耕之,输粟有定额;一为各官采地、公田亦民耕之。……二项均不得卖买。私田则民所应募垦辟者,除量纳官米外,听为世业,仍许卖买……诚信。[68]

〔动产所有权之取得〕

据《冲绳法制史》引《科律》第七《钱债》有"拾物"之条,律文不详,[69]其第六章《民事法制一·物权法三》"所有权之取得"条[70],其规定均如《冲绳志·刑罚部》所云:"一、拾得遗物者,限于七日内送至平等所,计算其物品之价值,以七分归本主,三分给拾者；若过日限而犹隐藏者，科罪。"

〔买卖〕

据《冲绳法制史》所引《科律》第八《市廛》有"贪不当之物价者"及"强迫卖买者"均处罚之规定，[71]其第六章《民事法制二·债权法四》"卖买"所述较详，然亦未征引《科律》之原文，[72]《冲绳志·刑罚部》亦只云：

一、榷买谷物诸品或强迫买卖者，科罪。

〔贷借〕

据《冲绳法制史》引《科律》第七《钱债》有"借物"之条，[73]其第六章《民事法制二·债权法三》"贷借"述《钱债律》曰："取过高之利息者，入寺二十日。"又"取法定以外之利息者，将过取之分还主"；又"年数虽多，不能过原本一倍"。[74]《冲绳志·刑罚部》又有一则云：

因货借之故而以人之妻妾、子弟作抵当者，科罪。

〔婚姻〕

据《冲绳法制史》第六章《民事法制三·亲族法》所述琉球限制结婚之条件为：（一）父母丧中；（二）近亲；（三）奸通之男女；（四）奸非；（五）重婚等。[75]

〔承继〕

据前书云琉球承继之次序为男先于女，长先于幼，庶居嫡后。[76]

就以上诸条文观之，琉球立法之精神。固犹属于《大明律》之系统也。

注　释

〔1〕《明史》卷三百二十三《外国列传》四"琉球"条。
〔2〕《隋书·列传》四十六《东夷》。
〔3〕《〈隋书·四夷传〉地理考证》,《浙江图书馆丛书》本,第6页。
〔4〕《琉球国中山世鉴》,东京帝国大学史料编纂所藏手抄本《序》一之二:潘相恭《琉球入学见闻录》之《凡例》又有云:"臣谨按隋大业元年海帅何蛮上言,海上有烟雾状,不知几千里,乃流球也,流球之名始见于此……"此说不知本于何书?要之中国自古即暗于外情,故史籍记载多凭臆说,关于琉球事实之纷歧误谬,徐葆光《中山传信录序》慨乎言之:"琉球见自《隋书》,有传甚略,北史、唐宋元诸史因之,正史而外,如杜氏《通典》、《集事渊海》、《星槎胜览》、《嬴虫录》等书所载山川、风俗、物产,皆多舛漏。前明洪武五年中山王察度始通中朝,而明《一统志》成于天顺初,百年中为时未久,故所载皆仍昔误,几无实焉。……"诚哉是言也。
〔5〕《中山传信录》卷之二。
〔6〕参看大藏省主税局所编:《冲绳法制史》,第1页。
〔7〕《中山世谱》原书未见,所引见《冲绳法制史》第1页。又可参看长野勋、波多野乾一两氏合编之《日华外交六十年史》第一卷第222页所引琉球紫巾官向德宏氏之言,及明治七年青江秀氏所著《琉球藩史》卷之一"察度王",此书有伊藤信平氏《序》云:"上自天孙以至今主,凡二十五纪,三十七世,礼乐刑政典章制度之所以沿革者,考证精确,毫无遗漏。"其实此项资料极为缺乏。又明治十九年出版后藤敬臣氏所编《南岛纪事》上卷《察度纪》并同。
〔8〕《宋史》卷四百九十一《列传》第二百五十《外国七》"流求国"。
〔9〕《元史》卷二百十《列传》第九十七《外国》"琉求"。
〔10〕《琉球国中山世鉴》,手抄本序一之二,又可参看伊波普猷、真境名安兴二氏共著之《琉球之五伟人》第一章《琉球之上古史》第6至9页,及徐葆光《中山传信录》卷五《氏族》亦有云:"……久米三十六姓,皆洪、永两朝所赐闽人,……每姓子孙,皆不甚繁衍,寄籍起家贵显者多,然非赐姓之旧也,今阅九姓世谱中多读书国学及充历年贡使之人。……"
〔11〕《明史》卷三百二十三《外国列传》四"琉球"条,又朱国祯辑《皇明大事纪》卷之十一亦有云:"……(琉球)其幅员,其人物虽不及朝鲜十三,

而奉命之使，必以侍臣；成均之优，尚存别舍，开国以来，日加亲加厚，远出诸夷之上。……"又距今百年前欧人之旅行其地者亦盛誉其民德之浑厚，如英国船长霍尔氏所撰《旅行朝鲜西岸及琉球群岛记》(Account of a Voyage of Discovery to the West Coast of Corea and the Great Loochoo Islands)谓琉球人和乐易兴，喜见远客(pp. 61-62)其官民之间感情融洽，无严刑酷罚，不似中国之上下阶级间无宽大友爱之谅解者也。(p. 210)又其民性安分知足，在英人旅行期间无盗难发生，虽任其纵览船舰内部各处，即一书一笔之微，亦从无纷失之事，以视在中国及南洋群岛一带之情形，诚令人不禁有云泥之别矣。(pp. 212-213)

〔12〕《使琉球纪》，《龙威秘书》本第七集，第1页。
〔13〕《冲绳志》，明治十年刊本卷二《贡献志》。
〔14〕参看《琉球之五伟人》第五章《中国与琉球之关系》，第52至54页。
〔15〕《大清一统志》卷四百二十三之一"琉球"条。
〔16〕参看《琉球之五伟人》第四章第42页，第五章第57至61页及《冲绳法制史》第十章《通商沿革》第69至71页。
〔17〕《琉球入学见闻录》之《凡例》。
〔18〕《古琉球》，第61页。
〔19〕《日华外交六十年史》第一卷，第五章，第173、174两页。
〔20〕参看前书第174、175两页。
　　按中日两国交涉之经过，可参看前书第175至225页，及北平故宫博物院出版之《清光绪朝中日交涉史料》卷一第21至38页，卷二第1至38页。又三浦周行博士《明治时代琉球所属之问题》，《史学杂志》第四十二编后藤敬臣氏《南岛纪事》下卷《尚圆后纪》"下泰王"条并可参看。
〔21〕据《冲绳县立图书馆目录》，琉球法典有：

　　　　科律　　　　　　乾隆五十一年
　　　　新集科律
　　　　旧藩中平等方犯人取调书
　　　　诉讼旧惯第38号　　自光绪元年至三年
　　　　法条旧惯第36号　　评定所　　　　咸丰十年
　　　　纠明法条旧惯第37号　同上　　　　乾隆五十一年

〔22〕《冲绳法制史》第七章《刑事法制》，第52、53两页。
〔23〕前书，第53、54两页。
〔24〕参看前书第54至63页。

〔25〕前书,第61页。
〔26〕前书,第62页。
〔27〕《中山传信录》卷第五《官制》。
〔28〕《琉球国志略》。
〔29〕《小方壶斋舆地丛钞》第十帙所收本。
〔30〕同上。
〔31〕《冲绳志》卷二《官职志》。
〔32〕《小方壶斋舆地丛钞》第十帙所收本。
〔33〕《琉球新志》卷下《政制》。
〔34〕《使琉球纪》,《龙威秘书》本第15页。
〔35〕《冲绳法制史》,第55页。
〔36〕前书,第61页。
〔37〕前书,第60页。
〔38〕前书,第56、57两页。
〔39〕前书,第55页。
〔40〕前书,第56页。
〔41〕同前。
〔42〕《琉球国志略》卷十二"兵刑"条。
〔43〕《小方壶斋舆地丛钞》第十帙所收本。
〔44〕《冲绳法制史》,第61、62两页。
〔45〕前书,第56页。
〔46〕前书,第55页。
〔47〕前书,第56页。
〔48〕《冲绳志》卷二《褒赏部》。
〔49〕《冲绳法制史》,第56页。
〔50〕见同上。
〔51〕《冲绳志》卷二《刑罚部》。
〔52〕《冲绳法制史》,第54、55两页。
〔53〕前书,第60页。
〔54〕同前。
〔55〕同前。
〔56〕前书,第58、59两页。
〔57〕前书,第60页。

[58]《使琉球纪》,《龙威秘书》本,第17页。
[59]《冲绳法制史》,第59页。
[60]见同上。
[61]《小方壶斋舆地丛钞》第十帙所收本。
[62]《冲绳法制史》,第59、60两页。
[63]前书,第58、59两页。
[64]《小方壶斋舆地丛钞》第十帙。
[65]《冲绳法制史》,第58页。
[66]前书,第57页。
[67]同上。
[68]《小方壶斋舆地丛钞》第十帙。
[69]《冲绳法制史》,第58页。
[70]前书,第43至45页。
[71]前书,第58页。
[72]前书,第47、48两页。
[73]前书,第58页。
[74]前书,第47页。
[75]前书第50页,又第51页引《科律》及《法条》"殴祖亲之妾者较殴凡人加重科处"之规定为琉球认妾作"准家属"之证,另据霍尔氏云:"琉球不许有如中国多妻制之存在,惟国王始得有侍妾;琉球人均一致以中国所施行之一人多妻制为可怖,而在习知英国习惯与琉球相同则甚为喜悦也。……"(p.207)两说绝不相容,然琉球原来无所谓"妾"之存在,则恐系事实。
[76]《冲绳法制史》,第52页。

附 琉球之历代系统

言琉球历代世系之书甚多,如徐葆光《中山传信录》卷三即有"中山世系",向象贤《琉球国中山世鉴》卷之二即有《琉球国中山王舜天以来世缵图》、《先国王尚圆以来世系图》,然皆不完全,今录一较完全者如下:

中国法律在东亚诸国之影响

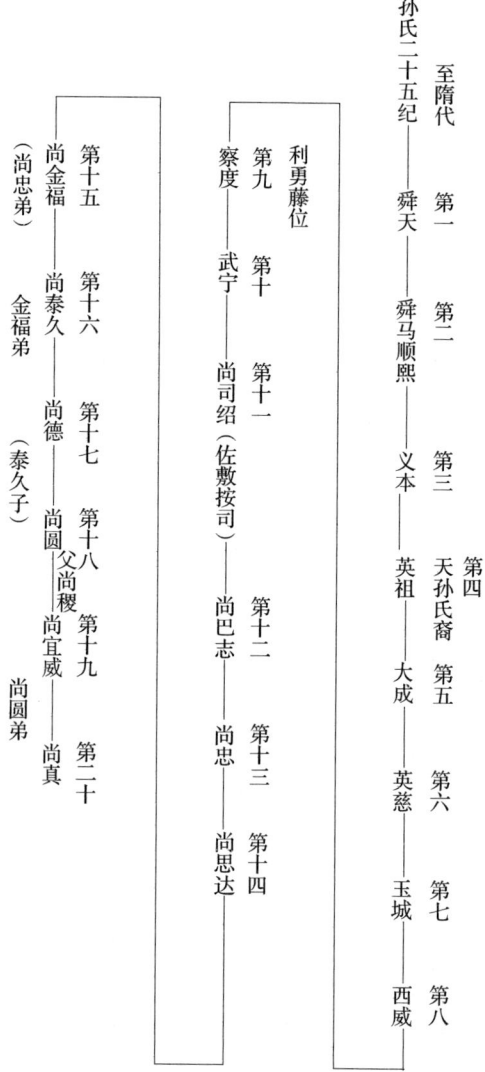

天孙氏二十五纪至隋代 —— 第一 舜天 —— 第二 舜马顺熙 —— 第三 义本 —— 第四 天孙氏裔 —— 第五 英祖 —— 大成 —— 第六 英慈 —— 第七 玉城 —— 第八 西威

利勇藤位 —— 第九 察度 —— 武宁 —— 第十 尚司绍（佐敷按司）—— 第十一 尚巴志 —— 尚忠 —— 第十二 尚思达 —— 第十三 尚金福 （尚忠弟）—— 第十四 尚泰久 —— 第十五 金福弟 —— 第十六 尚德 —— 第十七 尚圆父尚稷 —— 尚圆 （泰久子）—— 第十八 尚宜威 —— 第十九 尚圆弟 —— 尚真 —— 第二十

第四章　中国法律在琉球之影响

琉球法制史年代对照表

宋孝宗淳熙十四年	琉球王舜天即位		1187 年
宋理宗嘉熙二年	舜马顺熙即位		1238 年
理宗淳祐九年	义本即位		1249 年
理宗景定元年	英祖即位		1260 年
元成宗大德四年	大成即位		1300 年
元武宗至大二年	英慈即位		1309 年
元仁宗延祐元年	玉城即位		1314 年
元顺宗至元三年	西威即位		1337 年
明太祖洪武五年		琉球始入贡中国	1372 年
洪武二十八年	察度即位		1395 年
洪武二十九年	武宁即位		1396 年
明成祖永乐四年	尚思绍即位	始有三司官职一人	1406 年
永乐二十年	尚巴志即位		1422 年
明宣宗宣德四年		琉球统一告成	1429 年
明英宗正统五年	尚忠即位		1440 年
正统十年	尚思达即位		1445 年
明景帝景泰元年	尚金福即位		1450 年
景泰五年	尚泰久即位		1454 年
英宗天顺五年	尚德即位		1461 年
明宪宗成化六年	尚圆即位		1470 年
成化十三年	尚宣威即位		1477 年
同年	尚真即位		
明世宗嘉靖六年	尚清即位		1527 年
嘉靖三十五年	尚元即位		1556 年
明神宗万历元年	尚永即位		1573 年
万历十七年	尚宁即位		1589 年
万历三十七年		日本岛津兵入琉球	1609 年
万历四十五年		琉球置平等之侧	1617 年
明熹宗天启元年	尚丰即位		1621 年
天启四年		琉球司法权之所在始为阐明	1624 年
明思宗崇祯十四年	尚贤即位		1641 年

（续表）

清顺治五年	尚质即位		1648年
康熙八年	尚贞即位		1669年
康熙四十九年	尚益即位		1710年
康熙五十二年	尚敬即位		1713年
乾隆十七年	尚穆即位		1752年
乾隆五十一年		制定第一次成文法典《科律》	1786年
乾隆六十年	尚温即位		1795年
嘉庆八年	尚成即位		1803年
嘉庆九年	尚灏即位		1804年
道光八年	尚育即位		1828年
道光十一年		制定新集《科律》	1831年
道光二十八年	尚泰即位		1848年
咸丰十年		颁布《法条》	1860年
光绪五年		并入日本	1879年

琉球法制史之参考书目

《琉球国中山世鉴》　　向象贤著　　庆安三年
《中山世谱》
《南聘纪考》　　　　　平季安著
《冲绳一千年史》　　　真境名安兴　　岛仓龙治共著
　　　　　　　　　　　　　　　　　大正十二年
《冲绳志》一名《琉球史》　伊地知贞馨著　明治十年
《琉球国志》写本　　　河源田盛美著　明治十五年
《琉球新志》　　　　　大槻文彦著　　明治六年
《冲绳志略》　　　　　伊地知贞馨著　明治十一年
《琉球谈》　　　　　　森岛中良著　　宽政二年
《琉球年代记》　　　　大田南亩著　　天保三年
《古琉球》　　　　　　伊波普猷著　　明治四十四年
《琉球藩史》　　　　　小林居敬著　　明治七年
《南岛纪事》内篇　　　后藤敬臣著　　明治十七年

《南岛纪事》外篇　　　西屯舍三著　　明治十九年
《古琉球之政治》　　　伊波普猷著　　大正十一年
《科律》
《法条》
《诉讼》
《职制秘览》
《纠明法条》
《诉讼》
《隋书》
《唐书》
《宋史》
《元史》
《明史》
《明实录》
《通典》
《明一统志》
《明会典》
《大清会典》
《渊鉴类函》
《大清一统志》
《福建通志》
《太学录》
［明］陈侃《嘉靖甲午使录》
高澄《甲午操舟记》
郭汝霖《嘉靖辛酉使录》
萧崇业《万历己卯使录》
《撮要补遗》
《日东交市记》
夏子阳《万历丙午使录》
胡靖《崇祯癸酉记录》
［清］张学礼《使琉球纪》
《中山纪略》
汪楫《册封疏抄》

《中山沿革志》
《使琉球杂录》
《海东吟稿》
《球阳竹枝词》
徐葆光《中山传信录》
周煌《琉球国志略》
潘相恭《琉球入学见闻录》
李鼎元《使琉球记》
齐锟、费锡章《续琉球国志略》
《还砚斋全集》之八

西文参考书

Account, A Chinese Account of the Luchus in the *Japan Weekly Chronicle*, vom. 22, July 1909, S. 143-145.

Alberti, K., Hochzeitsgebräuche auf den Japanischen Ryukyu-Inseln in *Ostasiatischen Lloyd*, vom. 16, September, 1910, S. 283.

Brunton, R. H., Notes Taken During A Visit to Okinawashima-Loochoo Islands in *Transactions As. Soc.*, vol. Ⅳ, Yokohama, 1876, pp. 66-77.

Chamberlain, Basil Hall, The Luchu Islands and their Inhabitants in the *Geographical Journal*, vol. Ⅴ, 1895, pp. 289-319, 446-462, 534-545.

Derselbe, On the Manners and Customs of the Loochooans in *Transactions As. Soc.*, vol. XXI, 1893, pp. 271-289.

Derselbe, Contributions to A Bibliography of Luchu in *Transactions As. Soc.*, vol. XXIV, 1896. Furnes, William, Life in the Luchu Islands in Bulletin of the Free Museum of Science and Art of the University of Pennsylvania, vol. Ⅱ, Nr. I, Philadelphia, 1899, pp. 1-28.

Haberland, M., Über eine Graburne von den Liukiu-Inseln in Mitteilungen der Anthropologischen Gesellschaft in Wien. Bd. XXIII (Neue Folge Bd. XIII), Wien, 1893, S. 39-42. Hall, *Account of a Voyage of Discovery to the West Coast of Corea and the Great Loochoo Islands*, London, 1818.

Hervey de Saint-Denys, Sur Formose et sur les îles Appelées on Chinois Lieou-Kieou in *Journal Asiatique*, Sept. Série, Tome Ⅳ. Paris, MDCCCLXXIV, pp. 105-121.

Hildreth, *Japan as It Was and Is.*

Klaproth, J., *Mémoirs Relatifs a L'Asie*, Tome Ⅱ, Paris MDCCCXXVI, pp. 157-189: Description des Iles Lieou-Khieou, Extraite d'ouvrages Japonais et Chinois.

Leavenworth, Charles, S., *The Loochoo Islands*, Shanghai, 1905.

Satow, Sir E. M., Notes on Loochoo in *Transactions As. Soc.*, vol. Ⅰ, pp. 1-9

Schlegel, G., Proolèms Geographiques. Lieou-Kieou-Kouo in T'oung-Pao, vol. Ⅵ, 165-215. Smith, George, Lowchew and the Lowchewans, London, 1853.

Simon, Edmund, Beiträge zur Kenntnis der Riukiu Inseln, Leipzig, 1913.

Williams, S. Wells, *Narrative of A Voyage of the Ship Morrison in the Chinese Repository*, vol. Ⅵ, Canton, 1838, pp. 209-229, u. 353-380.

第五章　中国法律在安南之影响

一、摹仿唐宋律时代——李太祖（公蕴）及陈太宗（煚）两朝

呜呼！安南与中国之关系，亦垂数千年矣！其人民之血液中盖含有不少之汉族血液。彼国史家吴甲豆所著《中学越史撮要》有言曰："秦汉行植民计于岭南，赵陀领谪徙民五十万戍五岭，武帝徙中国人杂处九郡，汉末士夫多避难南投，晋、宋、隋、唐历代都护北来，官吏兵民多岁久成家，明末杨彦迪、陈胜才与其党三千人来居东浦，郑玖招集唐人居于安江河、仙清河、明香（香后改为乡）随处而有，广信、士燮、朱鸢、杜瑗、太平、李贲、即墨、陈承其先皆从北来，年干攸宁，易世遂成南人。马留人汉初只十余户，隋末乃有三百余人。华人蟄居南土，生齿日繁，渐有人满之势，其原交阯、赵裳遗民为强权所压，多移居于边远地方。……三圻中区之诸省会及所在间阎，农工商贾族姓不一而足，其儒士族、豪强族、仕宦族、与帝王贵族之遗多点优效，其能以文事武功显名诸国多从华裔中来。……"[1]从可知两国关系密切之一斑。

至于中国法律在安南所发生之影响究为如何？日本牧野巽

氏所作《安南黎朝刑律中之家族制度》一文开宗明义第一节即有言曰：

> 安南者,形成中国法系国之南端者也。(中略)安南于秦、汉时即接受中国文化,迨后汉马援之远征,遂完全成为中国之领土,直至唐末犹然,故此时代安南所行之法律,恐即以唐之律令为主也。[2]

按马援平定安南时,《汉律》即已在安南施行,惟最初迁就安南习惯之处,或不在少数耳。《后汉书·马援列传》记其经过云：

> ……交阯女子征侧及女弟征贰反(章怀太子李贤注云："征侧者,麋冷县雒将之女也,嫁为朱鸢人诗索妻,甚雄勇,交阯太守苏定以法绳之,侧怨怒,故反。"),攻没其郡,九真、日南、合浦蛮夷皆应之,寇略岭外六十余城,侧自立为王,于是玺书拜援伏波将军,以扶乐侯刘隆为副(原注：扶乐县名,属九真郡。),督楼船将军段志等南击交阯,军至合浦而志病卒,诏援并将其兵,遂缘海而进,随山刊道千余里(原注：刊,除也)。十八年春,军至浪泊上与贼战,破之,斩首数千级,降者万余人,援追征侧等至禁谿,数败之,贼遂散走。明年正月斩征侧、征贰,传首洛阳。……
>
> 援将楼船大小二千余艘,战士二万余人,袭九真贼征侧余党都羊等,自无功至居风(原注：无功、居风二县名,并属九真郡,居风,今爱州),斩获五千余人,峤南悉平。(原注：峤,岭峤也。《尔雅》曰："山锐而高曰峤。……"《广州记》曰："援到交

阯,立铜柱,为汉之极界也。")

援奏言:

西于县户有三万二千(原注:西于县属交阯郡,故城在今交州龙编县东也)。远界去庭千余里(原注:庭,县庭也),请分为封溪、望海二县(封溪、望海县并属交阯郡)。

许之。援所过辄为郡县治城郭,穿渠灌溉,以利其民,条奏《越律》与《汉律》驳者十余事(原注:驳,乖舛也)。与越人申明旧制以约束之。自后骆越奉行马将军故事(原注:骆者,越别名)。[3]

据以上记载观之,马援以战胜之威,推行《汉律》,自无多大困难,惟采纳民意,申明某十余事与《汉律》虽有冲突犹许其保留旧制,非谓《汉律》全部均不适用于安南也。故牧野氏谓马援入越直至唐末,恐即以唐之律令为主,而著者则以《唐律》之前,尚有《汉律》;唐末之后直至明末清初,有黎一朝之法典仍以唐律令为主也。

此外,如前引杉山直治次郎氏所著《法律之演变》曾谓:"李朝及嘉隆之二部法典相继施行于安南,而此二法典乃脱胎于中国之《唐律》及《清律》。"[4](按实则沿袭《大明律》。)林德(Abram Lind)所著《中国刑法典之一章》(A Chapter of the Chinese Penal Code)引菲拉斯德(P. L. F. Philastre)之法文《安南律之新译本》(Le Code Annamite Nouvelle Traduction Complète,2T.,Paris,1876)谓安南几于一字不改采用中国法典之大部分。法国巴黎大学法科出版之博士论文有钟君(?)(Tran Van Chuong)所撰之《中越法律之精神论》(Essai sur L'esprit du Droit Sino-Annamite)惜现犹无缘拜读,甚憾事也。[5]又安南河内《远东法国学报》(Bulletin De L'E'cole Française D'Extrême-Orient)1908年至1911年(光绪三十四年至宣统三年）所载德鲁士打儿（M. R. Deloustal）氏所著之《古代安南之司法》（La Justice Dans L'ancien Annam）则为潘辉注《历朝宪章类志·刑律志》之法文译本，其注释中间有与隋唐诸律比较之文，尚足参考，惟黎朝《刑律》亦有沿袭"元明律"之规定，而氏不知，是可惜耳。

安南自秦、汉至唐入于中国版图，其法制与中国无大出入，自为意中事。即自五代晋高祖天福四年（939年）吴王权破南汉为独立国起，经丁先皇帝（宋太祖开宝元年，968年）、黎（大行）天福帝（宋太宗太平兴国六年，981年）、李（公蕴）太祖（宋真宗大中祥符三年，1010年）、陈（煚）太宗（宋理宗宝庆元年，1225年）、黎（利）太祖（明宣宗宣德三年，1421年）、而至阮（福英）世祖（清高宗乾隆四十三年，1778年）一朝，时为中国之藩属，明时且尝改为行省，后仍复为藩属，迄清光绪十二年（1886年）属法以后所编纂之法典仍以《中国律》为蓝本。吴甲豆《中学越史撮要·夏集》"刑律删定"条云：

> 我南国律始于前黎，然其科条不详。李初狱讼繁兴，法吏深刻，刑狱多有枉滥，太宗命中书刊定律令，参酌辰（同"时"）世所适用，定门类，分条款，别为一代刑书。卖黄男，盗官牛，奸人妻妾，强盗得财，定赎罪令，逃军法，条禁严明。[6]

现述李朝一代之法制如下：

【法典】

李太宗《刑书》三卷潘清简等编修之《钦定越史通鉴纲目正编》《大越史记全书》及潘辉注《历朝宪章类志·文籍志》均著录，[7]《刑律志》又云：

> 李太尊明道元年(宋仁宗庆历元年,1042年),敚刑书,初天下狱讼烦扰,法吏拘律文,务为深刻,多至枉滥,帝悯之,乃命中书删定律令,参酌辰(时)世所适用者,叙其门类,编其条贯,别为一代刑书,使观者易知,书成,诏颁行之,民以为便,至是治狱之法,坦然明白。[8]

另据《文籍志》云:"今不传"。

【法院】

其在中央方面,据《历朝宪章类志·官职志》云:

> 我越肇自雄王,建都设长,维时雒侯雒将,略具职司,暨于前李、前吴亦皆置官命职(前李南帝即位,已置百官,前吴王立国,亦设百官)。而世代辽远,简编希阔,大略不可闻矣。自丁以后,以及李、陈,分设之名,始存梗概。[9]

《官职志》又云:

> (六部)尚书之设,始于李时(原文不明,恐系"时"字之误),但部名未详分置(仁宗时莫显绩、假文钦皆为尚书)。

另条:

> 御史之司,李前未设。

其在地方方面,据前书云:

李初置知府判府等职。县任之职李、陈未详。李朝外任有知州职,又极边之州,皆置牧,并以土豪为之。[10]

【法条】
前书《刑律志》有云:

按李、陈刑法,其条贯纤悉,不可复详,当初校定律格,想亦遵用唐、宋之制,但其宽严之间辰(时)加斟酌。……[11]

吴甲豆《中学越史撮要》列举李朝之律文云:

仁宗申明《盗杀牛令》(按在龙符八年,即宋徽宗大观二年,1108年),诸盗杀牛杖八十,徒犒甲,妻杖同徒桑室,妇并偿其半,邻家不告,杖八十。诸收捕盗贼逃亡而为势家所夺者,势家逃亡同罪;收捕吏辄停留在家不以经官者,杖八十。(按此令系天符睿武三年——宋徽宗宣和四年,1122年所公布有。)诸殴人死走,犒甲杖一百,刺其面(五十字)。(按系天符睿武六年——宣和七年,1125年事。)(潘辉注《历朝宪章类志》卷之三十三引吴午峰之言曰:"杀人者死,古法也,安有殴人致命而轻于杖徒者哉?")神宗诏诸相争田池以兵刃殴击死伤人,杖八十,徒;田池还死伤者。(按潘辉注以此律附于英宗绍明二年——即宋高宗绍兴九年,1139年条下。)诸司决狱有强争不合条制,杖六十(按系绍明七年事)。禁自阉,违,杖八十,刺左膊(二十三字)(按系绍明二十三年事)。此李朝刑定律令之大纲。

又谓李朝禁杀耕牛系受佛教之影响云:

牛耕稼所资,利人不少,京邑多杀牛,而农民数家共耕一牛,何资生理?禁盗宰牛,李朝其得于戒噉牛肉之释家教乎?……杀人者死,亚东相传之汉法,安有殴人致命而轻拟杖徒?……[12]

李朝刑民法律均有"时效"之规定,潘辉注《历朝宪章类志·刑律志》引——

李神(宗)(李阳焕)天顺元年(宋高宗建炎二年,1128年)诏:诸讼已经祖尊理判者,不得复论卷,违者罪之。

英(宗)(李天祚)尊绍明二年定《赎田认田法》,诏诸典熟田二十年内听赎。相争田土或五年或十年内卷讼,有荒田园为人所耕作而争认者,无得过一年内,违者杖八十。……[13]

以上为李朝法制之仅仅可考见者,现又述陈朝一代之法制如下:
【法典】
陈太宗《钦定越史通鉴纲目》及《历朝宪章类志·刑律志》云:

陈太尊建中六年(宋理宗绍定三年,1230年)定《国朝刑律》,考定前代诸例为之,又定徒罪法。中罪徒果田宏者,刺面六字;居果社(今日果)耕公田大三亩,岁收粟三百斤。徒牢城兵者,刺顶四字,杂除升竜凤城草隶四厢军。又定《勾讼例》,诏凡狱监勾监讼,许取脚力钱,依日程远近。

天应政平十三年(宋理宗淳祐四年,1244年)定《刑律诸格》。[14]

陈英宗(陈烇,一作日燇)前书云:

> 英尊兴隆十七年(元武宗至大二年,1309年)冬十月,定判大逆罪,故事凡有罪者,削去族姓,以名称之,时逆案拟死罪四人,有名欣者,以前有大功,免没籍,拟流恶水洲者六人(恶水地在安邦县,流之此水,无有还者)。《名例》者以天潢末派,免刺面,拟流远近洲四人。……[15]

另据《文籍志》著录:

《公文格式》一卷 陈英宗兴隆七年(元成宗大德三年,1299年)校定印行,今不传。

《皇朝大典》二卷 陈裕宗(陈暭)纪元绍丰,一作绍兴(元顺帝至正一年,1341年)命张汉超、阮忠彦编定,今不传。

《刑律书》一卷 裕宗绍丰初,命汉超、忠彦撰定,今不传。[16]

【法院】

前书《官职志》有"官名沿革之别"条[17]现分为"中央"及"地方"述之于下:

中央之司法机关有:

廷尉 "陈初置登闻院,有检法官,至绍丰间,始改为廷尉职。"

御史台 "陈时始立御史台,有侍御史、监察御史、御史中赞、御史中相、御史大夫、主书侍御史等职。"

刑部尚书 陈朝亦如李朝虽设尚书而部名未详,"置行遣尚书、右弼尚书职,天庆(按明宗陈奣年号,一作大庆,或作太庆,元仁宗延祐元年,1314年)、开泰[明宗年号(后始分各部尚书。如天庆时尹邦宪为刑部尚书)]。"

地方之司法机关有:

府尹 "陈初建中年间始置京城泙泊司,迨圣宗绍隆改为京师大安抚使,以各路安抚历任考满为之,宪宗开祐又改为京兆大尹,至顺宗光泰复改为中都尹。"

安抚使 "陈朝置诸安抚使,凡户籍、钱谷、狱讼诸事,并属关掌。"

安抚副使 "宪司之任,陈时为安抚副使。"

知府 "陈初……置诸府知府,时犹以镇为府,职任甚重。……迨顺宗光泰定外任官府,置镇抚使副。"

知县 "陈顺宗始设令尉主簿,掌县内钱谷、词讼之事。"

知州 "陈初太宗置诸州漕运使,裕宗绍丰又置属州通判。……"

社官 "陈初太宗始置大小司社。"

〔诉讼权之限制〕

陈代对原告因其身分之不同而限制其诉讼权,前书《刑律志》云:"明(宗)(陈奣)尊大庆二年五月诏凡父子夫妇及家奴不得相告诉。"[18]

【法条】

《刑律志》有云:"按《故事抄言》陈刑法最酷,盗及逃亡斯其足指,付其人甘心,或付象蹴杀之,岂是于常律之外用此严刑,以为止盗之禁者欤?"[19]

此外,列举陈代律文之书籍如明李文凤之《越峤书》有云:

法:谋反者,戮亲族;杀人也常(偿)命捕奸者得自专杀,近代始令奸夫以钱三百贯赎。淫妇断归其夫为婢,许典卖。有官者□钱赎罪背八十,重者杖六十,杀与奸。官者量轻重,令犯人出钱并牛酒为谢。斗伤,罪先殴者。伪造非法者,以罪名黥其面,杖而徒。窃盗者初犯背杖八十,黥。再犯者,刖其手足,三犯者杀之。[20]

此为东洋文库所藏安南手抄本,错落不可卒读,然此书多取材于元黎崱之《安南志略》,即以上一段之记载为例,黎书云:

> 法:谋反者,诛。亲族杀人者,偿命。捕奸者,得自专杀;近代始令奸夫以钱三百贯赎死罪;淫妇断归其夫为婢,许自典卖。杀有官者,验高卑偿钱赎罪,仍杖,皆八十,重者杖六十,杀与奸,同例。罟有官者,量轻重,令犯人出钱,并牛酒为谢,杖如之,前同类斗伤,罪先殴者,伪造非法者,以罪名黥其面,杖而远徙。强盗者,斩;窃盗者,初犯皆杖八十,黥犯盗二字,元盗之物一偿九分;不能偿者,没其妻孥;再犯者,刖其手足;三犯者,杀之。诬告者反罪。……[21]

以上为刑法方面,关于民法者,前书有一条云:

> 逋贫者得自禁锢,尽归本息始释。穷民不能自给者,许典赎于人。……

是较李著反略为详细也。又李、陈两代民法之可考见者,尚有如《历朝宪章类志·国用志》"丁户之籍"潘辉注按语所云:"按李朝稽核户籍,最为详严,民丁十八岁登黄册,谓之黄男,二十岁以上谓之大男。"[22]此民法成丁之规定也。此外又如"田土之制"云:"陈顺尊光泰十年诏限名田,辰(时)尊室诸家每令私奴婢于濒海地筑堤堰障碱水一三年开垦成熟,居之多立私庄田土,至是立限田法,惟大王长公主田无限,庶人田无过十亩,余者上进入官。……"[23]此有关于当时人民不动产所有权之规定者也。

附　**安南纪年表**(参照黄道成《越史新约》全编卷上《历代纪年》)

吴王权 戊戌(937)　　　丁先皇戊辰(968)　　　黎大行天福(981)
　　晋天福三年(高祖)　　　宋太祖开宝元年　　　　宋太宗太平兴国六年
李太祖 顺天元年(1010)　太　宗天成元年(1029)　圣　宗龙瑞元年(1055)
　　宋大中祥符三年　　　　宋仁宗天圣六年　　　　宋仁宗至和二年
　　(真宗)
仁　宗太宁元年(1073)　神　宗天顺元年(1128)　英　宗召明元年(1139)
　　宋神宗熙宁六年　　　　宋高宗建炎二年　　　　宋高宗绍兴九年
余略,共三百十六年。
陈太宗 建中元年(1225)　圣　宗绍隆元年(1258)　仁　宗绍宝元年(1279)
　　宋理宗宝庆元年　　　　宋理宗宝祐六年　　　　元世祖至元十六年
英　宗兴隆元年(1293)　明　宗大庆元年(1314)　宪　宗开祐元年(1329)
　　至元三十年　　　　　　元仁宗延祐元年　　　　元文宗天历二年
裕　宗绍丰元年(1341)　艺　宗绍庆元年(1370)
　　元顺帝至正元年　　　　明太祖洪武三年
余略,陈一百七十四年中间胡氏七年,共一百八十一年。

此书又称《大越史约》,系成泰十八年(光绪三十二年,1906年)安南河内行秕庸家数二十四益轩刊本。

二、摹仿唐宋元明律时代——黎太祖(利)一朝

陈朝为黎季犛所篡夺,黎更姓名为胡一元,名其子苍曰胡查,明成祖永乐元年(1403年)查自署权理安南国事,遣使来贡,言安南王陈日熉不幸早亡,后嗣绝,以欺矇明廷,迨永乐五年(1407年)据《明史》之记载云:

第五章 中国法律在安南之影响

> 正月,大破季犛于木丸江,宣诏访求陈氏子孙,于是耆老千一百二十余人诣军门,言陈氏为黎贼杀尽,无可继者,安南本中国地,乞仍入职方,同内郡。……六月朔,诏告天下,改安南为交阯,设三司。……设交州、北江……十五府,分辖三十六州,一百八十一县,又设太原、宣化、嘉兴、归化、广威五州,直隶布政司分辖二十九县,其他要害,咸设卫所控制之。……[24]

松本信广教授所作《安南之文化》下亦谓:

> 明廷是时厉行彻底之同化政策,设学校,授经书,弘佛教,押收安南图籍,不许人民剪发、文身、涅齿或食槟榔子,妇女须穿短衣长裙。……然安南民族之自觉终不能抑,故黎利于1418年(永乐十六年)起兵,经十年抗争之结果,竟击退明军,于1428年(明宣宗宣德三年)统一安南。[25]

安南叛乱之经过,《明史》谓系永乐十五年"……交人故好乱,中官马骐以采办至,大索境内珍宝,人情骚动,桀黠者鼓煽之,大军甫还,即并起为乱"。又云:"黎利初仕陈季扩,为金吾将军,后归正用,为清化府俄乐县巡检,邑邑不得志,及大军还,遂反。""宣宗三年,利遣使奉表……诡言陈氏子孙绝,国人推利守其国,谨俟朝命。……""五年,利遣使贡金银器方物,复饰词具奏,并具头目耆老奏请令利摄国政,使臣归,帝复以访陈氏裔,还中国遗民二事谕之,词不甚坚。明年夏,利遣使谢罪,以二事饰词对,复进头目耆老奏,仍为利乞封,帝乃许之,命礼部右侍郎章敞,右通政徐琦赍敕印命利权署安南国事。……""八年,利卒,利虽受敕命,其居国称帝,纪元顺

天。……僭位六年,私谥太祖。……"〔26〕

黎朝建国于朝鲜李朝之后,但朝鲜首即采用《大明律》,以常理推论,黎朝自亦必奉行《大明律》,乃事实竟有不然者,黎朝所编纂之法典虽曾折衷于唐、宋、元、明诸律,而要以《唐律》为惟一之楷模,《大明律》反退居不甚重要之地位焉。但安南学者之观察,亦有种种之不同,如吴甲豆《中学越史撮要》有云:

> 黎朝刑制参仿明、清,五刑:笞刑五,自一十至五十。杖刑五,自六十至一百。徒刑三,徒役丁、徒象方兵、徒屯田兵。流刑三:流近州、流外州、留远州。死刑三:绞、斩枭、凌迟。有"十恶"、"八议"诸条,详《名例》首篇,《禁卫》、《军政》九十条,《户婚》、《田产》一百五十条,《盗贼》、《奸淫》六十四条,《殴讼》、《诈伪》八十八条,《违制》、《杂犯》三十八条,《捕亡》、《断狱》七十八条,《勘讼事例》二十条。《宪章志》论我越历朝各定刑章:李有《刑书》之颁,陈有刑律之定,然李失于宽,陈流于刻,未为善制,黎朝洪德刑定七百余条,轻重有上下之准,历代遵行,用为成宪,按文者准据而有定,持平者酌应而不滥,然则就黎一代而言,固足为御世之防云。〔27〕

另据潘辉注《历朝宪章类志·刑律志》云:

> ……迫于有黎之兴,复行删定,鸿德《刑律》参用隋、唐,断治有划一之条,有上下之准,历代遵行,用为成宪。……〔28〕

此外,类似之记载如同书《刑律志》"刑名法例之别"云:

第五章　中国法律在安南之影响

按《名例》一篇,乃是律文纲领……黎朝参用《唐律》,故特载于篇首云。[29]

同书《禁卫》、《军政》之律云:

隋改为《禁卫律》,黎朝因之,原律共四十七条。……

《户婚》、《田产》之律云:

盖本隋、唐律制,《户婚》为一。……从前只有《户律》,以婚姻附见,至明则为《婚姻》一篇。……[30]

同书《盗贼》、《奸淫》之律及《殴讼》、《诈伪》之律云:

按此《盗贼律》内兼载人命,《斗讼律》内杂载詈骂,盖本隋、唐律制,此中颇欠分晓,至明清律始分六属。……[31]

两氏所述各不相同:(一)吴谓参仿明清;(二)潘谓参用隋唐。实则据著者比较分析之研究,黎朝《法典》大部分摹仿《唐律》,一小部分则受元明律之影响,吴氏之说实错误也。现分述黎朝之法典、法院、刑民法于后:

【法典】

黎太祖(黎利)《钦定越史通鉴纲目》正编及《历朝宪章类志·刑律志》云:

黎太祖顺天元年(明宣宗宣德三年,1428年)命大官议定《词

讼律令》。二年,定《围棋赌博律》,颁行京师诸路。……[32]

黎太宗(黎麟)《历朝宪章类志·文籍志》著录:

《律书》六卷,太宗大宝年间(明英宗正统五年至七年,1440年至1442年)宰相臣阮荐删定。[33]

黎仁宗(黎濬)前书《刑律志》云:

仁尊太和七年新增律《田产章》十四条。初,太祖欲均田,故略曰《产章》,至是增之。[34]

黎圣宗(黎灏,一作思诚)《刑律志》云:

圣尊鸿德八年(明宪宗成化十三年,1477年)又定《禁交通律》。[35]

《文籍志》又著录:

皇朝官制六卷 圣宗洪德年间,校定颁行,御制敕谕弁其端。
《天南余暇》一百卷:圣宗命词臣申仁忠、杜润等纂修,备载制度、律例、文翰、典诰,大略仿《唐宋会典》按《余暇》书自中兴后,全部散逸,其间存者十仅一二,虽累朝购求,亦难收拾。……[36]德鲁士打儿氏《古代安南之司法》附注谓此即《洪德刑律》。[37]

黎真宗顺皇帝(黎维佑)《刑律志》云：

真尊福泰三年(清世祖顺治二年,1645年)定《勘讼例》。[38]

黎神宗渊皇帝(黎维祺)《刑律志》云：

神尊盛德二年(顺治十一年,1654年)定《勘讼例》。永寿三年(顺治十七年,1660年)定《殴杀》《人债命钱》。四年定《详慎刑狱令》。[39]

黎玄宗穆皇帝(黎维禑)《刑律志》云：

玄尊景治三年(清圣祖康熙四年,1665年)定《勘讼谢罚例》。四年定《岁季刷讼例》。[40]

黎熙宗章皇帝(黎维祫)《刑律志》云：

正和十五年(康熙三十三年,1694年)定《勘讼》各条。[41]

黎裕宗和皇帝(黎维禟)《刑律志》云：

永盛十三年(康熙五十六年,1717年)申定《刷讼事例》。[42]

黎显宗永皇帝(黎维祧)《刑律志》云：

显尊景兴三十八年(清高宗乾隆四十二年,1777年)删定《勘讼条例》。[43]

《文籍志》又著录:

《百司职掌》一卷:景兴三十年[乾隆十七年,1752年(?)]刊定颁行,有旨谕弁其端。[44]

《国朝条律》六卷:景兴三十年[乾隆三十四年,1769年(?)]删定印行,大约依国初洪德原律。[45]

《勘讼条例》二卷:景兴三十八年(乾隆四十二年,1777年)删定,有旨谕弁其端。[46]

以上诸书现皆在安南,此外如《史学》所载松本信广教授之《越南王室所藏安南本书目》第二百二十号即有《黎朝刑律》,第二百二十三、四等号即有《黎朝官制典例》等书,[47]从可知黎朝法制之史料为吾人一时所不能见者,犹甚多也。

【法院】

黎朝官制盖最能摹仿中国。潘辉注《历朝宪章类志》卷之十三《官职志》即有言曰:"……有黎一代又详建立之规,其间职事官名,互相因革,尝统而言之,内有部院台省之任,以治于朝;外有镇路府县之司,以理于众,使之大小相承,体统不紊。……"现惟就司法机关述之于后:

〔中央〕

中央之司法机关据前书卷之十四《官职志》"官名沿革之别"条

共有：

廷尉

黎初洪德年间，廷尉司属锦衣卫，凡犯重情疑狱，奉鞫勘问。宪宗景统（明孝宗弘治十一年间）始别置为一司，不令属锦衣卫，仍置指挥使、指挥同知、指挥佥事各一员，并择文官重职为之，中兴以后革罢是司，凡疑狱悉属于御史台云。

御史 前书云：

……黎初太祖开国，因陈旧制，仍置台职，有侍御史、中丞、副中丞、监察御史、主簿等职官，复始置都御史、副都使、御佥都御史与御史大夫为台官，凡宪一司，职名颇重。圣宗定官，唯置都御史副都御史、佥都御史、监察御史、十三道监察御史，余皆革罢，中兴以后，遵依而不改云。

又前书卷之十五《官职志》"庶司职掌之殊上"有云：

黎仁宗（黎濬）延宁三年（明代宗景泰七年，1456年）指挥大臣内外文武百官等……风宪官则绳愆纠谬，激浊扬清，不可挟私，论事畏缩缄默。……

圣宗洪德二年校定官制，谕曰："……御史宪察以纠官邪，灼民隐。……"

嘉宗(黎维祫)阳德三年(康熙十三年,1674年)训戒百官职司令曰:"……御史耳目之官,所以振纪纲,警用采,凡宰有过执,百司违法,时政有阙,并许纠劾。……"

显宗景兴十二年(乾隆十六年)校定《百官职掌》……十三道监察御史职掌审咱(听)御史台勘断翻覆诸讼,具呈本官论断。……

刑部　前书卷之十四云:

黎初建官,唯置吏、礼二部,犹未备设,迨至宜民篡立(按指弑仁宗而自立事),始置六部。圣宗即位,遂置诸部尚书(刑尚陈封)。……中兴以后,遵依而无改云。

前书卷之十五云:

圣宗洪德二年校定官制谕曰:"……刑部审谳之乖宜"……

嘉宗阳德三年训戒百司官职司令曰:"……刑部覆视之官,如见重囚,付下覆议,公同审谳,务以得情为本,不得稽滞逾期。……"

德元二年(康熙十四年,1675年)定《六部三司职掌事例》:"刑部掌律令刑法按覆狱讼之政,治五刑之罪。"

显宗景兴十二年校定《百官职掌》:"刑部职掌查勘翻覆刑审诸讼,并覆谳内外各衙门,论断囚徒。……"

〔地方〕

地方之司法机关有：

府尹 前书卷之十四云：

> 黎初……置中都府尹、少尹，洪德校官改为奉天府尹、少尹，品在正五，中兴以后遵依而不改云。

前书卷之十五云：

> 显宗……校定《百官职掌》："府尹职掌弹压权豪，勘问本辖，翻覆县官诸讼。……"

镇守 前书卷之十四云：

> 黎初太祖……置诸要害处镇守，镇守之名，实始于此。

卷之十五：

> 镇守留守督镇职掌拎制盗贼，抚宁方民，勘问盗劫赌博诸讼。……

承司 前书卷之十五云：

> 承司……其诸讼已经州、府、县衙门方得受勘，务在详审伸理，使词讼自此而止。……

宪司 前书卷之十四云：

……圣宗洪德二年始置诸承宣按察司,有宪察使,宪察副使等职,四年校定宪司职事,主陈言纠劾勘理,审谳会同捡刷诏刷考课巡行等务,凡三十二条,职事颇剧。

知府 前书云：

黎初再定路官,设知府,同知府。……圣宗光顺初改路为府。……职在从六,查勘各县覆讼,中兴以后遵依而不改云。

知县 前书云：

……洪德初校定官制,品在正六,查勘户婚田土讼事……

社官 前书云：

黎开国初,复置社官,大社三人,中社二人,小社一人。……以儒生生徒为之,委之整理乡务,勘问词讼。……

黎朝法院职员回避之规定,如前书卷之三十四《刑律志》"捕亡断狱之律"所云：

诸讼人移避狱官,咱(听)审别官会同究问,理应移避者,方咱移他司。……

按"咱"为"听"字之俗写,"辰"为"时"字之俗写,仁井田升氏《元明清及黎氏安南之保证制》一文(见《史潮》第五年第三号)第五节注(9)引牧野氏谓"咱"为使役性之助动词,如"使"、"俾"之意,其实此节"听"字之俗写,如"听其自然,不加勉强"即其例。

法院传唤及拘提被告在"八议"之例者,前书卷之三十四《刑律志》"刑法名例之别"有规定云:

> 诸"八议"者犯死罪皆条所坐及应议之状,先奏请议,议定奏裁……

盖同《唐律》卷第二《名例律》,而与《大明律》卷一《名例》之文字各有不同。

讯问被告之规定,前书卷之三十四"捕亡断狱之律"有云:

> 诸应讯囚者必先以情审察辞理,反复参验,犹未能决,事须详问者(按《唐律》作"讯问"),立案同判,然后拷讯……

亦同《唐律》卷第二十九《断狱律》又"拷囚不得过三度,杖数不得过一百(按《唐律》为'二百')违者罚钱一百贯(《唐律》无)"则与《唐律》大同而小异也。又"诸应议请减,若年七十以上,十五以下,废疾者并不合拷讯……"与《唐律》完全相同。诉讼行为之规定,前书卷之三十四"斗讼诈伪之律"云:

> 诸告人罪皆须明注年月,指陈实事,不得称疑,违者杖八十(按《唐律》为"笞五十");官司受而为理者,罚钱三十贯

(《唐律》为"减所告罪一等")。

此与《唐律》卷第二十四《斗讼律》所规定者略有不同也。此外如"诸知谋反逆叛者,咱密告随近官司,不告者流远州(《唐律》为'绞');如指斥乘舆及妖言不告者,各减本罪二者(《唐律》为'各减本罪五等')",是较《唐律》卷第二十三《斗讼律》为有加减者矣。又"盗贼奸淫之律":

> 诸祖父母、父母及夫为人所杀而私和者,流外州(《唐律》为"流二千里");期亲,徒象坊兵(《唐律》为"徒二年半");……受财者,各加一等(《唐律》为"各准盗论")。虽不私和,知杀期以上亲经三十日不告者,各减和罪一等(《唐律》为"各减二等")。

凡此皆与《唐律》卷第十七《贼盗一》互校而知其略有差异也。又因原告身分之不同而限制其起诉,如"殴讼诈伪之律":"诸子孙告祖父母、父母,及奴婢告主者,流远州",与《唐律》卷第二十四《斗讼》之均处"绞"者为减轻也。又"诸被囚禁不得告举他事(原注:'惟谋反逆叛咱告')"同《唐律·斗讼》。

至全然不应起诉者如"刑法名例之别","诸(《唐律》有'同居若')大功以上亲,及外祖父母若孙、外孙之妇,夫之兄弟及兄弟妻有罪相为隐(《唐律》有'部曲')。奴婢为主,皆勿论。……"与《唐律》卷第六《名例》所规定者相同。

但"殴讼诈伪之律"另有条文云:

> 诸子孙与祖父母、父母,及外祖父母、若妻与夫之祖父母、

父母争讼者贬一资,理曲者加一等。

此与《大明律·刑律·诉讼》之文字大体相同,而处分则《明律》为"杖一百,徒三年"也。其诉讼之程序,如"捕亡断狱之律"所引条文云:

> 诸路县人有争讼者,最小事就社官,小事就路官,中事就府官,勘平如法,大事赴京,即社官不为理,则告县官;县官不为理,则告路官;路官不为理,然后赴京申奏。……

至民事诉讼之程序,前书卷之三十三有真尊福泰三年定《勘讼例》:

> 凡户婚、田土诸讼先随社长,次及县官;县官不为理,提告府官;府官勘断不公,复告承司;承司勘有未明,复告宪司;宪司不为审断,复告该道;该道勘断有偏,复告御史台;御史台详审分别曲直,仍查前次官实状启论罚贬。……

刑事诉讼程序之规定,前书云:

> 凡人命讼,许先告本总社长略验,仍驰告府县官据验,图案备呈承宪二司,其府县官仍期日公同会勘得实,再呈勘二司,承司科勘,宪司复审论行;其或承宪二司官勘未得理许苦伴供启,付刑部审勘。如果二司勘断不公,或苦伴妄告不实,并许启付论行。其斗殴、凌骂、问债及诸杂讼许告该衙门勘

493

行;如或不能详审,亦许随次复告。……

前书云:"显尊景兴三十八年删定《勘讼条例》。"又前卷之三十八《刑律志》"勘讼事例之律"有《勘讼通例》十二条,《人命讼例》五条,《盗劫讼例》五条,《田土讼例》十条,《抑胁讼例》五条,《该收科滥讼例》一条,《斗殴讼例》二条,《凌骂讼例》一条,《婚娶讼例》二条,《债钱讼例》二条,《赌博讼例》二条,《坟墓讼例》一条,又卷末有《跋》云:

> 按勘狱诸例乃景兴己酉准定参酌历朝规式划一而昭示也。纤悉条贯,盖靡或遗。……

是黎朝诉讼手续法之发达为安南历代所未有,亦且较日本、朝鲜为复杂也,惟其中一部分属于刑民法分则之范围中,故后当述之,现述其有如"非常上诉"性质者之《勘讼通例》二则如下:

> 一、诸讼已经六部御史台与经政堂公论勘断,如未服情者,许于新政日备启复鸣复诉,仍许供结,重刑大讼供处刑,小刑供徒刑。……

> 一、诸有被权贵抑胁切害重事,与诸事情冤抑不在某衙门勘例,无路可鸣;与已经公论复钉,犹未伸理者,方许振钟铎叩鸣。

终审之规定,如前书卷之三十七《刑律志》"捕亡断狱之律"所云:"诸省院官勘狱,其杖贬白徒罪咱奉裁,刺徒以上关审刑院。……"又条:"诸大臣准定罪名后,刑狱官就将理之曲直与其罪名报讼人知,使之自服;如未服,再加鞫问。……"另条:"务要众心具安。"

第五章　中国法律在安南之影响

【刑法总则】

〔法例〕

前书卷之三十四《刑律志》"刑法名例之别"云："诸断罪而无正条，其应出罪者，则举重以明轻；其应入罪者，则举轻以明重。"同《唐律》卷第六《名例》。另条："诸化外人同类自相犯者，各依本俗法；异类相犯者，以法律论。"亦同《唐律》，而与《大明律》卷一《名例》"凡化外人犯罪者，并依律拟断"之立法主义根本不同。

〔犯罪〕

俱发罪　前书云："诸二罪以上俱发，以重者论。……"仍同《唐律·名例》。

共犯罪　前书云："诸共犯者以造意为首，随从者减一等。……"同《唐律》卷第五《名例》。

〔刑名〕

"'徒刑'三：役丁，属丁，军丁，社丁，犒丁。

役妇，庶妇，园妇，桑室妇。男犯情轻，杖八十，官属徒本院省丁，军徒本军丁，民徒本社丁；情重杖八十，徒犒丁，役作。女犯情轻，笞五十，民徒庶妇还本籍；有色徒园妇，情重笞五十。徒蚕室妇，役作。

象坊兵，炊食妇。男犯杖八十，刺顶二字，徒象坊兵，居作。女犯笞五十，刺顶二字，徒炊食妇，居作。

植田兵，舂室妇。男犯杖八十，刺顶四字，徒植田兵，带缭一重，演州居作。女犯笞五十，刺顶四字，徒舂室妇。居作。"

此种刑名不惟与唐明律均异，且与后此阮朝《法典》所规定者亦迥然不同也。

〔身体刑〕

"笞刑五：一十，二十，三十，四十，五十。'杖刑'五：六十，七十，八十，九十，一百。"同《唐律》卷第一《名例》。

"'流刑'三：近州，外州，远州。"略同《唐律》。

"死刑三：绞，斩枭，凌迟。"略同《大元通制·名例》。"死刑：斩，凌迟处死。"惟多"绞"及"枭"耳。潘辉注按语有云："(唐)死刑惟有'绞'、'斩'二者，至元又加以'凌迟'，即前代所谓剐也。前代虽于法外用之，特以待夫恶道之极者，然不曾著于刑书，于刑书则始于元，而我黎朝'律'亦因之云。"

〔刑之加重〕

前书卷之三十六"盗贼奸淫之律"有规定云："诸盗初犯流远州，原知盗及再犯者斩。"

〔刑之减轻〕

其第一条件即犯人身分系在"八议"以内，前书卷之三十四"刑法名例之别"云："诸八议者……流罪以下减一等……"同《唐律》卷第二《名例律》另条"诸皇太子妃大功以上亲……流罪以下减一等……"并同《唐律》另条云："诸妇人因夫而有官品者，犯罪应议听依其品议减。……"此与《大明律·名例》所规定者近似。

第二条件为"自首"："诸犯罪未发而自首者，原其罪。"同《唐律》卷第五《名例律》。

第三条件为"老弱"："诸年七十以上，十五以下及废疾犯流罪以下咱（《唐律》为"收"）赎。……"同《唐律》卷第四《名例律》。

第四条件为"过失"："诸官员军民犯罪，系疏误过失者，流罪以下听赎。……"其赎金之数目如下："诸赎杖钱，每一下三品五陌，四品四陌，五品、六品三陌，八品二陌，九品庶人一陌。诸赎贬当贬钱者，每一资一品一百贯，二品七十五贯，三品五十贯，四品三十贯。……（余从略省）"

〔刑之执行〕

徒刑有监狱,前书卷之三十三云:"(黎神宗)永寿四年定《详慎刑狱令》……轻囚监在衙门狱者,其狱房务在广阔,常令洒扫狱户,洗涤枷械。……"

流刑之执行,据前书卷之三十四云:"近州(男犯杖九十,刺面六字,带缭一重,义安、河华等处监守配役。女犯笞五十,刺面六字,无缭居作),外州(杖九十,刺面八字,带缭二重,市政等处,监守配役),远州(杖一百,刺面十字,带缭三重,新平州等处,监守配役)。"

另条云:"诸徒流刺墨者,系犯罪刺额,象坊兵二字,植田兵四字。流罪刺面,近州六字,外州八字,远州十字,其字样官司过误三分,杂犯五分,盗劫七分,罪恶十分,或不均分。"此种刺字之法或即蒙五代、宋之影响。蔡梅、吴颍炎合辑《策学备纂·刑二》有云:"流配旧制止于远徙不刺,而晋天福中始创刺面之法,遂为戢奸重典,宋因其法。"(《宋史·刑法志》并可参看)

〔刑之赦免〕

《刑律志》卷之三十四云:"诸徒流在道而曾赦者,并赦依律。"

〔行刑权之时效〕

前书云:"凡诸犯罪辰(即时)虽未老疾,而事发时老疾者,依老疾论。……犯罪时幼小,事发辰长大,依幼小论。"同《唐律》卷第六《名例》。

〔刑期之时例〕

前书云:"诸称日者以百刻,计功庸者从朝至暮,称年者以三百六十日。"同《唐律·名例》。

〔刑律之文例〕

前书云"诸称道士女官(《唐律》作'冠')者,僧尼同。"同《唐律·名例》。

【刑法分则】

黎朝最重之犯罪为"十恶"："一曰谋反,二曰谋大逆,三曰谋叛,四曰恶逆,五曰不道,六曰大不敬,七曰不孝,八曰不睦,九曰不义,十曰内乱。"盖全同《唐律》卷第一《名例律》。德鲁士打儿氏《古代安南之司法》(1909年《远东法国学报》第97页附注一)并可参看。

现将黎朝法条分析如下：

〔侵犯帝室罪〕

可分为不敬及危害二类：

不敬之类

阑入太庙 前书卷之三十五《禁卫》、《军政》之律云：

> 诸阑入太庙及山陵兆域门者,徒犒丁(《唐律》为"徒二年")。越垣者,徒象坊兵(《唐律》为"徒三年")。入庙室者,徒植田兵(《唐律》无此规定);守卫不觉者,贬二资(《唐律》为"减二等");令正(《唐律》为"主帅");各贬一资(《唐律》为"又减一等"),故纵者、守卫与同罪。

与《唐律》卷第七《卫禁律》大同小异,而与阮朝之摹仿《大清律》者相差甚远。

阑入宫殿

> 诸阑入皇城门(原注谓东华、天佑、大兴、北辰等门),以杖贬论。(按《唐律》为"阑入宫门,徒二年";《大明律》卷十三《兵律·宫卫》为"擅入皇城午门、东华、西华……者各杖一

百"。是黎朝此律或系脱胎于《明律》,亦未可知也)……

犯跸

诸车驾行,冲队者徒犒丁(《唐律》为"徒一年");冲仗者,斩(《唐律》为"徒二年",惟《明律》为"绞",是此律仿《明律》而加重其处分也)。……

失仪

诸有官入皇城而不戴巾,贬一资,主守,杖六十。

诸应入皇城,下轿马而越分限者,罚钱十贯。……

危害
向宫殿射

诸向宫殿内射,殿(《唐律》作"宫")垣,徒象坊兵(《唐律》作"徒二年");宫垣,徒植田兵。……

大体同《唐律》。

殴皇家袒免以上亲 亲书卷之三十六《殴讼》、《诈伪》之律云:

诸皇家袒免亲而殴之者,贬三资(《唐律》作"徒一年");伤者,徒犒丁(《唐律》作"徒二年")。伤重者加凡殴二等(同《唐律》),偿伤损及谢钱如律(《唐律》无)。……

然大略均与《唐律》卷二十一《斗讼律》相同。

〔内乱罪〕

谋反大逆 前书卷之三十六《盗贼》、《奸淫》之律云：

> 诸谋反谋大逆者,枭(《唐律》作"斩",《大明律》作"凌迟处死");从及亲党各知情者,斩。

略同《大明律》卷十八《刑律·贼盗》。

背国投伪

> 诸谋叛者,斩(《唐律》作"绞")。已上道者,枭。……

略同《唐律》、《大明律》。

〔漏泄罪〕

前书卷之三十五《禁卫》、《军政》之律云：

> ……私泄兵机于外国者(《唐律》作"化外人",《明律》作"敌人"),斩。

略同《大明律》卷三《吏律·公式》。

〔度关罪〕

前书云：

> 诸私度关出界之外国者,斩。……

略同《唐律》卷第八《卫禁下》,但处罚较重如：

> 诸卖边疆田土与外国人者,斩。诸卖奴婢及象马与外国人者,斩。

而《唐律》所规定不过"共化外人私相交易若取与者,一匹徒二年半,三匹加一等,十五匹加役流"而已。

〔渎职罪〕

贿赂 卷之三十五《户婚》、《田产》之律云:

> 诸外任官司及将校擅敛,军民以为追奉礼物者,贬一资;重者,加一等,追其物还军民。

前书卷之三十七《违制》、《杂犯》之律云:

> 诸大臣行遣,及系管狱讼者事,其中罪之人情可矜,特蒙赦宥,而自以为己恩,要求贿赂者,以徒流死论。
> 诸官诸司擅敛军民财物充私用者,依受赇法,倍一分还军民。……

又《捕亡》、《断狱》之律云:

> 诸主守受其财物,而导令翻异,及与通传言语,有所增减者,以枉法论。

此与《唐律》卷第二十九《断狱上》完全相同。

越权
司法方面

诸囚应请检验及给医粮而不请给,及应听亲故保受而不咱者,杖八十(《唐律》为"杖六十")。以故致死者,贬二资(《唐律》作"徒一年")。

盖大体同《唐律》。

诸决罪不如法者,笞三十(同《唐律》);以故致死者,贬一资(《唐律》作"徒一年")。

诸监临之官因公事而自以杖杀人及恐怕致死者,各从过失杀人法。若以大杖及手足殴击折伤以上,减斗杀伤二等。……

同《唐律》卷第三十《断狱下》。

请囚禁应禁而不禁,应桎钳(《唐律》作"枷镣杻")而不桎钳及脱去者,贬罪(《唐律》作"杖罪"),杖六十(《唐律》作"笞三十")。徒罪以下,递加一等。……

略同《唐律·断狱上》。

诸断罪应言上而不言上,应待报而不待报,辄自平断,以贬论(《唐律·断狱下》作"各减故失三等")。

诸身(《唐律》作"诸缘坐")应没官而赦(《唐律》作"放")

之者,及非应没官而没之者,各以出入人罪论(《唐律》作"各以流罪故失论")。

诸徒流应送配所,而吏部司(《唐律》无此三字)稽留不送者,罚钱二十贯(《唐律》作"一日笞三十,三日加一等")。

行政方面 前书卷之三十五《户婚》、《田产》之律云:

诸差科赋役违法及不均平者,以贬罢论。即非法而擅赋敛而擅加益入官者,罪如之(《唐律》作"计所擅坐赃论"),追所擅敛还民,入己者以枉法论,倍偿一分。

大体与《唐律》卷十三《户婚中》相同。

卷之三十七《违制》、《杂犯》之律云:

诸监造御前器用,无内密院给贴,而辄擅遣工夫者,杖八十。即造私役者,以贬徒论,计功佣钱倍一分还之。……

另条:

诸丁夫杂匠在役,而监当主司私使者,以贬罢论。……
诸监临主守以官物(畜产同)私自贷,若贷及贷之者,无文记,以盗论;有文记,减一等。即自借人及借之者,各减二等。

〔逮捕监禁者脱逃罪〕
前书《捕亡》、《断狱》之律云:

> 诸捕罪人,而罪人拒捍其捕者格杀之;及走逐而自杀者,若迫窘而自杀者,皆勿论。……

与《唐律》卷第二十八《捕亡》完全相同。
另条云:

> 诸被囚禁拒捍官椽(《唐律》作"司")而走者,加本犯罪一等(《唐律》作"流二千里");伤人者,加二等(《唐律》作"加役流");杀人者,斩(《唐律》同)。

另条云:

> 诸流徒囚在流徒所,未及放跟(《唐律》作"限内")而自逃亡者,皆斩(《唐律》作"一日笞四十,三日加一等……")。……

是黎朝此律未免处分过重。
前书卷之三十六《盗贼》、《奸淫》之律云:

> 诸劫囚者,流远州(《唐律》卷第十七《贼盗》作"流三千里");伤人及劫死囚者,斩(《唐律》作"绞")。……

卷之三十七《捕亡》、《断狱》之律云:

> 诸将帅奉命捕逃亡罪人,而迟留不进者,以贬徒论;行与罪人相遇,而退缩不捕者,减罪人罪二等。……

略同《唐律》卷第二十八《捕亡》。

另条云：

  诸追捕罪人有漏露其事，令得逃亡者，减其罪人罪一等。……

与《唐律》完全相同。

另条云：

  诸主守不觉失囚者，贬一资(《唐律》作"减囚罪二等")。

另条云：

  诸以金刃其他物可以自杀及解脱而自与囚者，贬二资(《唐律》卷第二十九《断狱上》作"杖一百")。

〔藏匿犯人罪〕

前书云：

  诸知情藏匿罪人，若指授途路，资给衣粮(《唐律》作"过致资给")，令得隐避者，各减罪人一等。

与《唐律》卷第二十八《捕亡》相同。

〔伪证罪〕

前书卷之三十六《殴讼》、《诈伪》之律云：

诸证不言情,及译人诈伪致罪有出入者,证人减二等,译人与同罪。

与《唐律》卷第二十五《诈伪》完全相同。

〔诬告罪〕

前书云:

诸诬告人者,减本罪一等(《唐律》卷第二十三《斗讼三》作"各反坐",是处分较黎朝为重)。

另条云:

诸诬告谋叛逆者,各依本法减一等(《唐律》作"斩");若事容不审,原情非诬者,勿论(《唐律》作"上请")。

另条云:

诸诬告人流罪以下前人未加拷掠,而告人引虚者,减二等(《唐律》:"减一等")。……

另条云:

诸教唆讼词及为人作词状诬告人者,减犯人罪一等。……

〔失火放火罪〕

前书卷之三十七《违制》、《杂犯》之律云:

诸禀库内皆不得燃火,违者以贬徒论(《唐律》卷第二十七《杂律下》作"徒一年")。

另条云：

诸见火起应告不告,应救不救者,减失火罪二等。

全同《唐律》。
另条云：

诸京城失火烧己家,杖八十；即延烧人家者,杖八十,令众三日,罚钱十贯入官；乡村各减一等。禁中延烧宗庙、宫殿及府库者,以流论。即故烧人家,并以劫论。妇人因妒以烧者,以盗论。赏捕获者与捕劫同。

〔水害罪〕
前书云：

诸盗决堤防损害人家禾谷者,以徒流论,偿其所损。

略同《唐律》。
另条云：

诸京城坊巷各处,原有决水沟渠,而所在官军人民等恃力占塞,自为池塘,致雨水不通,泛滥为害者,以贬徒论。即损失官民禾谷花果者,偿其所损。

〔危险行为罪〕

前书云:

> 诸内城及官私宅若途路(疑落"射"字)者,杖八十(《唐律》卷第二十六《杂律上》作"杖六十");放弹及投瓦石者,杖六十(《唐律》作"笞四十")。……

是《黎律》反较为加重也。

另条云:

> 诸施机枪作坑阱者,杖八十(《唐律》作"杖一百")。……

则《黎律》复减轻矣。

前书卷之三十六《盗贼》、《奸淫》之律云:

> 诸造畜蛊毒及教令者,绞。……

与《唐律》卷第十八《盗贼二》并同。

〔防害交通罪〕

前书卷之三十七《违制》、《杂犯》之律云:

> 诸于京城街巷及人众中,无故走马,杖六十。……

《唐律》卷第二十六《杂律上》作"笞五十",是处分较黎为轻。

另条云:

诸津济之处,应造置桥航船栿,而不造置及擅移桥济者,监当官杖六十(《唐律》卷第二十七《杂律下》作"杖七十")。停废行人者,杖八十(《唐律》作"杖一百")。

〔防害秩序罪〕
前书云:

诸在市及人众中,故相惊动令扰乱者,杖八十。……

同《唐律·杂律下》。
前书卷之三十六《盗贼》、《奸淫》之律云:

诸夜间无故入人家者,以徒论(《唐律》卷第十八《贼盗二》作"笞四十");主人登时格杀,勿论(同《唐律》)。

前书云:

诸造妖书、妖言者,绞。传用以惑众者,与同罪(同《唐律·贼盗二》)。

〔伪造货币罪〕
前书云:

诸私铸铜钱者,不分首从,皆斩。写主与同罪,近邻知情,减二等。……(略同《大明律》卷二十四《刑律·诈伪》;《唐律》只"流三千里",故较轻也。)

〔伪造文书印文罪〕

前书《殴讼》、《诈伪》之律有伪造"文书"、"印文"之处分规定：

文书

诈为制书

诸诈为制书者，斩。（同《大明律》卷二十四《刑律·诈伪》，但《唐律》卷第二十五《诈伪》作"绞"，是《明律》、《黎律》均较唐加重。）

诈为公文书

诸（疑落"诈"字）为公文书及增减者，准所规避，各加本罪二等。……

大体同《唐律》。

印文

伪造皇帝宝

诸伪造太皇上帝，皇帝宝者，斩；皇太后、皇后、皇太子、皇太子妃宝者，并绞。（同《唐律》）

伪写宫殿门符

皆斩（《唐律》作"绞"）。

伪写官文书印

诸伪写省院印,若宰相印,官司将帅印,并流远州(《唐律》作"流二千里")。……

〔残尸掘墓罪〕
前书卷之三十七《违制》、《杂犯》之律云:

诸舁尸过人空宅者,杖八十。

另条云:

诸盗发前代帝王(后妃同)陵墓者,斩。名臣、孝子、义夫、节妇者,减二等。

前书卷之三十六《盗贼》、《奸淫》之律云:

诸盗发人冢及器甀板者,流远州(《唐律》卷第十九《贼盗三》作"加役流")。已开棺材者,斩(《唐律》作"绞")。……

另条云:

诸穿地得死尸不更埋者,贬二资(《唐律》作"徒二年");……烧尸者,徒象坊兵(《唐律》作"徒三年");……即子孙于祖父母、父母,奴婢于主冢薰狐鼠者,徒象坊兵(《唐律》作"徒二年");烧棺材者,流远州(《唐律》作"流三千里")。……

〔赌博罪〕

前书卷之三十三云：

> 黎太祖顺天二年定《围棋赌博律》，敇行京师诸路，赌博刖手五分，围棋刖手一分。……

此与唐明律均不同，或不过暂行之法条已耳。
又卷之三十八有《赌博讼例》二则，规定以半分财物分赏所告者。
〔奸非罪〕
前书卷之三十六《盗贼》、《奸淫》之律云：

和奸

> 诸奸人妻者，以流死论，妾减一等，贵者别论，并追谢钱如律，妻妾并以流论，田产还夫；未成婚者，各减一等。
>
> 诸和诱人家处女者，以凡奸论，追谢钱以贱贵论，还父母者不坐，媒合者以徒流论。
>
> 诸通奸人妻者，杖六十，贬二资(《唐律》卷第二十六《杂律上》作"徒二年")。
>
> 诸奸祖父妻妾、养母、继母、伯叔母、姑姊妹、子孙之妇、兄弟之女者，斩(《唐律》作"绞")。女流远州。即祖父所幸婢，减一等(《唐律》："减二等")。从母、从姑、从伯、从叔母及舅兄妻、兄弟子妻、养继女、弟妻及继父后妻妾，亦斩(《唐律》："流二千里")。是所规定均较唐为重。
>
> 诸奴奸主妻及主之女子媳妇者，斩(《唐律》作"绞")。……即主之期亲，若期亲之妻者，罪如之。即典雇人若佃客者，罪亦如之，女并以流论。

诸王禁内奸者,斩;即居父母及夫丧而奸者,罪如之。

诸狱官椽胥奸在讼妇女者,加凡奸一等(《唐律》同);和奸女者,减三等。……

强奸

诸强奸者以流死论,追谢钱加凡奸一等,折伤者加斗折伤一等(《唐律》同);至死者,田产还被死者家。

诸奸幼女十二岁以下,虽和亦以强奸论。

另条:

诸劫而强奸者,枭;盗而强奸者,斩;田产还主者家。

〔妨害卫生罪〕

前书云:

诸以毒药药人及卖者,绞(同《唐律》卷第十八《盗贼二》);即买卖而未用者,流外州(《唐律》作"流二千里")。脯肉有毒曾经病人,有余而不速弃,杖八十(《唐律》:"杖九十");若故与人食,及出卖令人病者,贬二资(《唐律》:"徒一年");致死者,减杀人者一等。……

〔杀人罪〕

前书《殴讼》、《诈伪》之律云:

故杀

诸斗殴杀人者,绞;以刃及故杀人者,斩;虽因斗而用兵刃杀人者,与故杀同。

此律与《唐律》卷第二十一《斗讼一》完全相同。
《盗贼》、《奸淫》之律:

诸杀一家非死罪三人及支解人者,枭;从者,斩(《唐律》卷第十七《盗贼一》作"皆斩");田产还被杀人者妻子。

谋杀

诸谋杀人者,流近州(《唐律》卷第十七《贼盗一》作"徒三年");已伤者,流外州(《唐律》:"绞");因伤律内死者,绞;已杀者,斩(《唐律》同)。……

诸谋杀期亲尊长、外祖父母及夫之祖父母、父母者,皆斩(同《唐律》)。

谋杀缌麻以上尊长者,流外州(《唐律》:"流二千里");已伤者,绞;已杀者,斩;如尊长谋杀卑幼者,各依谋杀人罪减二等,已伤者减一等,已杀者依故杀法。(全同《唐律》)

诸奴婢谋杀主者,皆斩(同《唐律》);旧主,减一等(《唐律》无);谋杀主之期亲及外祖父母者,绞;已伤者,斩。(同《唐律》)

诸谋杀制使若本属府主在任官司及部曲谋杀主管者,流外州(《唐律》:"流二千里");已伤者,流远州(《唐律》:"绞");因伤致死及已杀者,斩(《唐律》同)。

过失杀

《殴讼》、《诈伪》之律云:

> 过失杀祖父母、父母者,流外州(《唐律》卷第二十二《斗讼二》:"流三千里"),诸妻妾过失杀夫之祖父母、父母者,徒舂室婢(《唐律》:"徒三年")。(余从略省)

加功自杀

前书卷之三十七《捕亡》、《断狱》之律云:

> 诸死罪囚辞穷竟,而囚之亲故为囚所遣雇倩人杀之及杀之者,各依本罪减二等。……

与《唐律》卷第二十九《断狱上》完全相同。

前书卷之三十八《勘讼事例》之律有《人命讼例》五则,其一云:

> 某地方有人命事,或仇杀、淫杀、斗殴杀,或劫杀、盗杀,须尸妻、子、父母、夫、兄弟方得驰请发告;无妻、子、兄、弟、夫、父母者,方许族人驰请投考。……

是杀人罪乃成为"亲告罪"矣,此或当时官吏检举不力而人民健讼之故然也。

〔殴伤罪〕

前书卷之三十六《殴讼》、《诈伪》之律云：

诸斗殴人者，杖六十(《唐律》卷第二十一《斗讼一》作"笞四十")；伤及以他物殴人者，杖八十(《唐律》："杖六十")。……

诸斗殴人折齿，毁缺耳鼻，眇一目，折手足指，破骨若汤火伤人及髡发者，徒犝丁(《唐律》："徒一年")。

诸保辜者，以手足伤，限十日(同《唐律》)；他物伤、汤火伤者，四十日(《唐律》："二十日及三十日")。……

诸同谋共殴伤者，以下手重者为首，原谋与同罪(《唐律》："减一等")。……

诸斗两相殴伤者，各随轻重两论如律；后下手理直者，减二等。(全同《唐律》)

诸殴二品官者，品同，贬二资；卑一等，贬三资；卑二等，贬四资；卑三等，徒犝丁；无官以流论。……

前书卷之三十八有《斗殴讼例》二则：

一、凡斗殴讼应许被迹人登时驰请本社色目社村长编验立案，殴不离处，验不离时，如有投告单内，须详言被殴日时，被伤实迹。……

一、斗殴有折伤重迹以上，方许复至御史台，其余轻迹，如削皮红肿之类，并许至丞司而止。

〔骂詈罪〕

《殴讼》、《诈伪》之律云：

第五章 中国法律在安南之影响

> 诸骂三品官,品同及卑一等,贬一资;卑二等、三等,贬二资;无官,徒犒丁,并追谢钱如律。……
> 骂袒免亲者,贬二资;缌麻以上,递加一等,追谢钱如律。
> 诸骂祖父母、父母、流外州。……诸妻妾骂夫之祖父母、父母者,以流论。

卷之三十八有《凌骂讼例》一则云:

> ……凡凌骂时有面见者,方得为凭,援以为证。……

按唐、宋、元均无骂詈罪之专章,惟《大明律》卷二十一《刑律》始有《骂詈》专章,《黎律》或即仿《明律》而作也。

〔遗弃罪〕

卷之三十五《户婚》、《田产》之律云:

> 诸夫疏妻,五月不亲往来者,失其妻。……
> 诸妻妾擅去者,徒炊室婢。……

又德鲁士打儿氏《古代安南之司法》一文所译《黎朝律》第二百九十四条云:

> 诸鳏、寡、孤独及笃疾之人,贫穷无亲属依倚,不能自存,所在官司,应收养而不收养者,笞五十,贬一资。……

〔逮捕监禁人罪〕

《殴讼》、《诈伪》之律云:

诸诈称旨捕人而掠取财物者,流近州(《唐律》卷第二十五《诈伪》文字小有不同,且其处分为"流二千里")。征索夷獠土物者,流外州,并倍偿一分。……

〔略诱及和诱罪〕
前书卷之三十六《盗贼》、《奸淫》之律云:

诸略人略卖人为奴者,流远州(《唐律》卷第二十《贼盗四》作"绞")。……和诱而卖,减一等(同《唐律》)。……

〔窃盗及强盗罪〕
前书:
窃盗

诸盗陵庙神御之物,及圣像衣服者,并斩,田产没官(《唐律》卷第十九《贼盗三》分别处"流二千五百里"及"徒二年",较《黎律》为轻)。

诸盗御宝及乘舆御物者,并斩(《唐律》分别处"绞"及"流二千五百里");田产没官。

诸盗及毁天尊佛像者,以凡盗论(《唐律》:"徒三年")。

诸宿卫奉应人于官殿内相盗,及非宫中人而盗宫中物者,各加凡盗一等。

诸同居卑幼将人盗己家财,减凡盗一等(同《唐律》卷第二十《贼盗四》)。

强盗

诸凡劫者,首斩从绞,赃偿之外,田产入官;即得财及杀人者,枭;从者,斩;追偿命钱及倍赃一分还主。……

诸镇蛮獠劫掠沿边民户者,依本劫法。……

诸共谋行劫,临时不行,而行者得财,共谋者受分,与行劫者同。(《唐律》作"造意者为窃盗首,余并为劫盗徒"。)若不受分,流近州(《唐律》:"并答五十")。

卷之三十八有《盗劫讼例》五则,其第一则云:"镇守、留守勘盗劫讼,应据财人登时捉捕,现得其赃解纳,并追得实迹至某处,方得受勘。……"

〔恐吓取财罪〕

诸恐吓取人财物者,以凡盗论,减一等(《唐律》卷第十九《贼盗三》作"加一等")。虽不足畏忌,财主惧而自与亦同;若财未入者,杖六十(同《唐律》),贬二资(《唐律》无)。

卷之三十八有《抑胁讼例》五则,第二则规定云:

权贵势家抑胁,许勘官照所胁钱财监收付还,其财物当价三十贯以下,罚古钱二十贯,登即监收;三十贯以上,以贬罢论。……

卷之三十五《户婚》、《田产》之律云:

诸追征课税及应入官物,已在征者手而缠期不纳者,二月三月谓之"隐匿",四月以上谓之"盗";隐若一贯,贬一资;十贯,贬二资;三十贯,贬三资;五十贯,徒犒丁;一百贯以上,流近州,益以盗论倍赃二分。

卷之三十七《违制》、《杂犯》之律云：

诸受寄畜产财物而辄费用者,杖八十(《唐律》卷第二十六《杂律上》作"坐赃论减一等"),偿本分。诈言死失,贬一资(《唐律》："以诈欺取财物论减一等"),倍偿一分。……

诸负债不告官司,而强牵财物过本契者,杖八十(《唐律》："坐赃论")。

另条云：

诸于他人地内得旧藏物……隐而不送者,杖八十。(《唐律》卷第二十七《杂律下》："计合还主之分,坐赃论,减三等。")

诸得官阑遗物满五日不送官者,贬一资(《唐律》作"各以亡失罪论")。

卷之三十五《户婚》、《田产》之律云：

诸卖官授田土及口分田土者,杖六十,贬二资。(《唐律》卷第十二《户婚上》作"一亩,笞十；二十亩,加一等,罪止杖一百"。)

诸妄认田土,一亩以下,贬一资(《唐律》卷第十三《户婚中》作"笞五十")；五亩以下,贬二资(《唐律》："五亩加一等")。

另条：

诸祖父母、父母俱亡,而宗人非理卖子孙田产者,杖六十,贬二资,追原钱还买主者,仍倍二分还买者。……

卷之三十六《殴讼》、《诈伪》之律:

诸妄认良人为奴婢、妻妾、子孙者,以贬徒论(《唐律》卷第二十五《诈伪》作"以略人论减一等")。

〔赃物罪〕
卷之三十六《盗贼》、《奸淫》之律:

诸受盗者财物变易卖者,减盗罪一等,误受者止杖六十,贬二资;不知情卖者,追原钱于卖者,追其财物还主。(《唐律》卷第二十《贼盗四》:"知而故买,坐赃论,减一等。")

〔毁弃损坏罪〕
卷之三十七《违制》、《杂犯》之律:

诸毁大祀丘坟者,徒牺丁(《唐律》卷二十七《杂律下》作"流二千里");墙门,减一等(《唐律》:"各减二等")。
诸毁前代帝庙祀者,徒植田兵;毁碑志、石兽者,减一等。名臣、孝子、义夫、节妇祠碣者,杖七十,贬三资;人家祠碣者,杖六十,贬二资。……
前代灵圣祠庙,原有像迹而自行毁坏,以贬徒论。……
诸毁伐人家树木、禾稼者,笞五十,贬一资,计其值倍一分还主(《唐律》作"准盗论")。……
诸廪库贮物不用志检查,及安置不如法,曝凉不以时,致有损败,以贬徒论,倍偿所损物一分(《唐律》作"坐赃论")。

诸放牛马践啮谷桑者,杖八十,偿其所损;若故放令践啮者,贬一资,倍偿一分。……

【军法】
卷之三十五《禁卫》、《军政》之律有按语云:

按军政四十三条,兼言临阵拒敌之法,今但录其治军训戒诸节,具见大略。至若行师出征,临辰(时)当自有军法调治,固非平日律文可拘阂者,兹固不赘录云。

〔擅权罪〕

诸管官擅发兵,自三十人以上,贬三资;五十人以上,贬五资;一百人以上,徒论(《唐律》卷第十六《擅兴》作"百人,徒一年半")。……

〔辱职罪〕

诸将士守御关隘,防备不谨,及觇候不实,致贼众卒至者,并斩(略同《唐律》卷第十六《擅兴》)。

诸将校奉命征讨,不能预先预备,为贼所袭,及临阵不能约束部伍,料敌制变,以致失败者:一人以上,以罚贬论;十人以上,以贬罢论;二十人以上,以徒论;三十人以上,流近州;四十人以上,流外州;五十人以上,流远州;七十人以上,重刑;一百人以上,绞;五百人以上,斩,妻子田产没官。

诸乏军兴者,以流死论(《唐律》作"斩,故失,等")。

〔诈伪罪〕

诸宿卫者以非应宿卫人诈名自代及代之者,及殿内宫内,并斩(《唐律》卷第七《卫禁上》作"流三千里;殿内,绞")。

诸临阵征讨,而巧诈以避征役者,斩。……

〔逃亡罪〕

诸军人逃亡,徒象坊兵;再犯,以流论。……

〔掠夺罪〕

诸近军辰,于已附地方,纵行虏掠者,斩。……

〔违令罪〕

诸大集军期,军人欠目者,杖八十,徒本军。……

【民法】

〔身分〕

安南仍有阶级制度,但奴婢可解放为良人。卷之三十五《户婚》、《田产》之律云:

诸放奴婢为民,已给放书而压为贱者,笞五十,贬一资,乃还正之。

〔婚姻〕

婚姻成之条件,自前书卷之三十八《勘讼事例》之律《婚娶讼例》可见一斑,如:"一、凡婚娶已经问名及曾受聘礼未成婚而女家别嫁他人者,方许告。……苦止有媒妁通言及受些小芙榔鸡酒等物未定嫁者,不得概以辄止发告。"又卷之三十五《户婚》、《田产》之律云:

> 诸结婚姻不具聘礼,就父母家以成婚而苟合者,贬一资,追谢钱以贵贱论还父母,女笞五十。

另条:

> 诸嫁女已受聘财而辄止者,杖八十(《唐律》卷第十三《户婚中》作"杖六十",处分较黎朝为轻)。

至限制婚姻成立之条件,如"诸外任官司娶部内妇女者,杖七十,贬三资,罢职(《唐律》卷第四《户婚下》作'杖一百')"。

另条:

> 诸居父母及夫丧而嫁娶者,以徒论(《大明律》卷六《户律·婚姻》作"杖一百")。……

另条:

> 诸祖父母、父母被禁囚而嫁娶者,并贬三资,分异(《大明律》作"杖八十")。

又《婚娶讼例》有规定云:

士庶之家如有遭丧不发衰服,婚男嫁女,苟成家室,许见知人诉告,勘官照律论行,不得推托擅许供和,以革薄俗。

另条:

诸娶姑、姨、姊妹、继女及亲戚非类者,并仿以奸论(《唐律·户婚下》并同)。

婚姻解除之条件为"七出":

诸妻、妾已有义绝而其夫隐忍不去者,以贬论依轻重。

此外规定尚有:

诸夫丧服除而欲守志,非女之祖父母、父母而强嫁之者,贬三资(《唐律》作"徒一年"),分异,女归前家,娶者不坐。

另条:

诸女嫁未成婚,而男患恶疾及犯刑破荡家产者,咱(听)告官司还其聘财,若女患恶疾犯刑者,不追;违者,杖八十。

另条:

诸官掾娶倡优妇女为妻妾,杖七十,贬三资(《大明律》卷六《户律·婚姻》作"杖六十")。官员子孙娶者,杖六十,各分异。

另条：

> 诸兄弟若师死而兄弟、弟子娶其妻者，并以流论，女减一等，各分异。

〔承继〕

《增补香火令》关于宗祧承继之次序有黎圣宗光顺三年（明英宗天顺六年，1462年）令云：

> 一、大臣官员百姓等，凡子孙奉祀，不问年甲之长幼，品秩之崇卑，宜守常经，委之嫡子；如嫡子先殁，即以长孙；或无长孙，方用次子；其嫡妻又无众子，方择妾子之贤；若长子、孙或有废疾不肖之行，不堪奉祀，即当经告所在官司，择别子孙奉祀。……

此种规定甚似《唐律》卷第十二《户婚上》之注所引令文也。潘辉注按语有云：

> 按香火各条系累朝准定，皆是古律所无。……

牧野巽氏亦谓"香火田"各条为《唐律》所无，然《唐律》虽无，而朱子《家礼》既见记载，现社会之大族中犹存与此相似之制度，故恐不尽然。

财产承继《黎律》虽非若唐宋律之家族共产制，而实为"父母专有产制"，但关于财产承继之规定，如《增补香火令》所引光顺二《令》云：

一、父母俱亡有田土未及遗下嘱书,而兄弟、姊妹相分,以二十分之一为奉事香火,付与长男监守,余者相分,若已有父母命并嘱书,即依如例。……

另条:

一、为父母者,量其年老造立嘱书,为族长者均其多寡,为立文书。……

按兄弟均分制及长男多得香火田则实渊源于中国者也。
〔养子〕

诸养民丁赐户及奴婢男为子孙而诈入色者,贬三资;其诈入者,补军。

《始增田产章》:

诸养子有养文字著与田产;其养父母殁,无嘱言书,而田产分归嫡子及养子。……

另条:

诸为异姓养子而复争本宗人绝嗣田产者,听减于宗人半分。……

〔动产所有权之取得〕
卷之三十七《违制》、《杂犯》之律:

诸于他人地内得旧藏物者,咱(听)与地主相分。

〔不动产所有权〕

安南黎朝始欲均田,迨后则私有之制盛行。卷之三十《国用志》"田土之制"云:

> 黎太祖既平天下,议行均田,诏各府县碛勘官私田土潭州,修造簿籍,仍敕大臣议定田教给官军民等,内自大臣以下,至老弱、孤寡男妇以上,各有等差。

据潘氏《田产章》按语云:

> 此田产诸条乃顺天辰(时)删定,当辰欲行均给,故于公田公土之制,条禁特详,而私家田产诸禁,却在所略,迨太和(黎仁宗年号,约在明英宗正统八年之后)始行增补,然后民间分产诸讼,方有所准。……

卷之三十八另有《田土讼例》十则,兹从略省。

〔典权〕

《始增田产章》:

> 诸田土已典卖而不将原钱还典主,辄径他去断卖者,笞五十,贬一资,反原钱还典主。……

另条:

诸典卖田土,愿赎而不咱赎,与不愿赎而强返赎者,各杖八十。如过期而卖主强赎者,杖如之,不咱赎。(期谓秋田以三月,十年月,夏田以九月十年月。)若期内已赍,则原钱及经官论理而买主故作迁延,以过期者,杖八十,听赎,及还各月息钱。即经年限者而赎不咱(限谓三十年),强告者笞五十,贬一资。

〔贷借〕

卷之三十七《违制》、《杂犯》之律:

诸负债及典当财物,每月生息钱每贯一用十五文(《大明律》卷九《户律·钱债》作"不得过三分"),岁月虽多,不过一本一息,违者贬一资(《大明律》作"笞四十")。失生息钱。若回息为本,别条文字者,加一等。

诸负债违契期不偿者,杖依轻重;拒强不偿者,贬二资,倍偿一会,即经年限而不追,失原债(限谓宗人十年,他人二十年)。

诸负债已偿而故执原契不还;及原契已失,而不给凭由者,笞五十,贬一资;即已给凭由,而反执原契追者笞五十,贬如之反倍所偿。

诸负债迯(逃)亡者,咱(听)主保代偿本分,即原契有约同伴代偿如之……

诸九品官以上负债,债多穷无所出,听奏上计其财产算无家债量减分之。……

诸京人不得与蛮獠人负债,违者贬二资,其钱入官。

凡此诸条与唐明律所规定者,均有所不同者也。卷之三十八又有《债钱讼例》二则,兹从略省。

三、摹仿明清律时代——阮世祖（福英）一朝

黎朝法律之取材于唐、宋、元、明律已见前述，迨至最近世之阮朝则径以明清律为蓝本，现分述其法典编纂之经过、法院之组织、诉讼之手续及民法、刑法等于后，从可知其所编订之律文仍多同《大明律》，惟条例则间取自《大清律例》及黎朝圣宗洪德时（明宪宗成化六年，1470年）之条例。

【法典】

阮朝法典有以下数种：

《皇越律例》 此法典于安南世祖高皇帝阮福英嘉隆十一年（清嘉庆十八年，1813年）时所编成，据《大南实录·世祖高皇帝实录》云：

> 壬申嘉隆十一年秋七月……律书成。帝令阮文诚、武桢等次定律例，凡三百九十八条，（原注：《名例》四十五条，《吏律》二十七条，《户律》六十六条，《礼律》二十六条，《兵律》五十八条，《刑律》一百六十六条，《工律》十条。）为书二十二卷，帝亲自裁定，复命为之序。……〔48〕

按世祖《御制皇越律例序》云：

> ……我越李、陈、黎之兴，一代有一代之制，而备于洪德，

北朝汉、唐、宋、明之兴，律令之书代有修改，而备于大清，爰命廷臣准历朝令典，参以洪德、清朝条例，取舍秤停，务止于当，汇集成编，朕亲自裁正，颁行天下。……

《皇越律例》"总目"如下：

卷一《律目》《诸图》《服制》《例分八字之义》《律眼释义》

卷二、三《名例律》（上、下）

卷四、五《吏律》：《职制》《公式》

卷六、七、八《户律》：《户役》《田宅》《婚姻》《仓库》《课程》《钱债》《市廛》

卷九《礼律》：《祭祀》《仪制》

卷十、十一《兵律》：《宫卫》《军政》《关津》《厩牧》《邮驿》

卷十二、十三、十四、十五、十六、十七、十八、十九、二十《刑律》：《贼盗》（上、下）《人命》《斗殴》（上、下）《骂詈》《诉讼》《受赃》《诈伪》《犯奸》《杂犯》《捕亡》《断狱》（上、下）

卷二十一《工律》：《营造》《河防》

卷二十二《比引律条》

《钦定大南会典事例》　　吴甲豆著《中学越史撮要》有云：

本朝宪祖章皇帝讳旋，字绵宗……纪元绍治（辛丑当清道光二十一年，1841年）受清册封。……

置史馆官属，命辑《大南会典》，著将嘉隆元年（世祖高皇帝阮福英年当清嘉庆帝六年，1802年）以后一切施行政令类分

编辑为书。〔49〕

按东洋文库所藏此书刻本,卷首不载向例应有之《敕谕》及《进书表》等,故其编纂之经过,疑莫能明,兹考之《大南实录·宪祖章皇帝实录》云:

> 绍治三年(道光二十三年,1843年)夏六月……命辑《大南会典》,谕曰:"……我皇祖世祖高皇帝武功大定之后,恢张治化,垂十八年。……迨我皇考圣祖仁皇帝纂承大统,立纪陈经。制礼作乐,法令典刑,罔不憪然详备……经命六部诸卫,各行编辑,尚未会萃成编,朕嗣膺历服殷怀,继述其治道治法,大要宏纲即已。……至如所办事件嘉隆明命年间凡有定例及办过者,亦经通谕诸衙门饬属考详,辑成则例。……溯自嘉隆元年至明命二十一年,凡谕旨条例,并部议内外章奏经奉旨准有关于政体者,一一分门定类,照年月先后汇辑成编,务使条分缕析,罔或缺遗。……"〔50〕

此为编纂之起始,但阅三年而不成,迨绍治六年(道光二十六年,1846年)据前书云:

> 帝谓机密院及内阁臣曰:"朝廷政事须有一定之法,兹纂修《会典》,稽查考校,亦觉纷繁,但编辑既成,则大纲小纪,莫不井然有条,凡事举而措之,其裨益于国政也大矣,著将嘉隆元年以后一切经奉施行诸政令,一一分类编辑成书,又宜定立程限赏罚,以示有别。"〔51〕

第五章 中国法律在安南之影响

又云：

> 丙午绍治六年秋七月朔……命亲藩大臣充办《会典》，先是命尊人府六部诸衙各派属员溯自嘉隆元年至明命二十一年，凡谕旨条例及部议内外章奏事关政体者，照随年月，分门定类，汇辑成编，俟草成简派订正，颜为《大南事例》、《会典》，至是命尊人府右尊正寿春公绵定左尊人宁顺公绵宜右尊人富平公绵安充总理监修。……谕之曰："……至于事为之制，曲为之防，则命钦修是书，务期纲举目张，条分缕析，发凡起例，以诏百司，庶承行之下，咸得奉以持循，守为规典至巨也。……"〔52〕

乃终宪祖一朝犹未告竣。至翼宗时全书始脱稿，据前书《翼宗英皇帝实录》云：

> 乙卯嗣德八年（咸丰五年，1855年）九月……《大南会典》书成。（原注云：……其修辑溯自嘉隆元年至嗣德四年……凡有关于典要者一一分门定类……至是样本成，凡二百六十二卷。……）〔53〕

其书关于刑民法者其篇目如下：

卷一百七十九	刑部	《名例上》
卷一百八十	同	《名例律下》
卷一百八十一	同	同
卷一百八十二	同	《吏律·职制》

卷一百八十三	同	《吏律·公式》
卷一百八十四	同	《户律·户役》
卷一百八十五	同	《户律·仓库》
卷一百八十六	同	《礼律·祭祀》
卷一百八十七	同	《礼律·仪制》
卷一百八十八	同	《兵律·宫卫》
卷一百八十九	同	《兵律·军政》
卷一百九十	同	同
卷一百九十一	同	《兵律·关津》
卷一百九十二	同	《兵律·厩牧》
卷一百九十三、四、五	同	《刑律·贼盗》
卷一百九十六	同	《刑律·人命》
卷一百九十七、八	同	《刑律·诉讼》
		《刑律·斗殴》
卷一百九十九	同	《刑律·受赃》
卷二百	同	《刑律·犯奸》
卷二百一	同	《刑律·捕亡》
卷二百二、三	同	《刑律·断狱》(上、下)
卷二百四	同	《工律·营造》

《大南典例撮要》 安南亡于法后,维新三年(宣统元年,1909年)刊行,卷首有《咨文》云:

> ……《国朝会典》一书载辑自国初至嗣德四年底该二百二十六卷,向前地方诸省衙门经蒙颁给,然亦只藏在公所公用而

已,至如吏民士庶欲知本国宪章,亦无由稽考。成泰十九年忝职并接商祈刊辑经撰,将这全书撮要并奉究自嗣德五年以后节次中外续定诸例补入,编成《大南典例撮略新编》凡六卷,(《吏》、《户》、《礼》、《兵》、《刑》、《工》各一卷)但字纸尚属繁多,学者恐难熟记,兹诏之日下学法改良与吏科考试等议内条款其于六部宪章国家典例甚属切用,忝职因公余类采诸切近议例,集成四卷(《吏例》一、《户例》一、《礼兵》一、《刑工》一)。颜曰《大南典例撮要》,使观者易晓。……

其目录如下:

《吏例》 府院部阁至厘定官方
《户例》 疆理至契词呈阅
《礼例》 朝会典礼至象译
《兵例》 职制至邮政
《刑例》 《律名例》第六条"职官有犯"至《律》兵第198条"从征守御官军逃"
《工例》 宫殿至桥道

【法院】
〔中央〕有:
大理寺 《钦定大南会典事例》卷九:

大理寺寺卿一,少卿一,清吏司员外郎一,主事、司务各一,八九品书吏各三,未入流书吏十二。明命四年旨准寺卿秩正三品,八年准定官制,大理寺卿秩正三品,少卿秩正四品。十二年旨准设大理寺卿一,少卿一。又议准设员外郎一,主事、司务各二,八九品书吏各四,未入流书吏二十。绍治二年议准未入流书吏定额十二名,常川公务。嗣德四年议准裁主事、司务、八九品书吏各一。……

《大南典例撮要新编》：

大理寺(成泰十年十一月日停设)重辟之囚,疑难之案与刑部会审,其跸控、京控诸状悉关之,与刑部、都察院并列为三法司。

都察院 《钦定大南会典事例》卷八：

左都御史(无专设)、右都御史(各省总督兼衔)、左副都御史一,右副都御史一(各省巡抚兼衔)……京畿道掌印监察御史一(兼稽核尊人府事),京畿道监察御史一,南义道监察御史一,平富道监察御史一,顺庆道监察御史一,定边道监察御史一,隆祥道监察御史一,安河道监察御史一,治平道监察御史一,安静道监察御史一,清化道监察御史一,河宁道监察御史一,海安道监察御史一,宁太道监察御史一,谅平道监察御史一。……嘉隆三年诏定官制,都察院左右都御史秩正二品,左右副都御史秩从二品。明命八年准定官制,六科给事中诸道监察御史立秩正五品,录事秩正七品(谨按从前均未设置)。十三年设置都察院,左副都御史一,六科给事中,十六道监察御史各一,均统于都察焉。……

《大南典例撮要新编》：

都察院(嘉隆三年设)献纳纠弹之事，悉以委之。

刑部 《钦定大南会典事例》卷一百七十九《刑部》：

尚书一，左右参加、左右侍郎各一，掌法律刑名以肃邦宪。所属有京直司、南宪司、北宪司、刑印司、刑直处。

京直清吏司郎中、员外郎、主事各一，司务二，八九品书吏各三，凡在京师及承天府左直之南义，右直之治平等省章疏案件，皆关掌之。

南宪清吏司郎中、员外郎、主事、司务各一，正八九品书吏各二，凡自平定以南至南圻各省章疏案件皆关掌之。

北宪清吏司郎中、员外郎、司务各一，主事二，正八九品书吏各三，凡自河静以北至北圻各省章疏案件，皆关掌之。刑印司、刑直处人员职掌与吏部同。

《大南典例撮要新编》：

刑部刑名法律奏谳查拟重辟，疑案之覆阅，狱禁系囚之审理悉关之。

〔地方〕

《钦定大南会典事例》卷十一《吏部·官制》：

承天府 "京城提督(兼理承天府事务)一，府尹一，府丞一，所属左丞司通判、经历各一,正八品。……"

各省督抚　各省布按

知府　知县　知州　卷十三、卷十四"知府知县知州"又"县属吏"。

《大南典例撮要新编·吏例》"阶级品制"条另有规定云:

> 大省……臬司以下经历正从八品……臬署以下隶目一、隶兵五。
>
> 中省……臬司以下经历正八品……臬署以下隶目一、隶兵五。
>
> 小省……臬司以下经历正九品……臬署以下隶目一、隶兵五。

以上为专管司法机关,其兼理司法之机关如:

大省　　总督一　　布政一(后停设)　　按察一

中省　　巡抚一　　按察一

小省　　布政一(后停设)　　按察一

道　　　管道一

府　　　知府一

县州　　知县、知州一……

分府　　同知府一……

【诉讼手续】

关于牵连二以上法院案件之规定,《皇越律例》卷十六与《钦定大南会典事例》卷一百九十八《刑律·诉讼》、卷二百二《刑律·断狱上》"鞫狱停囚待对"条云:

> 凡鞫狱官推问罪囚有起内人伴见在他处官司停囚待对者,虽职分不相统摄,皆听直行勾取文书到后,限三日内发遣。

另条云:

> 若起内应合对问同伴罪囚已在他处州县事发见问者,听轻囚就重囚,少囚从多囚;若囚数相等者,以后发之囚,送先发官司并问;若两县相去三百里之外者,各从事发处归断。……

此种规定与《大明律》卷二十八《刑律·断狱》、《大清律》卷三十六《刑律·断狱》完全相同,惟附《历年事例》,如明命九年、十四年,绍治三年、四年均为中国犯人逃入安南"这关于邦交事体",有引渡性质,非纯为本国内之事件。

军民司法之管辖,《皇越律例》卷十六《大南会典事例·刑律·诉讼》云:

> 凡军民、军人有犯人命,管军衙门约会有司检验归问;若奸盗、诈伪、户婚、田土、斗殴与民相干事务,必须一体约问;与民不相干者,从本管军职衙门自行追问。……

与《大明律》卷二十二《刑律·诉讼》并同。

法院职员之回避,《皇越律例》卷十六《刑律·诉讼》、《会典事例》云:

> 凡官吏于诉讼人内关有服亲及婚姻之家若受业师及旧有仇嫌之人并听移文回避,违者,笞四十;若罪有增减者,以故出

入人罪论。

盖全同《大明律》,但附《历年事例》明命三、四、六年例,多为行政立法之回避,非有司法之性质。

法庭传唤及拘提被告在"八议"之列,与职官、军官之规定,《皇越律例》卷二与《会典事例》卷一百七十九《名例上》"应议者犯罪":

> 凡八议者犯罪实封奏闻取旨,不许擅自勾问。……

"应议者之父祖有犯"条云:

> 凡应八议者之祖父母、父母、妻及子孙犯罪实封奏闻取旨,不许擅自勾问。……

"职官有犯"条云:

> 凡京官及在外五品以上官有犯奏闻请旨,不许擅问。……若府、州、县官犯罪,所辖上司不得擅自勾问,止许开具所犯事由实封奏闻。……其犯应该笞决、罚俸、收赎、纪录者,不在奏请之限。……

又卷二百三《刑律·断狱》"长官使人有犯"条云:

> 凡在外各衙门长官及出使人员于所在去处有犯者,所部属官等不得辄便推问,皆须申覆上司区处,若犯罪,收管听候回报。

此外如高春育等所编《国朝律例撮要》(卷首有序文大南维新二年,光绪三十四的,1908年)卷上所录诸条均与《大明律》卷一《名例》卷二十八《刑律·断狱》完全相同,惟附《历年事例》多则,如"嘉隆十四年谕宋山诸员军以先朝与有勋绩之后,选充宿卫,如有杂犯、流徒、杖罪,立准免刺……(余条从略省)"。又"嘉隆五年谕府县有社民之责,一为人控,一分轻重,遽加以缧绁之辱,安能表率吏民乎,嗣凡府县员如有被控,上司但令过堂质问,情轻者发落,重者声参,不得辄加械系……"。

《大南典例撮要新编·刑例续编》"职官有犯"条另有若干条例,兹从略省。

另据《刑部条例汇编总目》(不分卷,手抄本,东洋文库藏)《名例》:

> 嗣德十一年十月日刑部臣遵奉酌议:凡文武职官三品以上,散官二品以上,如有犯军流徒除所干十恶婪赃并诈伪奸盗凡不因公事已所自犯者,及虽因公事而情涉于私,如故行放犯之类虽无赃贿而显系有心故犯者,各照律发遣外,如因公照误,不系己私……请照清旗人例倍日枷禁。……(余条从略)

讯问被告之规定,《皇越律例》卷十九、《会典事例》卷二百二《刑律·断狱上》"老幼不拷讯"条、"依告状鞠狱"条云:

> 凡应八议之人及年七十以上,十五以下若废疾者,并不合拷讯,皆据众证定罪,违者以故失入人罪论。

"依告状鞫狱"条云：

> 凡鞫狱须依所告本状推问，若于状外别求他事，摭拾人罪者，以故入人罪论；同僚不署文案者，不坐。若因其告状或应掩捕搜检，因而检得别罪，事合推理者，不在此限。

按所规定与《大明律》卷二十八《刑律·断狱》相同。

羁押被告之规定，《皇越律例》卷二十、《会典事例》卷二百三"妇人犯罪"条云：

> 凡妇人犯罪除犯奸及死罪收禁外，其余杂犯责付本夫收管；如无夫者，责付有服亲属邻里保管，随衙听候，不许一概尽禁。……

"功臣应禁亲人入视"条云：

> 凡功臣及五品以上官犯罪应禁者，许令亲人入视。……

按以上二条均同《大明律》，《国朝律例撮要》卷下"妇人犯罪"条并同。

诉讼行为方面如尊长卑幼被人杀害必须诉官，不许私和，《皇越律例》卷十四、《会典事例》卷一百九十六《刑律·人命》"尊长为人杀私和"条云：

> 凡祖父母、父母及夫若家长为人所杀而子孙、妻妾、奴婢、雇工人私和者，杖一百，徒三年；期亲尊长被杀而卑幼私和者，

> 杖八十,徒二年;二功以下,各递减一等。……

按与《大明律》卷十九《刑律·人命》之规定相同。又附《历年事例》二则,现从略。《国朝律例撮要》卷下并同。又谋反大逆不告官所受之处分,《会典事例》卷一百九十三《刑律·贼盗》云:

> 知谋反大逆不首者,杖一百,流三千里。

按此规定与《大明律》卷十八《刑律·贼盗》并同。

原告因身分不同而被限制起诉权,在《皇越律例》卷十六、《会典事例》卷一百九十八《刑律·诉讼》"见禁囚不得告举他事"条云:

> 凡被囚禁不得告举他事,其为狱官狱卒非理凌虐者,听告;若应囚禁被问更首别事有干连之人亦合准首依法推问科罪。

此规定与《大明律》卷二十二《刑律·诉讼》相同。

不应起诉在《皇越律例》卷三、《会典事例》卷一百八十《名例下》"亲属相为容隐"条云:

> 诸同居若大功以上亲及外祖父母、外孙,若孙之妇,夫之兄弟,及兄弟妻有罪相为隐;奴婢为主隐,皆勿论;即漏露其事及擿语消息,亦不坐;其小功以下相隐。减凡人三等;若犯谋叛以上者不用此律。

又卷一百九十八《诉讼》"干名犯义"条云:

> 凡子孙告祖父母、父母,妻妾告夫及夫之祖父母、父母者,杖一百,徒三年。……
>
> 若告期亲尊长外祖父母虽得实,杖一百;大功,杖九十;小功,杖八十;缌麻,杖七十。其被告期亲大功尊长及外祖父母并同自首免罪;小功缌麻尊长得减本罪三等。……
>
> 若告卑幼得实,期亲大功及女婿亦同自首免罪,小功缌麻亦得减本罪三等。……
>
> 若奴婢告家长及家长缌麻以上亲者,与子孙卑幼罪同;若雇工人告家长及家长之亲者,各减奴婢罪一等。……

按与《大明律·名例》及《诉讼》相同,《国朝律例撮要》卷上、下并同。

第一审判决后须取狱囚服辩,《皇越律例》卷二十、《会典事例》卷二百三《刑律·断狱下》《狱囚取服辩》条云:

> 凡狱囚流徒死罪各唤囚及其家属具告所断罪名,仍取囚服辩文状,若不服者,听其自理,更为详审。

按与《大明律》卷第二十八《刑律·断狱》相同。

上诉之程序,《皇越律例》卷二十、《会典事例》卷二百三《刑律·断狱》"有司决囚等第"条云:

> 若犯人反异,家属称冤,即便推鞫,事果违枉,同将元问元审官吏通问改正。

按同《大明律》,但附《历年事例》多则,如:

嘉隆七年准定嗣后直隶四营与各镇内外该勘各衙门，除罪情稍轻，依律处断外，凡有罪犯情重与诸命案事理关重致具案上词者，如案在诸道与府县衙门上词者，该道府县员宜据理仿处钉在案后，经呈该营镇员照案内，或依初次论。或改议，亦宜仿论，仍别修奏案，纳在刑部谈审；刑部或依初次仿论，或依营镇仿论，或部议有别理者，则刑部亦宜仿论钉后，其前后诸次仿论各宜两存案后，转奏候旨定夺。……（余条从略省）

明命十三年议准，嗣凡词讼如系辖属广南以南各县结递诸重案，由"府"覆审，转详"按察使司"覆谳，并该司查办各案完结之日，即宜具详"督抚"；如广南则由巡抚，平定则由总督，余仿此覆阅。其应奏者具各奏案，该"督抚"署名画题，押用关防递奏，案后具列"按察司"属员究阅缮写诸人姓名，押下字记，以备稽核。余自军流以下，该"督抚"批饬该司照办，岁周循例汇入岁底册，惟广义、庆和二省诸奏案，听该按署署名画题，押用印篆。其军流以下，听该司自行照办。至如各县审断，人民有未服情者，准由"府"告理"府衙"查勘，尚未服情者，由"按察司"告理"按察司"查勘尚未服情者，仍由该"督抚"覆控，摘派（布政使司员）会同首府或首县查办，毋须再委按察使员。

又卷一百九十八《刑律·诉讼》"越诉"条附：

明命九年谕：……问刑之设，由"县"而"府"、而"镇"、而"城"，随次覆审，以昭平允，犹念幽屈之情或未伸理，向来凡有京控，即准覆查。……

又"告状不受理"条附《历年事例》：

> 嘉隆元年,钦定某县有府衙设置在伊县地分,其伊县省减县官,凡县内诸讼投告在伊府,查处有抑,听随次覆告。其凌骂、债钱一切杂讼听先呈本社社长口分口处;犹有抑者,听备状告县;再有抑者,听随次覆告。又盗劫诸讼,听以事告"府",查问其申"镇官",有处死者,该"镇官"转申"总镇官"审处。至如偷窃轻赃,听随便告县查处。田土、户婚、赌博、斗殴诸讼听备状告县查处。有抑,听告"府"覆处;再有抑,听告"镇"覆处。若三案并同,不得再覆。傥有一案违异,情理未伸,听覆鸣总镇官审处;若前次官审断不公,后次官照随轻重论罚。……

此文颇属重要,因"司法管辖"及"审判次序"均有极明晰之规定,今表列之于后:

司法管辖 ┌ 本社社长——凌骂债钱一切杂讼。
　　　　 ┤ 县——偷窃轻赃,田土户婚,赌博斗殴。
　　　　 └ 府——盗劫诸讼。

审判次序

本社社长—县—府—镇官—总镇官

【刑法总则】

〔法例〕

"断罪依新颁律"条,《皇越律例》卷三、《钦定大南会典事例》卷一百八十一《名例律下》云:

> 凡律自颁降日为始,若犯在已前者,并依新律拟断。

按与《大明律》卷一、《大清律》卷五《名例律下》所规定并同,惟附有《历年事例》,如:

嘉隆元年钦传词讼条律未遑删定,姑举其大体计列等条传下奉行,庶内外官僚有所遵守。至如审断诸讼并宜参酌前黎洪德《国朝刑律》施行,待后议定条目,纤悉具备,再颁下凛遵,以为成式。……

《大南典例撮要新编·刑例》有安南属法以后新颁律之条例。"化外人有犯"条,两书云:

凡化外人犯罪者,并依律拟断。

按仍同《大明律》,惟《会典事例》亦附有《历年事例》,如:

明命三年议准阇闾海匪等丁并行斩决,兹念似此蚊虻小辈,杀之无益,并应释回,使之畏服。

其余八、九、十一、十五、十九年《事例》,概从略省。

《刑部条例汇编总目》"化外人有犯律"有嗣德十一年至三十三年之三件事例:

嗣德十一年三月日刑部臣酌议,嗣凡清人所犯军流罪名发三年后,由所在地方详究伊等是干盗吃鸦片与奸商者,各将伊的犯刺面罪名晓示情理轮逐回唐,永不复来。……(余二条从略省)

按此条所谓"化外人"即"外国人",是安南对中国之败类亦不稍徇情面也。

"本条别有罪名"条云：

> 凡本条自有罪名，与《名例》罪不同者，依本律科断；若本条虽有罪名，其有所规避，罪重者自从重论。

按两书同《大明律》，《国朝律例撮要》卷上"本条别有罪名"亦与《大明律》相同。

"断罪无正"条，《皇越律例》卷三、《会典事例·名例下》云：

> 凡律令该载不尽事理，若断罪而无正条者，引律比附，应加应减，定拟罪名转刑部，议定奏闻。……

按同《大明律》。又附《历年事例》：

> 嗣德元年议准嗣凡科拟罪名但当查照律例原有正条定拟；若无正条，必须援引别条比附科断，务在至平至允。并查有办过成案已经著为通行定例，而人犯情罪与之相符者，亦得引用。……

〔不为罪〕

"夜无故入人家内被杀，勿论。"《皇越律例》卷十三、《会典事例》卷一百九十五《刑律·盗贼》同《大明律》卷十八《刑律·贼盗》。

"夫殴骂妻妾因而自杀，无论。"《皇越律例》卷十四、《会典事例》卷一百九十六《刑律·人命》同《大明律》卷十九《刑律·人命》。

"殴或误杀卑幼，无论。"《皇越律例》卷十五、《会典事例》卷一百九十七《刑律·斗殴》同《大明律》卷二十《刑律·斗殴》。

〔公罪〕

《皇越律例》卷二、《会典事例》卷一百七十九《名例上》"文武官犯公罪"条云：

> 凡内外大小文武官犯公罪该笞者，一十罚俸一个月，二十、三十各递加一月（二十罚两月，三十罚三月），四十、五十各递加三月（四十罚六月，五十罚九月）；该杖者六十罚俸一年，七十降一级，八十降二级，九十降三级，具留任；一百降四级，调用（如吏、兵二部处分则例应降级革职戴罪留任者，仍照例留任）。吏典犯者，笞杖决讫，仍留役。

按与《大明律》卷一《名例》略有不同，但与《大清律》卷四《名例》并同。

〔私罪〕

《皇越律例》、《会典事例》云：

> 凡内外大小文武官犯罪该笞者，一十罚俸两个月，二十罚俸三个月，三十、四十、五十、各递加三月（三十罚六月，四十罚九月，五十罚一年）；该杖者六十降一级，七十降二级，八十降三级，九十降四级，俱调用；一百革职离任（犯赃者不在此限）。吏典犯者，杖六十以上，罢役。

按同《大清律》，与《大明律》略异。

〔累犯罪〕

《皇越律例》卷二、《会典事例》卷一百七十九《名例上》云：

> 凡犯罪已发又犯罪者，从重科断；已徒、已流而又犯罪者，依律再科后犯之罪，其重犯流者依留住法三流并决杖一百，于配所拘役四年；若犯徒者依所犯杖数该徒年限决讫，应役亦总不得过四年。其杖罪以下，亦各依数决之，其应加杖者亦如之。

另有《条例》云：

> 一、先犯杂犯死罪纳赎未完及准徒年限未满又犯杂犯死罪者，决杖一百，除杖过数目准银七分五厘，再收赎银四钱五分，又犯徒流笞杖罪者，决其应得杖数；五徒三流各依律收赎，银数依照先拟发落；若三次具犯杂犯死罪者，奏请定夺。

按所规定同《大明律》、《大清律》及其《条例》（另有《历年事例》一则）。

〔俱发罪〕

《会典事例》卷一百八十《名例下》云：

> 凡二罪以上俱发，以重者论罪；各等者，从一科断；若一罪先发，已给论决，余罪后发，其轻若等，勿论。重者，更论之，通计前罪，以充后数。……

按同《大明律》、《大清律》。

第五章　中国法律在安南之影响

〔共犯罪〕

《会典事例》卷一百八十《名例下》云：

> 凡共犯罪者，以造意为首，随从者减一等。
>
> 若家人共犯，止坐尊长；若尊长年八十以上及笃疾，归罪于共犯罪以次尊长。侵损于人者，以凡人首从论。若共犯罪而首从本罪各别者，各依本律首从论。
>
> 若本条言"皆"者，罪无首从；不言"皆"者，依首从法。……

又《附律条例》：

> 一、凡父兄子弟共犯奸盗杀伤等案，如子弟起意，父兄同行助势，除律不应分首从，及其父兄犯该斩绞死罪者，仍按其所犯本罪定拟外，余具视其本犯科条加一等治罪，概不得引用为从字样。

按同《大明律》、《大清律》及其条例。《刑部条例汇编总目·名例》"共犯罪分首从律"：

> 嗣德十三年十一月日刑部臣议准嗣凡京外诸地方案扮军流何系匪伙及盗劫等犯各照依向例分别远近地方发遣，与何系所案原犯死罪经蒙减死发流者亦照例实发，余何系所干命已有首犯到案问抵；其从犯所得流三千里者，准徒六年，限满释交所在社民认领登差。再以前所干案命已成，其已发配

未发配诸从犯应由地方照计伊等犯得案日起限,仍亦照此办理。……

【刑名】

《皇越律例》卷之二《钦定大南会典事例》卷一百七十九《刑部·名例上》《五刑》:

〔徒刑〕

"徒刑五:一年,杖六十;一年半,杖七十;二年,杖八十;二年半,杖九十;三年,杖一百。"按同《大明律》卷一《名例》及《大清律》卷四《名例律上》"五刑"门。

〔身体刑〕

"笞刑五:一十、二十、三十、四十、五十。杖刑五:六十、七十、八十、九十、一百。"按同《大明律》、《大清律》。

〔流刑〕

"流刑三:二千里杖一百;二千五百里,杖一百;三千里,杖一百。"按同《大明律》、《大清律》。

〔死刑〕

"绞、斩。"按同《大明律》、《大清律》。

〔徒刑之执行〕

《大南会典事例·刑部》云:

> 凡监禁狱室分内外两处:死罪禁内监,军流以下禁外监,再置一室禁女犯。大省之平定、义安、清化、嘉定、永隆、河内、南定、海阳、山西、北宁现监囚不得过一百五十犯。中省之广

第五章　中国法律在安南之影响

南、广治、广平、平顺、河静、宁平、定祥、安江、兴安、谅山不得过一百二十犯。小省之广义、富安、庆和、边和、河仙、广安、兴化、太原、宣光、高平，不得过一百犯。

〔身体刑之执行〕

笞自一十至五十，分五等，用小藤为之。二曰杖，自六十至一百，分五等，用中藤为之。

又：

凡刑具曰重颈枷，用干木二株为之，长四尺七寸。曰短颈枷，用干木二株为之，长二尺，并加铁叶四片。曰单铁锁，上一圈系颈，下二圈系脚，铁索一线系颈圈，二线系两脚圈。曰双铁锁，两头各一系颈，中联系铁索一线。曰次枷颈，用干木为之，长四尺五寸。曰行枷，用苗牙为之，长三尺五寸。曰脚枷，用干木一段，中穿一孔，可容足，剖作两半合之。曰长脚枷，用长版二片，中穿孔，不拘数，夜置右脚于孔内，两头拴固曰枷号，用干木版两片，各长三尺，阔七寸五分，接合处拴固，中间凿一窍以受颈，近窍加铁叶，寻常枷号重二十斤，重枷号三十斤。

〔流刑之执行〕

四曰流，安置远方，终身不返，分二千里、二千五百里、三千里三等,并杖一百。罪重于流者为充军,分四者:附近发二千里,近边发二千五百里,边远发三千里,极边发四千里,并杖一百。

〔死刑之执行〕

"死有绞有斩,又有凌迟,枭首,戮尸;若罪恶深重,皆决不待期,余俟秋后立法。""凡死罪奏开得旨处决者,其罪恶深重者,决不待期,余各俟秋后距冬至十日以前在京由刑部,在外由臬司监视行刑。若孕妇须待产后百日,方行正法。"

〔法院籍没赃物〕

《皇越律例》卷三、《钦定大南会典事例》卷一百八十《刑部·名例律下》"给没赃物"条云:

> 凡彼此具罪之赃,及犯禁之物则入官。
> 若取与不和用强主事逼取求索之赃并还主。
> 其犯罪应合籍没财产,赦书到后罪虽决讫,未曾抄割入官者,并从赦免;其已抄割入官守掌,其犯谋反叛逆者并不放免;若罪未处决,物虽送官未经分配者,犹为未入;其缘坐人家口虽已入官,罪人得免者,亦从免放。
> 若以赃入罪,正赃见在者,还官主。已费用者,若犯人身死,勿征;余皆征之;若计雇工赁钱为赃者,亦勿征。……

此种规定与《大明律》卷一《名例》、《大清律》卷五《名例律下》并同,惟"若计雇工钱者,一人一日为银八分五厘五毫",与《大明律》"一人一日为铜元六十枚"之规定略有不同。又附《历年事例》自明命七年(圣祖仁皇帝阮皎,当嘉庆三十二年,1827年)至绍治三年(宪祖仁皇帝阮旋,当道光二十四年)。

此外,据《刑部条例汇编总目》"给没赃物律"又录嗣德九年(翼宗英皇帝阮寺,当同治四年,1865)至同庆三年(景宗纯皇帝阮升,当光绪十五年,1889年)。

又高春育等所编《国朝律例撮要》卷上"给没赃物"条仍录《大明律》。

〔刑之适用〕

《皇越律例》、《会典事例》规定人民因身分不同而刑即异其适用,例如卷一百九十七、八《刑律·斗殴》云:

> 凡斗殴:以手足殴人不成伤者,笞二十。
>
> 奴婢斗主者,斩。
>
> 妻殴夫者,杖一百。
>
> 殴夫之祖父母、父母者,斩。
>
> 殴祖父母、父母者,斩。

按所规定与《大明律》卷二十完全相同。

〔刑之加重及减轻〕

《国朝律例撮要》卷上"加减罪例"条云:

> 凡称加者,就本罪止加重。_{如笞四十,加一等,笞五十;余杖流徒可类推。}称减者,就本罪止减轻。_{如笞五十减一等,即四十,余可类推。}惟死三流同为一减,_{如犯死罪减一等,即坐流。减二等,即坐徒三年。流三千里,减一等,亦徒三年。}加在教满乃坐。_{如赃四十两,从三十九两九钱七分,亦不得科以四十两之罪。}又加罪止于满,流不加至于绞,本条加入死罪者,依本条。_{如妾殴夫至折肢体,通加四等,加至于死,但加至绞,不加至斩。}

按同《唐律》卷第六《名例》之所规定。

〔减轻之条件〕

自首 《皇越律例》卷二、《会典事例》卷二百七十九"犯罪得累减"条云:

> 凡一人犯罪应减者:若为从减;自首减;故失减;公罪递减之类,并得累减。

按同《大明律·名例》。卷二百八十"犯罪自首"条云:

> 凡犯罪未发而自首告者,免其罪,犹征正赃。其轻罪虽发,因自首重罪者,免其重罪。若自守不实及不尽者,坐以不实不尽之罪。罪之至死者,减一等;其损伤于人,又于物不可赔偿,事发在逃,若私越度关及奸并习天文者,不在自首之限。

按同《大明律》。又《附律条例》云:

> 一、鸦片烟案内人犯——复犯加一等治罪,不准再首。

按同《大清律例》卷五《名例律下》、《国朝律例撮要》卷上"犯罪自首"条并同,附录嗣德二十七年《事例》,又《刑部条例汇编总目》"犯罪自首律"录嗣德十三、十四、二十四、二十五、二十七年及同庆元二年《事例》,《大南典例撮要新编》刑例有成泰六年"犯罪自首"例概从略省。

妇人 《皇越律例》卷三、《会典事例》卷二百七十九"工乐户及妇人犯罪"条云:

第五章　中国法律在安南之影响

> 凡工匠乐户犯徒罪者,五徒并依杖数决讫留住,照徒年限拘役(按本条与《大明律》稍有出入)。
>
> 其妇人……犯徒流者,决杖一百,余罪收赎。

按同《大明律》、《大清律》。又附《历年事例》:

> 明命八年议准凡妇人犯军流徒罪,除例得赎。……

老幼　《皇越律例》卷三、《会典事例》卷一百八十《刑部·名例律下》"老小废疾收赎"条云:

> 诸年七十以上、十五以下及废疾犯流罪以下收赎,至配所免居坐。八十以上、十岁以下及笃疾犯反逆杀人应死者上请,盗及伤人者亦收赎,余皆勿论;九十以上、七岁以下,虽有死罪不加刑。……

按全同《唐律》、《大明律》。又《附律条例》云:

> 一、凡老幼及废疾犯罪律该收赎者,若例该枷号一体放免,应得杖罪,仍令收赎。

按同《大清律》之条例。另有《历年事例》:

> 明命十三年谕……兹著刑部照案内现有年至七十以上之囚犯之各该地方咨饬提将犯详加察验,果系衰老,年貌相符,或形状尚属壮健狞恶,各即据实具奏,再降旨行。……

(余各略)

《国朝律例撮要》卷上有"嗣德十四年议审期凡遇斩、绞诸犯察年七十及笃废而罪可原者拷减,年未至七十及常者毋须概减"。

天文生 "天文生有犯"条、《会典事例》卷二百七十九云:

> 若钦天监天文生习业已成,能专其事,犯流及徒者,各决杖一百,余罪收赎。

按同《大明律》。又《附律条例》:

> 一、凡钦天监官犯事请旨提问,与职官一例问断,该为民者送监,仍充天文生身役;该徒流充军者,备由奏请定夺。

按同《大清律》。

亲老 "犯罪存留养亲"条、《会典事例》卷二百七十九云:

> 凡犯死罪非常赦所不原者,而祖父母、父母老疾应侍家无以次成丁者,开具所犯罪名,奏开取自上裁;若犯徒流者,止杖一百,余罪收赎,存留养亲。

按同《大明律》。又《附律条例》:

> 一、凡犯罪有兄弟具拟正法者,存留一人养亲,仍照例奏闻请旨定夺。
> 一、凡斗杀等案及殴妻致死之犯奉旨准其留养成祀者,将该犯枷号两个月,责四十板,斗杀等案追银二十两,给死者家属养赡。……

按同《大清律》之《条例》。

　　赎罪　赎金之数目,《皇越律例》卷一有纳赎诸例图,现录《国朝律例》卷上《新纳赎诸例图》如下：

		无力拘监	有力银三元	官员公罪加半倍	官员公罪加一倍	老幼天文生无力	疾病妇人	官员妻妾有力妇人加一倍
笞	一十	一月	六元				三毛	六毛
	二十	三月	九元				五毛	一元
	三十	四月	十二元				五毛	一元
	四十	五月	十五元				一元五毛	三元
	五十	六月	三十元				二元	四元
杖	六十	十月	三十五元				二元五毛	五元
	七十	十二月	四十元				三元	六元
	八十	十四月	四十五元				三元五毛	七元
	九十	十六月	五十元				四元	八元
	一百	二十月	六十元				四元五毛	九元
徒	一年		七十元				五元	十元
	一年半		八十元				五元五毛	十一元
	二年半		九十元				六元	十二元
	三年		一百元				七元	十四元
	兵奴囚		一百三十元				八元	十六元
流	二千里		七年改限善差以下	一百四十五元			九元	十八元
	二千五百里		八年	一百六十元			十元	二十元
	三千里		九年	一百八十元			十一元	二十三元
	军罪以下发附近		十年	一百九十元			十二元	二十四元
	发近边		十一年	二百元			十三元	二十四元
	远边		十二年	二百十元			十四元	二十六元
	极边		十三年	二百二十元			十五元	二十八元
死	绞监候			二百三十元				三十元
	斩监候			二百五十元				

"成泰十五年议文武官员及散官犯公罪照平民加半倍,_{如徒一年,平民赎银六十元,官员加半三十元,是成银九十元。}私罪各加一倍。_{如徒一年,平民赎银六十元,官员加一倍,六十元,是成银一百二十元,余可类推。}谨按旧法五刑皆有赎,有不应赎者……奉令新刊改定,与旧法有不尽同,盖随辰之义然也。"

〔刑之赦免〕

《皇越律例》卷二、《大南会典事例》卷一百七十九"常赦所不原"条云:

> 凡犯十恶杀人,盗系官财物及强盗、窃盗、发火、发冢、受枉法不枉法赃、诈伪、犯奸、略人略卖、和诱人口,若奸党及谗言左使杀人,故出入人罪,若故知故纵,听行藏匿,引送说事过钱之类一应真犯,虽会赦并不原宥。……

按同《大明律》。又《附律条例》:

> 一、凡杀死本宗缌麻以上尊长及外姻小功尊属者,俱不准援赦。
> 一、凡关系军机兵饷事务俱不准援赦宽免。……

按同《大清律》之《律例》。又有《历年事例》:

> 嘉隆元年恩诏,凡新旧囚徒不论已处未处,并从宽赦;杀人及行劫首党者不在赦例。

此外,又有五年、八年、明命元年、八年、十一年、十四年、十六年等赦罪事例,兹从略省。

〔行刑权之时效〕

《皇越律例》卷三、《会典事例》卷一百八十"犯罪期未老疾"（按"期"应作"时"，安南刻本错字及俗字颇多）条云：

> 凡犯罪期虽未老疾，而事发时老疾者，依老疾论；若在徒年限内老疾亦如之。
> 犯罪时幼小，事发长大，依幼小论。

按同《大明律》卷一百七十九"无官犯罪"条："公罪笞杖以下，依律降罚杖一百以上"与《大明律》"犯公罪笞以下勿论"，于文字及内容方面均略有不同，惟《附律条例》：

> 一、无官犯赃，有官事发，照有官参提，以无禄人科断；有官时犯赃，黜革后事发，不必参提，以有禄人科断。

此则并同《大清律》之《条例》。

〔刑期之时例〕

《皇越律例》卷三、《会典事例》卷一百八十一"称日者以百刻"条云：

> 诸称日者，以百刻计；功庸者从朝至暮。
> 称年者，以三百六十日。

按同《唐律》、《大明律》、《大清律》。

〔刑期之文例〕

"称乘舆车驾"条云:

> 诸称乘舆车驾及御者,太皇、太后、皇太后、皇后并同。

"称期亲父母"条云:

> 诸称期亲及称祖父母者,曾高同;称孙者,曾玄同;嫡孙承祖与父母同。……

按均同唐、明、清律。
〔刑期之文例〕
"称乘舆车驾"条"称期亲祖父母"同唐明、清、津。
【刑法分则】
〔侵犯帝室罪〕
安南诸事摹仿中国,其帝室之尊严亦欲其与中国惟妙惟肖。如下列条文所规定——

不敬

太庙门擅入 《皇越律例》卷十、《会典事例》卷一百八十八《刑部·兵律·宫卫》云:

> 凡无故擅入太庙门及山陵兆域门者,杖一百;大社门,杖九下;未过门限者,各减一等。守卫官故纵者,各与犯人同罪,失觉察者,减三等。

按同《大清律》卷十八,惟附《历年事例》二则。

宫殿门擅入　前书云：

凡擅入紫禁城、午门、东华、西华、神武门及禁苑者，各杖一百；擅入宫殿门，杖六十，徒一年；擅入御膳所及御所在者，绞；未过门限者，各减一等；若无门籍冒名而入者，罪亦如入。

按同《大清律》。又附《历年事例》：

明命三年谕……若闲散男子于（东安西安……）近栏外托以事故，向门内宫眷属婢女对立谈说事件者，即行拿下，不分男女，各杖一百。……若男子逾过栅栏，向女子调戏者并绞监候。若挨次门上举首探望，或与内宫眷属婢女访问宫内情状者，绞立决；再有奸情，加一等，斩决；其守卫兵失于觉察者，栏外减罪人一等，栏内同科；知而受财故纵者，加等严惩。（余从略省）

直行御道　前书云：

凡午门外御道至御桥除侍卫官军导从车驾出入许于东西两傍行走外，其余文武百官军民人等无故于上直行及辄度御桥者，杖八十；若于宫殿中直行御道者，杖一百；守卫官故纵者，各与犯人同罪；失觉察者，减三等；若于御道上横过，系一时经行者不在此限。

按同《大明律》，惟午门下注云："即今端门"。《附律条例》云：

一、凡至下马牌不下而竟过者，笞五十；看守人役失于防范者,笞四十。

按同《大清律》,又有《历年事例》,其处分有"发甘露蛮定奇为兵"、"痛打一百赤棍"等特别刑名。

冲突仪杖　前书云:

> 凡车驾行处,除近侍及宿卫护驾官军外,其余军民并须回避,冲入仪仗伏内者,绞;若在郊野之外,一时不能回避者,听俯伏以待。其文武百官非奉呼唤,无故辄入仪仗内者,杖一百;典杖护卫官军故纵者与犯人同罪,不觉者,减三等。
>
> 若军民之家纵放牲畜,若守卫不备,因而冲突仪仗者,杖八十。……

按同《大明律》。又《附律条例》:

> 一、圣驾临幸地方,虽未陈设卤簿,如有民人具呈妄行控诉者,照冲突仪仗例杖一百,发近边充军。

按同《大清律》,又附《历年事例》三则。

上书奏事犯讳　《会典事例》卷一百八十三《刑部·吏律·公式》云:

> 凡上书若奏事误犯御名及庙讳者,杖八十;余文书误犯者,笞四十;若为名字触犯者,杖一百;其所犯御名及庙讳声音相似,字样各别,及有二字止犯一字者,皆不坐罪。

按同《大明律》。附《历年事例》：

> 明命六年奏准凡遇第一款尊讳五字，一左从日，右从爱，改用燰字。一左从日，右从央，从英同，改用照字。一左从禾，右从重，改用植字。一左从日，右从交，改用皓字。一左从月，右从詹，从旦同，改用腩字。犯禁者以违制律加等惩办。……
>
> 九年奏准兴化递到清国公文内有误用尊讳，而吏典阮伯奋缮草不行，改用镇员，亦失于详核，阮伯奋枷号二个月，限满决杖一百。……

可知安南王欲维持其尊严而迁怒于孱弱小臣无理之一斑。

《刑部条例汇编总目》"上书奏事犯讳律"有嗣德二十七年十一月日文班廷臣议准：

> ……凡上书奏事错误有害于事，应从本律科断，杖六十。……有错误而不害事者，问答三十。

宫内忿争 《皇越律例》卷十五、《会典事例》卷一百九十七《刑部·刑律·斗殴上》云：

> 凡于宫内忿争者，答五十；声彻御所在及相殴者，杖一百；折伤以上加凡斗伤二等，殿内又递加一等。

按同《大明律》，又附《历年事例》。

危害

带兵杖入宫殿 《皇越律例》卷十、《会典事例》卷一百八十八

《宫卫》云：

> ……若不系宿卫应直合带兵杖之人但持寸刃入宫殿门内者，绞；入皇城门内者，杖一百，发边远充军。……

按同《大明律》。

向宫殿射箭　前书云：

> 凡向太庙及宫殿射箭放弹投砖石者，绞；向大社，杖一百，流三千里；但伤人者，斩。

按同《大明律》，附《历年事例》二则。

合和御药　《皇越律例》卷九、《会典事例》卷一百八十七《刑部·礼律·仪制》云：

> 凡合和御药误不依本方及封题错误，医人，杖一百；料理拣择不精者，杖六十。

按同《大明律》卷十二，又《附律条例》、《历年事例》各一则。

御幸舟船不坚固　前书云：

> 若御幸舟船误不坚固者，工匠杖一百；若不整顿修饰，及在船篙棹之属缺少者，杖六十，并罪坐所由，监临提调官各减工匠罪二等，并临时奏闻区处。

按同《大明律》。

尊室亲被殴 《皇越律例》卷十五、《会典事例》卷一百九十七《斗殴》云：

> 凡尊室之亲而殴之者,杖六十,徒一年;伤者,杖八十,徒二年;折伤以上重者,加凡斗二等;缌麻以上各递加一等;笃疾者,绞;死者,斩。

按同《大明律》卷二十惟将"凡皇家袒免亲而殴之者"改为"凡尊室之亲而殴之者",处分并同,此与《大清律》改本条为"凡宗室觉罗而殴之者"盖相同。又《附律条例》二则。

〔内乱罪〕

谋反大逆 《皇越律例》卷十二、《会典事例》卷一百九十三《刑部·刑律·贼盗上》"谋反大逆"条云：

> 凡谋反及大逆但共谋者,不分首从,皆凌迟处死。祖父、父子、孙、兄弟及同居之人不分异姓及伯叔、父兄弟之子不限籍之同异,年十六以上不论笃疾废疾皆斩;其十五以下及母女、妻妾、姊妹若己之妻妾给付功臣之家为奴,财产入官;若女许嫁已定,归其夫;子孙过房与人及聘妻未成者,俱不追坐。

按同《大明律》卷十八,又《附律条例》及《历年事例》多则。

谋叛 前书云：

> 凡谋叛但共谋者,不分首从,皆斩,妻妾、子女给付功臣之家为奴,财产并入官;父母、祖孙、兄弟不限籍之同异,皆流二千里安置。

按同《大明律》,又《附律条例》及《历年事例》六则。

〔漏泄军情大事罪〕

《皇越律例》卷一、《会典事例》卷一百八十九《刑部·兵律·军政》云:

> 凡闻知朝廷及总兵将军调兵讨袭外蕃及收捕反逆贼徒机密大事,而辄漏泄于敌人者,斩;若边将报到军情大事而漏泄者,杖一百,徒三年;仍以先传说者为首,传至者为从,减一等。
>
> 若私开官司文书印封看视者,杖六十;事干军情重事者,以漏泄论。
>
> 若近侍官员漏泄机密重事于人者,斩;常事,杖一百,罢职不叙。

按同《大清律》卷十九,《会典事例》本条又有附《历年事例》数则。

〔度关津罪〕

《皇越律例》卷十一、《会典事例》卷一百九十一《刑部·兵律·关津》。

私越冒渡关津

> 凡无文引私度关津者,杖八十;若关不由门,津不由渡而越渡者,杖九十;若越渡缘边关塞者,杖一百,徒三年;因而出外境者,绞。……
>
> 若有文引冒名度关津者,杖八十;家人相冒者,罪坐家长。
>
> 其将马牛(《大明律》作"骡")私度冒度关津者,杖六十;越度,杖七十。……

奸细出入

凡缘边关塞及腹里地面,但有境内奸细走透消息于外人,及境外奸细入境内探听事情者,盘获到官须要鞫问接引起谋之人,得实皆斩(监候)。

按同《大明律》卷十五,又有《附律条例》及《历年事例》三则。
〔朋党罪〕
《皇越律例》卷四、《会典事例》卷一百八十二《刑部·吏律·职制》:
进谗言

凡奸邪进谗言,左使杀人者,斩(监候)。
若犯罪律该处死,其大臣小官巧言谏免,暗邀人心者,亦斩。

按同《大明律》卷二及《大清律》卷六。
〔渎职罪〕
贿赂 《皇越律例》卷十七、《会典事例》卷一百九十九《刑部·刑律·受赃》云:

凡官吏受财者,计赃科断,无禄人各减一等,官追夺除名,吏罢役俱不叙。
说事过钱者,有禄人减受钱人一等罪,无禄人减二等,止杖一百,各迁徙,有赃者计赃从重论。
有禄人:
枉法赃各主者,通算全科。

一两以下,杖七十。

　　一两至五两,杖八十。

　　一十两,杖九十。

　　一十五两,杖一百。

　　……

　　八十两(实)绞(监候)。

　　不枉法赃各主者通算折半科罪。

　　……

　　一百二十两以上,(实)绞(监候)。

无禄人:

　　枉法一百二十两,绞(监候)。不枉法一百二十两以上罪止杖一百,流三千里。

按同《大清律》卷三十一,又附《历年事例》多则。

越权

司法方面

凌虐罪囚　《皇越律例》卷十九、《会典事例》卷二百二《刑律·断狱上》云:

　　凡狱卒非理在禁,凌虐殴伤罪囚者,依凡斗伤论;克减衣粮者,计赃以监守自盗论,因而致死者,绞;司狱官典及提牢官知而不举者,与同罪,至死者,减一等。

按同《大明律》卷二十八,又有《附律条例》及《历年事例》。

决罚不如法　《会典事例》卷二百三《断狱下》云:

> 凡官吏决人不如法者,笞四十;因而致死者,杖一百,均征埋葬银一十两;行杖之人,各减一等;其行杖之人若决不及肤者,依验所决之数抵罪,并罪坐所由。
>
> 若监临之官因公事于人虚怯去处非法殴打及自以大杖或金刃手足殴人至折伤以上者,减凡斗伤罪二等;至死者,杖一百,徒三年,追埋葬银一十两。……

按同《大明律》卷二十八。

告状不受理 《会典事例》卷一百九十八《诉讼》云:

> 凡告谋反叛逆官司不即受理掩捕者,杖一百,徒三年;以致聚众作乱,攻陷城池,及劫掠人民者,斩;若告恶逆不受理者,杖一百;告杀人及强盗不受理者,杖八十;斗殴、婚姻、田宅等事不受理者,各减犯人罪二等,并罪止杖八十。

按同《大明律》卷二十二,又有《附律条例》及《历年事例》。

行政方面

制书有违 《皇越律例》卷五、《会典事例》卷一百八十三《吏律·公式》云:

> 凡奉制书有所施行而违者,杖一百。

按同《大明律》卷三,但无"违皇太子……亲王令旨"等字句。《刑部条例汇编总目》"制书有违律"条有嗣德二十九年,同庆元、三年等事例。

私役部民夫匠 《皇越律例》卷六、《会典事例》卷一百八十四《户律·户役》云：

> 凡有司官私役使部民及监工官私役使夫匠出百里之外，及久占在家使唤者，一名笞四十，每五名加一等，罪止杖八十，每名计一日追给雇工钱六十文。……

按同《大明律》卷四。

私役民夫抬轿 《国朝律例》卷中云：

> 凡各衙门官吏及出使人员役使人民抬轿者，杖六十。

按同《大清律》卷二十二《兵律·邮驿》。

多收税粮斛面 《会典事例》卷一百八十五《户律·仓库》云：

> 凡各仓收受税粮……若仓官斗级不令纳户行概踢斛淋尖多收斛面者，杖六十。

按同《大明律》卷七，又附《历年事例》一则。

〔妨害公务罪〕

《皇越律例》卷十六、《会典事例》卷一百十八《刑律·骂詈》有《附律条例》云：

> 一、凡在长安门外等处妄叫冤枉辱骂原问官者，问罪，用一百斤枷枷号一个月发落；妇人有犯罪坐夫男，若不知情及无

夫男者，止坐本妇，照常发落。

按同《大明律》卷二十一之《条例》。
〔逮捕监禁者脱逃罪〕
罪人拒捕　《皇越律例》卷十八、《会典事例》卷二百一《刑律·捕亡》云：

> 凡犯罪逃走拒捕者，各于本罪上加二等，罪止杖一百，流三千里；殴人至折伤以上者，绞；杀人者，斩；为从者，各减一等。……

按同《大明律》卷二十七，又有《附律条例》。
狱囚逃监及反狱在逃　前书云：

> 凡犯罪被囚禁而脱监及解脱自带枷锁越狱在逃者，各于本罪上加二等；因而窃放他囚罪重者与囚同罪，止杖一百，流三千里；本犯应死者，依常律。
>
> 若罪囚反狱在逃者，皆斩；同牢囚人不知情者，不坐。

按同《大明律》卷二十七，又有《附律条例》及《历年事例》。
劫囚　《会典事例》卷一百九十四《刑律·盗贼》云：

> 凡劫囚者，皆斩。

按同《大明律》卷十八。又有《附律条例》云：

一、官司差人捕获罪人，有聚众中途打夺殴差致死，为首者不论曾否下手，拟斩立决；为从下手致命伤重致死者，绞决；帮殴有伤者，不论他物金刃，拟绞监候。……

按同《大清律》卷二十四。

主守不觉失囚 《皇越律例》卷十八、《会典事例》卷二百一《捕亡》云：

凡狱卒不觉失囚者，减囚罪二等；若囚自内反狱在逃，又减二等。……

按同《大清律》卷三十五，又有《附律条例》及《历年事例》。

与囚金刃解脱 《皇越律例》卷十九、《会典事例》卷二百二《断狱上》云：

凡狱卒以金刃及他物可以自杀及解脱枷锁之具而与囚者，杖一百；因而致囚在逃及自伤或伤人者，并杖六十，徒一年。……

按同《大明律》卷二十八，又有《历年事例》二则。

〔藏匿犯人罪〕

《皇越律例》卷十八、《会典事例》卷二百一《捕亡》云：

凡知人犯罪事发，官司差人追唤而藏匿在家，不行捕告及指引道路，资给衣粮送令隐避者，各减罪人罪一等；其展转相送而隐藏罪人知情者，皆坐；不知者，勿论。

按同《大明律》卷二十七。

〔失火放火罪〕

《皇越律例》卷十八、《会典事例》卷二百《刑律·杂犯》云：

> 凡失火烧自己房屋者,笞四十;延烧官民房屋者,笞五十;因而致伤人命者,杖一百,罪坐失火之人;若延烧宗庙及官阙者,绞;社,减一等。……
>
> 凡放火故烧自己房屋者,杖一百;若延烧官民房屋及积聚之物者,杖一百,徒三年;因而盗取财物者,斩;杀伤人者,以故杀伤论。
>
> 若放火故烧官民房屋及公廨仓库系官积聚之物者,皆斩;其故烧人空间房屋及田场积聚之物者,各减一等。……

按同《大明律》卷二十六,又有《附律条例》。

〔决水罪与过失水害罪〕

《皇越律例》卷二十一、《会典事例》卷二百四《工律·河防》云：

> 凡盗决河防者,杖一百;盗决圩岸陂塘者,杖八十;若毁害人家及漂失财物,淹没田禾,计物价重者,坐赃论;因而杀伤人者,各减斗杀伤罪一等。
>
> 若故决河防者,杖一百;徒三年;故决圩岸陂塘减二等;漂失赃重者,准窃盗论,免刺;因而杀伤人者,以故杀伤论。

按同《大明律》卷三十,又有《历年事例》。

〔私藏应禁军器罪〕

《会典事例》卷一百九十《兵律·军政》云：

> 凡民间私有人马、甲、傍牌、火筒、火炮、旗纛、号带之类应禁军器者，一件杖八十，每一件加一等。私造者加私有罪一等，各罪止杖一百，流三千里；非全成者并勿论，许令纳官。……

按同《大明律》卷十四，又有《附律条例》。

〔妨害交通罪〕

《会典事例》卷二百四《工律·河防》云：

> 凡桥梁、道路、府州县佐、贰官、提调于农隙之时常加点视修理，务要坚完平坦，若损坏失于修理阻碍经行者，提调官笞三十。
>
> 若津渡之处应造桥梁而不造，应置渡船而不置者，笞四十。

按同《大明律》卷三十，又有《历年事例》。

〔伪造货币罪〕

《皇越律例》卷十七、《会典事例》卷一百九十九《刑律·诈伪》云：

> 凡私铸铜钱者，绞；匠人罪同；为从及知情买使者，各减一等。

按同《大明律》卷二十四，又有《附律条例》及《历年事例》多则，甚如"嘉隆十一年钦定凡赤铜条块并白铅块并禁私相买卖及水陆运载,犯者各笞七十。……赃物价钱并追收入官。……"此禁令似过于严厉。

〔伪造文书印文罪〕

《皇越律例》卷十七《刑律·诈伪》、《会典事例》卷一百九十九《诈伪》云：

> 凡诈为制书及增减者,皆斩监候;未施行者,绞监候。……
> 凡伪造诸衙门印信及时宪书(历日)符验税课引(夜巡铜牌)者,斩。……

按同《大明律》卷二十四,又有《历年事例》。

〔亵渎祀典礼罪〕

《皇越律例》卷九、《会典事例》卷一百八十六《礼律·祭祀》云：

> 凡私家告天拜斗焚烧夜香燃点天灯七灯亵渎神明者,杖八十;妇女有犯,罪坐家长。……

又有《附律条例》。

〔掘墓罪〕

《皇越律例》卷十三《刑律·盗贼下》、《会典事例》卷一百九十五《盗贼》"发冢"条云：

> 凡发掘坟冢见棺椁者,杖一百,流三千里;已开棺椁见尸者,绞;发而未至棺椁者,杖一百,徒三年;若冢先穿陷,及未殡埋而盗尸柩者,杖九十,徒二年半;开棺椁见尸者,亦绞;其盗取器物砖石者,计赃准凡盗论,免刺。……

按同《大明律》卷十八,又有《附律条例》及《历年事例》。

〔赌博罪〕

《皇越律例》卷十八《刑律·杂犯》、《会典事例》卷二百《杂犯》云:

> 凡赌博财物者,皆杖八十;摊场钱物入官;其开张赌房之人同罪,止据见发为坐,职官加一等。

按同《大明律》卷二十六。又有《历年事例》云:

> 国初钦定赌博禁令,凡摊场聚赌有诉告究果窝主,家财入官,收当场赌钱及同赌人钱各十贯充赏告者,同赌人觉举,赏如之,犯者各笞一百,给役夫三年。……(余从略)

《国朝律例撮要》卷下云:"嗣德二十八年议……凡犯在京城内窝主眠官问杖八十,徒二年;京外诸省减一等(妇人有犯坐本夫,孀妇有犯照例收赎)。"

〔奸非罪〕

《皇越律例》卷十八、《会典事例》卷二百《刑律·犯奸》云:

和奸

> 凡和奸,杖八十……刁奸,杖一百。
> 其和奸刁奸者,男女同罪。
> 凡居父母及夫丧若僧尼、道士、女冠犯奸者,各加凡奸罪二等;相奸之人以凡奸论。……

有夫奸

> 有夫,杖九十。……
> 凡纵容妻妾与人通奸,本夫奸夫奸妇各杖九十。……
> 凡军民官吏奸所部妻女者,加凡奸罪二等,各罢职不叙,妇女以凡奸论。……

强奸

> 强奸者,绞;未成者,杖一百,流三千里。……

亲属相奸

> 凡奸同宗无服之亲及无服亲之妻者,各杖一百。……

按同《大明律》卷二十五,又有《附律条例》及《历年事例》。

《国朝律例撮要》卷下云:

> 明命八年议有夫与人通奸,不论和刁,奸夫奸妇各绞监候;有夫有子,绞立决。
> 强者,奸夫斩决,未成者,依满流。

此数条之处分,均较《大明律》、《大清律》特别加重,岂是时淫风甚盛,道学流行之故而然欤?

〔重婚罪〕

《皇越律例》卷七、《会典事例》卷一百八十四《户律·婚姻》"妻妾失序"条云：

> 若有妻更娶妻者，亦杖九十，离异。
> 凡逐婿嫁女，或再招婿者，杖一百，其女不坐；男家知而娶者同罪，不知者亦不坐，其女断付前夫出居完聚。

按同《大明律》卷六。

〔杀人罪〕

《皇越律例》卷十四、《会典事例》卷一百九十六《刑律·人命》：

故杀

> 凡杀一家非死罪三人，及支解人者，凌迟处死财产断付死者之家，妻子流二千里；为从者，斩。

按同《大明律》卷十九。又有《附律条例》云：

> 一、凡杀一家非死罪三人及解人为首监故者将财产断付被杀之家，仍剉碎死尸，枭首示众。……

按同《大清律》卷二十六之《条例》前书又规定：

> 凡采生折割人者，凌迟处死，财产断付死者之家，妻子及同居家口虽不知情，并流二千里安置；为从者，斩。……
> 凡造畜蛊毒堪以杀人及教令者，斩；造畜者财产入官，妻

子及同居家口虽不知情,并流二千里。……

按均同《大明律》。

谋杀 前书云:

　　凡谋杀人造意者,斩(监候);从而加功者,绞(监候);不加功者,杖一百,流三千里,杀讫乃坐。若伤而不死,造意者,绞;从而加功者,杖一百,流三千里;不加功者,杖一百,徒三年。若谋而已行未曾伤人者,杖一百,徒三年,为从者,各杖一百;但同谋者皆坐。其造意者,身虽不行,仍为首论,从者不行,减行者一等。

　　凡奉制命出使而所在官吏谋杀及部民谋杀本属知府、知州、知县,军士谋杀本管指挥千户、百户,若吏卒谋杀本部五品以上长官已行者,杖一百,流二千里;已伤者,绞;已杀者,皆斩。

　　凡谋杀祖父母、父母及期亲尊长,外祖父母、夫、夫之祖父母、父母已行者,皆斩;已杀者皆凌迟处死;谋杀缌麻以上尊长,已行者,杖一百,流二千里;已伤者,绞;已杀者,皆斩。

　　妻妾因奸同谋杀死亲夫者,凌迟处死;奸夫,处斩。若奸夫自杀其夫者,奸妇虽不知情,绞。

按均同《大明律》。

过失杀 前书云:

　　过失杀伤人者,各准斗杀伤罪依律收赎,给付其家。……
　　凡庸医为人用药针刺,误不如本方因而致死者,责令别医辨验药饵穴道,如无故害之情者,以过失杀人论,不许行医。

按均同《大明律》。

〔殴伤罪〕

伤害至死 《会典事例》卷一百九十七《斗殴》：

> 殴制使及本管长官至死者，斩。
> 凡殴受业师者加凡人二等，死者，斩。
> 凡奴婢殴良人……至死者，斩。
> 凡妻殴夫……至死者，斩。
> 其夫殴妻……至死者，绞。……
> 殴妻之父母……至死者，斩。
> 凡卑幼殴本宗及外姻缌兄姊……至死者，斩。
> 凡弟妹殴兄姊……至死者，皆斩。……其兄姊殴杀弟妹及伯叔姑殴杀侄并侄孙，若外祖父母殴杀外孙者，杖一百，徒三年。
> 其子孙犯教令而祖父母、父母非理殴杀者，杖一百。……

按同《大明律》卷二十。

致笃疾或废疾 前书云：

> 凡斗殴……拔发方寸以上，笞五十；若血从耳鼻中出，及内损吐血者，杖八十；以秽物污人头面者，罪亦如之。
> 折人一齿及手足一指，眇人一目，抉毁人耳鼻，若破人骨及用汤火铜铁汁伤人者，杖一百。……

按同《大明律》卷二十。

〔骂詈罪〕

《皇越律例》卷之十六《刑律·骂詈》、《会典事例》卷一百九十八《骂詈》云：

> 凡骂人者，笞一十；互相骂者，各笞一十。
> 凡奉制命出使而官吏骂詈及部民骂本属知府、知州、知县，军士骂本管指挥千户百户，若吏卒骂本部五品以上长官，杖一百；若骂六品以下长官，各减三等；骂佐二官首领官，又各递减一等。
> 凡奴婢骂家长者，绞；骂家长之期亲及外祖父母者，杖八十，徒二年。
> ……凡骂缌麻兄姊，笞五十；小功，杖六十。……

按同《大明律》卷二十一，又有《附律条例》及《历年事例》。

〔遗弃罪〕

病故官家属　《会典事例》卷一百九十三《兵律·邮驿》云：

> 凡军民官在任以理病故，家属无力不能还乡者，所在官司差人管领，应付脚力，随程验口，官递行粮，递送还乡，违而不送者，杖六十。

按同《大明律》卷十七。

承差转雇寄人　前书云：

> 凡承差起解官物、囚徒、畜产不亲管送而雇人寄人代领送者，杖六十；因而损失官物、畜产及失囚者，依律从重论，受寄

受雇人各减一等。

按同《大明律》卷十七。

夫匠军士　前书卷二百《杂犯》云：

> 凡军士在镇守之处，丁夫、杂匠在工役之所而有疾病，当该官司不为请给医药救疗者，笞四十；因而致死者，杖八十。……

按同《大明律》卷二十六，又有《历年事例》。

养父母　前书卷一百八十四《户律·户役》云：

> 若养同宗之人为子，所养父母无子而舍去者，杖一百。

按同《大明律》卷四。

祖父母父母　前书卷一百九十八《诉讼》云：

> 凡子孙违犯祖父母、父母教令，及奉养有缺者，杖一百。

按同《大明律》卷二十二。

妻　前书卷一百八十四《户律·婚姻》云：

> 凡妻无应出及义绝之状而出之者，杖八十；虽犯七出，有三不去而出之者，减二等，追还完聚。

按同《大明律》卷六。

〔逮捕监禁人罪〕

私擅逮捕监禁 《皇越律例》卷十五、《会典事例》卷一百九十七《斗殴》云：

> 凡争论事理所经官陈告，若以威力制缚人及于私家拷打监禁者，并杖八十。……

按同《大明律》卷二十。又有《附律条例》云：

> 一、凡地方乡绅私置板棍，擅责佃户者，照违制律议处。……

按同《大清律》卷二十七、《皇越律例》卷十七、《会典事例》前书卷一百九十九《诈伪》云：

> 若无官而诈称有官，有所求为，或诈称官司差遣而捕人及诈冒官员姓名者，杖一百，徒三年。

按同《大明律》卷二十四。

滥权逮捕监禁 前书卷二百二《断狱》云：

> 凡官吏怀挟私仇，故禁平人者，杖八十；因而致死者，绞；提牢官及司狱官、典狱卒知而不举者，与同罪，至死者，减一等；不知者，不坐。……

按同《大明律》卷二十八。

〔略诱及和诱罪〕

《会典事例》卷一百九十五《刑律·盗贼》云：

> 凡设方略而诱取良人及略卖良人为奴婢者，皆杖一百，流三千里；为妻妾子孙者，杖一百，徒三年。……
>
> 若和同相诱及相卖良人为奴婢者，杖一百徒三年；为妻妾子孙者，杖九十，徒二年半；被诱之人，减一等；未卖者，各减一等；十岁以下虽和亦同略法。……

按同《大明律》卷十八，又有《附律条例》及《历年事例》二则。

〔窃盗及强盗罪〕

《皇越律例》卷十二《贼盗中》、《会典事例》卷一百九十四《盗贼》：

窃盗

> 凡窃盗已行而不得财，笞五十，免刺；但得财者，以一主为重，并赃论罪；为从者，各减一等。初犯并于右小臂膊上刺窃盗二字，再犯刺左小臂膊，三犯者绞（监候），以曾经刺字为坐。
>
> 掏摸者罪同。
>
> 一两以下，杖六十。
>
> 一两以上至十两，杖七十。
>
> 二十两，杖八十。
>
> 三十两，杖九十。
>
> 四十两，杖一百。
>
> 五十两，杖六十，徒一年。

六十两,杖七十,徒一年半。

七十两,杖八十,徒二年。

八十两,杖九十,徒二年半。

九十两,杖一百,徒三年。

一百两,杖一百,流二千里。

一百一十两,杖一百,流二千五百里。

一百二十两,杖一百,流三千里。

一百二十两以上,绞(监候)。三犯不论赃数,绞(监候)。

另条云:

凡盗马、牛(《大明律》有"驴"、"骡"二字)、猪、羊、鸡、犬、鹅、鸭者,并计赃以窃盗论;若盗官畜产者,以常人盗官物论。

若盗马牛而杀者,杖一百,徒三年。(《大明律》有"驴骡杖七十,徒一年半"之句。)若计赃重于本罪者各加盗罪一等。

凡盗田野谷麦菜果及无人看守器物者,并计赃准窃盗论,免刺。

若山野柴草、木石之类,他人已用工力斫伐积聚而擅取者,罪亦如之。

另条云:

凡盗大祀神祇御用祭器、帷帐等物及盗馀荐玉帛、牲牢、馔具之属者,皆斩;其未进神御及营造未成若已奉祭讫之物及其余官物,皆杖一百,徒三年;若计赃重于本罪者,各加盗罪一等,并刺字。

凡盗制书(《大明律》有"及起马御宝圣旨起船符验"一句)者,皆斩;盗各衙门官文书者,皆杖一百刺字,皆有所规避者,从重论;事干军机钱粮者,皆绞。

凡盗各衙门印信(《大明律》有"及夜巡铜牌"者一句)者,皆斩;盗关防印记者,皆杖一百,刺字。

凡盗内府财物者,皆斩。

凡盗京城门钥,皆杖一百,流三千里;盗府州县镇城官关门钥,皆杖一百,徒三年;盗仓库门等钥,皆杖一百,并刺字。

凡盗军器者,计赃以凡盗论。若盗应禁军器者与私有罪同。……

凡盗园陵内树木者,皆杖一百,徒三年;若盗他人坟茔内树木者,杖八十;若计赃重于本罪者,各加盗罪一等。

另条云：

凡常人盗仓库钱粮等物,不得财杖六十(《大明律》有"免刺"二字);但得财者,不分首从,并赃论罪,并于右小臂膊上刺"盗官钱粮物"三字：

一两以下,杖七十。

一两之上至五两,杖八十。

一十两,杖九十。

一十五两,杖一百。

二十两,杖六十,徒一年。

二十五两,杖七十,徒一年半。

三十两,杖八十,徒二年。

三十五两,杖九十,徒二年半。

四十两,杖一百,徒三年。

四十五两,杖一百,流二千里。

五十两,杖一百,流二千五百里。

五十五两,杖一百,流三千里。

八十两,绞。

强盗

凡强盗已行,而不得财者皆杖一百,流三千里;但得财者,不分首从,皆斩。

亲属相盗

凡各居亲属相盗财物者,期亲减凡人五等,大功减四等,小功减三等。缌麻减二等,无服之亲减一等,并免刺。……

若同居卑幼将引他人盗己家财物者,卑幼依私擅用财物论加二等,罪止杖一百;他人减凡盗罪一等,免刺……

按以上均同《大清律》卷二十四,又有《附律条例》及《历年事例》二则。

〔诈欺取财罪〕

《皇越律例》卷十三《刑律·贼盗下》、《会典事例》卷一百九十五《贼盗》云:

> 凡用计诈欺官私以取财物者,并计赃准窃盗论,免刺;若期亲以下自相诈欺者,亦依亲属相盗律递减科罪。
>
> 凡恐吓取人财物者,计赃准窃盗论加一等,免刺。若期亲以下自相恐吓者,卑幼犯尊长,以凡人论;尊长犯卑幼,亦依亲属相盗律递减科罪。

按以上均同《大明律》卷十八,又有《附律条例》。

〔侵占罪〕

监守自盗 《皇越律例》卷十二《刑律·贼盗上》、《会典事例》卷一百九十三《盗贼》云:

> 凡监临主守自盗仓库钱粮等物,不分首从,并赃论罪,并于右小臂膊上刺"盗官钱粮物"三字。
>
> 一两以下,杖八十。
>
> 一两之上至二两五钱,杖九十。
>
> 五两,杖一百。
>
> 七两五钱,杖六十,徒一年。
>
> 一十两,杖七十,徒一年半。
>
> 一十二两五钱,杖八十,徒二年。
>
> 一十五两,杖九十,徒二年半。
>
> 一十七两五钱,杖一百,徒三年。
>
> 二十两,杖一百,流二千里。
>
> 二十二两五钱,杖一百,流二千五百里。
>
> 二十五两,杖一百,流三千里。
>
> 四十两,斩。

按同《大清律》卷二十三,又有《附律条例》及《历年事例》。

费用受寄财产 《皇越律例》卷八、《会典事例》卷一百八十五《户律·钱债》云:

> 凡受寄财物、畜产而辄费用者,坐赃论减一等;诈言死失者,以诈欺取财物论,减一等。

按同《唐律》、《大明律》及《大清律》。

得遗失物 前书云:

> 凡得遗失之物,限五日之内送官……限外不送官者官物坐赃论,私物减二等,其物一半入官,一半给主。

按同《大明律》卷九,又有《历年事例》一则。

盗卖田宅 《皇越律例》卷六、《会典事例》卷一百八十四《户律·田宅》云:

> 凡盗卖、换易及冒认若虚钱实契典买及侵占他人田宅者,田一亩,屋一间以下,笞五十;每田五亩屋三间加一等,罪止杖八十,徒二年;系官者,各加二等。……

按同《大明律》卷五,又有《附律条例》。

强占良家妻女 《皇越律例》卷七、《会典事例》卷一百八十四《户律·婚姻》云:

> 凡豪势之人,强夺良家妻女奸占为妻妾者,绞。

按同《大明律》卷六,又有《附律条例》。

〔毁弃损坏罪〕

弃毁制书 《皇越律例》卷五、《会典事例》卷一百八十三《吏律·公式》云:

> 凡(故意)弃毁制书有各衙门印信者,斩(监候)。……

按同《大清律》卷七,又有《附律条例》及《历年事例》。《国朝律例撮要》卷中"嗣德六年有将字纸表制物项者照律拷处"。

弃毁器物稼穑等 《皇越律例》卷六《户律·田宅》、《会典事例》卷一百八十四《户律·田宅》云:

> 凡弃毁人器物及毁伐树木稼穑者,计赃准窃盗论,免刺;官物加二等,若遗失及误毁官物者,各减三等,并验数追偿;私物者偿而不坐罪。……

按同《大明律》卷五,又有《历年事例》一则。《国朝律例》卷中:"明命九年,护侍卫及诸衙属籍差派私撼乡村及掘取人园宅树木由承府查拿,倘用强凌弱者,将犯者正法。如止藉事私扰,亦加等重治。"安南当时农民地位之可怜,于此可见一斑。

损坏仓库财物 《皇越律例》卷八《户律·仓库》、《会典事例》卷一百八十五《仓库》云:

> 凡仓库及积聚财物安置不如法,若曝凉不以时,致有损败者,计所损败坐赃论。……

第五章　中国法律在安南之影响

按同唐、明、清律,又有《历年事例》一则。

毁大祀丘坛　《皇越律例》卷九《礼律·祭祀》、《会典事例》卷一百八十六《礼律·祭祀》云:

> 凡大祀丘坛而毁损者,杖一百,流二千里;墙门,减二等。若弃毁大祀神御之物者,杖一百,徒三年;遗失及误毁者,各减三年。

按同《大明律》卷十一,又有《附律条例》。

拆毁申明亭　《皇越律例》卷十八《刑律·杂犯》、《会典事例》卷二百《刑律·杂犯》云:

> 凡拆毁申明亭房屋及毁板榜者,杖一百,流三千里。

按同《大明律》卷二十六。

【军法】

〔擅权罪〕

《皇越律例》卷十、《会典事例》卷一百八十九《兵律·军政》云:

> 凡将帅部领军马守御城池及屯驻边镇……若无警急不先申上司,虽已申上司不待回报,辄于所属擅调军马,及所属擅发与者,各杖一百,罢职,发边远充军。……

按同《大明律》卷十四,又有《历年事例》。

〔辱职罪〕

前书云：

> 凡临军征讨应合供给军器行粮草料，违期不足(《大明律》作"完")者，当该(《大明律》无此二字)官吏各杖一百，罪坐所由。若临敌缺乏及领兵官已承调遣不依期进兵策应，若承差告报军期而违限，因而失误军机者，并斩。
>
> 凡守边将帅被贼攻围城寨，不行固守而辄弃去，及守备不设，为贼所掩袭，因而失陷城寨者，斩(监候)。其官军临阵先退，及围困敌城而逃者，斩(监候)。
>
> 凡牧民之官，失于抚字，非法行事，激变良民因而聚众反叛，失陷城池者，斩。

按同《大明律》卷十四。《会典事例》卷一百八十八《宫卫》又有条云：

> 凡宿卫人兵杖不离身，违者笞四十；辄离职掌处所，笞五十；别处宿，杖六十；官员各加一等；亲管头目知而不举者，与犯人同罪；失觉察者，减三等。

按同《大明律》卷四十。

〔诈伪罪〕

前书云：

> 凡宫禁宿卫及紫禁城皇城门守卫人……以(《大明律》有

"别卫"二字)不系宿卫守卫人,冒名私自代替及替之人,各杖一百;官员(《大明律》作"百户以上")各加一等。

按同《大明律》卷十三。又前书卷一百八十九《军政》云:

凡军人不亲出征,雇请人冒名代替者,替身杖八十(《大明律》有"收籍充军"一句),正身杖一百,依旧着伍(《大明律》作"充军"),若守御军人雇人冒名代替者,各减二等。……

按同《大明律》卷十四。又有《附律条例》云:

一、凡兵丁不亲出征(《大明律》作"伐"),以奴仆代替及行间放拨瞭哨等处以奴仆(《大明律》作"隶")代替者,兵杖七十,奴仆入官。……

按同《大清律》卷十九,又附《历年事例》。

〔掠夺罪〕

前书云:

凡守边将领(《大明律》作"帅",有又"非奉调遣"一句)私自使令军人于外境掳掠人口财物者,杖一百,罢职发附近(《大明律》无此三字)充军。……

按同《大明律》卷十四,又有《附律条例》。

〔逃亡罪〕

《皇越律例》卷十、《会典事例》卷一百九十《军政》云：

> 凡军官（《大明律》有"军人"二字）从军征讨私逃还家及逃往他所者，初犯杖一百，仍发出征；再犯者，绞；知情窝藏者，杖一百，充军；里长知而不首者，杖一百。……

按同《大明律》卷十四。又有《附律条例》云：

> 一、各处守御兵丁有拐带饷米、马匹脱逃者，计赃照常人盗官律加一等治罪。……

按同《大清律》卷十九之《条例》。又附《历年事例》云：

> 嘉隆五年钦定凡水步军与诸军卫兵丁在逃为社内捉解者，初次笞五十，再犯笞七十，黜为火头……

本条规定，较《大明律》之"在京各卫军人在逃者，初犯杖九十"之处分为轻减，可知安南虽抄袭《大明律》、《大清律》，但亦非即全部为当时之现行法，试以《历年事例》与律条，加以比较自可明了。

《大南典例撮要新编·刑例》引成泰十五年定：

> 凡习兵在伍逋逃，应照本律杖八十，监十四月，限满不得回伍，亦不得预有乡村色目，以儆将来。

〔毁弃军器罪〕

第五章　中国法律在安南之影响

《会典事例》卷一百九十《军政》云：

> 凡将领(《大明律》作"帅")关拨一应军器，征守事讫，停留不回纳还官者，十日杖六十，每十日加一等，罪止杖一百。若辄弃毁者，一件杖八十，每一件加一等，二十件以上，斩；遗失及误毁者，各减三等；军人又各减一等，并验数追赔。……

按同《大明律》卷十四。又有《附律条例》云：

> 一、凡看守城池、仓库、街道等处兵丁遗失本身器械者，杖七十。

按同《大清律》卷十九。按同《大明律》卷十四，又有《历年事例》。

〔违令罪〕

前书云：

> 凡官军(《大明律》作"军官军人")临当征讨已有起程日期而稽留不进者，一日杖七十，每三日加一等；若故自伤残及诈为疾患之类，以避征役者，各加一等，并罪止杖一百，仍发出征。
>
> 若军临敌境，托故违期，一日不至者，杖一百；三日不至者，斩。……

按同《大明律》卷十四。又有《附律条例》云：

> 一、凡官兵从征无故起程违限者，官革职；兵杖一百，仍发出征；在外违期者，官革职拿问，兵杖一百。……

按同《大清律》卷十九。

【民法】

〔时效〕

《皇越律例》卷六、《会典事例》卷一百八十四《户律·田宅》"典卖田宅"条所引《条例》云:

> 告争家财田产,但系五年之上,并虽未及五年,验有亲族写立分书已定出卖文约是实者,断令照旧管业,不许重分再赎,告词立案不行。

按同《大明律》卷五。又有《历年事例》:

> 明命二十年议……典雇田土契载年限不明者仍以三十年为限,其未满三十年,而契内著有回赎字样者,听其回赎。余已至三十之外者,不论契内有无回赎字样,亦一概不听赎,告词立案不行。

〔婚姻〕

婚姻成立之条件,《皇越律例》卷之七、《会典事例》卷一百八十四《户律·婚姻》云:

> 凡男女定婚之初,若有残疾、老幼、庶出、过房、乞养者,务要两家明白通知,各从所愿,写立婚书,依礼聘嫁。

按同《大明律》卷六。又有《附律条例》云:

一、嫁娶皆由祖父母、父母主婚；祖父母、父母具无者，从余亲主婚；其夫亡携女适人者，其女从母主婚。……

按同《大清律》卷十其限制结婚之条件，如前书云：

凡居父母及夫丧而身自嫁娶者，杖一百。……
若居祖父母、伯叔父母、姑、兄姊丧而嫁娶者，杖八十。……
凡祖父母、父母犯死罪被囚禁而子孙嫁娶者，杖八十。……
凡同姓为婚者，各杖六十，离异。
凡外姻有服尊属或尊幼（《大明律》作"而尊卑"）共为婚姻，及娶同母异父姊妹，若妻前夫之女者，亦各以奸论。
凡府州县亲民官任内娶部民妇女为妻妾者，杖八十。
凡娶犯罪逃走（《大明律》作"逃亡"）妇女为妻妾知情者与同罪，至死者减一等，离之。
凡僧道娶妻妾者，杖八十，回（《大明律》作"还"）俗；女家同罪，离异。……
凡家长与奴娶良人女为妻者，杖八十；女家减一等，不知者不坐。其奴自娶者，罪亦如之……

按均同《大明律》卷六。又有《附律条例》同《大清律》婚姻解除之条件如《皇越律例》卷七"凡妻于七出……及义绝……"云云：

七出即：一、无子；二、淫佚；三、不事舅姑；四、口舌；五、盗窃；六、妒忌；七、恶疾。
义绝谓殴妻之祖父母、父母……及妻殴詈夫之祖父母、父母。……

按均同《唐律》卷第十四及《大明律》卷六。

又有涉及"国际私法方面"者如《历年事例》云："明命十年议准……凡清人投寓,愿为之氓,具有帮长结认,现已登籍受差者,听得嫁娶。若一辰(时)游商,往来无定,不有结认登籍者,不得与为之婚,违者男女各杖一百,离异,财礼入官;主婚人与同罪。媒人及帮长、邻佑各减一等;地方州县官知情故纵,降一级调用。若因揽载所娶妇女偷渡回清者,各杖一百,男发边远充军,妇人定地发奴,主婚减一等,媒人及帮长、邻佑各杖一百;地方州县官知情故纵,降二级调用;引载之人实系仅图微利,原无别情者,杖一百,枷号一月。关门汛守失于盘诘者,官降三级调,直日军兵杖九十;若别有贿纵情弊,各计枉法赃从重论。间有婚娶如法,后乃违禁偷载,除主婚人及不知情不坐外,其男妇、帮长、邻佑并地方州县汛日官役亦均照罪名一律科拟。又如民女业与游商成亲,在未有条禁之先验有确据免坐,并免其离异。"此为关于时效之规定,可知当时中、越两国人民来往甚繁,而安南则不承认"妇女与外国人结婚丧失国籍"之普通原则,甚至规定："又凡客商有将所配本国妇人生下子女回清者,该男妇帮长及邻佑知情者各杖一百。……"尤有令人最愤懑者,即"清人所配本国妇人所生之子,不得仍从亲俗剃发垂辫,违者该男杖一百。……"(见《大南典例撮要新编·户例》"清人"条引绍治二年按即清道光二十二年,西历 1842 年)吴甲豆《中学越史撮要·秋集》说："清入帝燕京,黎未通使……时清人侨寓,民间风俗混杂,熙宗严饬北人衣服言语,一遵国俗,因明之衣冠,黎家眉目。"但在清已完全统治安南之后,此种外国男子与本国女子结婚丧失国籍之办法,恐只有安南施行,当日只争朝贡之大清国政府,对此等事恐从不过问,诚失策之至也。

第五章 中国法律在安南之影响

〔承继〕

《皇越律例》卷六、《会典事例》卷一百八十四《户律·户役》"立嫡子违法"条云：

> 凡立嫡子违法者,杖八十;其嫡妻年五十以上无子,得立庶长子,不立长子者,罪亦同。……

按同《大明律》卷四。又有《附律条例》云：

> 一、凡乞养异姓义子有情愿归宗者,不许将分得财产携回本宗。……

按同《大清律》卷八之《条例》。

〔所有权取得之条件〕

《皇越律例》卷八、《会典事例》卷一百八十五《钱债》"得遗失物"条云：

> 凡得遗失之物,限五日内送官……私物召人识认,于内一半给与得物人充赏,一半给还失物人;如三十日内,无人识认者,全给。……

按同《大明律》卷九。《历年事例》云：

> 嘉隆十四年例定民间倘有偶获金银货物什物器皿各项系是人家常有之物,并听私自收用;如所获何项非人家所常有之物,并宜送官,验是非常宝物,随即进纳,视物值价,准在库银

钱发回纳人认领。

〔典权〕

《皇越律例》卷六、《会典事例》卷一百八十四《田宅》"典卖田宅"条云：

> 其所典田宅、园林、碾磨等物年限已满，业主备价取赎，若典主托故不肯放赎者，笞四十。……

按同《大明律》卷五，又有《附律条例》、《历年事例》。

《国朝律例撮要》卷中"典卖田宅"条云：

> 成泰十二年议定……福建元年许照原卖之价赎田，若无钱不欲赎，则这田买主认守为私。

〔买卖〕

《皇越律例》卷八、《会典事例》卷一百八十五《市肆》"把持行市"条云：

> 凡买卖诸物，两不和同，而把持行市，专取其利及贩鬻之徒，通共牙行共为奸计，卖物以贱为贵，买物以贵为贱者，杖八十。

按同《大明律》卷十，又《附律条例》及《历年事例》三则。

〔贷借〕

《皇越律例》卷八、《会典事例》卷一百八十五《钱债》"违禁取利"条云：

> 凡私放钱债……每月取利并不得过三分,年月虽多,不得过一本一利;违者,笞四十,以余利计赃,重者坐赃论,罪止杖一百。……

按同《大明律》卷九。又有《附律条例》及《历年事例》:

> 嘉隆十二年议定凡民间放债受债或原受债钱至回债之期有以银笏、银锭照依官价替回本息债钱,其放债人宜照数认足回契。若抑勒扣减银价,不依官价及故责受债人回钱者并禁。……

《国朝律例撮要》卷中引:

> 嗣分二十三年定放债取利不过三分,……恶棍孕妇骂詈耻辱贫苦因而抑郁轻生,其财主照威迫人至死律……

由此可知当时稍有资本者,剥削无产者无所不用其极也。

安南现已属法,中国法律之影响虽犹值学者之注意,然其势力究竟如何?请录吴甲豆《中学越史撮要》之一节,以资参考:

《冬集》"本朝""保护政策之精华":

> 大法……置全权大臣……置刑案座:
> 属地处断狱讼照依正《中国律》,南人案词从南官结拟。
> 若在河内、海防、沱瀼、施耐诸让地则从《大法律例》外断。……
> 刑政定整顿北圻刑案之议,立审案座在河内、海防。
> 座分四院:第一、第二、第三等院,法官分究西人、清人、城庯人、外国人词讼第四院专察南案,南官二员会审。又定整顿

案座诸案例格式,禁诸极刑,不得犯人身体。

冯承钧氏所译马司培罗(Georges Maspero)氏《占婆史》(*Le Royaume de Champa*)曾为之《序》曰:

> 昔之四裔,浸染中国文化最深者,莫逾越南。今之境地相接,而隔塞最甚者,亦莫逾越南。昔日交、广并称,其地原为中国南服。不幸误于交州牧守之贪利侵刻,始而自立,终为法国所据,致使书同文行同伦之华化民族沦入外国,良可慨矣。

凡治《东洋文化史》者殆与冯氏均表同感也。

附 《越史新约》之历代纪年(续)

黎太祖顺天元年(1421) 　太 宗绍平元年(1434) 　仁 宗大和元年(1443)
　　明宣宗宣德三年　　　　明宣德九年　　　　　　明英宗正统八年
圣 宗光顺元年(1460) 　宪 宗景统元年(1498) 　肃 宗泰贞元年(1504)
　　明景宗天顺四年　　　　明孝宗弘治十一年　　　明孝宗弘治十七年
威穆帝瑞庆元年(1505) 　襄翼帝洪顺元年(1509)
　　明弘治十八年　　　　　明武宗正德四年

余略,前黎一百九年,后黎二百五十七年,合三百六十六年,中间莫登庸瀛凡六年,共三百七十二年。

高春育等编修《国朝史撮要前编世代年纪》

(前略)　　　　　世祖高皇帝嘉隆元年　　圣祖仁皇帝明命元年
　　　　　　　　　　　(1802)　　　　　　　　(1820)
　　　　　　　　　　清嘉庆七年　　　　　　嘉庆二十五年

第五章　中国法律在安南之影响

宪祖章皇帝绍治元年　　翼尊英皇帝嗣德元年　　简尊毅皇帝建福元年
　　（1841）　　　　　　　（1848）　　　　　　　（1884）
　　道光二十一年　　　　　道光二十八年　　　　　光绪十年

出帝附咸宜元年（1885）　景尊纯皇帝同庆元年
光绪十一年　　　　　　　（1886）
　　　　　　　　　　　　光绪十二年

起自壬戌元年（1802）世祖即皇帝位至戊子同庆三年，光绪十四年，（1888）共 87 年……

此书系维新二年（光绪三十四年，1908）所修。

同书《正编》卷之一云："世祖高皇帝讳左从日右从爱又讳左从日右从央又讳左从禾右重。"卷之三："圣祖仁皇帝讳左从日右从交又讳左从月右从詹。"卷之四："宪祖章皇帝讳左从日右从旋又讳上从日下从融字绵上从宀下从示。"卷之五："翼宗英皇帝讳左从日右从寺又字洪左从亻右从壬。"卷之六："简宗毅皇帝讳上从日下从天字曧，左从示右从古又字曧上从艹下从豆咸宜帝附字曧曎景宗纯皇帝讳上从日下从弁字曧左从示右从唐又字曧左从豆右从支。"

法人迦节（M. L. Cadiere）所编《越南历朝世系》（冯承钧编译《史地丛考续编》第 105 至 148 页并可参看）。

注　释

〔1〕《中学越史撮要》"族类"条。
〔2〕《日佛（即法国）文化》杂志新第六辑。
〔3〕《后汉书》卷五十四《马援列传》第十四。
〔4〕*Les Transformations du Droit*, Tome Ⅱ, p. 219.
〔5〕著者现犹未寓目之书除此一种而外，尚有：维拉德（Villard）氏《安南刑法之研究》（*Étude sur le droit pénal annamite*, Saigon, 1882）；塞尔维士特

(J. Silvestre)氏《安南法律论》(Considérations sur l'étude du droit annamite: Extrait de la *Tribune des Colonies et des protectorats*, Paris, 1901)。

[6]《中学越史撮要·夏集》"刑律删定"条。

[7]参看《钦定越史通鉴纲目正编》卷之三、《大越史记全书》卷之二《李纪一》及东洋文库所藏手写本《历朝宪章类志》卷之四十二《文籍志》。

[8]《历朝宪章类志》卷之三十三《刑律志》;又可参看戛斯巴德尼(Émile Gaspardone)氏《安南图书目录》(Bibliographie Annamite)(河内《远东法国学报》,Tome XXXIV,1934. p. 43)。

[9]《历朝宪章类志》卷之十三《官职志》。

[10]均见前书卷之十四《官职志》。

[11]前书卷之三十三《刑律志》。

[12]《中学越史撮要》第43、44两页。

[13]《历朝宪章类志》卷第三十三《刑律志》。

[14]参看《钦定越史通鉴纲目正编》卷之六,及《历朝宪章类志》卷之三十三《刑律志》。

[15]见同上。

[16]参看《历朝宪章类志》卷之四十二《文籍志》,及戛斯巴德尼氏《安南图书目录》(p. 44)。

[17]《历朝宪章类志》卷之十四《官职志》。

[18]前书卷之三十三《刑律志》。

[19]见上同。

[20]《越峤书》卷之八"刑政"条。

[21]《安南志略》卷十四"刑政"条。

[22]《历朝宪章类志》卷之二十九《国用志》。

[23]见同上。

[24]《明史》卷三百二十一《列传》第二百九《外国二》"安南"条;又朱国祯辑《皇明大事祀》卷之十五"安南叛服"条并可参看。

[25]《安南之文化》下,岩波讲座《东洋思潮》本,第69至70页。

[26]《明史列传》第二百九《外国二》"安南"条。

[27]《中学越史撮要·秋集》。

[28]《历朝宪章类志》卷之三十三《刑律志》。

[29]前书卷之三十四《刑律志》。

〔30〕前书卷之三十五。

〔31〕前书卷之三十六。

〔32〕参看《钦定越史通鉴纲目正编》卷之十五,及《历朝宪章类志》卷之三十三《刑律志》。

〔33〕参看《历朝宪章类志》卷之四十二《文籍志》,及戛斯巴德尼氏《安南图书目录》(p.44)。

〔34〕《历朝宪章类志》卷之三十三《刑律志》。

〔35〕见同上。

〔36〕见前书卷之四十二《文籍志》。

〔37〕河内《远东法国学报》1908年(光绪三十四年), Tome Ⅹ, p.182;又戛斯巴德尼氏《安南图书目录》(pp.37-40)曾引——"勒谕,翰林院承旨东阁大学士申仁忠,御史台副都御史兼左春坊左中允郭延宝,奏东阁校书杜润翰林侍院侍读东阁校书陶举翰林侍书覃文礼纂修《天南余暇集》《亲征记事》。……"

〔38〕《历朝宪章类志》卷之三十三《刑律志》。

〔39〕见同上。

〔40〕见同上。

〔41〕见同上。

〔42〕见同上。

〔43〕见同上。

〔44〕参看前书卷之四十二《文籍志》及戛斯巴德尼氏《安南图书目录》(pp.42-43),氏以此书于景兴十二年(公历1751年)颁行,较潘说早一年,又录:"校定《百官职掌》,自兵兴以来,法纪稍宽,内外诸司间忍废弛,明王以海宇向平,弊所(应)革,命汝公(廷)瓒参酌先朝典例,以九条申明内外职掌。"

〔45〕戛斯巴德尼氏以此书颁行于景兴二十八年(1767年),潘氏景兴三十

〔46〕戛斯巴德尼氏以潘氏未述及此书之来源为憾,因录:"春二月以天久不雨,命该勘各衙门缓勘诸讼,惟人命盗劫胁方得勘行,情轻小节,即时决遣,其差收赎罚拿状及民追债并缓。"

〔47〕《史学》第十四卷第二号;又《史学》第十三卷第四号有教授之《河内佛国极东学院所藏安南本书目》计总数为3440部、3921册,较之越南王室所藏《安南》木书3970部8531本虽不逮远甚,然重复较少,分类便利,则又此胜于彼也。

〔48〕《大南寔录正编第一纪》卷之四十五第1、2两页。(按《大南寔录》共139册,其内容及编纂之经过,可参看松本信广教授所撰之《安南史研究上之二资料》,见《史学》第十五卷第一号,第116至132页。)

〔49〕《中学越史撮要·冬集》。

〔50〕《大南寔录正编·第三纪》卷之三十一,第18至20页。

〔51〕前书卷之五十九"夏六月",第8页。

〔52〕前书卷之六十,第1页。

〔53〕前书《正编第四纪》卷之十三,第13、14两页。

安南法制史之参考书目

安南书籍在黎大行天福帝以前(即宋太宗以前)殆无可考,李朝惟有太宗时颁行之《刑书》三卷,然今已不存。陈朝之《公文格式》一卷,《皇朝大典》二卷,《刑律书》一卷,今并不传。故言安南法制史之史料者,其将断自黎太祖(利)一朝乎?时为中国之明成祖永乐时代也。据越南王室及河内法国远东学院与东京公私所收藏者而论则有:

《黎洪德田土令例》　王室藏一本,学院无。

《天南余暇集》　王室藏一本,学院藏九帙。

《黎朝刑律》　王室藏三本,学院藏二本。

《黎朝官制典例》　王室藏五本,学院藏一本一帙。

《黎朝会典》　王室藏七本,学院藏一帙。

《黎朝旧典》　王室不详,学院藏一帙。
《百司庶务》　王室无,学院藏一本。
《国朝条律》　王室不详,学院收藏(据戛斯巴德尼氏《安南图书》《目录》)。
《勘讼条例》　王室不详,学院收藏(见同上。)
《历朝宪章类志》　王室藏十三本,学院同,东洋文库藏十四册(写本),其书篇目如下:《地舆志》、《人物志》、《官职志》、《礼仪志》、《科目志》、《国用志》、《刑律志》、《兵制志》、《文籍志》、《邦交志》,为著者研究黎朝及李、陈两代法制之重要参考书。
《皇越律例》　王室藏十二本,学院藏五帙,东洋文库藏十一册,但已完全无阙。
《大南会典》　王室藏六部,学院藏三十一帙,东洋文库藏九十六册,此为研究阮朝法制之重要资料。
《大南典例撮要新编》　王室不详,学院藏一帙,东洋文库藏四册。
《大越史记全书》　王室藏十七本,院藏四帙,东洋文库藏十册。
《钦定越史通鉴纲目》　王室藏四十三本,学院藏八帙,东洋文库藏二十六册。
《大南实录》　王室、学院均藏全帙,东方文化研究所等处藏一百三十九册。
《国朝史撮要》　王室不详,学院藏二帙,东洋文库藏七册。
余书过繁,不胜枚举,兹概从省略。
按安南书籍资料甚多,吾国学者如清末之张璜、丁谦诸氏虽已得涉猎一二,然要非其全豹,兹幸东西学者,群起而研究之,使东洋史得另辟一门径,吾国与安南有数千年之关系,且其重要典籍均属汉文,吾人于阅读上较日、法等国学者尤有一种便利,乃环顾国内著名之诸大图书馆收藏安南书籍者恐无一所,是不能不令人太息矣!

第六章 结论

　　吾人由以上各章之探索,深知在欧人未挟其坚船利炮东来之前,东亚大地之文化殆无不以中国为惟一之策源地,虽其摹仿之程度有深浅,影响之范围有广狭,而其核心则固中国民族数千年一贯相沿未改之精神,因壤地之邻近及交通之频繁遂移殖四方,俨然足与欧洲之希腊、罗马执西方文化牛耳者分庭抗礼,法律特其一端耳。故截至距今百余年以前,东亚诸国家咸以追随中国为当务之急。远者如日本推古天皇三十一年(唐高祖武德六年,623年)学生惠济、惠光,医惠日、福因等从新罗使还自唐,会上奏曰:

　　　　唐礼仪之国也,宜常相聘问……〔1〕

　　近者如清嘉庆时游历北平归来之朝鲜金秋史氏以日本之长崎海舶,日与中国呼吸相注,而顾虑朝鲜文化之落后,曾撰一文以提醒其国人之迷梦云:

　　　　日本文字之起,自百济王仁始……其时不通中国,凡系中国书籍皆资于我……百余年来,藤树、物部之学大盛,时文专尚沧溟……今见东都人筱本廉文字三篇,一洗拿陋僻谬之习,词采焕发,又不同沧溟文格,虽中国作手无以加之,噫!长崎

第六章 结论

之舶日与中国呼吸相注,丝铜贸迁尚属第二,天下书籍无不海输山运,昔之所以资于我者,乃或有先我见之者,筱虽欲不文,不可得也……〔2〕

呜呼!吾人抚今思昔,能无有隔世之感耶?而从此可知中国文化与东亚诸国之关系实至为深长密切。彼英国船长霍尔(Captain Basil Hall)氏记1816年(嘉庆二十一年)随英大使来华之一行游历朝鲜西岸及琉球群岛(书名 *Voyage to the West Coast of Corea and the Loo-Choo Islands*),即惊叹于如下之事实——

> 在中国、日本、朝鲜及其近海诸群岛,虽言语各自不同,而文字则完全相同。一中国人或不了解一朝鲜人或日本人所口述者,但彼辈若以笔谈则彼此意思即能明了。其原因可作如是解释:吾欧人心中构思而以一定之声音表出之,此声音则国与国相异;此声音以字母记录之,故不谙其语言者即不能读其书。反之,中国及其他东洋人则无字母,无标音符号,彼等记录思想意见无声音之妨累,故彼等之单字即可称为"思想之符号"。今所有国家均采用相同之单字以发表相同之思想,因之彼等所书写者彼此自然能完全了解也。……〔3〕

夫中国与东亚诸国相同之点,岂仅"汉字"一项而已哉?而汉字势力之普遍伟大,诚足使欧人惊异不置也。

尤有进者,则中国与东亚诸国不仅有文化之关系,即今日朝鲜、安南、琉球诸民族其血管中盖搀入不少中国民族之血液,此为史籍上彰明较著之事实,至日本方面则如何?彼一世暴主之秦始皇，其遣徐福入海求仙之事载在史策、如《史纪·秦始皇本纪》"二十八年"条即有云：

> ……齐人徐市等上书言海中有三神仙，名曰蓬莱、方丈、瀛州，仙人居之。请得斋戒与童男女求之，于是遣徐市发童男女数千人入海求仙人。[4]

《后汉书·东夷传》亦有云：

> 会稽海外有东鳀人，分为二十余国，又有夷洲及澶州，传言秦始皇遣方士徐福将童男女数千人入海求蓬莱神仙，不得，徐福畏诛不敢还，遂止此洲，世世相承，有数万家。……[5]

高谷赖夫氏所撰《日本全史·孝灵帝本纪》"七十二年"条亦云：

> 七十二年秦主使徐福率童男女千余人入海岛以求仙药，不获，福恐诛来奔，献其所赍《三坟》、《五典》。[6]

又注云：

> 熊野山有徐福祠，其子孙以秦为氏。

按徐市请旨入海，据《史记》所载时在始皇二十八年，若以黄遵宪《日本国志》所列《中东年表》以崇神元年为汉武帝天汉四年推

第六章 结论

之,则日本自孝灵七十二年降至崇神元年共为一百二十一年;而中国自秦始皇二十八年以迄汉武帝天汉四年适亦为一百二十年,此年数虽不甚可靠,但即使稍有出入,当亦不远,由此观之高谷赖夫氏所述,虽未注明其所根据,然要不能谓为全属子虚乌有,朝河贯一博士所著《古代日本之制度生活》云:

> ……旧说纪元 471 年(原注引《日本纪》雄略天皇十五年——南朝宋明帝泰始七年)秦、汉之遗裔散处日本各地,且组织为若干部落,服从诸长老之管辖,又在 540 年(原注引《日本纪》钦明天皇元年——梁武帝大同六年条)只以秦人而论,其户籍即有七千零五十三户之多。此等人中必有学识丰富,治世才长,足能胜枢密、会计、外交等政府之重要任务之人,故国家之任命亦即属于若辈。此外则中国人之后裔固当追随于天皇于诸大臣之左右也。[In 471, it is said, the people of Tsin and Han, who had been scattered in many places, were organized into groups and placed under the control of their elders, and, in 540, those of Tsin alone numbered 7053 families. Among them must have been men of Learning and of executive ability, for secretaries for the government(Fumuhito), chiefs of the treasury(ôkura-no-Tsukasa), and ambassadors to Wu, seem go have been appointed from among them. Besides, men of Chinese descent were frequently seen around the Emperor and his ministers](原注引《日本纪》雄略天皇二年十月,八年二月,十二年四月、十月,敏达天皇十三年九月,用明天皇二年,崇峻天皇五年,推古女帝十一年十一月,十三年,十四年诸条)[7]

除《日本纪》外,《新撰姓氏录藩别》亦有记载如下:

太秦公宿祢

秦始皇帝三世孙孝武王之后也,男功满王,仲哀天皇八年(汉献帝建安四年,公历 109 年)来朝,男融通王(原注:一曰弓月王)应神天皇十四年(晋武帝太康四年,公历 283 年)来朝,率二十七县百姓皈化献金银玉帛等物,仁德天皇御世(仍在晋代)以百二十七县秦民分置诸郡,即使养蚕织绢贡之。天皇诏曰:秦王所献丝绵绢帛朕服用柔软温暖肌肤,赐姓"波多公"。

雄略天皇御世(南北朝宋孝武帝时)丝绵绢帛悉积如岳,天皇喜之,赐禹都万佐。

大岗忌寸

出自魏文帝之后安贵公也,雄略天皇御世率四众皈化,男龙(原注:一名辰贵)善绘工,小泊濑稚鷦鹩,天皇美其能,赐姓首。……

和药使主

出自吴国主照渊孙智聪也,钦明天皇御世(南北朝梁武帝时)随使大伴佐弓一比古持《内外典药书》、《明堂图》等百六十四卷,佛像一躯,伎乐调度一具等入朝。奉度本方书一百三十卷,《明堂图》一卷,药臼一及伎乐一具,今在大寺也。

王辑五氏《日本民族考》一文亦有云:

……《史记·秦始皇本纪》二十八年之条同三十七年之条,及《封禅书》所载徐福入海求仙之事,学者主张虽各有不同,惟近自日本海之左旋回流路及铜铎分布遗迹阐明以来,徐福等秦人集团渡至日本之可能性颇大。盖徐福等一批秦人果自山东半岛出发,不难漂至朝鲜半岛南部之辰韩,再由半岛趁日本海之左旋回流路,亦不难漂至日本山阴地方也。此徐福等秦人集团,实为秦人系大陆民族之一大海外殖民团,其所经由之路线恰与铜铎遗迹之分布状态同;此则考古学上所谓列岛上之铜铎民族者也。

王氏继引栗山周一氏所著《日本阙史时代研究》之第二章第四节而加按语云:

> ……盖日本史籍所载出云系民族,及考古学上所载列岛上之铜铎民族。均不外秦人系大陆民族(即汉族)之渡至日本者。此大批汉民族渡至日本之时期,虽在南洋系民族及通古斯系等民族之后,惟当时渡至日本之汉民族,已具有优越之文化,故列岛上之文化多由汉民族传入。诸民族杂居混交之结果,汉民族之血统亦与南洋系及通古斯系等民族之血统,同不失为今日日本民族大动脉之一也。[8]

秦汉而后,中、日交通尤繁,故筑波藤詹氏所著《日唐关系》即列举淳仁天皇天平宝字六年之唐使沈维岳、纪乔荣因阻风而流寓日本及《新撰姓氏录》"蕃别"所载《日本书纪》天武天皇三年于远江国安置唐人三十口,其后历仕日本之唐人尚有陈壤玉、袁晋卿多名,而唐僧之东渡者尚有智宗、道荣等二十五人。[9]迨明末清初中国人之来日者,据辻善之助博士所著《海外交通史话》即列有一《年

表》,[10]影响于当时日本之文化甚为巨大,王桐龄氏所作《日本视察记》亦有云:

> 秦汉以后中国多内乱,沿海各省遗民,与旧朝志士不愿奉新朝正朔者,往往避地东奔,渡海徙居日本内地者甚多,输入中国文化,教育日本人民,日本之开化得力于此族者甚多,籍贯上尚认为藩别,然血统上久与大和民族混合矣。[11]

是可知日本亦未尝无汉族分子之掺入,是则吾人由以前之研究而痛感东亚原属一家,彼此应互相提携,共图进步,以维持我东亚久远之声光而弗坠。

最后则吾人所应承认之事,则过去为东亚表率之中国文化,皆属于渐进的(法律固不能为例外)。较欧美近三四百年之跃进者固有愧色,然若以"中国法系"与所谓"印度法系"、"回回法系"之"固步自封"、"完全停滞"者比较,则又稍胜,且现尚保存之中国古代法典与受中国影响摹仿而成立之朝鲜、日本、安南等国诸法典,其自身亦有不可磨灭之价值。英国《爱丁堡评论》(*The Edinburgh Review*)谓《大清律》之所规定极近情理,而条款又复简洁,意义甚为显霍,文字尤属平易。[12]按《大清律》本于《大明律》,《大明律》则固受《大元通制》之影响,宋之《刑统》则以《唐律》为根据,[13]董康氏在日本讲演《中国律书编纂之进化》一文列举《唐律》之特色约有六点:(一)化外人有犯,分别同类异类,已开国际适用之先例,而不失统驭之大权。(二)断罪无正条,设举重举轻,示断狱适用决事之方法。(三)渎职之罪,于监临主守,特设重科。(四)夫妇间之平等。(五)限于若干重条,令民人负告密义务,为后世预防犯罪之权舆。(六)为维持家庭团体,设子孙不得别籍,立嫡违法子孙违犯教令等条。以上六事,诚我东方历劫不磨之大宪章也。早稻田大学清水泰次教授对第(三)、(四)、(六)诸点尚有异议。[14]然(一)、(二)、(五)诸点则固《唐律》之精华也,又朱方氏所作《中国法制史》有《〈唐律〉与后世之关系》一节曰:

……《唐律》之在当日,虽经帝王以诏敕或格式擅行改易,有几分之几,已绝对失其效力,然其全部精义,则为后世所取法。不仅如是也,因有《唐律疏议》一书,而其意之所在,更为天下所共见共闻,即其所用之名词,亦为人一目了然,不至于迷惘,故宋、元、明、清无不沿用之,即在欧风东渐,法制大生变动之时期,其于刑法亦多以《唐律》为依归,清季沈家本之修订《大清现行律》、《暂行新刑律》以及中华民国最近纂订之《中华民国刑法》,仍有多半取材于《唐律》,观乎各法之立法理由,即可证实。即如大理院及最高法院对于刑法上之解释,亦有本于《唐律疏义》者,是《唐律》之权威,不仅在承袭时期,如宋、元、明、清皆奉为圭臬,即在变动时期,于国体改革而后,由义务本位一跃而为社会本位,且深以古代法制之伦常主义为大反于今日之潮流者,而亦有多处仍相沿未改,则其与后世法制关系之密切,从可见也。盖《唐律》诚取伦常主义,以义务为本位,且阶级之制太重,严上下之分,重天泽之辨,序尊卑之别,与今日法制之以社会为本位者截然不同,然其严密之处,则有不少足以取法者,何谓"故意"? 何谓"过失"? 何谓"自首"? 何谓"累犯"? 何谓"并合论罪"? 何谓"法律竞合"? 何谓"共犯"? 以及如何免予处罚,如何得以减等,如何加重其刑,《唐律》上悉有相当之规定，且于《疏义》中详释其意义；且其所定之刑罚虽与今日刑罚之采取感应主义不同，未免偏重事实主义，然亦未尝不于事实主义之中，兼顾及于人格主义，且已处庵脱离报复主义，而渐入于目的主义，纵未能尽将报复主义废除，然已不少采取目的主义。报复主义者，以刑罚为对于犯罪人之一种报仇行为，故刑罚之轻重，一以犯罪人之所加于被害人之行为为准，其加害于被害人者至如何程度，则国家所加于犯罪人之刑罚亦至如何程度，盖以此种刑罚非国家加之，乃被害人加之，亦即犯罪人自取之，国家不过代为执行而已。而目的主义则不如是，认刑罚为国家对于犯罪人所施之一种防御手段，以期保全社会及国家之安宁秩序与正义道德，故其用意不在为被害人报复，而在消灭犯罪，而"官当"之制，"赎刑"之制皆含有目的主义存在，不过其方法有未尽善耳。事实主义则重在犯罪之事实，专问犯罪之结果，不问犯罪之原因，而人格主义则重在犯罪之人格，其所云"八议"，其所云"过失"，皆为兼重人格主义之表现。至感应主义则以刑罚为感应犯罪人之工具，其轻重专以犯罪人感应力之如何以为准，即一方审查其犯罪之事实，一方更考察其犯罪之原因，合双方而验之，以定其所宜处之刑罚，《唐律》上之"官当"制度，一方虽不免有阶级制度之嫌疑，然一方亦尚不失为感应主义。盖身为吏者纵未必规行矩步，然其人当必非穷凶极恶者，一时偶然失检，理性不能抑制其感情，于是有犯罪之举，虽不加以刑罚，亦已愧悔万分，引为奇耻大辱，故无须再加以笞杖徒流，以辱其身，只须稍稍加以薄惩，免其官职，亦已足收相当之效力，故平情而论，《唐律》虽尚不脱事实主义及报复主义，然已有不少渐进

第六章 结论

于感应主义,对于目的主义及人格主义,在在兼筹并顾,故其权威,能垂千余年而犹不替,非偶然也。且也《唐律》刑名,虽有身体刑存在,如笞杖之类,然对于古代刑罚之惨酷无人道者,已努力废除,肉刑固不复施行,即枭首、腰斩、车辕等种种,亦一体扫除,且死刑而外,次之即为自由刑,尤深合于人道主义及刑事政策。盖一方采用报复主义,一方即顾及目的主义;一方采用事实主义,一方即顾及人格主义,故有不少律文,已完全近于感应主义,若以今日之眼光,而评论《唐律》诚不免有几多不合法理之处,而在唐言唐,则已可云登峰极造矣。至言其形式,则术语之精密,亦非前乎唐之秦、汉、魏、晋所能及,往往有一字之微,而其意义绝不相同者,以故所订之条文,则精密绝伦,同一"奸"也,而有种种之区别;同一盗也,而亦有种种之区别,然犹恐人之未尽晓,又有《唐律疏义》一书以解释之,务使一字不苟,司法官不能妄为出入,故在沿袭时期之宋、元、明、清固仍因之而不改,即在此尽量采取欧、美法制,努力推翻旧伦理、旧礼教之大变动时期,一部《刑法》亦仍不少采自《唐律》者……[15]

上引董、朱两先生所论者虽仅限于《唐律》,然其所涉及者则为"中国法系"之全部,故《唐律》之价值一经阐明,则中国固有之法典及朝鲜、日本、安南诸国所摹仿而成之法典皆有其不可磨灭之优点存在,其有就"中国法系"之全部而重新估价,以为必不至蒙天演而归淘汰者,则有如薛祀光氏所著《中国法系的特征及其将来》一文云:

……本篇所欲研究的,是中国法系自身有没有可以维持自己生命的要素存在。我们试把中国法系用科学的方法来研究一下,他和别的法系比较,有什么特别的性质?假使他有了什么特别的性质,那种特别的性质,是适合于法律体系自身的要求的,那么,中国法系就要和罗马法系一样,纵使许多年以后,中国国家消灭了,中国法系也一定做一种混血儿,寄存于其他法系中的。罗马三次征服欧洲,第一次以武力征服欧洲,第二次以宗教征服欧洲,第三次以法律征服欧洲,法律的征服最长久。罗马法系的法律,他的概念,他的技巧,虽在大家提倡打倒概念法学的今日,我们仍旧是不能不感谢他的,佩服他的,现在世界最新的法典,如瑞士《民法》、土耳其《民法》、俄罗斯《民法》仍旧不能不借用他的概念的,他就用法律概念的精巧,来征服世界。中国法系的法律概念是不能和罗马法系斗巧的,我们也不能替他强为辩护。然而,我们若细心去研究中国法系,中国法系至少要有两种特征和别的法系不同,尤其是和罗马法系不同,中国法系的法律和道德非常接近,这是他的第一种特征,中国法系的刑罚非常繁重,这是他的第二种特征。这两种特征中,或许有一种特征可以维持中国法系尔后的生命,以下试略述中国法系的这两种特征,并讨论其时代适合性。

……中国法系的刑罚是很重的,中国法律的法系是和道德很接近的,这两种性质究竟是立于怎么样的一种地位?杀人,毁损人的五官、肢体,当然是道德所反对的,刑罚很重和接近道德的这两种性质,是立在互相否定的地位。接近道德才是中国法系生命的所在。历史告诉我们,中国法系的刑罚是由繁而简,由重而轻的。三代的时候有割耳、割鼻、断足等刑罚；汉初，肉刑有三：黥刑、劓刑、刖左右足。汉文帝时即废除肉刑，当黥者城旦舂，当劓者笞三百，当左右趾者笞五百。《唐律》以后的笞杖，更限制自十下至百下为止。汉代的刑罚虽甚繁多，是自唐以后，就只有笞杖徒流和死，另外还有刺字一种，除了徒死两种刑罚以外，笞杖流黥这四种刑罚是欧大陆法系和英美法系所没有的（现在各国中，亦有倡用流刑，和对于丧廉耻的罪名，用笞刑），但是流刑在交通便利的今日，离开乡里二千里或三千里，当然是已经没有刑罚的意味了，至于笞杖黥三种刑罚，纵使没有他法系所输入的外来思想，我们看中国刑罚变迁的历史，就可以晓得中国法系的法律思想——法律应和道德接近的这一点法律思想，也能够把体刑驱逐于中国法系之外的。

……研究中国法系的法律和道德接近这一个问题，我们一定又要发现以下二种事实：一种是中国法系的法律的支配范围和道德的支配范围一样。在中国法系的法律中，没有道德价值的规定很少：譬如现在世界各国所定的左侧通行或右侧通行的法律，原是没有什么道德的价值的，中国所谓行于道的左边或行于道的右边，那就含有分的问题，敬的问题，结局还是一种道德上的问题。中国刑法的法律对于道德所希望的，一切事情都想以刑的力量，来强制人民遵守"出于礼则入于刑"；中国法系的法律和道德是具有同一范围的对象的。一切的社会现象都可以作道德评价的对象，同时并可以作法律评价的对象的。并不是社会现象中，一部分是道德评价的对象，另一部分是法律评价的对象的。……

但是我们研究中国法系的法律和道德接近这一个问题时，

除发见支配范围未分化这一点事实以外,还有一种事实,我们同时亦能够发见的。就是中国法系的法律和中国的道德是具同一本质的,是具有同一目的的。中国法系的法律和中国的道德,我们研究他们的本质,都逃不出"天意"二字。……

认天意做法律本质的法律思想原不是中国法系的一种特征,各个原始法律都是如此的;但是中国法系认"天意"做法律本质的法律思想,不是一种无批判的,这点是和其他法律的思想不同。其他原始法律的思想,只有认定天意(**此处所谓天当然是神的意味,不是自然的意味**)是法律的本质,没有法律目的的问题发生,在西洋法律思想史上,发生法律目的的问题还是最近的事实。中国法系是早具有目的思想的,"法"字古作"灋"字……从水,那就是告诉我们以法律目的的所在了,法律的目的是平之如水。……

我们现在来说明法律自身的性质。法律原来是具有两种必要的性质的:一种是公平,一种是确定。这两种性质是立在互相否定的地位。因为法律既然要人民遵守不能不有相当程度的永久性,朝令暮更,不但使法律失去自己的威信,同时人民亦无从遵守。承认法律的存在,谁都不能不承认法律确定这一点性质的。但是社会是前进的——或许可以说是后退,总不是立而不动的,法律公布了太长久,为维持他的确定性起见,就完全或是大部分失去他的公平性。确定性可以说是公平性的确定性,若是法律失去他的公平性,那就确定性也就完全没有价值了。在这种状态之下,法律是只能够对于某被适用的一案件发生效力,不能够对于一般同样的案件发生效力。在法官方面,大有应接不暇的状态;在人民方面对于法律,是完全没有信用和敬意了，法典为打开公平性这一条路起见，必然的要变更。所以法律思想史和法制史自身是一种法律和道德离合的历史，我们引西洋的法律思想和法制史来说，滂特分法律进化为原始法律时代，严格法时代，自然法或衡平法时代，法律成熟时代和十九世纪末叶以来法律哲学思想的勃兴。原始时代的法律，当时人民或为政者还不晓得立法的技术并且法律和道德还在未分离的状态，当然是只有公平的要求。严格法时代是只求法律的严密，绝对没有通融性，罗马古代的法律偷斫葡萄树是有罪的，但是偷斫天竹，就不能适用这个公式。自然法和衡平法时代是对于严格法思想的反叛；自然法学者提出许多自然权的形式，衡平裁判所是根据正义良心去下判断，这个时期是法律和道德的接合经过了十八世纪，十九世纪初，法国编了《拿破仑法典》以来，各国都起来编制法典，一般法学者都以为法律是已经完成了，法律在自己的范围以内，可以维持他自己永久的生命再不要人家来扶助他；法律离开道德独立。但是这个自以为可以做万世不易的典型的法律，不到一个世纪，适用上就发生许多冲突，就发生正义良心所不许可的结果，于是乎十九世纪末以来就发生了许多法律哲学的思想，如新康德派、新赫克尔派、社会法学派、自由法论、社会连带主义等，滂特说法律哲学思想的勃兴也是一种法律和道德的结合。这一句话，至少在结果上是含有相当真理的，因为道德是比较法律走得快的，能够先追随社会生活的状态而变化；虽然法律和道德这两种东西都以社会生活为中心，看起来好像道德随民生而变，法律随道德而变。

中国道德思想虽以封建的社会生活做背景的，我们是不能接受的,什么礼不下庶人,刑不上大夫的法律思想,和旧律上"八议"制度,我们是要推翻的。但是古圣人留给我们几个道德的概念,什么"义",什么"诚",什么"仁",这等范畴总可以说是永久不变的。中国法系的法律和中国道德处在这等同一范畴之下,道德范畴的内容随民生而变了的时候,法律思想就可以随道德思想而变。这一点应该是中国法系的生命所在,至少应是中国法系的时代适合性。中国现在所输入的,是欧大陆的成熟法,这种欧大陆成熟法,莫说和中国习惯有许多不适合的地方,即是在欧大陆亦处于苦闷的状态。我们对于欧大陆法的技巧,我们是要输入的,至于维持法律公平性的一点思想,中国法系是原来有的,不要抛弃,或许还可以贡献于世界,希望学者起来研究一下。……〔16〕

薛氏所言虽稍嫌冗长,然究能参酌世界法律思想及法制史演进之情形,以提出中国法系之优点在法律与道德接近,实有注意之价值。夫自逊清变法,迄于民国成立,所有草案虽与罗马法系相混合,但仍以家庭制度为本位,而除少数大都会之人民及知识阶级能了解此种新律而外,一般林林总总之民众意识,则仍保持中国法系之原来形态,自国民政府成立之后,一面保存家庭制度,一面又以社会为单位,故非惟与以前之以家庭制度为单位微有不同,即与英美法系、大陆法系之以个人为本位者亦有区别,故说者以为此即所谓"新中国法系",然谓现时吾人已臻此理想境界,则未免言之过早,著者此后惟望我东亚法家回顾数千年来我祖宗心血造诣所贻之宝贵财产,不惟不至纷失,且更进一步,力采欧美之所长,斟酌损益,以创造崭新宏伟之东洋法系,是则著者区区之微意也。韦格穆尔氏论中国法系之将来有曰：

> 最古流传之一中国法典远在埃及大立法家哈姆罕布王以前，但"埃及法系"早已埋葬于奈尔河流之尘砂中。凯撒及罗马诸参议员曾以来自文化甚高之中国之丝织物装饰其妻女，但罗马帝国久成陈迹，只为编年史之一段插话而已。惟有中国之法制虽经朝代之变动更迭，仍巍然存在于一精力旺健之四万万人国家中。[17]

吾人对氏所言，惟有痛自鞭策，期无负祖宗之遗业而已。

附　中国、朝鲜、日本、安南法律史之年代对照表

中国年代	朝鲜年代	日本年代	安南年代	西历纪元
周武王十三年	封箕子于朝鲜，箕子行八条之教（？）			前1122年
周惠王十七年		神武天皇元年		前660年
秦二世三年			赵陀逐安阳王而并其国	前207年
汉惠帝（？）年	卫满建国于朝鲜			前2世纪初期（今西龙氏之说）
汉武帝元鼎六年			汉灭赵建德置九郡	前111年
汉武帝元封三年	平朝鲜，置四郡			前108年
汉武帝征和元年		崇神天皇六年		前92年

（续表）

汉宣帝五凤元年	新罗始祖朴赫居世居西甘即位元年		前57年
汉元帝建昭二年	高句丽始祖东明圣王（高朱蒙）即位		前37年
汉成帝鸿嘉三年	百济始祖温祚王即位		前18年
后汉光武帝中元元年		日本倭国遣使来华朝贡	56年
汉献帝建安五年		神功皇后伐新罗	200年
魏元帝景元元年	百济古尔王二十七年置朝廷佐，平掌刑狱事		260年
景元三年	古尔王二十九年颁布官人受财及盗治罪法令		262年
晋武帝太康六年		百济王仁至日本献《论语》十卷《千字文》一卷	285年
晋孝武帝宁康元年	高句丽小兽林王二年，秦王苻坚遣使及浮屠顺道送佛像经文；三年始颁律令		373年

（续表）

梁武帝普通三年	新罗法兴王七年春正月，颁示律令			522年
普通三年		梁人司马达等持佛经及像安置于大和之坂田原		522年
梁武帝大同十年			大同七年中国人李贲起兵逐梁交州刺史，至是自立为南越帝，国号万春	544年
梁武帝太清三年			李贲为陈霸先击走，赵光复自立为越王	549年
梁元帝承圣元年		百济圣明王遣使至日，献佛像及经论，日本至是始信佛教		552年
隋文帝仁寿二年			陈宣帝太建三年李佛子袭擒赵光复，至是降隋，复为中国郡县	602年

(续表)

仁寿四年		厩户皇子始定《宪法》十七条	604年
隋炀帝大业三年		日本遣小野妹子等使隋	607年
唐太宗贞观四年		日本遣犬上御田锹等使唐	630年
贞观二十年		孝德天皇大化二年颁改新之诏,即为班田收授法,置国司郡司,定租庸调法等	646年
贞观二十三年		大化五年高向玄理僧旻等订八省百官之制	649年
唐高宗永徽元年	新罗真德王胜曼始奉中国正朔		650年
乾封二年	新罗文武王七年始置右理方府,掌刑律		667年
总章元年		天智天皇七年颁《近江律令》,是为日本摹仿中国之最初律令	668年
弘道元年		天武天皇十年《颁天武律令》	683年

(续表)

武后长安元年		文武天皇大宝元年制定《大宝律》六卷,《大宝令》十一卷	701年
唐玄宗开元六年		元正天皇(女帝)养老二年,制定《养老律令》各十卷	718年
唐肃宗乾元元年	新罗景德王十七年置律令博士二员		758年
唐代宗大历四年		称德天皇神护景云三年制成《删定令条》	769年
唐德宗贞元十三年		桓武天皇延历十六年施行《删定令格》	797年
唐宪宗元和十五年		嵯峨天皇弘仁十一年制成《弘仁格》十卷,《弘仁式》四十卷	820年
唐懿宗咸通十年		清和天皇贞观十一年,制成《贞观格》十二卷	869年
咸通十二年		贞观十三年制成《贞观式》二十卷	871年

(续表)

唐昭宗天祐二年		醍醐天皇延喜五年,制成《延喜式》五十卷	905 年
五代梁太祖开平元年		延喜七年制成《延喜格》十卷	907 年
贞明四年	高丽太祖王建立国,建号天授		918 年
贞明五年	太祖天授二年立三省,六尚书,九寺,六卫,略仿《唐制》		919 年
晋高祖天福四年			吴权自号为王	939 年
晋出帝开运二年			杨平王三哥立	945 年
周太祖广顺元年			吴昌文自立为"南晋王"	951 年
宋太祖开宝元年			丁先称"大胜明"皇帝	968 年
宋太宗太平兴国五年			黎桓自立为"天福帝"	980 年
淳化五年	高丽成宗十四年改"典狱署"为"大理寺",改"司宪台"为"御史台",改"刑官"为"尚书刑部"		994 年

(续表)

宋真宗大中祥符二年		李公蕴为帝,国号顺天	1009年
大中祥符七年	高丽显宗五年金训等请罢"御史台"置"金吾台使"		1014年
天禧五年	显宗十四年复改为"御史台"		1021年
宋仁宗天圣六年		李太宗德政立	1028年
庆历元年		李太宗明道元年颁《刑书》三卷	1041年
宋神宗熙宁五年		李仁宗乾德即位	1072年
宋徽宗大观二年		李仁宗龙符八年申明《盗杀牛令》	1108年
宣和四年		天符睿武三年布《收捕盗贼令》	1122年
宣和七年		六年布《殴人死令》	1125年
宋高宗建炎元年		李神宗阳焕即位	1127年

（续表）

绍兴九年			李英宗绍明二年定《争田池殴伤人法》及《赎田认田法》	1139年
绍兴十四年			绍明七年定《决狱不合条制处分令》	1144年
绍兴二十六年		后白河天皇保元元年，武士专权之始		1156年
绍兴三十年			绍明二十三年定《自阉律》	1160年
宋理宗宝庆元年			闽人陈曒立为帝	1225年
绍定三年			建中六年定《国朝刑律》及《徒罪法》等	1230年
淳祐四年			天应政平十三年定《刑律诸格》	1244年
元成宗大德三年			陈英宗兴隆七年校定印行《公文格式》一卷	1299年

（续表）

元武宗至大二年		兴隆十七年定《判大逆罪》	1309年
元顺帝至正元年		陈裕宗绍丰元年编定《皇朝大典》	1341年
明太祖洪武二十五年	李成桂灭高丽自立,乞命更封为朝鲜国王		1392年
洪武二十七年	李太祖甲戌编成《本朝经国元典续典》		1394年
明惠帝建文二年		胡季犛自立为帝,国号"大虞"	1400年
明成祖永乐五年		明改安南为交阯郡县,陈颀称帝于清化之长安	1407年
永乐十六年		黎利起兵抗明,自号"平定王"	1418年
明宣宗宣德三年		黎太祖顺天元年定《词讼律令》	1428年
宣德四年		顺天二年定《围棋赌博律》	1429年

（续表）

宣德五年	纂成《经济六典》			1430 年
明宪宗成化六年			黎圣宗洪德制条例	1470 年
成化七年	纂成《经国大典》			1471 年
成化十三年			洪德八年又定《禁交通律》	1477 年
明孝宗弘治五年	李成宗壬子纂成《前续录》			1492 年
明世宗嘉靖六年			莫登庸篡黎氏自立	1527 年
嘉靖十二年			黎庄宗复辟	1533 年
嘉靖二十二年	李中宗癸卯纂成《后续录》			1543 年
明穆宗隆庆十二年*	李宣祖十七年金伯干编《词讼类聚》			1584 年
明神宗万历十三年	李宣祖乙酉纂成《听讼指南》			1585 年
清世祖顺治二年			黎真宗福泰三年定《勘讼例》	1645 年

* 此处疑误。应为明神宗万历十二年。——作者

（续表）

顺治十一年			黎神宗盛德二年定《勘讼例》	1654年
顺治十七年			永寿三年定《殴杀人偿命钱》	1660年
顺治十八年			永寿四年定《详慎刑狱令》	1661年
清圣祖康熙四年			黎玄宗景治三年定《勘讼谢罚例》	1665年
康熙五年			景治四年定《岁季刷讼例》	1666年
康熙三十三年			黎熙宗正和十五年《勘讼》各条	1694年
清圣祖康熙四十五年	李肃宗丙戌纂成《典录通考》			1706年
康熙四十六年	肃宗三十三年纂成《受教辑录》			1707年
康熙五十六年			黎裕宗永盛十三年申定《刷讼事例》	1717年

635

（续表）

清世宗雍正八年	李英祖十九年纂《新补受教辑录》		1730年
雍正九年	英祖二十年金在鲁等编纂《续大典》		1731年
清高宗乾隆十七年		黎显宗景兴十三年颁行百司职掌	1752年
乾隆三十四年		景兴三十年刊行《国朝条律》	1769年
乾隆四十二年		景兴三十八年删定《勘讼条例》	1777年
乾隆四十三年	李正祖元年编《钦恤典则》	阮文岳自立为帝，建元泰德元年	1778年
乾隆四十八年	李正祖癸卯年编成《秋官志》		1783年
乾隆四十九年	李正祖八年金致仁等编《大典通编》		1784年
乾隆五十二年	李正祖丁未年编成《典律通编》		1787年

(续表)

清仁宗嘉庆七年			阮福映称王,建元嘉隆元年	1802年
嘉庆十八年			嘉隆十一年制成《皇越律例》二十二卷	1813年
道光二十一年			宪宗命辑《大南会典事例》三百四卷	1841年
清穆宗同治二年	李太王二年赵斗淳等编《大典会通》			1863年
同治六年		明治元年颁《假刑律》		1867年
同治九年		明治三年颁《新律纲领》		1870年
同治十二年		明治六年颁《改定律令》		1873年
德宗光绪三十一年	李熙光武九年颁行《刑法大全》			1905年
宣统元年			安南属法后,维新三年颁《大南典例撮要》	1909年

　　以上据《三国史记》、《三国遗事》、《东国通鉴》、《大日本史》、《日本野史》、《大越史记》、《古泉大全续集》、李兆洛《纪元韵篇》、张璜(渔珊)《欧亚纪元合表》、本庄可宗氏《世界文化年表》暨英文柯勒曼特(Ernest W.

Clement)氏之《西历及日华韩帝王朝代之六十甲子比较年表》(Comparative Chronological Tables of the Christian Era, Japanese Eras, and Emperors, Chinese Emperors, and Eras, and Korean Kings with Years of the Sexagenary Cycles from 660 B. C. to 1910 A. D.)。

注　释

〔1〕参看长野勋、波多野乾一两氏编译之《日华外交六十年史》第一卷《序说》,第11页。
〔2〕原文现藏于朝鲜总督府之博物馆。
〔3〕*Account of a Voyage of Discovery to the West Coast of Corea and the Great Loo-Choo Islands*, chap. Ⅰ, pp. 17-18.
〔4〕《史记》卷六《秦始皇本纪》第六。
〔5〕《后汉书·列传》第七十五《东夷传》。
〔6〕《日本全史》第二《孝灵帝本纪》。
〔7〕*The Early Institutional Life of Japan*, chap. Ⅱ, pp. 148-149.
〔8〕《禹贡半月刊》第4卷第12期。
〔9〕《日唐关系》,《岩波讲座》本,第33、34两页。
〔10〕《海外交通史话》第660页。
〔11〕《日本视察记》第四章第六节。
〔12〕*The Edinburgh Review*, vol. ⅩⅥ (1820), p. 479.
〔13〕参看拙作《中国法律发达史》上册第6、8、9诸页。
〔14〕参看早稻田大学出版之《法学会志》第2号,第475至480页。
〔15〕《中国法制史》第三章,第158至161页。
〔16〕《社会科学论丛》第一卷第4号。
〔17〕*A Panorama of the World's Legal Systems*, vol. Ⅰ, chap. Ⅳ, The Chinese Legal System, p. 201.

杨鸿烈先生学术年表*

1903 年(光绪二十九年)

8 月 20 日(农历六月二十八)出生于云南省晋宁县。

1919 年

由昆明考取北京高等师范学校(后来升格为师范大学)的史地部,后转入英语部。①

1922 年

4 月,在云南旅京学会春季改选例会上,经选举当选为会刊编辑员。

1922 年至 1925 年间,在《晨报副刊》、《京报副刊》上发表了大量文章,例如分多期连载的《文心雕龙的研究》、《苏曼殊传》等。

1924 年

3 月,参与创办由北京师范大学教育革新社编辑、上海民国日报馆发行的《教育周报》,并担任主笔之一。

8 月,所著《史地新论》(系"晨报社丛书"第二十种)一书由北京晨报社初版。

1925 年

在《京报副刊》发表《劝梁任公、张君劢、胡适之三先生与中国

---

* 本年表由尤陈俊根据相关资料撰写。

① 参见杨鸿烈:《回忆梁启超先生》,载夏晓虹编:《追忆梁启超》(增订本),生活・读书・新知三联书店 2009 年版,第 235 页。

国民党合作书》一文,引发汪震、张汉辅等人与其笔战。

6月,从北京师范大学旧制(高师)英语部毕业。

7月,参加清华学校研究院(即清华国学研究院)第一届招生考试。后被录取,但因经济困难而休学一年。

1926年

9月,与谢国桢等清华学校研究院第二届录取新生一起入学。选择以"中国文化史"为专修科目,以"中国法律发达史"为专研题目,梁启超为其论文指导教授。

就读清华学校研究院期间,参加"述学社",并为《国学月报》编辑部成员。

1927年

3月,所著《大思想家袁枚评传》一书由上海商务印书馆初版,至1931年7月时该书已重印两次。后该书改名为《袁枚评传》,并于1933年9月由上海商务印书馆初版,1935年2月重印。

6月,从清华学校研究院毕业,毕业论文《中国法律发达史》受到其指导教授梁启超的赞赏("所著中国法律史盈一箱,任公师许为必传之名著"[①])。

8月,由梁启超推荐,至天津南开大学任教。

1928年

1月,所著《中国诗学大纲》一书由上海商务印书馆初版,该书后于1930年2月重印。

4月,所著《中国文学杂论》由上海亚东图书馆初版。

---

① 参见吴其昌编:《清华学校研究院同学录》,1927年夏编制,现藏国家图书馆古籍部。

9月,受胡适聘请,在上海的中国公学任教,担任该校史学社会学系主任兼本预科教授。参与创办《吴淞月刊》,并于该刊发表《宋代的法律》一文。

在沪期间,还在大夏大学、暨南大学、复旦大学、法科大学、法政大学兼课。

1930年

10月,所著《中国法律发达史》一书由上海商务印书馆初版,该书后于1933年7月重印。

1931年

因与中国公学新任文理科学长李青崖不和,被解聘。

后经北平师范大学史学系主任陆懋德介绍,在该校授课。

1932年

受云南省教育厅厅长龚自知电聘,至昆明担任云南大学师范学院院长兼教授。

1933年

受河南大学校长张广舆聘任,至开封担任河南大学史学系主任兼教授。

1934年

8月,至北京参加公费留美考试,应试考古学门,惜落榜。

9月,东渡日本留学,入东京帝国大学文学部。其间在东亚高等预备学校学习日语。

1936年

11月,所著《中国法律思想史》一书由上海商务印书馆初版。该书于同年12月重印,至1937年5月时已重印四次。

1937年

2月,所著《中国法律在东亚诸国之影响》一书由上海商务印书馆初版。

"卢沟桥事变"爆发后不久,离开日本,迁居至香港九龙。

是年,发表《后魏司法上因种族成见牺牲的大史案》一文,刊载于《中华法学杂志》新编第1卷第8期。

1938年

居留香港,其间从事中国近代与各国交流史研究。

1939年

受无锡国学专修学校聘任,至上海担任该校教授。

4月,所著《史学通论》一书由商务印书馆(当时迁移至长沙)初版。

7月,所著《历史研究法》《教育之行政学的新研究》两书由商务印书馆初版。

是年,发表《"档案"与研究中国近代历史的关系》及其续文,刊载于《社会科学月刊》第1卷第3号、第5号。

1940年

10月,在南京参与发起成立中国戏剧协会。

12月,所著《中日文化交流的回顾与展望》一书被高仓克己译为日文后由日本立命馆出版部出版。

其间发表《纪念南京条约:中英两国百年大恨的由来》等文章。

1941年

3月,所著《我国对英美苏俄外交政策之检讨》一书由新中国出版社初版。

是年,在南京的中央大学史学系担任教授。其间发表《"中国文化"与"世界文化"》《中国音乐戏剧在文化上的价值》等文章。

1942年

发表《记郭嵩焘出使英法》等文章。

1943 年

发表《曾纪泽在海外的活动》、《前清筹办驻外使馆的经过》、《中比的国际关系》、《中国与荷兰》、《中国驻外使馆制度的总检讨》、《清代驻日使臣黎庶昌》等文章。

1945 年

受台湾省贸易局局长于百溪委派,下半年在台北担任台湾省贸易局研究员。

1946 年

由许世英介绍,赴香港担任《星岛日报》英文新闻译员。

在港期间(1946—1955),撰写《中国民商法史》和英文版《中国法律发达史》、《比较文学》、《中国地方戏剧史》等书稿。

1949 年

6 月,东京大学授予其文学博士学位,其博士论文为《中国法律在东亚诸国的研究》。

是年,在香港大学担任教员,至 1950 年离职。

1951 年

复职《星岛日报》,担任英文新闻译员,至 1954 年离职。

1953 年

所著《海洋文学》一书由香港新世纪出版社初版。

以"杨炳堃"为笔名,所著《中国文字价值论》一书由香港自由出版社初版。

1955 年

6 月,从香港至广州,由广东省统战部招待三个月。

10 月,由广东省统战部安排在广东省文史馆担任馆员。

1957 年

加入九三学社。

后被划为"右派",由广东省文史馆馆员降为办事员。
1958 年
6 月,被派往广东省从化县九里步农场接受"监督劳动"处分。
1977 年
1 月 8 日,病逝于广州,享年七十四岁。

附记:

(一)20 世纪 80 年代初,杨鸿烈先生的家属将其生前的手稿和收集的图书资料赠送给中国社会科学院法学研究所,由该所法制史研究室整理,后于 1994 年移交给法学所图书馆,现藏该馆。这批资料包括杨鸿烈的《中国法制史初稿》、《中国民商法史》、《中国民法史稿》、《中国家庭法史稿》、《民事诉讼法史稿》、《中国艺人身份史》等未出版手稿及其搜集整理的有关梁启超评传的大量资料。①

(二)杨鸿烈先生在民国时期出版的《大思想家袁枚评传》、《袁枚评传》、《历史研究法》、《史学通论》、《中国诗学大纲》、《中国文学杂论》、《中国法律发达史》、《中国法律思想史》、《中国法律在东亚诸国之影响》等书,1949 年后在海峡两岸数次翻印或再版。

---

① 参见赵九燕:"法学研究所政治学研究所图书馆特藏调研报告",http://www.iolaw.org.cn/showNews.asp?id=5108,2014 年 8 月 22 日访问。

中国法系研究中的"大明道之言"

——从学术史角度品读杨鸿烈的《中国法律在东亚诸国之影响》

尤陈俊*

一

1937年3月,位于上海的商务印书馆主办的《东方杂志》在其常设的"每周初版新书"栏目中,重点推荐了该馆前月新出的一本学术专著:

> 著者前在本馆出版之《中国法律发达史》,已引起本国及日本欧美学者之注意。然其书所述尚仅限于中国法系之内涵的研究,兹编则进一步为外延的研究,阐明中国法系在朝鲜、日本、琉球、安南千数百年所发生之影响至为深长远大。国内收藏此项资料原极缺乏,著者特为此东渡,竭数年之力,始积稿二十余万字,完成此项为以前东西各国学者所未曾着手之

---

* 尤陈俊,法学博士,中国人民大学法学院副教授。

艰巨工作,其范围涉及之广,材料之丰富,论断之公允,不特治法学者所应参考,即研究东洋史及世界文化史者亦皆应手各一编也。①

《东方杂志》第 34 卷第 8 期(1937 年)之"每周初版新书"栏目剪影

这本被大力推荐的新书,其书名为《中国法律在东亚诸国之影响》,其作者系当时正在东京帝国大学留学的杨鸿烈。上述图书广告为了突出《中国法律在东亚诸国之影响》一书的价值,还特地将其与同一作者之前同在商务印书馆出版的《中国法律发达史》进行对比,指出后者"尚仅限于中国法系之内涵的研究",而前者"则进一步为外延的研究",并强调这是一项"为以前东西各国学者所未曾着手之艰巨工作",故而不仅法学研究者需要参看此书,研究东洋史和世界文化史的学者也不应错过。

从年仅 21 岁时就出版了啼莺之作《史地新论》开始,杨鸿烈(1903—1977)在知天命之年前著述甚丰,广涉史学理论、人物研

---

① 《图书广告:〈中国法律在东亚诸国之影响〉》,载《东方杂志》第 34 卷第 8 期(1937 年)。

究、文学、教育学、国际关系、中国法律史等众多不同的领域,①其中关于中国法律史的专著共计三种,且最初均由商务印书馆出版,即《中国法律发达史》(上海商务印书馆1930年版)、《中国法律思想史》(上海商务印书馆1936年版)和《中国法律在东亚诸国之影响》(上海商务印书馆1937年版)。在杨鸿烈的上述中国法律史研究三部曲中,虽然各书研究的具体内容有所差异,但呈现出相当大程度的关联性。因此,若要理解《中国法律在东亚诸国之影响》一书在学术史上的贡献与地位,就必须将之放置在前述三书共同搭建而成的学术脉络当中,并结合民国时期学人们的中国法系研究学术史加以剖视。

二

1930年10月,商务印书馆出版了当时正担任中国公学教授的杨鸿烈的《中国法律发达史》一书。该书分为上、下两册,算上两个附录(《民国刑法与两次修正案篇目表》和《中国历代法律篇幅

---

① 除了三本中国法律史专著(《中国法律发达史》、《中国法律思想史》和《中国法律在东亚诸国之影响》)外,杨鸿烈在其他领域的专著有:《史地新论》(北京晨报社1924年版);《大思想家袁枚评传》(商务印书馆1927年版。该书后改名为《袁枚评传》,商务印书馆1933年版);《中国诗学大纲》(商务印书馆1928年版);《中国文学杂论》(亚东图书馆1928年版);《史学通论》(商务印书馆1939年版);《历史研究法》(商务印书馆1939年版);《教育之行政学的新研究》(商务印书馆1939年版);《中日文化交流的回顾与展望》(高仓克己译,日本立命馆出版部1940年版);《我国对英美苏俄外交政策之检讨》(新中国出版社1941年版);《海洋文学》(香港新世纪出版社1953年版);《中国文字价值论》(以"杨炳堃"为笔名,香港自由出版社1953年版)等。杨鸿烈这些主要出版于民国时期的著作,多本于1949年之后仍在中国内地和港台地区不断得到翻印或再版,至今仍在嘉惠学界。

表》),全书正文多达1252页。1933年5月,《东方杂志》在向读者推荐该书时如此予以描述:"本书首述中国法律在世界文化上之地位、研究之方法及所采用之史料,继从各朝代社会政治经济之环境以说明法典编纂之经过、法院之组织、诉讼之手续、刑民法之总则分则及法律思想之派别等。起上古殷周,迄国民政府成立以前,计二十七章、五十余万言。材料丰富,见解卓越。梁任公先生曾谓中国著作界能有此作,实属莫大之荣誉。此书之价值可以想见。"①1934年时,这则图书广告被《东方杂志》再次刊登。②

除了概述《中国法律发达史》一书的内容框架外,这则图书广告中所转述的梁启超的"中国著作界能有此作,实属莫大之荣誉"一语尤为醒目。梁启超的这番赞誉,绝非无稽之谈。杨鸿烈系梁启超任教于清华国学研究院时的入室弟子,而《中国法律发达史》一书的原稿便是杨鸿烈当年在梁启超的指导下完成的毕业论文。据吴其昌在1927年夏主持编印的《清华学校研究院同学录》中的描述,当时杨鸿烈"所著中国法律史盈一箱,任公师许为必传之名著"③。可见梁启超当年便对杨鸿烈此作赞赏有加。

本文开头所引的那则图书广告中所称《中国法律发达史》"已引起本国及日本欧美学者之注意",也并非王婆卖瓜式的虚言。1932年2月(距《中国法律发达史》初版未及两年),东瀛学者小早川欣吾在日本的《法学论丛》上发表了一篇专题书评,除了向日本

---

① 《图书广告:〈中国法律发达史〉》,载《东方杂志》第30卷第10期(1933年)。
② 《图书广告:〈中国法律发达史〉》,载《东方杂志》第31卷第10期(1934年)。
③ 参见吴其昌编:《清华学校研究院同学录》,1927年夏编制,现藏国家图书馆古籍部。夏晓虹、吴令华所编《清华同学与学术薪传》(生活·读书·新知三联书店2009年版)一书,在第三部分中影印收录了吴其昌之女吴令华珍藏的同一版本的《清华学校研究院同学录》。

学界介绍杨氏《中国法律发达史》一书的各章节内容外,还盛赞该书是中国法制史研究领域中最稳健且富有价值的著作。① 次年,法国巴黎大学法学硕士、时任中央政治学校教授的阮毅成②也在《图书评论》上发表了一篇针对杨氏此书的书评。

在这篇书评中,阮毅成开篇即讲:"中国虽向列为世界五大法系之一,然迄今并无一本中国人著的中国法制史名著。杨鸿烈先生的《中国法律发达史》出版,多少可以补足这一项的缺憾了。本书……不失为一部煌煌巨著。"③他在文中逐一阐述了杨氏此书的三大优点:第一,"关于我国古代法制的研究,前后已有不少人努力。最近几年,如梁任公、章太炎、但焘、金兆銮、王振先、徐朝阳诸氏,都已有专著刊布。而秦汉以后以迄明清,这占中国历史上一个极长的时代,却除程树德氏著过一本《九朝律考》外,有系统的研究,尚付阙如。现在本书……可以说是一部最完全的中国法制史"。第二,"本书对于上古胚胎时期,虽将'后人伪托的法家与道家之说'引为材料,但完全是抱一种存疑的态度,并未胡乱作什么肯

---

① 参见小早川欣吾:《书评:杨鸿烈氏著〈中国法律发达史〉》,载《法学论丛》第27卷第2号,昭和七年(1932年)2月出版。该文后收入小早川欣吾著,吉原丈司、竹内英治编:《小早川欣吾先生东洋法制史论集》,日本常盘印书馆平成八年(1996年)6月25日刊行,第587—591页。

② 阮毅成(1905—1988),字静生,浙江余姚人。1927年毕业于中国公学大学部政治与经济系后,赴法国巴黎大学留学,后获法学硕士学位。1931年回国,历任中央大学、中央政治学校教授兼法律系主任。1937年担任浙江省第四行政督察专员。抗战早期担任浙江省政府委员兼民政厅厅长。抗战胜利后,为浙江大学筹设法学院,并任院长。1946年时任南京国民政府制宪国民大会代表。1949年去台湾,先后担任"中央日报社"社长、台湾政治大学教授兼法律系主任、《东方杂志》主编等职。著有《政治论丛》、《法治论集》、《陪审制度》、《制宪日记》等书。参见俞江编:《清末至民国法学家人名简录》,载俞江:《近代中国的法律与学术》,北京大学出版社2008年版,第373页。

③ 阮毅成:《书评:杨鸿烈的〈中国法律发达史〉》,载《图书评论》第1卷第8期(1933年)。

定的结论"。第三,"本书对于搜集材料的工作,大致堪称完备"。①

不过也许更值得我们注意的是随后那些被阮毅成谦称为"求全之论"的批评。在阮毅成看来,《中国法律发达史》一书瑕瑜互见,在具备上述三大优点的同时,也存在四方面的缺陷。

第一个缺陷是"关于编制的体裁方面"。阮毅成认为,"无论什么制度或学说的历史,应该有他自己划分时期的分线,而这分线,并且不一定就与朝代的分际相应合"。就中国法律史而言,现行法律继受欧洲法律的开始时间是光绪二十八年(1902年),"在这个时期以前,我国虽经过三千年的时间,但在法制与法律思想上,都是一系相承,并无多少根本的区异",而杨氏此书"并不以此为中国法律史的分际,而却取分朝叙述的方法",以至于全书三分之二有余的篇幅都用于叙述历朝的法制实况,"其中多重复繁碎之处",而光绪二十八年以后的内容却仅占了三百页左右(其中"还被法律草案的目录与条文占去了大半")。

第二个缺陷是"关于比较方法方面"。杨鸿烈在"导言"中写道,"我这书是用'历史的方法'和'比较的方法'为多",但阮毅成则认为实际上"本书独缺比较的方法"。在阮毅成看来,中国法律史研究中所谓的"比较"无非如下三种形式:(1)"以中国法律为中心,以与他国法律发达的过程比较";(2)"以某种法制为中心,以比较每一个时期的规定";(3)"以某种法律的思想为中心,以与当时或前后的法制实况相比较"。阮毅成认为,杨氏此书中,"除上古时期一章中,曾略引梅因的话以证明中国古代法制状况外,两国以上的比较方法,从未用过。又因为本书是断自朝代的,故亦只一朝一朝的叙述,未作先后比较的工作。至于法律思想,在本书中只成

---

① 阮毅成:《书评:杨鸿烈的〈中国法律发达史〉》,载《图书评论》第1卷第8期(1933年)。

了每朝法制的附录,更谈不上作比较的中心。"

第三个缺陷是"关于材料引用方面"。如前所述,阮毅成赞赏"本书对于搜集材料的工作,大致堪称完备"。但他同时也认为,杨氏此书据其自称包含了"沿革的研究"、"系统的研究"与"法理的研究"三项特殊的研究,不免让人觉得杂乱,"如能分成《中国法制史》、《中国法典编纂沿革史》及《中国法律思想史》三本独立的著作,自更可以使人醒目",并举例说明杨鸿烈此书"对于三种研究所用的材料,在叙述上每觉夹杂不清",以及"有许多地方,本书中所引用的材料,似尚欠充足"。

第四个缺陷是"关于所用名词方面"。阮毅成举例说,杨氏此书常有冠以"民法继承"、"行为能力"等标题的内容,"其实所谓民法继承、婚姻解除、行为能力,都是中国近代法律上的名词,并不是中国所固有的,以此等为标题,而勉强引用若干史料归纳进去,无怪名实不能相称了。"

阮毅成在文末表示,"中国法制史的研究,至今还是在发轫时期,多一点批评和探讨,总是对于研究的工作有益的",并希望能"获得杨先生与读者诸君的指正"。① 这篇书评后来还被《同行月刊》和《人文月刊》所摘编转载。②

---

① 阮毅成:《书评:杨鸿烈的〈中国法律发达史〉》,载《图书评论》第 1 卷第 8 期(1933 年)。

② 参见《同行月刊》第 1 卷第 5 期(1933 年),《人文月刊》第 8 卷第 3 期(1937年)。颇有意思的是,《同行月刊》仅摘要转载了阮毅成赞扬杨氏此书三大优点的那部分文字,而全不转载关于四大缺陷的后半部分内容。而《人文月刊》在开头摘录"(该书)可说是一部最完全的中国法制史"的赞语(即阮毅成所称的第一大优点)后,便跳过其余的两大优点,转而介绍其四大缺陷——"不过关于编制的体裁方面和关于比较方法方面,以及材料的引用方面与关于所用的名词方面,多觉得还有可议之处",最后再稍微打个圆场——"中国法制史的研究,至今还是在发轫时期,所以本书对于研究的工作上,总要算是有益的。"作为对比,阮毅成的原文其实是说:"中国法制史的研究,至今还是在发轫时期,多一点批评和探讨,总是对于研究的工作有益的。"

今天当我们细读阮毅成的这篇书评时,除了有感于其坦率外,也会佩服其学术眼光的独到乃至毒辣。杨鸿烈的《中国法律发达史》一书被当代的中国学者誉为"厘定中国法制史学科体系框架的代表作"①,而该书的面世则被认为"标志着近代中国法律史学科的基本定型"②。不仅如此,一些西方学者也对此书赞誉有加。例如,英国汉学家李约瑟(Joseph Terence Montgomery Needham)在其出版于20世纪50年代中期的皇皇巨著《中国科学技术史》之第二卷中写道:"关于法律史,最好的中文专著是杨鸿烈的《中国法律发达史》和《中国法律思想史》。"③在由费正清(John K. Fairbank)和刘广京(Kwang-ching Liu)联袂主编的《剑桥晚清中国史(1800—1911)》下卷当中,杨鸿烈的《中国法律发达史》是该书论及晚清法律变革时所推荐的三本专著之一。④ 该书的学术价值由此可见一斑。不过,杨氏不到三十岁时所撰成的这部初露锋芒之作,由于成书于中

---

① 范忠信、郑智、李可:《杨鸿烈先生与〈中国法律发达史〉》,载杨鸿烈:《中国法律发达史》,范忠信等校勘,中国政法大学出版社2009年版,第7页。
② 何勤华:《中国法学史》(第3卷),法律出版社2000年版,第189页。
③ 〔英〕李约瑟:《中国科学技术史第二卷·科学思想史》,何兆武等译,科学出版社、上海古籍出版社1990年版,第559页,脚注3。该书的英文原版于1956年由剑桥大学出版社出版。
④ "有关法律方面的改革,可见马里纳斯·J. 梅杰尔的《中国近代刑法介绍》;另有杨幼炯的《近代中国立法史》和杨鸿烈的《中国法律发达史》。"参见〔美〕费正清编:《剑桥中国晚清史(1800—1911年)》(下卷),中国社会科学院历史研究所编译室译,中国社会科学出版社1985年版,第704页。除此之外,负责撰写该书第七章"1901—1911年政治和制度的改革"的市古宙三(东洋文库近代中国研究中心历史教授)在讨论晚清时期的新刑法典编纂时,引用了杨鸿烈《中国法律发达史》一书的内容,详见同书,第470页,注释2。《剑桥中国晚清史(1800—1911年)》(下卷)的英文原版为:John K. Fairbank & Kwang-ching Liu, *The Cambridge History of China*, Volume 11, Late Ch'ing, 1800-1911, Part Ⅱ, London · New York · Melbourne: Cambridge University Press, 1980。

国法律史学科体系的草创时期,故而在取得突破的同时也难免存在诸多缺陷,不宜过于苛责。

三

在笔者目前所阅读过的文献中,并未发现杨鸿烈当年对阮毅成上述批评的回应性文字。不过阮毅成的批评很可能对杨鸿烈大有触动,因为杨鸿烈时隔几年后出版的另外两本专著——《中国法律思想史》和《中国法律在东亚诸国之影响》——虽然均未提及阮毅成的这篇书评,但翻阅两书的内容,可以明显感受到作者对阮毅成当年批评的那些缺陷各自所做的弥补。

在1936年出版的《中国法律思想史》一书中,杨鸿烈一改之前在《中国法律发达史》中所用的那种为阮毅成所批评的"分朝叙述"方法,而是首创将中国法律思想史分为四个时代的写法,亦即"殷周萌芽时代"、"儒墨道法诸家并立时代"、"儒家独霸时代"和"欧美法系侵入时代"。阮毅成认为杨鸿烈《中国法律发达史》一书所论及的那些"法律思想,在本书中只成了每朝法制的附录,更谈不上作比较的中心",并举该书中关于肉刑的论述为例,批评杨鸿烈并未"使其前后连贯,叙其原委,比其得失",故而有失"发达史"的真意。[①] 而到了撰写《中国法律思想史》一书时,杨鸿烈在占据全书篇幅一半有余的第四章"儒家独霸时代"中,凭借其高超的洞察

---

① 参见阮毅成:《书评:杨鸿烈的〈中国法律发达史〉》,载《图书评论》第1卷第8期(1933年)。

力,概括出16个法律思想专题详加讨论,称得上做到了阮毅成当年所言的"使其前后连贯,叙其原委,比其得失"。在这一章中,杨鸿烈将16个法律思想专题分为"一般法律原理"和"特殊法律问题",前者包括"阴阳五行等天人交感及诸禁忌说"、"德主刑辅说"、"兵刑一体说"和"法律本质论与司法专业化诸说"四大项,后者则又再细分为"刑法方面"和"民法方面"两大类,其中纳入"刑法方面"的有"法律平等的问题"、"法律公布问题"、"亲属容隐问题"、"刑讯存废问题"、"族诛连坐问题"、"复仇行为问题"、"肉刑复兴问题"、"以赃定罪问题"和"赦罪当否问题"九项,列于"民法方面"的有"婚姻问题"、"别籍异财问题"和"亲子关系问题"三项。① 不仅如此,杨鸿烈还专门设置了一章(即第五章"欧美法系侵入时代"),就光绪二十八年(1902年)之后中国法律思想方面发生的大变化加以叙述,并对此有所反思。也正因为包括上述几点在内的诸多特征,《中国法律思想史》不仅在当时受到好评,②而且被一些现代学者认为是"中国法学史上第一部系统的中国法律思想史著作"③,"奠定了中国法律思想史最早的框架体系"④,其出版是"中国法律思想史学科体系确立的标志"⑤。

如果说《中国法律思想史》一书主要弥补了当年阮毅成四点批评中的第一点("关于编制的体裁方面"),那么次年出版的《中

---

① 参见杨鸿烈:《中国法律思想史》(下册),商务印书馆1936年版。
② 参见戚维新:《读〈中国法律思想史〉后》,载《法学杂志》第10卷第2期(1937年)。
③ 刘广安:《二十世纪中国法律史学论纲》,载《中外法学》1997年第3期。
④ 何勤华:《中国法学史》(第3卷),法律出版社2000年版,第194页。
⑤ 范忠信、何鹏:《杨鸿烈及其对法律思想史学科的贡献》,载杨鸿烈:《中国法律思想史》,中国政法大学出版社2004年版,第4页。

法律在东亚诸国之影响》一书则实际上主要回应了阮毅成之前的第二点批评,尤其他所批评的"两国以上的比较方法"罕见运用。

《中国法律在东亚诸国之影响》一书于1937年2月由商务印书馆初版,定价国币二元二角,封面书名由时任中国驻日本大使的许世英题写。此书出版后不久,《商务印书馆出版周刊》便从其"全书提要"部分中摘录了第三节至第七节的全部内容予以刊登。① 更加值得注意的是,在《中国法律在东亚诸国之影响》由商务印书馆出版之前,该书的一部分内容其实已经在其他地方发表过。

1935年12月,广州明德社出版的《新民》杂志第1卷第7、8期合刊,在其"专著"栏目刊出了杨鸿烈的《中国法律在东亚诸国之影响》一文。不过,《新民》杂志上这篇长达57页的文章之内容,只涉及后来出版的《中国法律在东亚诸国之影响》一书中的第一章"导言"和第二章"中国法律在朝鲜之影响"。更确切地说,刊登在《新民》上的《中国法律在东亚诸国之影响》一文(以下简称"文章"),乃是一年多后正式出版的《中国法律在东亚诸国之影响》一书(以下简称"专书")中的第一章"导言"和第二章"中国法律在朝鲜之影响"这两部分的原型,因为相较于文章而言,专书的内容明显更为丰富且有不少修改完善之处。

以文章和专书中均写为"导言"的部分为例。若将这两者加以对比,就可以发现后者在前者的基础上有删有增,并对个别措辞有所修改。例如文章第5页在引用了泷川政次郎所撰《日本法制史》中的一段话后,紧跟着的是如下这段介绍羽田亨《西域文明史概论》一书内容的文字——"羽田亨氏所著《西域文明史概论》又详述

---

① 参见《商务印书馆出版周刊》第227期(1937年)。

近数十年来东西考古学者于敦煌、吐鲁番、和阗、库车等处所发现有关于西域受唐代法律管辖之简册。"而在专书之中,却并无上述文字,而是改引了桑原骘藏的《王朝之律令与唐之律令》、《中国之孝道——尤其自法律上观之中国孝道》两篇文章中的几段文字。① 文章第 6 页中"元代之蒙古民族则尤足证明征服者几完全为被征服者所同化矣"一句所在的位置,在专书中则变成了引自董康 1924 年发表在《法学季刊》第 3 卷第 5 期上的《新旧刑律比较概论》一文的大段文字。② 专书中还有许多相较于文章完全属于新增的内容,例如专书中在评介日本学者穗积陈重对世界诸法系之划分时,除了转述穗积陈重在 1884 年发表的《法律五大族之说》一文中所主张的五大法族分类外,还介绍了穗积陈重二十多年后提出的七大法族之新说;③而在文章当中,则只介绍了穗积陈重的五大法族之说,丝毫未提及其后来的七大法族新论。④ 文章中在介绍韦格穆尔(John Henry Wigmore,1863—1943;今译"威格摩尔")的十六法系之说时提及其中所称的"亚剌伯摩色尔曼法系"即"摩罕谟得法系",而在专书中则改写为"谟罕默德法系"。专书在介绍日本摹仿《大明律》及《大明会典》的立法成果时,指出包括"武家时代末期藩侯所纂法条及明治维新时之《假刑律》(即《暂行刑律》)、《新律纲领》及《改定律例》等",而在文章中同样位置的段落内,则未见

---

① 参见本书第 21—22 页。
② 参见本书第 22 页。
③ 参见本书第 10—11 页。比较法中所称的"法系"和"法族",虽然表述有异,但通常被认为是同一意思,其英文有 geneology of law、legal family、family of law、legal system 等。杨鸿烈就将"法系"和"法族"两词通用。
④ 参见杨鸿烈:《中国法律在东亚诸国之影响》,载《新民》第 1 卷第 7、8 期合刊(1935 年)。

提及"《假刑律》(即《暂行刑律》)"。①

诸如此类的地方甚多,兹不赘举,但专书中有一处关键性的文字改动值得特别注意。在文章之"导言"部分的"中国法系之内容及范围"一节中,杨鸿烈对何谓"中国法系"下了一个定义:"夫所谓'中国法系'者,盖指'五千年支配全人类三分之一(四亿亿),自成一独立系统,且其影响于其他东亚诸国者,亦如其在本部之法律制度之谓也'。"②而到了专书当中,这一定义则被改为:"夫所谓'中国法系'者,盖指'数千年来支配全人类最大多数,与道德相混自成一独立系统且其影响于其他东亚诸国者,亦如其在本部之法律制度之谓也'。"③对比上述两个定义,可以发现后者不仅更为精当,主要是将精确得近乎可疑的"五千年支配全人类三分之一(四亿亿)"改为"数千年支配全人类最大多数",而且由于新加了"与道德相混"这一表述而更能突出"中国法系"的最典型特征。

此外,对比文章和专书中的一些文字细节,可以发现杨鸿烈是从1934年秋开始为写作《中国法律在东亚诸国之影响》一书搜集材料,并且应该是在1935年年底前就已完成了全书内容的撰写。在文章的第4页中有如下两段文字:"著者九年前曾以五十万言详述中国法系之内容,于商务印书馆出版《中国法律发达史》两册";"客秋东渡留学,常在上野帝国图书馆、东洋文库、东方文化研究

---

① 参见本书第27页;杨鸿烈:《中国法律在东亚诸国之影响》,载《新民》第1卷第7、8期合刊(1935年)。
② 杨鸿烈:"中国法律在东亚诸国之影响",载《新民》第1卷第7、8期合刊(1935年)。
③ 见本书第20页。

所、东京帝国大学图书馆等处阅书,因得不少国内所难搜集之材料,积一年之久,遂成此文"。上引文字中所称的"九年前",系指1926年下半年至1927年上半年间,当时就读于清华国学研究院的杨鸿烈,在梁启超的指导下完成了题为《中国法律发达史》的毕业论文,而"客秋东渡留学"则是指杨鸿烈1934年秋天赴日本东京帝国大学留学(详见后文)。从"积一年之久,遂成此文"一句可知,作为后来出版的《中国法律在东亚诸国之影响》一书前两章内容之原型的这篇文章脱稿于1935年下半年。《中国法律在东亚诸国之影响》一书直到1937年2月才正式出版,但在该书的"导言"部分,却对1935年发表的文章中提示时间的上述文字基本未改,其中前一句沿袭不变,后一句仅是稍作修改——"民国二十三年秋东渡留学,常在东京市东洋文库、上野帝国图书馆、东方文化研究所、国际文化振兴会、帝国大学图书馆、史料编撰所等处阅书,因得不少为国内所难搜集之材料,积年余之久遂成此文。"①结合专书的"全书提要"部分中起首一句便是"著者九年前曾著《中国法律发达史》一书……"("全书提要"通常只有在作者完成了书稿的全部内容后才会去后补撰写),应可推知《中国法律在东亚诸国之影响》全书内容在1935年年底时便已成稿。

尽管1935年年底发表的文章和1937年初出版的专书在同样的"导言"部分存在着如上所述的一些文字差异,但最为关键的实质性内容则被保留下来而改动甚少。在《中国法律在东亚诸国之影响》一书"导言"部分的第二节"中国法系之内容及范围"中,有这么一段交代作者写作此书之心路的文字:

---

① 见本书第20页。

> 拙作曾谓中国法律为中国民族固有之产物,起自殷、周,历春秋、战国、秦、汉、三国、南朝、隋、唐、宋、明,皆汉族一系相传,循序进展,中间虽屡有北方民族之侵入,如五胡、北朝、辽、金、元、清等,但皆被同化,而于编纂法典,传播法律知识,尤极努力,且不只国内如此,即在东亚,中国法律之影响于诸国者亦甚巨大。惜拙作仅第二章附录传说之箕子在朝鲜统治下之司法,及第十九章内略述唐代之律、令、格、式传入日本,为彼时日本立法之楷模,寥寥数节,殊不惬意。民国二十三年秋东渡留学,常在东京市东洋文库、上野帝国图书馆、东方文化研究所、国际文化振兴会、帝国大学图书馆、史料编撰所等处阅书,因得不少为国内所难搜集之材料,积年余之久遂成此文。虽犹感不备,然中国法律于东亚诸国所发生之影响,盖已纲举目张。若与旧作合观,则世界五大法系中之中国法系,其全貌已可毕睹。窃不自量,颇欲以长久岁月完成"中国法系究为如何"之使命也,海内外贤达尚乞进而教之,则幸甚。①

杨鸿烈此处所谓的"拙作",系指其1930年出版的《中国法律发达史》一书。前曾述及,阮毅成批评杨鸿烈在《中国法律发达史》中"除上古时期一章中,曾略引梅因的话以证明中国古代法制状况外,两国以上的比较方法,从未用过"。但事实上,阮毅成此番"从

---

① 见本书第20页。1935年刊载于《新民》杂志的《中国法律在东亚诸国之影响》一文中,除了"客秋东渡留学……遂成此文"一段文字稍有差异(详见前文)外,只有"颇欲以多年时间完成'中国法系究为如何'之使命也"一句中的"多年时间"与专书中的表述有异(专书中为"长久岁月")。参见杨鸿烈:《中国法律在东亚诸国之影响》,载《新民》第1卷第7、8期合刊(1935年)。

未用过"的断定说得有些太过。即便是在《中国法律发达史》一书的第二章中,杨鸿烈也并非仅仅只是引用梅因的话来对比殷代社会,①而是还引用了公元前罗马人的《十二铜表法》"所涉及的不外公罪(Pernelio)、私罪(Parricidium),未尝牵涉民事"的特点,来说明法律在欧洲的发达"也是刑事先于民事",以及引用了《汉书·地理志》中的记载作为附录,来介绍"传说的箕子在朝鲜统治下之司法"。② 并且,《中国法律发达史》一书引述梅因著作所记载的情况以作对比的地方,也并非如阮毅成所言仅限于讲述上古时期的第二章,而是还出现在其他章节当中。在讨论周代的第三章和讨论春秋时期的第四章里,杨鸿烈也都引用了梅因的《古代法律》(Ancient Law)一书。例如在论述周代法律为"父系时代"产物时,便引用了梅因著作中所介绍的希腊、印度、巴比伦、埃及、罗马等国的情况,以说明这些国家的古代法典也"都把宗教的、公法的、道德的命令和法律搀混在一起",强调在此点上这些国家的情况与周代法律无异。③ 而在讲述唐代法制的第十九章的起首一段里面,杨鸿烈利用大隈重信等人所著的《日本开国五十年史》之中译本,④转引

---

① 在这一章中,杨鸿烈两次引用了梅因的话以作对比。第一处是说"殷代社会大概还是在如梅因(Maine)所说的'父系制度'";第二处是说"……可知殷代实在是始终不曾脱离狩猎社会的生活。据历史派法学家梅因《财产最早的历史》(The Early History of Property)所说,那时财产的所有权不属于个人或分离的家族,但属于父系制度的许多组合成的社会。他的最有力的证据便是'乡村共产'(Village Communities)曾在澳大利亚、俄罗斯、土耳其、印度等地发现"。杨鸿烈:《中国法律发达史》,商务印书馆1930年版,第28—29页。

② 参见同上书,第25、29页。

③ 参见同上书,第35—36、50页。

④ 参见〔日〕大隈重信等:《日本开国五十年史》,商务印书馆1929年版。商务印书馆出版的这一中译本共分为13册,其中第4册中依次收录了《法制史略》(富井正章著)、《法制一斑》(鸠山和夫、阪本三郎合著)、《自治制度》(清水澄著)、《警察制度》(大浦兼武著)和《监狱志》(小河滋次郎、留冈幸助合著)五种日本的法学论著。

了其中所载的《法制一斑》(鸠山和夫、阪本三郎合著)、《法制史略》(富井正章著)和《监狱志》(小河滋次郎、留冈幸助合著)等论著中的大段文字(合计700余字),以说明《唐律》"不惟影响后代,且大有造于日本"。① 在这一章中,杨鸿烈除了简要讨论了唐代法律对日本的影响,还在介绍唐代法律中反映"比较新旧二法从其轻者处断"之精神的相关规定(即"凡有罪未发及已发未断而逢格改者,若改重则依旧条,[改]轻从轻法")时,不仅将其与规定"不分新旧二法概从新法处断"的《明律》、《大清律例》、《暂行新刑律》进行对比以说明其不同外,而且还将之与法国、比利时、德国、匈牙利、荷兰、美国、日本、意大利、挪威、英国等国的相关规定进行对比。②

不过,与《中国法律发达史》一书50多万字的鸿篇巨制相比,上述涉及中国法律与其他国家法律之比较的内容,确实只是沧海之一粟。用杨鸿烈自己的话来说,"寥寥数节,殊不惬意"。也正是有感于此,杨鸿烈后来才决定再进而撰写一部专门讨论中国法系之范围的著作。在《中国法律在东亚诸国之影响》一书的"全书提要"中,开篇即讲两书之分工——"著者九年前曾著《中国法律发达史》一书,为'中国法系'之内包的研究,兹编则从事'中国法系'之外延的研究……"③杨鸿烈认为,若将研究中国法系之"内容"的《中国法律发达史》和研究中国法系之"外延"的《中国法律在东亚诸国之影响》合而观之,则"世界五大法系中之中国法系,其全貌已可毕睹",亦即"中国法系之全面目究为如何"便可获知。④

---

① 参见杨鸿烈:《中国法律发达史》,商务印书馆1930年版,第344—345页。
② 参见同上书,第387—388页。
③ 见本书第1页。
④ 参见本书第20、19页。

四

从《中国法律发达史》一书声言该书的范围和目的在于"有意表出中国民族产生的法律经过,和中国历代法律思想家的学术影响司法的状况"①,到《中国法律在东亚诸国之影响》一书强调只有同时了解其"内容"与"外延"才能毕观中国法系之全面目,这种学术视野的扩展,不仅折射出杨鸿烈超人一等的学术功力,而且还反映了他对中国法系所做的研究正日益走向全面化和系统化。

早在1884年时,日本学者穗积陈重便在一篇文章中简单提及"中国法系"(他当时的用词是"支那法族")的范围(他称之为"法境")包括"亚细亚东岸诸国,支那、日本、朝鲜等"。② 差不多二十年后,一位以"攻法子"为笔名的留日中国学生撰文介绍穗积陈重的五大法族之说,其中也曾言及"支那法系之法境,以亚细亚之东部为主,支那帝国之外,日本、朝鲜、安南等,均含在内"③。不过,自从1917年时出现首篇专门讨论"中国法系"的中文文章(亦即卢复的"中国法系论"一文)以来,④以此为研究主题的绝大多数文章,

---

① 参见杨鸿烈:《中国法律发达史》,上海商务印书馆1930年版,第10页。
② 穗积陈重:《法律五大族之说》,《法学协会杂志》第1号(1884年)。
③ 攻法子:《世界五大法系比较论》,载《政法学报》第3卷第2期(1903年)。
④ 卢复的这篇文章最初是在1917年时发表在其担任编辑的《楚宝》杂志上,次年被再次刊登在《法政学报》,《东方杂志》随后从《法政学报》上转载了此文。参见卢复:《中国法系论》,载《法政学报》第1卷第1期(1918年);卢复:《中国法系论》,载《东方杂志》第15卷第7期(1918年)。这是目前所知第一篇在文章标题中明确使用了"中国法系"一词并在文内予以专论的中文文章。

往往都只是将梳理中国法系之"发展历程"并总结概括其"特征"作为行文重点,即便偶有论及中国法系的"影响",通常也只是限于时间维度上的后代对前代的承继,亦即局限于中国范围之内进行讨论,而罕见有谈到中国法律制度及思想在空间维度上对他国之影响。

就笔者所搜集的文献而言,除了前述杨鸿烈在1930年出版的《中国法律发达史》一书中曾简单提及"传说的箕子在朝鲜统治下之司法"以及唐代法律对日本之影响外,在1936年年底之前发表的讨论到"中国法系"或"中华法系"的中文文章中,只见到如下几段文字曾简单谈及中国法律制度及思想在中国之外的影响:

> 中华法系之领域,在昔殆及于亚细亚全洲,诸凡日本在明治维新前,及朝鲜、安南、缅甸未灭亡前,其法律制度,均渊源于我国。①
>
> 我国法系肇源最古,在世界法系中,其势力虽不逮罗马法系与日耳曼法系,以视回回、印度两法系则远胜之。朝鲜、安南及维新前日本之法制,皆渊源于我。②
>
> (中国法系)影响所及,东至朝鲜、日本,南至安南、缅甸,含英蕴华,实跨罗马而远过之,英美、回回、印度诸法系,瞠乎后矣。③

---

① 蒋澧泉:《中华法系立法之演进》,载《中华法学杂志》第6卷第7期(1935年)。
② 杨幼炯:《今后我国法学之新动向》,载《中华法学杂志》新编第1卷第1期(1936年)。
③ 陈鹏:《中国法系之权利思想与现代》,载《法律评论》第13卷第40期(1936年)。不过这种说法当时也受到一些批评,例如李景禧就批评所谓中国法系"实跨罗马而远过之"的说法显属夸大,言过其实。参见李景禧:《读"中国法系之权利思想与现代"有感》,载《法律评论》第13卷第47期(1936年)。

当然,在杨鸿烈的《中国法律在东亚诸国之影响》于1937年出版之前,专门讨论中国法律对其他国家法律之影响的中文文章并非付之阙如,但管见所及,仅刘哲1933年时发表在《法学丛刊》上的一篇文章,且该文只是讨论了中国法律对日本一国的影响。此文的主旨与立场,在其题目中便一览无余——《受中华法系支配的日本中古民刑事法》。在文章正文部分,刘哲分成民事法和刑事法两大方面,就日本中古时代的法律对唐代律令的摹仿进行了论述,并最后于结论部分作出如下概括——"日本大化革新,制定律令,可云纯是中华法系的产儿。"①

即便将考察的范围扩充至国外的学者,在杨鸿烈的《中国法律在东亚诸国之影响》一书1937年出版之前,也未见有系统研究过中国法律对其他国家之影响的论著问世。前曾述及,早在1930年出版的《中国法律发达史》一书中,杨鸿烈就从《日本开国五十年史》之中译本里转引了《法制一斑》等论著中的相关论述,以说明《唐律》"不惟影响后代,且大有造于日本"。而到了《中国法律在东亚诸国之影响》一书当中,他更是广泛搜集国外学者的论著中涉及中国法律对其他国家之影响的相关内容加以参考。仅以杨鸿烈在该书中专论"中国法律在日本之影响"的那一章里所提及的日本学者为例,其中论及这一话题的便有不少,例如穗积陈重便曾在其英文著作中说过"日本法律属于中国法族者,盖一千六百年矣"之类的论断。②但正如杨鸿烈所看到的,"中日两国现存之法制史料

---

① 参见刘哲:《受中华法系支配的日本中古民刑事法》,载《法学丛刊》第2卷第4期(1933年)。
② "日本法律属于中国法族者,盖一千六百年矣"一语,系引用杨鸿烈书中的译文。参见本书第193页。

诚可汗牛而充栋,尤以近数十年以来日本法制史家于中国法律在日本之影响之研究用力最深,贡献特大,惜多偏于隋唐时代之考据方面,于法条内容之分析比较及明治维新时三度摹仿明清律而未大成之事实未加注意(韦格穆尔教授之《世界法律系统大全·日本法系》(The Japanese Legal System)一章亦不着一字)",故而自言《中国法律在东亚诸国之影响》一书中"是编即为弥补此项缺憾而作"[①]。

由此来看,本文开头所引的1937年《东方杂志》上那则图书广告中所称的"此项为以前东西各国学者所未曾着手之艰巨工作"一语,并非溢美之辞。也正因为如此,杨鸿烈的《中国法律在东亚诸国之影响》一书成为全面深入地讨论中国法系/中华法系之"范围"的开山之作。该书所做的工作,如果借用前述阮毅成的话来说,便是"以中国法律为中心,以与他国法律发达的过程比较"。

五

1937年出版的《中国法律在东亚诸国之影响》一书,旨在逐一探讨中国法律在历史上对朝鲜、日本、琉球、安南(今之越南)等东亚四国之深远影响。该书正文部分除了被安排在目录之后以方便读者概览全书主要内容的"全书提要"外,其余部分共分为六章。

第一章为"导言",下分"世界法系中之中国法系"和"中国法系之内容与范围"两节。前者介绍穗积陈重、柯勒尔、温格尔、韦格穆尔等国外学者关于法系划分的理论,以及援引周祺、梁启超、仁

---

① 见本书第194页。

井田升、芦野德林、程树德、朱方等中外学者的论述来阐述中国法系之源远流长;后者先驳斥浅见伦太郎质疑中国法系之存在的谬论,然后采撷仁井田升、泷川政次郎、桑原骘藏、耶士卡拉(Jean Escarra)、董康、屋雅万乐夫斯基(V. Rjavanofckiy)、哈维(G. E. Harvey)等学者的相关论述,来概述历史上中国法律的影响曾远及朝鲜、日本、琉球、安南诸国。①

杨鸿烈认为上述四国中以朝鲜与中国之关系最为深远,故而先以第二章详述"中国法律在朝鲜之影响"。在这一章中,杨鸿烈以李朝开国为时间界线,分两节论之。第一节先从讨论《汉书》、《后汉书》、《三国志》中均有提及的箕子入朝鲜时立下八条禁令之说法是否属实(杨氏认为所谓箕子八条不可信)开始,在略述三国鼎立时代新罗、高句丽、百济之法制后,重点讨论高丽一代之法制与《唐律》的渊源和异同。第二节则论述自李成桂覆灭高丽后建立李朝,直至中日甲午海战后中国势力完全退出朝鲜之前,其法制始终以《大明律》、《大明会典》诸书为最主要之法源。

第三章"中国法律在日本之影响",为全书中篇幅最大者(此部分内容占全书的近40%)。该章将日本受中国法律之影响的约1600年分为两大时段,即天智天皇时代至醍醐天皇时代(688—907年,相当于唐高宗总章元年至五代梁太祖开平元年)和武家时代末期暨明治维新时期。杨鸿烈通过对比考察中日两国之法律后认

---

① 需要指出的是,杨鸿烈在该书中并未明确交代"东亚"的范围何指,但他在后来发表的一篇文章中曾就此专门有所解释:"是所谓'东亚'的范围,即包括中国、日本、朝鲜、琉球、安南、暹罗等国家,若再扩大一点说,印度也是其中占着最为重要的地位的一个分子。……我们只顾名思义的确定所谓'东亚'的范围,实在仅只限于中国、日本、朝鲜、琉球、安南、暹罗,以至于印度等国而已。"杨鸿烈:《东亚新文化的创造》,载《华文大阪每日》第6卷第7期(1941年)。

为，日本在前一时段充分输入中国法律，摹仿唐制，然亦非削足适履、一味盲从，而是斟酌本国国情，有所取舍（例如《大宝律》将《唐律》中的"十恶"省为"八虐"，将"八议"改为"六议"）。在后一时段中，自白河天皇以降，幕府专政，武人得势，虽然采用幕府所制定的诸种特别法，但当时各藩中仍有一些摹仿《大明律》体系而编纂的地方法典；德川幕府垮台（1867年德川庆喜被迫宣布还政于天皇）之后，明治初期编纂颁行的《暂行刑律》（日文称《假刑律》）、《新律纲领》，其蓝本即为《大明律》，而明治六年颁行的《改定律例》虽改采欧陆法典的顺序目次来列举条款，但其法律名词仍然沿用《大明律》而未改。

与第三章相比，讨论"中国法律在琉球之影响"的第四章在篇幅明显少了很多，甚至显得有些单薄（只有三十几页），故而该章下不分节。琉球在中国史籍中之记载，始见于《隋书》（当时写作"琉求"）。杨鸿烈通过考察后发现，该国自明太祖洪武五年（1372）入贡中国开始，至清代光绪时脱离中国，受中国的影响达五百余年，其法制多摹仿《大明律》和《大清律》。

第五章详述"中国法律在安南之影响"，其下按安南主要朝代更迭之顺序，分为三节论之。杨鸿烈指出，自马援平定安南后，《汉律》即已在此施行，不过因迁就当地习惯而允许保留若干与《汉律》冲突的旧制。自秦汉至唐代，安南入于中国版图，其法制与中国无大差异。五代晋高祖天福四年（939年），吴权击破南汉军队后称王，建立吴朝。其后经丁先皇帝、黎天福帝，至李太祖、陈太宗两朝时，其法制摹仿唐宋两朝而立。陈朝为外戚黎季犛所篡夺后不久，明成祖于永乐五年（1407年）派兵大破黎季犛的军队，改安南为交阯，设三司，厉行同化政策。但后来因宦官至此采办时向当地民众大索珍宝,激起叛乱。其中势力最大者为黎利,后于1428年称帝,创立黎朝。杨鸿烈在考察后发现,黎朝编纂的法典系摹仿《唐律》,只有小部分受到《元律》、《明律》的影响,亦即当时《大明律》对其而言反而不甚重要。直到阮朝之时,安南才改以明清律为蓝本。具体而言,阮朝时所编订的法律文句与《大明律》多有相同,但条例则间取自《大清律例》和黎朝圣宗洪德时的条例。值得注意的是,杨鸿烈曾在"导言"部分专门对这一章写作所利用的文献有所交代:"安南书籍流通外国者甚少,《四库》所收,惟《安南志略》一种,私人所藏之少盖可想见。据松本广信氏所撰《(安南)河内法国远东学院所藏安南本书目》及《越南王室所藏安南本书目》,则安南书籍数量之多,实可惊人。著者生长滇南,以留学外地,出入安南者前后四次,然人事羁牵,来去匆匆,不克久留。今所根据者,乃东洋文库所藏永田安吉氏之寄赠本,虽不足与法国远东学院及越南王室相比拟,然主要之法制史料,已应有尽有,实亦极难得而可贵者矣,故尚希读者特加注意焉。"①

在作为全书最后一章的"结论"部分,杨鸿烈首先总结说,东亚大地之文化曾长时间以中国为唯一的策源地,法律则是其中之一端,由是"痛感东亚原属一家,彼此应互相提携,共图进步,以维持我东亚久远之声光而弗坠"②。尤其值得注意的是全书最后部分中关于"中国法系"的反思与讨论。杨鸿烈如此写道:

> 吾人所应承认之事,则过去为东亚表率之中国文化,皆属

---

① 见本书第28页。
② 见本书第616页。

于渐进的(法律固不能为例外)。较欧美近三四百年之跃进者固有愧色,然若以"中国法系"与所谓"印度法系"、"回回法系"之"固步自封"、"完全停滞"者比较,则有稍胜,且现尚保存之中国古代法典与受中国影响摹仿而成立之朝鲜、日本、安南等国诸法典,其自身亦有不可磨灭之价值。①

在他看来,今天对于中国法系的全貌须加重新评价,不可妄自菲薄。为了进一步说明此点,杨鸿烈在大篇幅地援引了薛祀光1929年发表的《中国法系的特征及其将来》一文中的内容后,提醒人们,薛氏此文中所谈的中国法系之优点在于法律和道德接近,"实有注意之价值"。杨鸿烈认为,清末变法以来的法律草案虽与罗马法系相混合,但国民政府成立后所制定的法律,"一面保存家庭制度,一面又以社会为单位",因此既与之前以家庭制度为单位的立法有所不同,又区别于英美法系、大陆法系以个人为本位的立法。在杨鸿烈的心目中,这便是所谓"新中国法系",尽管它尚未发展至理想境界。他动情地写道:"著者此后惟望我东亚法家回顾数千年来我祖宗心血造诣所贻之宝贵财产,不惟不至纷失,且更进一步,力采欧美之所长,斟酌损益,以创造崭新宏伟之东洋法系,是则著者区区之微意也。"②最后他在援引韦格穆尔讨论中国法系之将来的一段话后,以"吾人对氏而言,惟有痛自鞭策,期无负祖宗之遗业而已"一句作为全书正文之结尾。③

有论者批评说,杨鸿烈的上述呼吁,体现的是一种"自卑者的

---

① 见本书第616页。
② 见本书第624页。
③ 参见本书第625页。

自我辩护"和"自卑者的自救",并将杨鸿烈的这种意图概括为"法律文化的保守主义",强调它"本质上是一种爱国主义,只不过是以一种'保守落后的旧文化防御外来文化的进攻'的形式表现出来,因而它又是一种盲目、狭隘、冲动的民族主义情绪",进而认为杨鸿烈"由于深受强烈的自欺心理和狭隘的民族虚荣心的束缚,以及走不出将文化的民族特色和独立性等同于民族尊严的认识误区,他所苦心经营的挽救民族自尊的路线,充满着内在困难,最终通往了一片迷失之境"。①

在笔者看来,这种评价有失偏颇。在杨鸿烈关于中华法系的学术作品中,民族主义确实是一条贯穿始终的重要线索。这一点毋庸讳言。② 但杨鸿烈笔下流露出来的那种民族主义,就简单的只是所谓文化保守者的民族虚荣心之体现么?笔者以为,在杨鸿烈著作中所流露出来的民族主义情绪,毋宁说是代表了近代以来"西风东渐"背景下中国学人们一种共同的焦虑。蔡枢衡曾在20世纪30年代末指出,在近代中国法律的发展中,"传承数千年的古物一旦废弃,不仅使怀旧情深的中国人伤感,且易引起舍己从人、盲随西洋的误解,从而发生中国旧法断非决无可采之处的疑问。"③但这

---

① 参见阮智刚:《论杨鸿烈对〈中华法系〉的学术建构》,西南政法大学2007年硕士学位论文。

② 这一点也为其他学者所明确指出。例如,赖骏楠认为:"杨鸿烈看似超越了民族主义,实际上仍然是在诉诸民族主义,因为'东洋法系'毕竟是以中国为主导的。"赖骏楠:《建构中华法系——学说、民族主义与话语实践(1900—1949)》,载《北大法律评论》第9卷第2辑,北京大学出版社2008年版,第446页。刘高勇则写道:"通读全书,一股深深的民族自豪感溢于字里行间。杨鸿烈对中华法系历史之悠久,影响之广泛深感为荣。"刘高勇:《杨鸿烈:力树中华法系的世界地位——以〈中国法律在东亚诸国之影响〉为中心》,载《社科纵横》2006年第10期。

③ 蔡枢衡:《西洋法律的输入》,收入蔡枢衡:《中国法理自觉的发展》,清华大学出版社2005年版,第78页。该文最初载于《今日评论》第1卷第10期(1939年)。

种共同的焦虑未必就是"盲目、狭隘、冲动的民族主义情绪"之体现,而也可能是近代中国学人在面对时代巨变时寻找出路的痛苦思索。事实上,"旧文化"未必皆是"落后的"而全然无需"保守","外来文化"也不尽然就毋须"防御"而只能任其"进攻"。正如蔡枢衡所说的:"中国变法只算是中国法律历史自己的发展,并没有弃旧律为敝屣,更不是张冠李戴。虽说这种认识与当时事实不符,当时起草者根本采着厌恶旧律的态度。但这只不过表示起草者并未意识这点,事实是不问起草者意识与否而独立存在的。"①前已述及,杨鸿烈认为国民政府成立后的法律既保存家庭制度(但与传统中国时期以家庭制度为单位的立法又有所不同)又以社会为单位(因此与英美法系、大陆法系以个人为本位的立法也有区别),并对这种兼顾中西的立法模式予以称赞。今天回过头看,他的这一立场绝非"自卑者的自我辩护"、"自卑者的自救"之类的简单说辞所能盖棺定论。尤其是数十年后当我们面对着"家庭"正在中国法律中遭到严重冲击进而导致更多的社会失序,不得不对移植西方那些建基于个人权利逻辑的法律的做法得失进行反思时,②更是感觉如此。事实上,杨鸿烈当年那种希望寻绎中国固有法制之优长并力采欧美之所长的呼吁,在当代也得到越来越多有识之士的应和。例如黄宗智提醒人们说:"中国未来的法律不一定要像西方现代法律那样,从个人权利前提出发,而是可以同时适当采用中国自己古

---

① 蔡枢衡:《西洋法律的输入》,收入蔡枢衡:《中国法理自觉的发展》,清华大学出版社 2005 年版,第 79 页。该文最初载于《今日评论》第 1 卷第 10 期(1939 年)。
② 例如强世功:《司法能动下的中国家庭——从最高法院关于〈婚姻法〉的司法解释谈起》,载《文化纵横》2011 年第 1 期;赵晓力:《中国家庭资本主义化的号角》,载《文化纵横》2011 年第 1 期。

代的和现代革命的传统,从人际关系而不是个人本位出发,依赖道德准则而不仅是权利观念来指导法律。同时,采用中国法律传统中由来已久的实用倾向。长期以来,道德与实用的结合,加上近百年来从西方引进的权利法律,同时塑造着中国的法律体系。"①

六

作为在20世纪30年代的中国法系论潮中面世的一部学术作品,②杨鸿烈的《中国法律在东亚诸国之影响》一书自然免不了带有那一时期关于此主题的讨论作品的某些共同特征(例如民族主义的情绪流露),但也与其他讨论中国法系的作品之间存在着鲜明的区别。而那些使得杨鸿烈的《中国法律在东亚诸国之影响》一书别具一格的特征,除了它系统地讨论了其他作品甚少专门处理的中国法系之"范围",以及没有像同时期的其他很多学者那样喜好滥用"三民主义"之类的意识形态话语作为重塑中国法系的基石之外,还包括该书中在资料利用和分析框架两方面的独特性。

先说资料利用方面。前已述及,阮毅成在1932年的那篇书评

---

① 黄宗智:《中西法律如何融合?——道德、权利与实用》,载《中外法学》2010年第5期。
② 所谓"中国法系论潮",是指主要始于20世纪30年代(尤其是在1935年时中国本位文化建设大讨论兴起之后),并一直延续到40年代的围绕"中国法系"(或称"中华法系")的热烈讨论。有学者将1936年至1942年间关于中国法系的广泛讨论称为"建立中国本位新法系论潮"。参见江照信:《中国法律"看不见中国"——居正司法时期(1932—1948)研究》,清华大学出版社2010年版,第137—153页。附带说一句,此书交代"建立中国本位新法系论潮"一语系借用自杨幼炯的《家族制度与中国固有法系之关系》(载《中华法学杂志》新编第1卷第1期)一文,但事实上,《家族制度与中国固有法系之关系》一文的作者应是陈顾远,而非杨幼炯。

中称赞杨鸿烈的《中国法律发达史》一书"对于搜集材料的工作,大致堪称完备"。在该书的"导言"部分中,杨鸿烈专辟一节文字来讨论"法律史的史料",将该书所利用到的中文法律史料分为"原料"与"副料"两大类详予罗列。仅从这一部分所展示的史料来看,不仅有经史子集、历代律典,还包括甲骨文献、金文资料、碑刻记载、野史传记、民间契约等,其类型之丰富,令人叹为观止。① 用他自己的话来说,"著者在旧作《中国法律发达史》所列举过的,为数已足惊人"②。除了丰富的中文法律史料外,杨鸿烈在该书中还参考了很多以英、法、德等不同语种写成的一手文献。

这种超人一等的中外资料搜集功夫,在《中国法律在东亚诸国之影响》一书中更是得到了进一步的发挥。本文开头所引的《东方杂志》1937年刊登的图书广告中称赞此书所用"材料之丰富",实非虚言。在《中国法律在东亚诸国之影响》一书中,杨鸿烈在讨论中国法律在朝鲜、琉球、安南等国之影响时,在各章的最后部分均附上关于该国法制史的中外文参考资料书目,以方便后来者能进一步深入研究,③其中很多均是他在日本参阅的珍贵文献,国内学者难得一见。④ 研究"中国法律在日本之影响"的那一章,虽未像其

---

① 参见杨鸿烈:《中国法律发达史》,上海商务印书馆1930年版,第14—18页。
② 杨鸿烈:《后魏司法上因种族成见牺牲的大史案》,载《中华法学杂志》新编第1卷第8期(1937年)。
③ 参见本书第189—192、466—469、608—609页。
④ 以杨鸿烈所提及的安南法制史研究参考书目为例。在附于第五章"中国法律在安南之影响"文末的《安南法制史之参考书目》中,他感叹说:"……环顾国内著名之诸大图书馆收藏安南书籍者恐无一所,是不能不令人太息矣!"见本书第609页。此言非虚。比如书目中所列的《大越史记全书》(越南史学家吴士连著、陈荆和编校)中包含有研究越南法制史的丰富史料,但很少有中国的法律史研究者能接触到此书并据以研究。直到近年来才有中国学者专门从中辑录了一部分法律史资料予以公布,参见张金莲辑录:《〈大越史记全书〉中的法律史料》,载《法律文献信息与研究》2008年第2期。

他几章那样专门列上相关的参考书目,但从该章 374 个注释的内容来看,其参考的文献数量也极为可观。① 仅以《中国法律在东亚诸国之影响》一书所参考过的文献的作者而言,根据我的初步统计,就有 Alleyne Ireland、Angus Hamilton、Edward J. Reed、George Trumbull Ladd、安鼎福、滨田耕作、波多野乾一、布施弥平治、长野勋、朝河贯一、池田寅二郎、村冈典嗣、村冈良弼、大原利武、稻叶岩吉、福田芳之助、宫崎道三郎、关野贞、广池千九郎等 50 多位国外学者,其中尤以日本学者为数最多。而这与原本就通晓英语、法语和德语的杨鸿烈在 1934 年东渡扶桑后,又以惊人的毅力在短时期内学会日语而能直接查阅日文文献,实有莫大的关系。②

与同时期研究中国法系的其他论著相比,杨鸿烈此书在史料类型之丰富性、文献语种之多样化等方面可谓卓尔不群,而这得益于他对法律史料之范围的独到认识。杨鸿烈曾在其他地方专门提及《今古奇观》、《红楼梦》之类的小说,《盛明杂剧》之类的戏剧,《江苏歌谣集》之类的民间文学,《嘉庆广西通志》之类的地方志,《武林掌故丛编》之类的书籍,《江苏省例》之类的资料中,都藏有丰富的法律史料,③甚至还专门撰写长文讨论过"档案"在中国近代

---

① 参见本书第 417—435 页。
② 杨鸿烈于 1919 年时"由昆明考取北京高等师范学校(后来升格为师范大学)的史地部,后转入英语部"。当时北京高等师范学校要求还必须选修第二外国语,于是杨鸿烈便"以六年的时光研究英文,两年的时光研究法文和德文"。1934 年时,杨鸿烈携妻儿赴日本,用他自己后来回忆的话来说便是"哑子出洋",但他凭借惊人的毅力和突出的语言能力,通过在东亚高等预备学校上课和平时勤加练习,在短时间内就掌握了日语。参见杨鸿烈:《回忆梁启超先生》,载夏晓虹编:《追忆梁启超》(增订本),生活·读书·新知三联书店 2009 年版,第 235 页;杨鸿烈:《我与日本③》、《我与日本④》,分别刊载于《华文大阪每日》第 8 卷第 10 期、第 11 期(1942 年)。
③ 参见杨鸿烈:《后魏司法上因种族成见牺牲的大史案》,载《中华法学杂志》新编第 1 卷第 8 期(1937 年),第 43 页。

史(包括法律史)研究中的独特价值。①

再说分析框架的独特性。在《中国法律发达史》一书中,杨鸿烈就开始使用一种独特的分析框架,那就是以西方的部门法范畴与划分,来对传统中国的法律制度进行分类梳理。这一特点早已为学界所注意。例如梁治平就指出,《中国法律发达史》一书"在各章(亦即各朝)之下,相关史料再分别汇集在一个根据现代法典体例制成的多级条目之下。以唐朝为例,标准的条目体例是:概述;法典;法院编制(分中央、地方两部);刑法总则(分法例、犯罪、刑名、刑之适用、刑之执行、刑之赦免等);刑法分则(以下分述各种罪名);民法,下分人之法(行为能力、身份、婚姻、承继、养子)、物之法(所有权、债权法);法律思想。其他各章则视材料的具体情形而各有损益"②。到了撰写《中国法律在东亚诸国之影响》一书之时,杨鸿烈沿用了这种利用西方的法学知识架构作为中国法律史料之整理框架的做法。③

具体而言,《中国法律在东亚诸国之影响》一书中,杨鸿烈在将中国法律制度与他国法律制度进行对照以说明前者对后者的影响时,通常采用法典—法院编制(分为中央和地方)—诉讼手续—刑法总则(含刑名、刑之执行、刑之减轻等)—刑法分则(含各种罪名)—军法—民法(含行为能力、身分、婚姻、承继、养子、土地所有

---

① 参见杨鸿烈:《"档案"与研究中国近代历史的关系》,载《社会科学月刊》第1卷第3号(1939年);杨鸿烈:《"档案"与研究中国近代历史的关系(续)》,载《社会科学月刊》第1卷第5号(1939年)。

② 梁治平:《法律史的视界:方法、旨趣与范式》,载梁治平:《在边缘处思考》,法律出版社2010年版,第185页。

③ 杨鸿烈的这种做法应该是深受其师梁启超的影响。梁启超1906年发表的两篇名文——《中国法理学发达史论》和《中国成文法编制之沿革得失》——便是借用西方的法学理论、范畴和分类来构筑中国法律史的框架,也因此被誉为开风气之先。

权、买卖、贷借等)的分类对比框架。对于杨鸿烈惯用的这种以现代法学的分类框架整理史料的做法,学界褒贬不一,一些批评者认为其将中国法律条文与西方法律强行加以比较而显得"牛头不对马嘴",①或者称如此行事将导致无法对中西不同的法律制度知识类型进行必要的反省与检讨,②但越来越多的研究者则承认它是使得中国法律史研究跳出单纯的史学特色而同时具备法学品格的一种路径。③

---

① 例如著名历史学家王毓铨(1910—2002)就批评说:"本世纪30年代,上海有杨鸿烈等几位中国律书研究者,写书写文章论述或分析我国古代的律书,他们好以罗马法为蓝本,依据其条文,割裂中国律书的条文,强为之等同,将中国古代的律书,与罗马法比较,弄得牛头不对马嘴。"朱仲玉:《王毓铨先生访问记》,载《史学史研究》1984年第2期。

② 徐忠明认为:"说到资料丰富,自然是事实。然而除了按照现代法律知识体系分门别类胪列中国古代的各项法律制度以外,杨鸿烈似乎不想再做任何事情。这样一来,古代中国与现代西方的两种法律制度知识类型之间,也就没有进行必要的反省检讨与交流对话。因而以事后'高明'的眼光看,这种研究的学术价值恐怕已经有限。"徐忠明:《试说中国古代法律制度研究范式之转变》,载《北大法律评论》第4卷第1辑,法律出版社2001年版,第224页。

③ 例如,何勤华指出:"用近代西方的理念、方法、体系和概念术语等来研究中国的材料,是当时中国学术界通行的做法……这种模式虽然会带来因以今人的立场来诠释古人的思想而会出现误读、误解的弊端,但对沟通古人与今人的思想,使现代读者更好地了解、理解古代的制度和思想是非常适合的……"何勤华:《杨鸿烈其人其书》,载《法学论坛》2003年第3期;陈煜认为:"论者或者可以讥此为曲解古人,但这样的做法恰恰是使法律史成为一门法学,使之具有不同于一般历史而有自己独立品格的很好的办法,我们所要注意的是不能生搬硬套,如将'专卖'比附于'禁榷',将'担保'比附'典当'等,而应尽量用现代的语言界定古代概念,如果我们将古代的'为有'、'归于……名下'用今天的'对……享有物权'来表达,则未尝不可。"陈煜:《论作为法律科学的中国法律史》,载张中秋编:《法律史学科发展国际学术研讨会文集》,中国政法大学出版社2006年版,第46页。刘昕杰强调:"梁启超和杨鸿烈等人运用西方法学概念和方法,对中国历史中的法律问题进行重述,使其论著与传统的中国律学考证著作区分甚大,成为具有'现代'意义的中国法律史著作,也正是通过这样一个西方法与中国史的学术嫁接过程,中国法律史学科本身才得以在现代学术体系中找到自身的定位,从而在一个完全以西方法为基础的现代法学学科中占据了一席之地并发展至今。"刘昕杰:《"中国法的历史"还是"西方法在中国的历史"——中国法律史研究的再思考》,载《社会科学研究》2009年第4期,第87页。

七

从杨鸿烈此书问世的 1937 年算起,迄止 1949 年,虽然陆续还有十余篇专门研究中国法系的文章刊行于世,但仍然很难看到有详细讨论过中国法系之影响范围者,即便偶有所见,通常仍是泛泛而论的文字片断,点到即止而已,且其中时有臆断之语。①

1944 年发表的《伟大的中国法系》一文看似属于例外,但其实不然。该文第五节"中国法系的发展"中,特地分成"国内的发展"和"国外的发展"两部分予以介绍,其中"国外的发展"一部分先言"中国法律在国外的发展,就是影响各国的法律,采用中国的法律,也就是入了中国法系",下面再依次"就东亚各国采用中国法律的情形"分日本、朝鲜、琉球和安南四国加以讨论,随后在下一节的起首处还表示"中国法律影响东亚各国,所遗憾的,未能普遍亚洲,传入欧洲……"②,但实际上,这节 800 余字的文字内容,"受惠"于杨鸿烈的《中国法律在东亚诸国之影响》一书甚多。尽管该文中从未提及杨氏此书,但一些文字其实属于掠人之美。③

---

① 参见丁元普:《中华法系与民族之复兴》,载《中华法学杂志》新编第 1 卷第 7 期(1937 年);周敬如:《中国法系之今昔观》,载《公言》1937 年第 1 期;谢志腾:《中国法系的研究》,载《法语》1940 年第 3 期;裴笑衡:《建设三民主义新法系的商榷》,载《三民主义周刊》第 2 卷第 3 期(1941 年)。

② 详见刘澄清:《伟大的中国法系》,载《文风杂志》第 1 卷第 6 期(1944 年)。

③ 有兴趣的读者可将刘澄清所撰《伟大的中国法系》[载《文风杂志》第 1 卷第 6 期(1944 年)]一文中叙述中国法律对琉球之影响的那部分内容与本书第四章相关内容作对比。

即便是目前所见这一时期唯一的一篇专门讨论中国法律对朝鲜之影响的文章,其实也是从杨鸿烈的《中国法律在东亚诸国之影响》一书中照搬了大量的文字,且同样不予交代。这篇题为《中国法系与韩国法》的文章在1945年时首次发表于《中韩文化》的创刊号上,1947年时再次刊登于当时在法学界影响甚大的刊物《法律评论》之上。①该文中同样存在照搬自杨鸿烈的《中国法律在东亚诸国之影响》一书的大段文字,例如该文中讲述"朝鲜时代受中国法律之影响"的那一节内容,几乎就是原封不动地来自杨氏之书的"全书提要"部分,所异者仅是无关紧要的寥寥数字而已。②

连《中国法律在东亚诸国之影响》一书中评介穗积陈重、韦格穆尔等人之法系划分理论的那部分内容,也未能幸免于被他人搬进自己文章而不名其出处的命运。1940年发表的一篇题为《中国法系的研究》的文章,其"世界法系与中国法系"一节内容的首段文字,便明显是摘自杨氏之书的"导言"部分。③

除了以各种署名或不被署名的方式影响到后来关于中国法系的相关研究之外,《中国法律在东亚诸国之影响》一书甚至还引起了法学界之外的其他学者的注意。著名的科学史家李俨(1892—1963)曾在1941年时写给另一位科学史家严敦杰(1917—1988)的一封信中提道:"查中国算学在东亚诸国之影响甚为重大。弟方面所藏日本材料尚大体足用。安南材料以前章用收藏有一部分,惜

---

① 李景禧:《中国法系与韩国法》,载《中韩文化》1945年第1期。该文后来以同样的文章名刊载于《法律评论》1947年第15卷第12期。

② 有兴趣的读者可将李景禧所撰《中国法系与韩国法》(载《中韩文化》1945年第1期)一文与本书之"全书提要"部分作对比。

③ 有兴趣的读者可将谢志腾所撰《中国法系的研究》(载《法语》1940年第3期)一文与本书之"全书提要"部分作对比。

不完全;因河内图书馆藏书之外尚有'王室藏书'。至朝鲜及琉球则甚缺乏。查杨鸿烈编《中国法律在东亚诸国之影响》一书时,曾在日本参考图书。此事只好以后大局平定时再作进行矣。"①从这封信的上述内容来看,李俨不仅很可能是摹仿杨鸿烈《中国法律在东亚诸国之影响》一书的书名表述方式才使用"中国算学在东亚诸国之影响"一语,并且还注意到杨鸿烈该书中所利用的那些国内不易见到的丰富资料。

八

民国时期研究中国法系的著述为数不少,尤其是随着1935年时中国本位文化建设大讨论的兴起,更是形成了讨论如何复兴或重建中国法系的澎湃论潮。曾有学者将杨鸿烈和另一位法律史名家陈顾远各自研究中国法系的著述进行对比,认为:"陈顾远的中国古代法律制度研究要比杨鸿烈来得成功,也比杨鸿烈的著述更有生命力和影响力……这是因为陈顾远的研究更具反思意识,更有批判精神,并且对于研究方法也有自觉的检讨。"②这一论断有一定的道理。相较于陈顾远讨论中国法系的作品而言,杨鸿烈的著述的确有些显得长于史料整理而短于观点提炼。

但在有一点上,杨鸿烈的论著则是其他研究中国法系的作品

---

① 邹大海、韩琦整理:《李俨、严敦杰往来书信(1940—1941年)(三)》,载《自然科学史研究》2010年第3期。
② 徐忠明:《试说中国古代法律制度研究范式之转变》,载《北大法律评论》第4卷第1辑,法律出版社2001年版,第224—225页。

所望尘莫及的,这就是他三部专著中所展示的极为宽广的学术视野(用刘广安的话来说,便是杨鸿烈"具有世界性的学术眼光"①)。而这与杨鸿烈通晓英、法、德、日等多国语言并注意广泛搜集、参考国外学者的相关研究成果的卓越学术能力密切相关。也正因为如此,他除了像其他一些学者那样致力于梳理中国法系的"内容"之外,还专门延伸研究了中国法系的"外延"问题,亦即中国法律历史上在其他国家的影响。正如何勤华所指出的:"在中国近代法史学萌芽与诞生过程中,学术界对中华法律的内容以及特点等的研究已经不少,但对中华法系的内涵以及中国法律对周边国家的影响的研究则极少,杨鸿烈的《中国法律对东亚诸国之影响》可以说是唯一的一部。因此,该书在中国近代法史学发展史上具有里程碑的意义。"②又或者如其他学者所说:"《中国法律在东亚诸国之影响》是一部划时代的法学著作,它不仅在法律史学界具有开创性意义,在比较法学界同样具有重大学术价值。"③甚至直到今天,仍然罕见有系统研究中国法律在历史上对其他国家(特别是除日本之外的朝鲜、安南等国)之影响的学术作品问世,多是一些零星的论文,而几乎未见到像杨鸿烈所著《中国法律在东亚诸国之影响》这样的专著。杨氏此书的学术价值亦由此可知。

正是凭借着《中国法律发达史》、《中国法律思想史》和《中国法律在东亚诸国之影响》三书,杨鸿烈在青年时代便奠定了其在中国法律史学史上极其重要的地位(《中国法律在东亚诸国之影响》

---

① 刘广安:《杨鸿烈与中国法律史学》,载《法学家》1994年第3期。
② 何勤华:《杨鸿烈其人其书》,载《法学论坛》2003年第3期。
③ 刘馨、牛要聚:《杨鸿烈:史林中的法学巨擘》,载《中国法学文档》(第4辑),知识产权出版社2007年版,第271页。

一书出版之时,杨鸿烈方才34岁)。数十年后,当晚辈如我者细读杨鸿烈的著述时,不免想起东汉时人高诱对《淮南鸿烈》(即《淮南子》)书名中的"鸿烈"两字所做的释义——"鸿,大也;烈,明也,以为大明道之言也。"①其书如其人名,杨鸿烈当年苦心孤诣所完成的兼顾中国法系之"内容"和"外延"的独一无二的全貌性研究,亦可谓是中国法系研究学术史中的"大明道之言",也因此成为了后人可跨越但无法绕过的学术高峰。

2014 年 8 月 23 日
凌晨定稿于中国人民大学明德法学楼办公室

---

① [东汉]高诱:《叙目》,载何宁:《淮南子集释》(上),中华书局1998年版,第5页。